21世纪全国高等院校旅游管理类创新型应用人才培养规划教材

旅游政策与法律法规

李文汇　朱　华　主　编

景春兰　刘　川　副主编

北京大学出版社
PEKING UNIVERSITY PRESS

内 容 简 介

本书是我国第一部按《中华人民共和国旅游法》组织编写的高等院校旅游管理专业旅游政策与旅游法律法规专业教材，也是第一部通过模拟法庭、以案说法的旅游专业教材。教材以案说法，将抽象的法律条文通过具体的案例加以解析、运用，帮助学生学习理解本章法律、法规知识。而模拟法庭把法庭搬入课堂，将所学法律知识运用于实践，培养学生的旅游法律意识，拓展学生处理旅游相关法律问题的基本能力。参加教材编写的人员有法学教授、旅游学教授，执业律师等，凝聚了法学界和旅游界的心血与智慧，使得这部教材具有较强的专业性、实践性和可操作性。

本书适用于我国高等院校旅游政策与法律法规课程的教学使用，也可供旅游行政管理部门、旅游人力资源培训机构、旅游企业等不同主体选用。

图书在版编目(CIP)数据

旅游政策与法律法规/李文汇，朱华主编. —北京：北京大学出版社，2014.1

(21 世纪全国高等院校旅游管理类创新型应用人才培养规划教材)

ISBN 978-7-301-23697-0

Ⅰ. ①旅… Ⅱ. ①李…②朱… Ⅲ. ①旅游业—方针政策—中国—高等学校—教材②旅游业—法规—中国—高等学校—教材 Ⅳ. ①F592.0②D922.296

中国版本图书馆 CIP 数据核字(2014)第 003466 号

书　　　　名：旅游政策与法律法规
著作责任者：李文汇　朱　华　主编
策 划 编 辑：莫　愚
责 任 编 辑：莫　愚
标 准 书 号：ISBN 978-7-301-23697-0/C·0974
出 版 发 行：北京大学出版社
地　　　　址：北京市海淀区成府路 205 号　100871
网　　　　址：http://www.pup.cn　新浪官方微博：@北京大学出版社
电 子 信 箱：pup_6@163.com
电　　　　话：邮购部 62752015　发行部 62750672　编辑部 62750667　出版部 62754962
印　刷　者：北京虎彩文化传播有限公司
经　销　者：新华书店
　　　　　　787 毫米×1092 毫米　16 开本　21.25 印张　495 千字
　　　　　　2014 年 1 月第 1 版　2019 年 8 月第 7 次印刷
定　　　　价：43.00 元

未经许可，不得以任何方式复制或抄袭本书之部分或全部内容。
版权所有，侵权必究
举报电话：010-62752024　电子信箱：fd@pup.pku.edu.cn

本书编写人员名单

主　编：李文汇(四川师范大学)　　　　朱　华(四川师范大学)

副主编：景春兰(东莞理工学院)　　　　刘　川(东莞理工学院)

参　编：邱晓霞(成都学院)　　　　　　徐　敏(东莞理工学院)

　　　　南　毅(四川承安律师事务所)　孙雪琳(四川师范大学)

　　　　敬雅心(四川师范大学)

前　言

本书是我国第一部按《中华人民共和国旅游法》编写的高等院校旅游管理专业旅游政策与旅游法律法规专业教材，也是第一部通过模拟法庭、以案说法的旅游专业教材，凝聚了法学界和旅游界的心血。本书定位为旅游管理专业应用型教材，侧重于法律法规基本知识的学习和运用，有以下特点：

一、以案说法。除前二章外均编写有导入案例。案例导入相关法律问题，通过案例评析引人深思。此外，每一章均有2～9个应用案例，教学案例共计61个。以案说法，将抽象的法律条文通过具体的案例加以解析、运用，帮助学生学习理解本章法律、法规知识。

二、模拟法庭。设计了"模拟法庭"，将法庭搬入课堂，意在让学生尝试模拟法庭审案，将所学法律知识运用于实践，培养学生的旅游法律意识，拓展学生处理旅游相关法律问题的基本能力。

三、体例丰富。考虑到抽象法律知识易产生学习疲劳，本书体例设计有"知识要点""技能要点""关键术语"等提示性内容；有"导入案例"引起学习兴趣；有应用案例评析以帮助学习理解相关法律条文；有"小思考""小测试"等，做到既动手又动脑。

本书的编写人员有法学教授、旅游学教授及执业律师等，使得内容具有较强的专业性、实践性和可操作性。本书主要供高等院校旅游管理专业教学使用，也可供旅游行政管理、旅游人力资源培训、旅游企业等不同主体选用，也是全国导游资格考试教材备选教材之一。

我国旅游产业正在转型升级，从旅游大国向旅游强国迈进。2013年10月1日，我国正式实施《中华人民共和国旅游法》，这是我国旅游界值得庆幸的一件大事，具有里程碑的意义，为我国旅游业可持续发展提供法律支持。在此之际，我们出版这部教材，以示庆贺，希望本书的出版对我国旅游人才的培养，为实现我国旅游强国梦做出应有的贡献。

本书共14章，李文汇撰写大纲及样张；李文汇、景春兰统稿；李文汇负责教材一审，朱华负责教材二审。本书编写分工如下：

第1章朱华(四川师范大学)、李文汇(四川师范大学)；第2章李文汇、敬雅心(四川师范大学)；第3章徐敏(东莞理工学院)；第4章徐敏；第5章李文汇、孙雪琳(四川师范大学)；第6章李文汇；第7章刘川(东莞理工学院)；第8章刘川；第9章刘川、孙雪琳；第10章邱晓霞(成都学院(原成都大学))；第11章景春兰(东莞理工学院)；第12章李文汇；第13章景春兰；第14章李文汇、南毅(四川承安律师事务所)。

本书的出版得到了北京大学出版社莫愚编辑的鼓励和支持。在这里我们要特别鸣谢冯涛、南李、赵维、陈诺、阿里政府(彝)以及蒲青松同学的大力协助，教材的出版也得益于他们的热情帮助和鼎力支持。

由于时间仓促，加之编写水平有限，书中不足之处在所难免，敬请广大读者批评指正。

编　者

2013年11月

目 录

第1章 旅游政策导论 ... 1
1.1 我国旅游政策概述 ... 1
- 1.1.1 相关基础概念 ... 1
- 1.1.2 我国旅游产业四大基本特征 ... 2
- 1.1.3 我国旅游产业定位与发展目标 ... 2
- 1.1.4 我国旅游政策基本特征 ... 3
- 1.1.5 我国宏观旅游政策 ... 4

1.2 我国旅游政策实现保障 ... 6
- 1.2.1 我国旅游政策实现需完成的任务 ... 6
- 1.2.2 我国旅游政策实现的保障措施 ... 7

第2章 我国旅游法制概述 ... 10
2.1 我国旅游立法概述 ... 10
- 2.1.1 历史回顾 ... 10
- 2.1.2 我国旅游立法体制和法律法规体系 ... 11

2.2 旅游法律关系及旅游法 ... 13
- 2.2.1 旅游法律关系 ... 13
- 2.2.2 我国《旅游法》内容概述 ... 15

第3章 旅行社管理制度 ... 21
3.1 旅行社概述 ... 22
- 3.1.1 旅行社的产生与发展 ... 22
- 3.1.2 旅行社的概念 ... 23
- 3.1.3 旅行社的分类及其经营范围 ... 24

3.2 旅行社的经营及法律责任 ... 25
- 3.2.1 旅行社的设立与变更 ... 25
- 3.2.2 外商投资旅行社的设立 ... 28
- 3.2.3 旅行社质量保证金制度 ... 31
- 3.2.4 旅行社的经营规范 ... 34
- 3.2.5 旅行社的监督检查 ... 38
- 3.2.6 旅行社的法律责任 ... 39

第4章 导游与领队人员管理制度 ... 49
4.1 导游人员概述 ... 50
- 4.1.1 导游人员的概念 ... 50
- 4.1.2 导游人员的分类 ... 51

4.2 导游人员的从业管理制度 ... 52
- 4.2.1 导游人员资格考试制度 ... 52
- 4.2.2 导游证管理制度 ... 54
- 4.2.3 导游人员的计分管理制度 ... 60
- 4.2.4 导游人员的年审管理制度 ... 61
- 4.2.5 导游人员等级考核制度及标准 ... 62

4.3 导游人员权利义务与法律责任 ... 65
- 4.3.1 导游人员的权利 ... 66
- 4.3.2 导游人员的义务 ... 68
- 4.3.3 导游人员的法律责任 ... 71
- 4.3.4 对景点景区导游人员的管理 ... 73

4.4 领队人员管理制度 ... 73
- 4.4.1 领队的概念 ... 73
- 4.4.2 领队的申请条件和管理 ... 73
- 4.4.3 领队的义务、职责和法律责任 ... 74

第5章 旅游饭店管理制度 ... 80
5.1 旅游饭店星级评定制度 ... 81
- 5.1.1 相关基础概念 ... 81
- 5.1.2 旅游饭店的星级评定法规依据和范围 ... 82
- 5.1.3 星级饭店评定机关和权限 ... 82
- 5.1.4 星级饭店的评定方法和参照标准 ... 83
- 5.1.5 旅游饭店星级评定规程 ... 84
- 5.1.6 星级饭店的复核及处理 ... 86

5.2 旅游饭店行业管理制度 ... 88

5.2.1 相关基础概念 88
5.2.2 旅游饭店行业管理的
　　　行规依据 88
5.2.3 预订、登记、入住、
　　　饭店收费 89
5.2.4 旅游饭店的义务 89
5.2.5 旅游饭店的权利 93
5.2.6 旅游饭店违反行业规范的
　　　后果 94
5.3 旅游饭店住宿业治安管理制度 94
5.3.1 相关基础概念 94
5.3.2 旅游饭店住宿业治安管理
　　　法律法规依据 94
5.3.3 相关规定内容 95

第6章　旅游交通管理制度 102

6.1 旅游交通法律法规概述 103
6.1.1 相关基础概念 103
6.1.2 旅游交通的特征 104
6.1.3 旅游交通的主要方式 105
6.1.4 旅游交通的主要法律法规 106
6.2 旅游航空运输管理和运输企业的
　　义务 107
6.2.1 相关基础概念 107
6.2.2 民用航空运输主管机关和
　　　企业义务 108
6.2.3 民用航空运输票证管理 109
6.2.4 承运人的责任 110
6.3 旅游铁路运输管理相关规定 112
6.3.1 相关基础概念 112
6.3.2 铁路运输主管机关和管理
　　　机关 112
6.4 旅客公路运输管理相关规定 117
6.4.1 旅客公路运输管理机关 117
6.4.2 旅客公路运输管理 117

第7章　旅游出入境及出国旅游
　　　　管理制度 126

7.1 旅游出入境管理制度 127

7.1.1 相关基础概念 127
7.1.2 旅游出入境的管理机关 128
7.1.3 旅游出入境的证件 129
7.1.4 中国公民出入境管理制度 130
7.1.5 外国公民入出境管理制度 131
7.1.6 我国出入境检查制度 134
7.2 外国公民入境旅游管理制度 137
7.2.1 相关基础概念 137
7.2.2 外国旅游者的邀请函、
　　　签证和接待计划 137
7.2.3 外国旅游者出入境与停留的
　　　规定 138
7.3 中国公民出国旅游管理制度 139
7.3.1 相关基础概念 139
7.3.2 中国公民出国旅游的
　　　管理原则 139
7.3.3 中国公民出国旅游的
　　　签证手续 141
7.3.4 中国公民出国旅游管理的
　　　具体规定 142
7.3.5 违反中国公民出国
　　　旅游管理的法律责任 142
7.4 港澳台与边境旅游管理制度 145
7.4.1 相关基础概念 145
7.4.2 中国公民赴港澳台地区
　　　旅游管理制度 145
7.4.3 中国公民边境旅游
　　　管理制度 147

第8章　旅游安全与卫生管理制度 154

8.1 旅游安全管理概述 155
8.1.1 相关基础概念 155
8.1.2 旅游行政管理部门和旅游
　　　基层单位安全管理的职责 156
8.1.3 旅游安全管理的基本原则 157
8.2 旅游安全事故及处理 158
8.2.1 相关基础概念 158
8.2.2 旅游安全事故等级划分 158

8.2.3 旅游安全事故的应急救援与调查处理 159
8.2.4 外国游客在华旅游期间重大伤亡事故的处理 161
8.3 旅游治安与消防管理 161
8.3.1 相关基础概念 162
8.3.2 旅游住宿业的治安与消防管理制度 162
8.3.3 旅游饭店的治安与消防管理制度 164
8.3.4 娱乐场所的治安与消防管理制度 165
8.4 旅游安全与卫生管理 168
8.4.1 相关基础概念 168
8.4.2 旅游景区安全管理制度 168
8.4.3 食品卫生安全管理制度 170
8.4.4 道路交通安全管理的要求 175
8.4.5 游览安全管理制度 176

第9章 旅游资源保护与管理制度 182
9.1 旅游资源保护与管理的概述 183
9.1.1 相关基础概念 184
9.1.2 旅游资源的类型 184
9.1.3 旅游资源开发的一般原则 184
9.1.4 旅游景区质量等级、划分依据及评定 185
9.2 人文旅游资源的保护与管理制度 186
9.2.1 相关基础概念 186
9.2.2 文物的保护与管理制度 187
9.2.3 历史文化名城、街区、村镇的保护与管理 193
9.3 自然旅游资源保护与管理制度 195
9.3.1 相关基础概念 195
9.3.2 自然保护区的管理与保护制度 195
9.3.3 风景名胜区的保护与管理制度 199
9.4 世界遗产的保护 203

9.4.1 相关基础概念 204
9.4.2 世界遗产的分类 204
9.4.3 世界遗产的保护 205

第10章 旅游税收管理法律制度 210
10.1 税收制度概述 211
10.1.1 相关基础概念 211
10.1.2 我国现行税法体系 212
10.1.3 我国税法主要法律制度 212
10.2 旅游税收制度概述 213
10.2.1 相关基础概念 214
10.2.2 旅游业经营中的税收规定 214
10.2.3 关于旅游免税问题 221

第11章 旅游合同法律制度 228
11.1 合同法律制度概述 229
11.1.1 基础概念 229
11.1.2 合同的成立 230
11.1.3 合同的效力 232
11.1.4 合同的变更和解除 234
11.1.5 违约责任 235
11.2 旅游合同法律制度 238
11.2.1 相关基础概念 238
11.2.2 旅游合同的概念、特征与种类 238
11.2.3 旅游合同的订立 241
11.2.4 旅游合同的解除 244
11.2.5 旅游合同的转让和委托 245
11.2.6 旅游合同违约责任 246
11.2.7 旅游合同责任的减轻与免除 248
11.3 旅游保险合同 250
11.3.1 相关基础概念 250
11.3.2 旅游保险合同的特征与种类 250
11.3.3 旅游保险合同的主体、客体和内容 251
11.3.4 旅游保险合同的形式 253

11.3.5 索赔与理赔 253
11.3.6 旅行社责任保险的
基本规定 254

第12章 侵权责任法律制度 261
12.1 侵权责任法概述 262
12.1.1 相关基础概念 263
12.1.2 一般侵权责任的构成要件 ...263
12.1.3 特殊侵权责任的构成要件 ...264
12.1.4 免责事由的成立与分类 264
12.1.5 侵权行为种类 266
12.1.6 侵权责任承担方式和侵权
损害的赔偿范围 266
12.2 旅游侵权责任概述 267
12.2.1 旅游侵权责任概念 267
12.2.2 旅游违约责任与旅游侵权
责任的竞合 268

第13章 旅游消费者权益保护
法律制度 275
13.1 旅游消费者权益保护法律
制度概述 276
13.1.1 相关基础概念 277
13.1.2 消费者权益保护法的
适用对象 277
13.2 旅游消费者的权利与旅游经营者的
义务 277

13.2.1 相关基础概念 278
13.2.2 旅游消费者的权利 278
13.2.3 旅游经营者的义务 283
13.3 旅游消费者权益的保护 287
13.3.1 消费者权益的保护途径 ...288
13.3.2 经营者的法律责任 290
13.3.3 旅游消费者权益争议的
解决途径 297

第14章 旅游纠纷解决法律
法规制度 302
14.1 旅游纠纷及其解决概述 303
14.1.1 旅游纠纷概念、
特征及性质 303
14.1.2 旅游纠纷解决概念、意义 ...304
14.1.3 旅游纠纷解决方式概述 ...304
14.2 旅游纠纷的投诉解决 309
14.2.1 旅游纠纷的投诉解决依据和
方式 309
14.2.2 旅游纠纷的具体投诉解决 ...310
14.3 旅游纠纷的诉讼解决 315
14.3.1 诉讼解决旅游纠纷的依据、
概念和性质 315
14.3.2 旅游纠纷的诉讼解决概念及
程序 316

参考文献 324

教学案例表

第2章 我国旅游法制概述

案例 2.1：九寨沟游客滞留事件景区预警失职难辞其咎
案例 2.2：香格里拉"宰客"导游被吊证，执法负责人被撤，三家旅行社受重罚

第3章 旅行社管理制度

导入案例
案例 3.1：旅行社挂靠承包经营案
案例 3.2：游客对旅行社服务质量问题投诉
案例 3.3：沧州国际旅行社违规招徕旅游者案
案例 3.4：304 名内地游客在澳门发生纠纷案
模拟法庭：郭向禄等诉新疆中国国际旅行社财产损害赔偿纠纷案

第4章 导游与领队人员管理制度

导入案例
案例 4.1：导游漏接旅游团，计分制度管理严格
案例 4.2：导游人格尊严不受侵犯
案例 4.3：导游委婉索要小费案
案例 4.4：导游采取欺骗手段改行程
模拟法庭：导游拿回扣，将染色珍珠作为天然金色珍珠销售

第5章 旅游饭店管理制度

导入案例
案例 5.1：住宿标准违约案
案例 5.2：伪星级酒店案
案例 5.3：客人财物丢失，宾馆承担赔偿责任案
案例 5.4：摩托车宾馆失窃赔偿纠纷案
案例 5.5：客人财物在客房内被盗责任争议案
模拟法庭：刘海诉 H 市西凤酒店人身损害赔偿纠纷案

第 6 章　旅游交通管理制度

导入案例

案例 6.1：国际航班客票无效案

案例 6.2：乘坐火车旅游窗外飞来石伤击案

案例 6.3：陆某诉南京长途客运公司案

案例 6.4：旅客诉大巴人身损害赔偿纠纷案

模拟法庭：张祖明与 XX 铁路局人身损害赔偿纠纷案

第 7 章　旅游出入境及出国旅游管理制度

导入案例

案例 7.1：因护照信息不符游客被判监禁案

案例 7.2：北京吕丽莉涉嫌旅游诈骗案

案例 7.3：深圳市 A 旅行社等 3 家企业违规经营赴台旅游业务案

案例 7.4：凭祥 A 旅行社违规经营边境游业务案

模拟法庭：余贵兴诉泰和国际旅行社出境旅游合同纠纷案

第 8 章　旅游安全与卫生管理制度

导入案例

案例 8.1：因车速过快游客在汽车上受伤案

案例 8.2：游客贵重财物丢失要求赔偿案

案例 8.3：肇庆砚洲岛游客溺水死亡事故案

案例 8.4：游客食物中毒要求赔偿案

案例 8.5：强行超车导致西藏 30 名游客伤亡的重大旅游安全事故案

模拟法庭：刘湘渺诉某省德豪旅行社旅游合同纠纷案

第 9 章　旅游资源保护与管理制度

导入案例

案例 9.1：张某、毛某涉嫌盗掘古墓葬案

案例 9.2：周红涛擅自在文物保护单位取土案

案例 9.3：张再发诉张谷英村民俗文化建设指挥部案

案例 9.4："无极"剧组破坏碧沽天池生态植被案

案例 9.5：肇庆"奥威斯酒店项目"侵占景区土地违反规划案

模拟法庭：德国游客诉北京文杰文化中心出售假画案

第 10 章　旅游税收管理法律制度

导入案例
案例 10.1：向阳旅游公司因为税款补缴提起行政诉讼案
案例 10.2：某旅游开发有限公司缴纳营业税款案
案例 10.3：北京某旅游公司缴纳营业税款案
案例 10.4：旅游公司员工王某缴纳个人所得税案
模拟法庭：红叶旅游有限公司诉 H 市国税局旅游税收纠纷案

第 11 章　旅游合同法律制度

导入案例
案例 11.1：因预定航班被取消滞留西双版纳案
案例 11.2：香港导游"阿珍"辱骂游客案
案例 11.3：江西某旅行社旅游合同违规案
案例 11.4：浙江某旅行社港澳专列团游客要求退款案
案例 11.5：成都某旅游行社擅自委托旅游业务案
案例 11.6：旅行社忘记通知游客出行时间案
案例 11.7：旅游者拒绝返回导致返程火车票作废案
案例 11.8：旅行社延迟履约发生不可抗力案
案例 11.9：旅游保险合同纠纷案
模拟法庭：高强诉蓝天旅行社行李物品丢失赔偿案

第 12 章　侵权责任法律制度

导入案例
案例 12.1：导游伤害游客案
案例 12.2：马路积水未设路障致外地自驾游车主死亡案
案例 12.3：夜间擅闯公园猴岛被猴伤害索赔终审被驳回案
案例 12.4：老人甲诉旅行社违反合同约定要求其赔偿案
模拟法庭：焦健君泰国游遭车祸，境外旅游辅助服务者侵权，视同国内旅行社侵权赔偿案

第 13 章　旅游消费者权益保护法律制度

导入案例
案例 13.1：旅游消费者安全保障权受侵害案
案例 13.2：游客真情知悉权受侵害案
案例 13.3：导游疏于提醒游客被冻伤案

案例 13.4：出借营业执照给他人游客受伤索赔案
案例 13.5：浙江 A 旅行社擅自增加购物点案
案例 13.6：央视《消费主张》栏目曝光张家界旅游市场案
案例 13.7：吉林 103 人旅游团购买机票遭遇假票被拒登机案
模拟法庭：张某等 20 人诉高峰国际旅行社擅自增加自费项目案

第 14 章　旅游纠纷解决法律法规制度

导入案例
案例 14.1：××市中国青年旅行社被投诉案
案例 14.2：成都市中国青年旅行社因"甩团"被投诉案
案例 14.3：某旅行社遭投诉多次调解无效后转向诉讼案
案例 14.4："房间退费"旅游纠纷自行协商和解案
模拟法庭：高桂其与广州市环宇旅行社有限公司花都门市部等旅游服务合同纠纷案

第1章 旅游政策导论

知识要点	掌握程度	相关知识
1. 旅游政策概念	掌握	国家或最高行政组织制定；旅游发展目标；行动准则
2. 旅游政策特征	了解熟悉	系统性、动态性、稳定性、连续性、国际性
3. 旅游政策目标	掌握	阶段性目标；战略性目标
4. 旅游产业定位	重点掌握	战略性支柱产业；现代服务业

技能要点	能力要求	应用方向
1. 旅游诚信体系建设	掌握	制定旅游从业人员诚信服务准则
2. 旅游安全体系建设	重点掌握	旅游业安全保障

我国旅游业发展改革近30年，取得了瞩目的成就，旅游业已成为我国国民经济的重要产业和第三产业的龙头。当前，我国旅游业发展模式正逐步从政府主导型向市场主导型效益型转变。为了将旅游业发展成为人民群众满意的现代服务业，实现旅游强国的战略目标，我国政府制定颁布了一系列促进旅游健康持续发展的旅游政策。

我国旅游政策包括通知、决定、指导意见、建议、办法等具体形式。发展旅游既要考虑发挥市场配置资源的基础性作用，也考虑发挥国家宏观旅游政策的导引作用。2009年12月1日，国务院发布了《关于加快发展旅游业的意见》（以下简称《意见》），为我国旅游业发展进行了战略布局，具有里程碑意义。《意见》重新定位了我国旅游业，提出了发展目标和方向，并设计制定了完成目标的任务和措施，将宏观旅游政策与实践操作结合了起来，成为新时期我国旅游业改革发展的政策纲领性文件。《意见》是新时期旅游政策体系中的核心内容，对旅游业发展的规范引导作用极为重要。

1.1 我国旅游政策概述

旅游政策对旅游业具有重要的指导影响作用和行动准则作用，也是国家对行业发展进行适度干预的宏观调控手段，其目的在于帮助克服市场自身运行中的盲目性。国家通过旅游政策引导旅游业健康发展，逐步实现我国旅游业发展目标，最终实现旅游强国之梦。

1.1.1 相关基础概念

旅游政策是指国家和最高旅游行政组织为实现一定时期内的旅游发展目标而规定的行动准则，既包括指明前进目标的发展方针，也包括管制前进过程中的行为准则的具体政策(王子华，李大金，1995年)。

支柱产业是指在国民经济中所占比重大、发展速度快，对整个国民经济发展起引导和推动作用的先导性产业(杨公仆，2005 年)。

现代服务业是指用现代化技术改造传统服务业，使其具有高文化含量和高技术含量的具有明显比较优势的服务业。

1.1.2　我国旅游产业四大基本特征

1. 资源消耗较低

旅游业已和石油业、汽车业并列为世界三大产业。与工农业、交通业、城建业等相比较，其资(能)源消耗低，能源消耗是工业的 1/10、农业的 1/3，水资源消耗是农业的 1/15、工业的 1/6。废水、废气、固体废弃物排放也最低，对环境影响较小，这对构建资源节约型和环境友好型的国民经济体系来说，是必须优先考虑的产业。

2. 产业关联性强

旅游业是一个关联性程度极高的产业，关联产业多，带动作用大。旅游产业领域、产业规模不断扩大，产业链不断延伸，从下游产业领域延伸到上游产业领域，旅游业带动工业、交通业、金融业、消费品零售业、住宿业等几十个行业或部门的发展，经济拉动作用明显。例如，2012 年，国内旅游消费 2.3 万亿元，占社会消费品零售总额的比例突破 10%，旅游业对住宿业的贡献率超过 90%，对民航和铁路客运业的贡献率超过 80%。

3. 就业机会多

旅游业属于劳动密集型服务性产业，是增加就业机会的重要渠道。旅游业的快速发展还使得旅游业与当地经济的契合程度也越来越高，成为当地经济的主导产业，既拉动当地经济发展，又增加社会就业机会。

4. 综合效益好

由于我国工业化、城镇化的飞速发展趋势以及日益增长的大众化、多样化消费需求为旅游业发展提供了新机遇，因此我国旅游业已迈入大众化时期。旅游业具有综合性，它是集吃、住、行、游、购、娱等服务为一体的综合性大产业，是综合性非常强的新兴产业，其综合效益是由旅游活动的综合性所决定的，由于旅游经济的快速增长，故旅游综合效益良好。

1.1.3　我国旅游产业定位与发展目标

《意见》是新时期我国旅游业发展的一个政策纲领性文件，它将我国旅游业发展的宏观政策与具体措施结合起来，对于指导我国旅游业的发展具有里程碑意义。

1. 我国旅游业的重新定位

根据我国旅游业发展 30 年来的发展及取得的巨大成就，我国旅游业在国民经济发展中的积极作用是"保增长、扩内需、调结构"。到 2015 年，要把旅游业培育成为国民经济的战略性支柱产业和人民群众更加满意的现代服务业。

旅游业由政府主导型粗放型转变为市场主导型效益型。随着我国旅游业的发展壮大，旅游管理走上法治化、行业化轨道，政府主导转变为政府指导、协调，粗放型转变为效益型。

旅游业培育成为国民经济的战略性支柱产业。支柱产业的特点在于产出规模大，带动作用强，市场扩张能力强，资源消耗低，成本不断下降，环境影响小，能增加更多就业机会。随着我国旅游业高速持续的增长，旅游业成为支柱产业的潜质特征越来越明显，为加快我国旅游业的发展将其提升到国家层面上的战略性支柱产业是非常必要的。

将旅游业培育成为人民群众更加满意的现代服务业。旅游业已成为我国国民经济的重要组成部分，现列为国民经济的先导产业或者第三产业的龙头，随着我国旅游消费已进入大众化发展阶段，必须转变旅游业的发展方式和提高服务质量，增加旅游服务业的高文化和高技术含量，把满足人民群众的康乐需求放在重要地位，把"人民群众更加满意"作为行业评价标准，充分体现了旅游业是现代服务业的性质。

2. 我国旅游业的发展目标

《意见》中明确了我国旅游业发展的阶段性目标和战略性目标，这构成我国旅游发展目标体系。

阶段性目标：旅游服务质量明显提高，市场秩序明显好转，可持续发展能力明显增强，即从数量的增长到质量的提高。

战略性目标：到2020年力争把我国建设成为世界旅游强国，即从规模、质量、效益三方面基本达到世界旅游强国水平。

知识链接

我国旅游业发展阶段性目标由三部分有机组成，即产业规模目标、产业质量目标、产业效益目标。产业规模目标是：到2015年国内旅游人数达33亿人次，年均增长10%；入境过夜游客人数达9000万人次，年均增长8%；出境旅游人数达8300万人次，年均增长9%。产业质量与产业效益目标相结合，即到2015年城乡居民年均出游超过2次，旅游消费相当于居民消费总量的10%，旅游业总收入年均增长12%以上，旅游业增加值占全国GDP的比重提高到4.5%，占服务业增加值的比重为12%，每年新增旅游就业50万人。

1.1.4 我国旅游政策基本特征

1. 系统性

由于旅游产业的关联性导致旅游政策具有系统性。一方面是旅游政策必须与其他产业政策相融合协调；另一方面是旅游政策本身由若干具体子政策组成，子政策之间也需相互协调。各种政策之间相互配合协调，形成运作高效的政策系统。

2. 动态性

政策的制定都有阶段性，一个阶段的旅游政策与这个阶段的经济发展水平和人们的收入水平密切相关；加之，我国旅游资源的地区分布不均衡，各个地区旅游业发展的起步也不同，发展的程度也各异，因此导致旅游政策体系呈现出一定的动态性特征。

3. 稳定性和连续性

旅游政策虽有一定动态性，但也应具有一定稳定性和连续性，不可朝令夕改，否则影响或破坏旅游业的良性健康发展和运行。这是因为旅游政策的制定具有极强的针对性、预见性，旅游政策应在中长期内相对稳定连续地运行，从而促进旅游业的健康发展。

4. 国际性

旅游产业的发展离不开国际合作和交流，当前我国入境旅游增加较快，国际产业结构的演进动向和国际分工合作的新格局、新趋势，要求各国在制定旅游政策时考虑国际因素。近几年来入境、出境旅游快速发展以及加入 WTO 后对旅游业开放度要求的提高，都要求我国在制定旅游政策时重视国际性。

知识链接

据统计，中国出境旅游人数 2000 年为 1000 万人次，2012 年增至 8300 万人次。在此期间，中国游客境外旅游消费增长了 8 倍，2012 年达到 1020 亿美元，比 2011 年的 730 亿美元增长了 40%。中国已超越美国和德国，成为世界第一大出境旅游市场和世界第一大出境旅游消费国，对全球旅游经济的贡献度达到 13%。

1.1.5 我国宏观旅游政策

旅游政策对旅游业发展影响很大。我国旅游业自改革开放以来快速增长，明显地与政策的变迁影响紧密相连。考察政策纲领性文件《意见》精神，具有宏观旅游方针政策的内容如下。

1. 深化旅游管理体制改革

放宽旅游市场准入，简化审批手续，鼓励社会资本公平参与旅游业发展；推进国有旅游企业改组改制，支持民营和中小旅游企业发展，支持跨行业、跨地区、跨所有制兼并重组，培育一批具有竞争力的大型旅游企业集团；积极引进外资旅游企业，逐步对外商投资旅行社开放经营中国公民出境旅游业务；支持有条件的旅游企业"走出去"；创新体制机制，推进旅游管理体制改革；支持各地开展旅游综合改革和专项改革试点，探索旅游资源一体化管理；旅游行政管理和相关部门加快职能转变；5 年内，各级各类旅游行业协会的人员和财务关系要与旅游行政管理等部门脱钩。

小思考

什么是旅游企业"走出去战略"？为什么要"走出去"？

2. 优化旅游消费环境

建立以游客评价为主的旅游目的地评价机制；景区门票价格调整要提前公布，所有旅游收费按规定向社会公示;全面落实旅游景区对老年人和学生等特殊人群的门票优惠政策;增加旅游目的地与主要客源地间的航线航班、旅游列车,完善列车车票购票办法;城市公交服务网络延伸到周边主要景区和乡村旅游点,公路服务区要拓展旅游服务功能。完善自驾游服务体系;规范引导自发性旅游活动;建立健全旅游信息服务平台,促进旅游信息资源共享;公共传媒要加大旅游公益宣传力度等。

小思考

你认为中国的旅游消费环境怎么样?是什么原因造成的?

3. 倡导文明健康旅游方式

在全社会大力提倡健康旅游、文明旅游、绿色旅游,使城乡居民在旅游活动中增长知识、开阔视野、陶冶情操;景区景点、宾馆饭店和旅行社等旅游企业要通过多种形式,引导每一位旅游者自觉按照《中国公民国内旅游文明行为公约》和《中国公民出境旅游文明行为指南》文明出行、文明消费。旅游者要尊重自然、尊重当地文化、尊重服务者,抵制不良风气,摈弃不文明行为。出境旅游者要维护良好的对外形象,做传播中华文明的使者。

4. 推进节能环保

实施旅游节能节水减排工程;支持宾馆饭店、景区景点、乡村旅游经营户和其他旅游经营单位积极利用新能源、新材料,广泛运用节能节水减排技术,实行合同能源管理,实施高效照明改造,减少温室气体排放,积极发展循环经济,创建绿色环保企业;5年内将星级饭店、A级景区用水用电量降低20%;合理确定景区游客容量,严格执行旅游项目环境影响评价制度,加强水资源保护和水土保持,倡导低碳旅游方式。

知识链接

"低碳旅游"的概念首次出现在2009年5月召开的世界经济论坛《走向低碳的旅行及旅游业》的报告中。此后,该概念在全世界迅速传播。2009年11月,斐济旅游局提出以低碳旅游作为今后发展的战略目标;同年,中国国务院常务会议通过《关于加快发展旅游业的意见》,倡导低碳旅游方式;在深圳举办的"2009两岸三地旅游行业发展高峰论坛"上与会者认为,"低碳旅游"将作为中国旅游产业升级的必要手段,逐渐成为旅游业优化产业结构的必然发展趋势。

5. 促进区域旅游协调发展

中西部和边疆民族地区要利用自然、人文旅游资源,培育特色优势产业;东部发达地区、东北等老工业基地要通过经济结构调整,提升旅游发展水平;有序推进香格里拉等区域旅游发展,完善旅游交通、信息和服务网络;积极推动海南国际旅游岛建设;继续促进内地居民赴香港、澳门旅游;加强海峡两岸旅游交流合作。

1.2 我国旅游政策实现保障

旅游政策确立后，必须要有保障其实施和实现的任务措施，否则就是一纸空文。《意见》除纲领性地确立了相关宏观旅游政策外，还制定了保障其实施实现的任务和具体措施，这从实践层面上解决了可操作性问题，使得宏观层面上的政策指导能真正发挥作用。

1.2.1 我国旅游政策实现需完成的任务

旅游政策目标的实现需要在实践层面上完成具体的任务，根据《意见》规定，需要完成的任务如下。

1．加快旅游基础设施建设

重点建设旅游道路、景区停车场、游客服务中心、旅游安全及资源环境保护等基础设施；实施旅游厕所改扩建工程；加强主要景区连接交通干线的旅游公路建设；规划建设水路客运码头要充分考虑旅游业发展需求；加快推进中西部支线机场建设，完善旅游航线网络；确保景区和交通沿线通信顺畅；加强重点城市游客集散中心建设。力争通过5年努力，全国所有A级景区旅游交通基本畅通，旅游标识系统基本完善，旅游厕所基本达标，景区停车场基本满足需要。

2．推动旅游产品多样化发展

实施乡村旅游富民工程；开展各具特色的农业观光和体验性旅游活动；在妥善保护自然生态、原居环境和历史文化遗存的前提下，合理利用民族村寨、古村古镇，建设特色景观旅游村镇，规范发展"农家乐"、休闲农庄等旅游产品；依托国家级文化、自然遗产地，打造有代表性的精品景区；积极发展休闲度假旅游，引导城市周边休闲度假带建设；有序推进国家旅游度假区发展；规范发展高尔夫球场、大型主题公园等；继续发展红色旅游。

知识链接

旅游产品的形式多种多样，有乡村旅游、古镇旅游、民族风情旅游等。从构成上可以分成两种，一种是核心旅游产品，另一种是组合旅游产品。

1）核心旅游产品（原初形态）：具有能满足旅游者审美愉悦需要的效用和价值。

2）组合旅游产品（终极形态）：旅游企业或旅游相关企业围绕旅游产品的核心价值而做的多重价值追加，这种追加具有几乎满足旅游者旅游期间一切需要的效用与价值。

3．培育新的旅游消费热点

大力推进旅游与文化、体育、农业、工业、林业、商业、水利、地质、海洋、环保、气象等相关产业和行业的融合发展。支持有条件的地区发展生态旅游、森林旅游、商务旅游、体育旅游、工业旅游、医疗健康旅游、邮轮游艇旅游。把旅游房车、邮轮游艇、景区索道、游乐设施和数字导游设施等旅游装备制造业纳入国家鼓励类产业目录,大力培育发展具有自主知识产权的休闲、登山、滑雪、潜水、露营、探险、高尔夫等各类户外用品及宾馆饭店专用产品。大力发展旅游购物,提高旅游商品、旅游纪念品在旅游消费中的比重。以大型国际展会、重要文化活动和体育赛事为平台,培育新的旅游消费热点。

小思考

你认为哪些是目前我国公民旅游消费热点?如何培育新的旅游消费热点?

4. 提高旅游服务水平

以游客满意度为基准,提高旅游者对旅游产品的顾客忠诚度和满意度,全面实施《旅游服务质量提升纲要》。以人性化服务为方向,提升从业人员服务意识和服务水平。以品牌化为导向,鼓励专业化旅游管理公司推进品牌连锁,促进旅游服务创新。以标准化为手段,健全旅游标准体系,抓紧制定并实施旅游环境卫生、旅游安全、节能环保等标准,重点保障餐饮、住宿、厕所的卫生质量,以信息化为主要途径,提高旅游服务效率。积极开展旅游在线服务、网络营销、网络预订和网上支付,充分利用社会资源构建旅游数据中心、呼叫中心,全面提升旅游企业、景区和重点旅游城市的旅游信息化服务水平。

5. 丰富旅游文化内涵

把提升文化内涵贯穿到吃、住、行、游、购、娱各环节和旅游业发展全过程。旅游开发建设要加强自然文化遗产保护,深挖文化内涵,普及科学知识。旅游产品要提高文化创意水平,旅游餐饮要突出文化特色,旅游经营服务要体现人文特质。要发挥文化资源优势,推出具有地方特色和民族特色的演艺、节庆等文化旅游产品。充分利用博物馆、纪念馆、体育场馆等设施,开展多种形式的文体旅游活动。集中力量塑造旅游目的地形象和中国国家旅游整体形象,提升文化软实力。

知识链接

旅游形象是指旅游者对某一旅游接待国或地区旅游服务的总体看法。旅游目的地形象是旅游者、潜在旅游者对旅游地的总体认识、评价,是对目的地社会、政治、经济、生活、文化、旅游业发展等各方面的认识和观念的综合,是旅游地在旅游者、潜在旅游者头脑中的总体印象。

1.2.2 我国旅游政策实现的保障措施

旅游政策任务的实现离不开相应的保障措施,只有通过保障措施的落实,才能最终实现旅游政策确立的目标。《意见》中确立的保障措施全面而具体,对旅游政策和任务的实现具有重要意义。

(1) 加强相关旅游规划和法制建设。制定全国旅游业发展规划;旅游基础设施和重点旅游项目建设要纳入国民经济和社会发展规划;编制和调整城市总体规划、土地利用规划、海洋功能区划、基础设施规划、村镇规划要充分考虑旅游业发展需要等。

(2) 加强旅游市场监管和诚信建设。落实监管责任；健全旅游监管体系，完善旅游质量监管机构，加强旅游服务质量监督管理和旅游投诉处理；加强联合执法，整治"零负团费"等，维护游客合法权益；加强旅游诚信体系建设；发挥旅游行业协会作用，提高自律水平。

(3) 加强旅游从业人员素质建设。加强旅游学科建设，大力发展旅游职业教育；建立完善旅游资格和职称制度，培育职业经理人市场；改革完善导游等级制度，提高导游人员专业素质和能力；实施全国旅游培训计划等。

(4) 加强旅游安全保障体系建设。以旅游交通、旅游设施、旅游餐饮安全为重点，建立健全旅游安全保障机制；严格执行安全事故报告制度和重大责任追究制度；完善旅游安全提示预警制度；推动建立旅游紧急救援体系，完善应急处置机制，健全出境游客紧急救助机制；搞好旅游保险服务等。

(5) 加大政府投入。地方各级政府加大对旅游基础设施建设的投入。国家旅游发展基金重点用于旅游公共服务体系建设等；安排中央财政促进服务业发展专项资金等。

(6) 加大金融支持。对符合旅游市场准入条件和信贷原则的旅游企业和旅游项目，加大多种形式融资授信支持，合理确定贷款期限和贷款利率。进一步完善旅游企业融资担保等信用增强体系等。

(7) 完善配套政策和措施。落实宾馆饭店与一般工业企业同等的用水、用电、用气价格政策；允许旅行社参与政府采购和服务外包等。

这些措施对于提高加快发展旅游业重要意义的认识，强化大旅游和综合性产业观念，把旅游业作为新兴产业和新的经济增长点加以培育和重点扶持，具有重要作用和意义。

小测试

(1) 当前我国旅游业的定位是什么？
(2) 到2020年我国旅游业的宏伟目标是什么？

本章小结

通过本章学习，学生掌握旅游的本质特征，知晓我国旅游业发展现状和目标，旅游政策形式及其内容，了解我国当前旅游政策以及实现旅游阶段性目标需要完成的任务及其政策保障措施。此外，重点解读了国务院《关于加快发展旅游业意见》以及相关内容，对我国旅游政策以及政策所发挥的作用有了较深刻的理解和认识。

关键术语

支柱产业　现代服务业　游客评价　旅游安全保障体系　旅游强国

习题

1. 名词解释

(1) 旅游政策　(2) 支柱产业　(3) 现代服务业

2. 填空题

(1)《国务院关于加快发展旅游业的意见》中提出,为充分发挥旅游业在(　　)、(　　)、(　　)等方面的积极作用。

(2) 2020年我国旅游产业规模、(　　)、效益基本达到(　　)。

(3) 逐步建立以(　　)为主的旅游目的地评价机制。

(4) 在全社会大力倡导健康旅游、(　　)、(　　),使城乡居民在旅游活动中增长知识、开阔视野、陶冶情操。

(5) 旅游企业要通过多种形式,引导每一位旅游者自觉按照(　　)和(　　)文明出行、文明消费。

(6) 旅游商品要提高文化创意水平,旅游餐饮要突出(　　),旅游经营服务要体现(　　)。

(7) 我国旅游基础设施和重点旅游项目建设要纳入(　　)和(　　),制定国民旅游休闲纲要,设立(　　),落实(　　)。

(8) 旅游安全保障体系建设中,以旅游交通、(　　)、(　　)安全为重点,严格安全标准,完善安全设施等,建立健全(　　)。

(9) 完善旅游安全(　　)制度,重点旅游地区要建立旅游专业气象、地质灾害、生态环境等检测和(　　)。

(10) 推动建立旅游(　　),完善应急处置机制,健全出境游客(　　),增强应急处置能力。

3. 简答题

(1) 根据《意见》规定,从哪些方面加强旅游从业人员素质建设?

(2) 根据《意见》规定,如何提高旅游服务质量?

4. 思考题

我国当前确立的旅游业发展的基本原则是什么?

第2章 我国旅游法制概述

知识要点	掌握程度	相关知识
1. 我国旅游立法概况	了解熟悉	我国旅游立法发展阶段
2. 我国旅游立法体制及法律法规体系	了解熟悉	我国拥有旅游法律法规制定权的主体、旅游法律法规体系
3. 旅游法律关系的构成	重点掌握	三大要件及其内容
4. 《旅游法》内容概述	掌握	我国《旅游法》的十大主要内容

技能要点	能力要求	应用方向
1. 旅游法律关系认定	重点掌握	确定旅游法律关系的双方及内容
2. 《旅游法》内容	掌握	确定法律责任承担

旅游业对我国经济社会发展所做出的贡献日益凸显,但我国旅游业发展方式比较粗放,重开发、轻保护等问题较多,旅游市场秩序比较混乱,部分旅游企业经营行为不规范,恶性竞争、零负团费、强迫购物、虚假广告等问题屡禁不止,这些问题制约着我国旅游业的持续健康发展。要想使我国走向旅游强国之路,必须确立"依法兴旅,依法治旅"的理念,运用法治手段,引导、规范我国旅游业的健康发展。《中华人民共和国旅游法》(2013年10月1日起施行,以下简称《旅游法》)是我国旅游行业的基本法,它在我国旅游业发展史上具有重要的里程碑意义,是促进我国旅游业持续健康发展,最终实现旅游强国之梦的制度基石。我国旅游法制体系的建设以此为核心而展开,它们将成为把我国旅游业培育成国民经济的战略性支柱产业和人民群众更加满意的现代服务业的法制保障。

2.1 我国旅游立法概述

我国旅游法制建设起步于1978年邓小平确立"依法治国"的治国方略之后。从国务院制定规范旅游业的单行旅游行政法规开始,继由国家旅游局相继制定一系列旅游行业的行政规章等,再到地方政府制定旅游规章和规范性文件等。后又遵循我国立法体制,进一步构建完善我国旅游法律法规体系,使我国旅游业发展逐步走上法制轨道。

2.1.1 历史回顾

我国的旅游立法从1949年新中国成立直到1978年改革开放之前的近30年里,基本上是一片空白。十一届三中全会之后,我国旅游法制建设才逐步提上国家立法的议事日程,并从滞后逐步走向完善。

1. 起步阶段

1978—1989年是我国旅游法制建设的起步阶段。在这一阶段我国的旅游业逐步开始产业化，这迫切需要以法制的形式对旅游活动进行规制。具有标志性意义的立法是 1985 年国务院发布的《旅行社管理暂行条例》，这是我国第一个规范旅游业的单行法规。国家旅游局还制定了一系列旅游行业的行政规章，如在旅行社、旅游涉外饭店、导游人员、旅游价格、企业财务管理等方面，对旅游业基本环节进行规范管理。1985—1989 年，全国各地制定和发布了各类地方政府旅游规章和规范性文件共计 120 余件，其中由省、自治区、直辖市人民政府制定和发布的地方政府旅游规章 16 件；由省、自治区、直辖市旅游行政管理部门制定和发布的规范性文件 105 件。

2. 发展阶段

1990—1998 年为我国旅游法制建设的发展阶段。这一时期旅游业由基础性发展阶段进入到快速发展阶段，旅游法制建设在更广阔的领域内展开。1990 年国家旅游局初步完成了《旅游法》和《旅游法实施细则》送审稿的起草工作，标志着我国旅游法制建设迈出了重要一步。

3. 完善阶段

1999 年以来是我国旅游法制建设的完善阶段。1999 年国家旅游局发布了《旅游发展规划管理暂行办法》，促进旅游业可持续发展目标的实现。2000 年国务院办公厅发出了《国务院办公厅转发国家旅游局等部门关于进一步发展假日旅游若干意见的通知》，这是新形势下指导国内假日旅游发展的纲领性文件。2001 年发布了《国务院关于进一步加快旅游业发展的通知》，对我国旅游宏观综合性立法提供了重要基础。2002 年公布了《中国公民出国旅游管理办法》。截至 2003 年，除港澳台地区以外，全国已有 27 个省、自治区、直辖市颁布了地方旅游法规。2013 年 4 月 25 日全国人民代表大会常务委员会第二次会议通过了《旅游法》，作为规范旅游行业的基本法，它依据宪法而制定，并将统领旅游行业的法制建设，以实现旅游法制建设战略目标。

2.1.2 我国旅游立法体制和法律法规体系

1. 我国旅游立法体制

1) 全国人民代表大会及其常委会行使立法权

全国人民代表大会和全国人民代表大会常务委员会行使国家立法权，是国家最高立法机关。全国人民代表大会有权制定、修改宪法并监督宪法实施，有权制定和修改刑事、民事、国家机构的和其他的基本法律。全国人民代表大会常务委员会制定和修改除应当由全国人民代表大会制定的法律以外的其他法律；在全国人民代表大会闭会期间，对全国人民代表大会制定的法律进行部分补充和修改，但是不得同该法律的基本原则相抵触。

2013 年 4 月 25 日第十二届全国人民代表大会常务委员会第二次会议通过《中华人民共和国旅游法》(自 2103 年 10 月 1 日起施行)；1993 年 10 月 31 日第八届全国人大常委会第 4 次会议通过,《中华人民共和国消费者权益保护法》(自 1994 年 1 月 1 日起施行)，根据 2013 年 10 月 25 日第十二届全国人大常委会第 5 次会议《关于修改的决定》第 2 次修正，(自 2014 年 3 月 15 日起施行)；1986 年 4 月 12 日第六届全国人民代表大会第四次会议通过

《中华人民共和国民法通则》(1987年1月1日起施行);1999年3月15日第九届全国人民代表大会第二次会议通过《中华人民共和国合同法》(1999年10月1日起施行);2009年12月26日第十一届全国人民代表大会常务委员会第十二次会议通过《中华人民共和国侵权责任法》(2010年7月1日起施行);1991年4月9日第七届全国人民代表大会第四次会议通过《中华人民共和国民事诉讼法》,根据2007年10月28日第十届全国人民代表大会常务委员会第三十次会议《关于修改<中华人民共和国民事诉讼法>的决定》修正等。

2) 国务院行使旅游行政法规的制定权

国务院根据宪法和法律,有权制定行政法规,发布行政决定和命令。国务院已制定了许多旅游法规,如1994年9月2日国务院第24次常务会议通过,1994年10月9日中华人民共和国国务院令第167号公布《自然保护区条例》(自1994年12月1日起施行);2006年9月6日国务院第149次常务会议通过,2006年9月19日中华人民共和国国务院令第474号公布《风景名胜区条例》(自2006年12月1日起施行);2009年1月21日国务院第47次常务会议通过,2009年2月20日中华人民共和国国务院令第550号公布《旅行社条例》(自2009年5月1日起施行)等。

3) 地方人民代表大会及其常委会行使地方性法规制定权

省、自治区、直辖市人民代表大会及其常委会,可以根据宪法和法律规定,制定地方性旅游法规,报全国人民代表大会常委会和国务院备案,在其管辖范围内实施。较大的市人民代表大会及其常委会,可以结合本市的具体情况和实际需要,在不同宪法、法律、行政法规和本省、自治区的地方性法规相抵触的前提下,可以制定地方性旅游法规,报省、自治区的人民代表大会常务委员会批准后施行,并由批准机关报全国人民代表大会常委会和国务院备案。

4) 民族自治地方的人民代表大会行使自治条例和单行条例的制定权

民族自治地方(民族自治区、自治州、自治县)的人民代表大会可以依照当地的民族政治、经济、文化特点,制定自治条例和单行条例。自治区制定的,报全国人民代表大会常委会批准生效;自治州、自治县制定的,报省、自治区、直辖市的人民代表大会常委会批准后生效,并报全国人民代表大会常委会和国务院备案。

5) 国务院各部委行使旅游规章的制定权

国务院各部委根据法律和国务院的行政法规、决定、命令,在本部门权限范围内,制定规章,发布命令、指示和规章,如2010年5月5日国家旅游局令第32号公布《旅游投诉处理办法》(自2010年7月1日起施行);2002年10月28日国家旅游局令第18号公布《出境旅游领队人员管理办法》(自公布之日起施行);2009年4月3日国家旅游局令第30号公布《旅行社条例实施细则》(自2009年5月3日起施行)等。

2. 我国的旅游法律法规体系

作为我国国内系统梳理旅游立法的代表性人物之一的韩玉灵教授认为,旅游法律体系的建设是一个系统工程。要保障我国旅游业的健康发展,应当建立以宪法为依据,旅游专门法和相关法相结合的立法模式。宪法是一切法律的制定依据。旅游专门法包括规范旅游业发展的旅游基本法和旅游法规,这是其核心部分,旅游专门法包括旅游法律,由全国人民代表大会常委会制定的《旅游法》；由国务院、国家旅游局、国家旅游局与相关部门制定的旅游法规；由地方人民代表大会、地方政府制定的地方性旅游法规规章等。其中，旅游法规包括如旅行社管理、导游人员管理、出国旅游管理和一些部门规章等；相关法包括与旅游业发展相关的法律法规，如民法、合同法、消费者权益保护法、反不正当竞争法、资源法、食品卫生法、交通运输法等，相关法作为旅游法体系的一部分是因为旅游业具有综合性特点，涉及面相当广泛，与很多行业具有关联性，因此相关方面的法律法规也应当遵守。

知识链接

美洲、亚洲、欧洲和太平洋地区的国家，最近20年来陆续颁布了旅游法，以促进本国、本地区旅游业的可持续发展。联合国世界旅游组织也强调旅游业对法律规章的独特需求。我国旅游业的发展迫切需要制定旅游法律法规来规制，已成为国人共识。在社会主义法律体系已初步形成的基础上，加强我国旅游法律法规体系的建设势在必行。2013年5月16日国务院召开贯彻实施《旅游法》电视电话会议上，汪洋副总理指出，要"依法兴旅、依法治旅"，努力把旅游业培育成国民经济的战略性支柱产业和人民群众更加满意的现代服务业。2013年4月25日发布的《旅游法》作为旅游行业基本法，具有里程碑意义，它标志着我国旅游法制建设已跃上一个新的台阶。

2.2 旅游法律关系及旅游法

关于旅游法律关系的定义仍处于争论之中尚无定论，因其法律关系的内容与旅游有关而称之为旅游法律关系，其实质与法律关系无二致。旅游法律关系的构成要件是主体、内容、客体三要件。《旅游法》运用了行政法、经济法、民事法的基本原则和手段，对旅游业发展的重要领域进行了规范，打击违法行为，维护旅游者和旅游经营者等的合法权益，具有极其重要的意义。

2.2.1 旅游法律关系

1. 法律关系的概念、特征和构成要件

法律关系概念是法律领域的基本概念，是理解法律现象和分析法律问题的重要工具。法律关系是通过法律规范所构建或调整的，以权利义务为内容的社会关系。法律规范的存在是法律关系形成的前提和根据，法律关系借助于法律规范进行构建、规范和调整。

法律关系的特征在于它仍然是一种社会关系，是通过法律规范的构建调整而纳入到法律领域内的一种特殊的社会关系；它以权利义务为法律关系的核心内容；它以国家强制力作后盾保障权利的实现和义务的履行。

法律关系的构成要件是法律关系的主体、内容和客体三要件。法律关系的主体是指法律关系的参加者；法律关系的内容是指法律上的权利义务内容；法律关系的客体是指权利义务所指向的对象。

2. 旅游法律关系的概念及特征

关于旅游法律关系的定义学界还存在争议无定论。笔者认为，旅游法律关系是指由旅游法律规范所构建和调整的旅游社会关系，旅游法律关系主体之间在旅游活动中所形成的具有旅游内容的权利义务关系。

旅游法律关系的特征在于它以现存的旅游法律规范为前提，没有相应的旅游法律规范，当事人之间形成的关系，就不是法律关系性质的，或不是旅游法律关系性质的；旅游法律关系具有旅游权利和旅游义务的内容，双方当事人相互享有旅游权利，承担旅游义务；旅游法律关系由国家强制力做保障；旅游法律关系的产生、变更和消灭通过当事人的意思表示来完成。

3. 旅游法律关系的构成

旅游法律关系的构成同其他法律关系的构成一样，由主体、内容、客体三大要件构成，三要件组成有机统一的整体，相互联系，相互制约，缺一不可。

1) 旅游法律关系的主体

旅游法律关系的主体是指在旅游法律关系中享有旅游权利承担旅游义务的当事人，包括自然人和法人。在我国，能够成为旅游法律关系主体的当事人有旅游者，旅游经营者(包括各类旅行社、各类旅游交通运输部门、各类旅游饭店、各类景区、各类旅游资源管理部门等)，旅游行政管理部门(包括国家旅游局和各级地方旅游局)，外国旅行社等。在旅游法律关系中，必须有两个以上的当事人参加，才能构成旅游法律关系，并且旅游法律关系中的主体必须具有法定的主体资格。

一是旅游者：是指为旅行、游览、观光、健身等目的，与旅游经营者、饭店或者景区(点)等之间建立法律关系的自然人。旅游者是旅游法律关系的重要主体。通常还可划分为本国旅游者和外国旅游者。

二是旅游经营者：指旅行社、景区及为旅游者提供交通、住宿、餐饮、购物、娱乐等服务的经营者。

三是履行辅助人：是指与旅行社存在合同关系，协助其履行包价旅游合同义务，实际提供相关服务的法人或者自然人。

四是旅游行业组织：是指根据发展旅游业的某一方面的目标而设立的、由一定成员组成的社团组织。它以自己的名义从事各种与旅游有关的活动，大多数不具有营利性质，有自己的章程、组织机构和行动目标。旅游行业组织属于社团性质的组织，因此应依法履行登记、注册或批准等手续而设立。以成员构成为依据来划分，旅游行业组织可以分为民间旅游组织、政府间旅游组织和混合型旅游组织。例如，中国旅游协会是民间组织，世界旅游组织是政府间组织，亚太旅游协会是混合型旅游组织。以成员的来源范围划分可分为全球性旅游组织和区域性旅游组织，如世界旅游组织是全球性旅游组织，亚太旅游协会是区域性旅游组织。需强调的是政府间旅游组织与其成员国之间的关系是国际法关系，各成员国应当自觉遵守政府间旅游组织的宣言、决议、章程，政府间旅游组织应当尊重各成员国的主权，不干涉其内部事务，各成员国应按照组织章程的原则和要求，处理本国与其他成员国之间的关系。

五是旅游行政管理部门：是指对旅游事业发展、旅游活动、旅游经营实行宏观规划调控和促进、管理的机构。在我国主要有国家旅游局、各级地方旅游局。目前我国采用国家、省、市、县四级旅游局为旅业主管部门的行政管理模式。另外，由于旅游行业的关联性高，因此对相关旅游经营行为进行监督检查，除了县级以上人民政府旅游主管部门外，还包括县级以上人民政府有关部门和工商行政管理、产品质量监督、交通等执法部门等。

2) 旅游法律关系的客体

旅游法律关系的客体是指旅游法律关系的主体之间权利义务所指向的对象。它是旅游法律关系的主体间发生权利义务联系的中介，是旅游法律关系主体的权利义务所指向、影响和作用的对象，是旅游法律关系产生和存在的前提。旅游法律关系客体的具体形态是多种多样的，在此只分析几种最主要的客体。

一是物，是指以一定物理形态存在可为人们控制支配的客观存在。它既可以是天然之物，也可以是生产之物；既可以是活动之物，也可以是非活动之物。当这些物进入旅游法律关系中时，就具有了旅游法律属性。例如，旅游资源、旅游基础设施、文物古迹、旅游商品等，当作为物的存在时，由旅游者支付一定价款后，便取得参观权、使用权或所有权，此时它们成为旅游法律关系的客体。

二是行为，法律关系主体的行为是主体为达到某一目的，实现权利、履行义务的活动，如演出活动中演员的表演行为，子女对父母的赡养行为等，主体的权利义务是围绕着特定的行为而建立起来的。通常情况下，作为法律关系客体的行为是指义务人按照法定或约定的义务而必须实施的行为，包括作为与不作为。在旅游法律关系中，旅游行为包括旅游服务行为和旅游管理行为。旅游服务行为包括导游行为、领队行为、组织游览行为、代订客房行为等。旅游管理行为包括国家旅游管理部门对旅行社、景区(点)等的市场监管行为。

三是智力成果，即精神产品，是人的智慧产生的物化了的、固定化了的思维成果，属于非物质财富，如旅游企业的商标图案、旅游企业的相关专利发明、旅游学术论著等。智力成果主要通过使用权、所有权的转让实现其财富价值。

3) 旅游法律关系的内容

旅游法律关系的内容是指旅游法律关系的主体依法享有的旅游权利和承担的旅游义务。它决定某一旅游法律关系的性质。

旅游权利是指旅游法律关系主体在旅游相关活动中依法享有的自己做出或不做出一定行为，以及要求他人做出或不做出一定行为的资格。权利由法律确认、设定和保护。通常表现为以下三方面。一是旅游权利主体依法按照自己的意愿做出一定行为或不做出一定行为。例如，旅游者有与旅行社订立旅游合同的权利，旅游企业有依法经营的权利等。二是旅游权利主体有要求承担义务的一方做出或不做出一定行为的权利。例如，旅游者有权要求旅行社依合同约定提供旅游服务；旅行社也有权要求旅游者不作出违法或违约的行为。三是旅游权利由法律确认，故受国家强制力保护，当权利主体的权利遭受不法侵害时，有权通过司法机关、县级以上人民政府指定或设立的旅游投诉受理机构等处理和救济。

旅游义务是指旅游法律关系主体在旅游相关活动中依法或依约定作出一定行为或不作出一定行为以满足权利人利益要求的一种约束。负有旅游义务的人需在法律规定或合同约定的范围内自觉履行应尽义务，如不履行相应义务则应承担相应法律责任，受到相应的法律制裁。

知识链接

旅游者承担的旅游义务一般有以下几个：为享有旅游服务支付合理费用；遵守法律法规爱护风景名胜古迹；爱护森林植被；保护野生动物；爱护旅游资源；爱护各种旅游设施设备等。依照约定不得擅自脱团、分团等。

旅游企业承担的旅游义务一般有以下几个：依法进行经营活动；依合同约定为旅游者提供良好旅游服务，尊重旅游者，保护旅游者合法权益不受非法侵害等。

旅游权利与旅游义务两者相辅相成，旅游义务是旅游权利实现的保障。

2.2.2 我国《旅游法》内容概述

我国《旅游法》采用了综合立法模式，运用行政法、经济法和民事法律的基本原则和手段，对旅游业发展的重要领域进行规范。该法共10章112条，分总则、旅游者、旅游规划和促进、旅游经营、旅游服务合同、旅游安全、旅游监督管理、旅游纠纷处理、法律责任、附则。其主要掌握如下9个方面的内容。

(1) 总则。确立《旅游法》的立法宗旨是保障旅游者和旅游经营者的合法权益，坚持以人为本，安全第一的理念，平衡旅游者、旅游经营者和旅游从业人员之间的权利、义务和责任，强化政府监管，规范旅游市场秩序，保护合理利用资源，促进旅游业持续健康发展。确立旅游业发展坚持社会效益、经济效益和环境效益相统一的原则。倡导健康、文明、环保旅游方式，注重保护环境和生态。国家建立健全旅游服务标准和市场规则，禁止垄断性经营，规定诚实经营等原则。建立健全旅游综合协调机制。鼓励依法成立旅游行业组织，实行自律管理。

小思考

《旅游法》的立法目的和立法的总体思路是什么？

(2) 旅游者的权利义务。在权利方面，规定了旅游者享有的各种权利，如知情权、受尊重权、旅游救助权等，突出旅游者合法权益保护。在义务方面，强调旅游者尊重旅游目的地习俗、爱护旅游资源，不损害当地居民、其他旅游者、旅游经营者合法权益的义务。同时，对借旅游为名非法滞留等现象，对出境旅游者在境外的义务和入境旅游者在境内的权利义务做了相关规定。

(3) 旅游规划和促进。对旅游规划编制的主体、内容和规划的衔接、评估做了规定。在旅游促进方面，主要规定各级人民政府应当在产业政策和资金方面加大对旅游业的支持，编制土地利用总体规划和城乡规划时充分考虑旅游设施的要求，加强旅游形象宣传和公共信息服务，鼓励和支持旅游职业教育和培训，提高从业人员素质等方面的内容。

(4) 关于旅游经营。对旅游经营者资质、从业人员资格及经营规则做了规定。一是对旅行社实行经营业务许可，对导游和领队实行执业许可。二是规定旅游经营的一般规则，旅行社的有关经营规范，质量保证金制度；景区开放的条件和门票管理制度，景区流量控制；导游、领队的从业规范；其他旅游经营形式的特别规定。三是对与旅游密切相关的交通、住宿、餐饮、购物、娱乐的经营管理进行衔接性规定。

案例 2.1

九寨沟游客滞留事件景区预警失职难辞其咎

案情简介：2013 年 10 月 2 日国庆黄金周假日期间，四川省九寨沟景区由于游客人数超出景区承载量，出现四千多名游客滞留的情况，部分游客滞留时间长达 5 小时。因不满长时间候车，部分游客围堵景区接送车辆，导致上下山通道陷入瘫痪。有游客抱怨，已被堵了 3 小时，景区却还在卖门票放人，最终导致想上的上不来，想走的下不去。滞留游客最终被全部安全疏散，当地景区主管部门也公开致歉。

（案例来源：中国贸易报，袁远，2013 年 10 月 9 日；法制日报——法制网，2013 年 10 月 8 日。笔者根据上述报道整理改编。）

案例评析：旅游法专家杨富斌认为，这一事件中，当地景区主管部门即使不能说是预警失职，起码也是预警工作做得不够。对于造成的大量游客滞留景区的情况，景区方面肯定是有责任的。为了科学规范景区能够有效"预警限客"，提高服务质量，《旅游法》第 45 条明确规定："景区接待旅游者不得超过景区主管部门核定的最大承载量。景区应当公布主管部门核定的最大承载量，制定和实施旅游者流量控制方案，并可以采取门票预约等方式，对景区接待旅游者的数量进行控制。旅游者数量可能达到最大承载量时，景区应当提前公告并同时向当地人民政府报告，景区和当地人民政府应当及时采取疏导、分流等措施。"

(5) 关于旅游服务合同。旅游服务合同具有关系复杂性、合同主体双方不完全对等、合同目的非物质性、合同履行人身关联性等特点。根据这些特点，主要对包价旅游合同的订立、变更、解除、违约做了详细规定；并对旅游安排、代订、咨询合同和住宿合同衔接做了原则规定；特别对旅游经营者的法定告知义务做了明确规定。

知识链接

据国家旅游局消息，因美国联邦政府预算未获国会批准，其部分部门于 2013 年 10 月 1 日起暂时关闭。受此影响，一些由联邦政府资金资助或补贴的机构、设施、景点、景区，如国家公园、纪念馆、博物馆、演出中心都已暂时关闭或停止营业。鉴于此，国家旅游局提醒近期赴美旅游的中国游客和旅游团队，密切留意相关情况，审慎选择出行路线。中国社科院旅游研究中心特约研究员刘思敏表示，"政府关门"事件极其罕见，虽然不是完全意义上的"不可抗力"，但是具有相同的效果。根据《旅游法》第 67 条的规定，因不可抗力对旅游行程造成了影响，旅行社应当采取相应的措施。因此增加的食宿费用，由旅游者承担，增加的返程费用，由旅行社与旅游者分担。

（资料来源：中国贸易报，袁远，2013 年 10 月 9 日）

(6) 关于旅游安全。对旅游安全做了专门规定。一是明确了政府的旅游安全职责；二是国家建立了旅游目的地安全风险提示制度；三是政府建立旅游突发事件应对机制。四是规定了旅游经营者应尽的安全保障义务，以及对安全警示、事故救助处置做了规定。

小思考

新的《旅游法》对于旅游安全的保障，规定了国家政府和旅游经营者应建立哪些旅游安全保障制度？

(7) 关于旅游监管。根据旅游管理涉及多个部门的特点，确立了有关部门分工负责的旅游市场监管工作机制和旅游违法行为查处信息共享机制，要求有关部门加强旅游监管，及时查处旅游违法行为。同时，建立政府相关职能部门综合处理与行业组织自律管理相结合的监管体制。

(8) 关于权利救济。为了解决目前旅游纠纷高发、解决机制不顺等问题，从有利于旅游者权益保护和旅游纠纷解决的角度，对旅游纠纷处理规定了解决途径，包括投诉处理、双方自行协商、调解、仲裁、诉讼等方式。同时，规定县级以上人民政府应当指定或设立统一的旅游投诉受理机构，要求受理机构及时处理或者移交相关部门处理，并告知投诉者。

知识链接

1. 调解。消费者协会、旅游投诉受理机构和有关调解组织在双方自愿的基础上，依法对旅游者与旅游经营者之间的纠纷进行调解。意即调解的前提条件是争议的双方都愿意进行调解，才可主持进行调解。如果只有一方愿意调解另一方不愿意调解，则不可强行主持调解。

2. 共同诉讼。旅游者与旅游经营者发生纠纷，旅游者一方人数众多并有共同请求的，可以推选代表人参加协商、调解、仲裁、诉讼活动。意即当事人一方人数众多进行诉讼时，可以由当事人推选代表人进行诉讼。代表人的诉讼行为对其所代表的当事人发生效力，但代表人变更、放弃诉讼请求或者承认对方当事人的诉讼请求，进行和解，必须经被代表的当事人同意。

(9) 法律责任。对旅游法律关系主体违反相关法律规定应承担的法律责任。

《旅游法》还对社会上反映最为强烈的旅游市场秩序混乱和旅游者维权困难等问题，做了以下几方面必要规范。第一，针对"零负团费"，规定旅行社不得以不合理的低价组织旅游活动，诱骗消费者，并通过安排购物或者另行付费旅游项目获取回扣等不正当利益。第二，针对强迫购物和另行付费，规定旅行社组织、接待旅游者，不得指定具体购物场所，不得安排另行付费旅游项目；同时明确包价旅游合同内容必须包括旅游行程安排、游览娱乐项目的具体内容和时间、自由活动时间安排、旅游费用及其交纳等。第三，针对旅游产品和服务质量不高，规定旅行社组织旅游活动应当向合格的供应商订购产品和服务，包价旅游合同内容应当明确交通、住宿、餐饮等旅游服务的安排和标准。

案例 2.2

香格里拉"宰客"导游被吊证，执法负责人被撤，三家旅行社受重罚

事件回放：省旅游发展委员会通报，据调查，2013 年 7 月 31 日，昆明康辉永升旅行社有限责任公司与游客梁某某一行二人签订旅游合同，该公司将这两名游客委托迪庆香格里拉招商旅行社有限责任公司负责香格里拉段的旅游接待。招商旅行社委派段元周(自称

"扎西土匪")提供导游服务。2013年8月6日，段元周在旅游车上收取游客的藏民家访费用时，对游客进行言语威胁。之后团队进入丽江虎跳峡，中午12时左右用餐，当晚参加藏民家访，结束后入住酒店。2013年8月7日游览草原、古城，梁某某二人自愿放弃之后的行程。段元周行为发生后，当时游客未向当地旅游部门投诉。

2013年8月12日，丽江古城国际旅行社与游客梁某某一行六人签订旅游合同，该旅行社将该行游客委托迪庆香格里拉中青旅行社有限责任公司负责香格里拉段的旅游接待。中青旅行社委派张涛(自称"阿布")提供导游服务。2013年8月14日，旅游团队行至虎跳峡10公里左右路段时，张涛强行向游客收取藏民家访费用，每人100元。因梁某某一行六人不愿参加自费项目，被该导游强行赶下旅游车，同时该导游在现场退还该六人每人480元参团费，并撕毁了游客所持旅游合同。随后游客梁某某等6人自己乘车回到丽江，前往丽江市旅游局投诉。经丽江市旅游局调解，由丽江古城国际旅行社按合同约定向游客赔偿合同总金额40%的违约金，每人赔付192元。之后迪庆香格里拉中青旅行社有限责任公司对张涛作出罚款5000元并停团的内部处理。梁某某等人又到迪庆藏族自治州旅游局投诉，要求处理当事导游，在此过程中与迪庆藏族自治州旅游局质监所所长、州旅游执法支队负责人李四春发生争执，李四春态度恶劣、语言粗暴并威胁游客。8月22日迪庆藏族自治州旅游执法支队找到张涛，并暂扣其导游上岗从业资格证书。

(案例资料来源：云南网：http://www.yunnan.cn 记者 赵岗 2013-10-09。经笔者整理改编)

本章小结

通过本章的学习，对我国旅游法律法规体系有了一定的了解，对与旅游相关的法律法规和哪些机构有旅游法律法规立法权、制定权有了基本了解和掌握。除此之外也熟悉掌握了旅游法律关系的概念、特征和构成，旅游法律关系主体、客体、内容的含义，熟悉掌握了我国《旅游法》的9个方面的主要内容。

关键术语

立法体制　法律关系　《旅游法》　旅游法律关系构成要件

习题

1．名词解释

(1) 法律关系　(2) 旅游法律关系的构成要件　(3) 旅游法律关系的主体　(4) 旅游法律关系的客体　(5) 旅游法律关系的内容

2．填空题

(1) 旅游法律关系的客体包括(　　)、(　　)、(　　)。
(2) 旅游权利与旅游义务属于(　　)。

3. 简答题

(1) 在我国，哪些机构或部门拥有旅游法律法规的立法权或制定权？

(2) 简述我国旅游法律法规体系概况。

(3) 我国《旅游法》采用综合立法模式，运用了哪些性质的法律原则和手段来规范旅游业发展中的重要领域？

4. 思考题

我国《旅游法》规定了哪些方面的内容？

5. 实训题

某假日旅行社接待江西某旅行社组织的教师旅游团，按旅游行程安排，旅游团应该入住北京某宾馆。但假日旅行社导游将游客送至该宾馆时，该宾馆拒绝该旅游团入住，理由是该旅行社尚未付清宾馆住宿费。该宾馆认为该旅行社没有履行付清住宿费的义务，其可以行使抗辩权拒绝履行自己的义务，即不让旅游团入住。游客拨打110报警并向当地旅游质监所投诉。

争议处理：经查，组团旅行社资金紧张，需要推迟几天支付住宿费，希望由地接社先垫付。但地接社不同意，本案宾馆也不同意迟付几天款项，最终出现上述情况。经旅游质监所处理，地接社先支付了住宿费，旅客入住，第二天组团社就将款项汇到。

(案例来源：侯作前，徐连宏，张建融. 旅游业常见争议解析：宾馆·饭店分册. 北京：知识产权出版社，2010.)

问题：地接社和某宾馆的做法是否合法或妥当？为什么？

第3章 旅行社管理制度

知识要点	掌握程度	相关知识
1. 旅行社	了解	旅行社的概念、旅行社的分类、旅行社的经营范围
2. 旅行社的设立	重点掌握	设立旅行社的条件及设立旅行社的申报审批程序；旅行社分支机构的设立规定；旅行社的变更
3. 外商投资旅行社	了解	外商投资旅行社的范围、设立外商投资旅行社的程序、外商投资旅行社经营业务的限制
4. 旅行社质量保证金制度	重点掌握	旅行社质量保证金的概念、缴纳与使用、赔偿标准的规定
5. 旅行社业务经营规范	重点掌握	《旅行社条例》及《旅游法》中规定的经营规范
6. 旅行社的监督检查制度	熟悉	相关行政部门对旅行社监督、行政管理部门监督管理公告、行政管理部门受理投诉的规定
7. 旅行社的法律责任	重点掌握	旅行社法律责任的具体内容

技能要点	能力要求	应用方向
1. 旅行社质量保证金制度	掌握	确定赔偿责任承担
2. 旅行社的法律责任	重点掌握	确定法律责任承担

导入案例

案情简介：

某年6月，一家名为东方明珠的旅行社在省市级的部分报纸上刊登了"海南七日游"的广告，并在其所办的旅游刊物上称，此种旅游参观的主要景点有8个：玉带滩、兴隆热带植物园、温泉渔疗SPA、南湾猴岛生态景区、槟榔谷蚩尤部落、大东海、天涯海角、南山佛教文化苑。7月10日，李某、方某等22名中小学生报名参加了"海南七日游"，每人交付旅游费用2 400元。7月19日，李某等学生乘汽车从武汉机场出发，20日抵达海口市银苑宾馆。到达后，东方明珠旅行社的导游许某将李某等22名男女学生混合安排在该宾馆的4间客房休息。在7月22日、23日的游览活动中，东方明珠旅行社只安排李某等游览了玉带滩、兴隆热带植物园、温泉渔疗SPA、南湾猴岛生态景区4个景点，其余未安排，且未在游览出发前告诉李某等同学。李某等同学返回后，认为旅行社违反旅游合同，造成其经济、精神损失，曾多次到旅行社处要求赔礼道歉，并要求赔偿损失。旅行社除表示赔礼道歉外，不同意李某等22人所要求的赔偿数额。据此，李某等22人将东方明珠旅行社起诉到西峡县法院。

（案例来源：黄山市旅游委员会：http://www.hsta.gov.cn/xinxi/html/12/121101111256.shtml）

问题：

(1) 组团的旅行社有何违法之处？
(2) 旅行社应受到什么处罚？

案例评析：

(1) 根据《旅游法》第六十九条规定："旅行社应当按照包价旅游合同的约定履行义务，

不得擅自变更旅游行程安排。"该旅行社有以下违法行为：无故减少游览景点。此违法行为侵害了旅游者的利益，影响旅游服务质量，导致旅游者未能依合同享受到应有的服务。

(2) 对于该旅行社拒不履行合同约定义务，降低服务质量的行为，应依《旅游法》第一百条的规定："旅行社违反本法规定，有下列行为之一的，由旅游主管部门责令改正，处三万元以上三十万元以下罚款，并责令停业整顿；造成旅游者滞留等严重后果的，吊销旅行社业务经营许可证；对直接负责的主管人员和其他直接责任人员，处二千元以上二万元以下罚款，并暂扣或者吊销导游证、领队证：①在旅游行程中擅自变更旅游行程安排，严重损害旅游者权益的；②拒绝履行合同的；③未征得旅游者书面同意，委托其他旅行社履行包价旅游合同的。"

3.1 旅行社概述

旅行社是旅游产业三大行业之一，是旅游活动的组织者。旅行社承担了旅游接待计划的制订和几乎全部的旅游联络和接待工作，在旅游业的发展中占有十分重要的地位。因此，我国有关旅行社的立法相对较早。1985 年 5 月 11 日国务院公布了《旅行社管理暂行条例》。随着改革开放的深入和经济形势的发展，我国公民自费到国外旅游人数的不断增加，《旅行社管理暂行条例》已经不能适应发展了的形势，于是，1996 年 10 月 15 日国务院第 205 号令公布《旅行社管理条例》，当年 11 月 28 日国家旅游局公布《旅行社管理条例实施细则》。进入 21 世纪，为解决我国旅游业发展中的突出问题，顺应我国旅游业蓬勃发展的势头，2009 年 2 月 20 日国务院公布《旅行社条例》。国家旅游局 30 号令公布《旅行社条例实施细则》，自 2009 年 5 月 3 日起施行。这一系列的法律法规的公布，为旅行社的经营与管理提供了重要的法制依据。

3.1.1 旅行社的产生与发展

旅行社的产生是商品经济、科学技术及社会分工发展的结果，同时也是人类社会旅行活动发展的必然产物。

18 世纪中叶发生在英国的工业革命，使全世界的经济和社会结构发生了巨大的变化，为旅行社行业的出现提供了各种有利条件。工业革命及其所引发的社会经济巨变促进了世界范围内旅游业的发展，改变了世界旅游业的发展方向。

在这种历史背景下，1845 年在英国产生了世界上第一家旅行社——托马斯·库克(Thomas Cook)创立的托马斯·库克旅行社，托马斯·库克也成了世界上第一位专职的旅行代理商，故后人誉他为"近代旅游业之父"。第二次世界大战后，科技的进步，西方经济发达国家带薪假期的实施，特别是航空业的发展，极大地刺激了大众旅游的需求，而旅游需求的大量产生又反过来拉动了旅行社行业的迅速成长。今天，一个遍布全球的庞大的国际性旅游服务销售网络已基本形成，是世界旅游业的三大支柱之一。

我国最初的旅行社是如英国的通济隆旅行社、美国运通旅行社等外国旅行社在我国设立的办事处，主要是为方便其本国居民来中国旅行。而当时中国人要出国旅行也必须依赖外国旅行社。1923 年 8 月，陈光甫先生在上海创立的上海商业储蓄银行旅行部，为国人办理旅游业务,这是我国的第一家旅行社。1927年6月,该旅行部从上海商业储蓄银行独立出来,更名为中国旅行社。

旅行社在旅游业的发展中占有十分重要的地位,是旅游消费者与各种旅游服务供应(或生产)者之间的中介,它把旅游者需要的多种服务集中起来,一次性地销售给旅游者。同时,旅行社又对不同的旅游服务供应者(如酒店、餐馆、车船公司、旅游景点)的产品进行推销,为各类旅游服务供应者招徕旅游者。旅行社既满足了旅游者的消费需求,又促进了旅游产品的生产和销售,从而起到了促进旅游业发展的作用。

3.1.2 旅行社的概念

《旅行社条例》中规定,旅行社是指从事招徕、组织、接待旅游者等活动,为旅游者提供相关旅游服务,开展国内旅游业务、入境旅游业务或者出境旅游业务的企业法人。从《旅行社条例》对旅行社所做的法定概念中可见,旅行社业务经营方式与经营范围具有多样性,经营范围具有广泛性,其经营业务的委托性也是一个极强的特点。可以从以下四个方面来理解旅行社这一概念。

1. 旅行社是依法成立的企业法人

这是旅行社企业的本质法律特征。所谓企业法人是指具有符合国家法律、法规规定的资金数额、企业名称、组织章程、组织机构、住所等法定条件,能够独立承担民事责任,经主管机关核准登记取得法人资格的社会经济组织。旅行社的设立应当符合企业法人设立的一般要求,同时还必须经过前置行政许可即前置审批,获得行业主管部门的行政许可后,方可向工商行政主管部门申请登记注册,成为企业法人。

2. 旅行社是以招徕、组织、接待等经营方式,从事旅游经营行为的企业法人

"招徕"是指旅行社按许可的业务经营范围,自主设计、编制旅游线路和旅游服务项目,或者根据旅游者的要求设计、编制旅游线路和旅游服务项目,在境内外旅游市场上开展宣传活动,招引旅游者或者招接旅游活动的经营行为。

"组织"是指旅行社将报名参加旅游活动的旅游者组合成旅游团组等形式,或者将旅游者同意接受的单项或多项旅游服务进行组合的经营行为。

"接待"是指旅行社按照与旅游者签订的旅游合同,安排旅游者进行吃、住、行、游、购、娱等活动,并提供导游服务。

3. 旅行社是为旅游者提供相关旅游服务的企业法人

旅游服务是多种多样的,为旅游者提供或安排交通、住宿、餐饮、观光、游览、休闲、度假、娱乐、导游、领队服务,还包括旅游咨询、旅游活动设计等与旅游相关的各项服务。还可以接受旅游者的委托,代订交通客票、代订住宿和代办出境、入境、签证手续等。接受机关、事业单位和社会团体的委托,为其考察、会议、差旅、奖励旅游等公务、商务活动,代办交通、住宿、餐饮、会务、观光游览、休闲度假等事务。其中出境、签证手续等服务,应当由具备出境旅游业务经营权的旅行社代办。

4. 旅行社的经营范围是开展国内旅游业务、入境旅游业务或者出境旅游业务

这是我国旅行社的主要业务,《旅行社条例实施细则》第三条规定了国内旅游业务、入境旅游业务、出境旅游业务 3 项业务的具体内容。国内旅游业务是指旅行社招徕、组织和接待中国内地居民在境内旅游的业务。入境旅游业务是指旅行社招徕、组织、接待外国旅游者来我国旅游,香港特别行政区、澳门特别行政区旅游者来内地旅游,台湾地区居民来大陆旅游,以及招徕、组织、接待在中国内地的外国人,在内地的香港特别行政区、澳门特别行政区居民和在大陆的台湾地区居民在境内旅游的业务。出境旅游业务是指旅行社招徕、组织、接待中国内地居民出国旅游,赴香港特别行政区、澳门特别行政区和台湾地区旅游,以及招徕、组织、接待在中国内地的外国人、在内地的香港特别行政区、澳门特别行政区居民和在大陆的台湾地区居民出境旅游的业务。

《旅游法》规定旅行社经营业务除境内旅游业务、入境旅游业务或者出境旅游业务外,还包括有边境旅游业务。

知识链接

国务院在 1985 年 5 月 11 日颁布的《旅行社管理暂行条例》中根据当时我国公民还不具备到国外旅游的条件的实际情况,将旅行社分为一类旅行社、二类旅行社和三类旅行社三种。随着改革开放的深入和经济形势的发展,我国公民自费到国外旅游人数的不断增加,原来对旅行社的分类已经不能适应发展了的形势,1996 年 10 月 15 日国务院第 205 号令发布《旅行社管理条例》,当年 11 月 28 日国家旅游局发布《旅行社管理条例实施细则》。进入 21 世纪,为解决我国旅游业发展中的突出问题,顺应我国旅游业蓬勃发展的势头,国务院 2009 年 2 月 20 日颁布《旅行社条例》,2009 年 5 月 1 日开始实施,1996 年颁布的《旅行社管理暂行条例》同时废止。国家旅游局 30 号令发布《旅行社条例实施细则》,自 2009 年 5 月 3 日起施行。2013 年 10 月 1 日《中华人民共和国旅游法》的实施,更是以规范旅游市场、保护旅游者合法权益为目标,对旅行社作出了更为严格、严厉的法律规制,从多方面加强了对旅行社的管理。

3.1.3 旅行社的分类及其经营范围

《旅行社条例》根据我国旅行社发展状况,借鉴国际上成功的经验,按旅行社经营业务范围,将其划分为国际旅行社和国内旅行社。国际旅行社的经营范围包括入境旅游业务、出境旅游业务、国内旅游业务。国内旅行社的经营范围仅限于国内旅游业务。

《旅游法》第二十九条还规定:"旅行社可以经营下列业务:(一)境内旅游;(二)出境旅游;(三)边境旅游;(四)入境旅游;(五)其他旅游业务。旅行社经营前款第二项和第三项业务,应当取得相应的业务经营许可,具体条件由国务院规定。"

可见,目前我国旅行社的经营范围包括有国内旅游业务、入境旅游业务、出境旅游业务以及边境旅游业务。前三项旅游业务的在《旅行社条例》及《旅行社条例实施细则》中有详细说明,而边境旅游业务的具体规定主要在 2010 年颁布的《边境旅游暂行管理办法》中。

1. 国内旅游业务

国内旅游业务是指旅行社招徕、组织和接待中国内地居民在境内旅游的业务,可见有两个特点：一是旅游的主体是中国内地居民，二是旅游的地域限定在中国内地。如果香港特别行政区、澳门特别行政区居民和台湾地区居民及外国人在中国境内旅游，按现行的出入境管理制度和旅游统计制度规定，属于入境旅游。同样，按出入境管理制度规定，中国内地居民赴香港特别行政区、澳门特别行政区和台湾地区旅游则视为出境旅游。

2．入境旅游业务

入境旅游业务是指旅行社招徕、组织、接待外国旅游者来我国旅游，香港特别行政区、澳门特别行政区旅游者来内地旅游，台湾地区居民来大陆旅游，以及招徕、组织、接待在中国内地的外国人，在内地的香港特别行政区、澳门特别行政区居民和在大陆的台湾地区居民在境内旅游的业务。可见凡是外国人、香港特别行政区、澳门特别行政区和台湾地区居民来中国内地旅游均为入境旅游业务。需要说明的是，在中国内地学习、工作、经商和定居的外国人及香港特别行政区、澳门特别行政区、台湾地区居民，由于他们的身份，他们在中国内地的旅游活动仍视为入境旅游。如果已经取得了中国国籍或者取得了内地居民身份的，则视为国内旅游。

3．出境旅游业务

所谓出境旅游业务，是指旅行社招徕、组织、接待中国内地居民出国旅游，赴香港特别行政区、澳门特别行政区和台湾地区旅游，以及招徕、组织、接待在中国内地的外国人、在内地的香港特别行政区、澳门特别行政区居民和在大陆的台湾地区居民出境旅游的业务。可见凡是中国内地居民持中国护照出国旅游或持通行证赴香港特别行政区、澳门特别行政区和台湾地区旅游，均属于出境旅游，而持外国护照的外国公民或者持香港、澳门特别行政区护照及台湾居民身份证件的人员，只要他是在中国内地报名参加旅游，也属于出境旅游业务。

当前，我国对出境旅游实行"有组织、有计划、有控制"的发展指导方针，未经国家旅游局批准，包括国际旅行社在内，任何旅行社不得经营中国境内居民出境旅游业务和边境旅游业务。所以国际旅行社的经营范围虽包括出境旅游业务，并不意味着所有国际旅行社都可经营出境旅游业务。

4．边境旅游业务

边境旅游是指经批准的旅行社组织和接待我国及毗邻国家的公民，集体从指定的边境口岸出入境，在双方政府商定的区域和期限内进行的旅游活动。可见，边境旅游业务是旅行社招徕、组织、接待我国及毗邻国家的公民在规定边境区域内旅游的业务。《边境旅游暂行管理办法》中规定，国家旅游局是边境旅游的主管部门，负责制定边境旅游有关政策和管理办法，对边境旅游进行宏观管理，批准承办边境旅游的旅行社。

3.2 旅行社的经营及法律责任

旅行社是旅游服务的提供者，旅游者是旅游服务的享用者，旅行社与旅游者之间形成以服务为客体的权利义务关系。关于旅行社管理的重要法律是《旅行社条例》及《旅游法》。其中规定了旅行社与旅游者之间的权利与义务，还明确了旅行社的概念、经营范围、旅行社设立条件和申办程序，质量保证金的定义、数量、缴纳方式、管理，以及旅行社的经营规范、监督检查和法律责任。在我国设立旅行社应当符合设立企业法人所需要的条件和程序，对于旅行社的经营业务，我国采用经营许可证制度，未取得旅行社业务经营许可证的不得从事旅行社业务。旅行社质量保证金制度对于加强旅行社服务质量的监督和管理、保护旅游者合法权益发挥了重要的作用。旅行社在经营活动中应当遵循自愿、平等、公平、诚实、信用的原则，遵守商业道德，遵照《旅行社条例》及《旅游法》开展经营活动。

3.2.1 旅行社的设立与变更

在我国，旅行社的设立实行"双重注册制度"，即经营旅行社业务须先报经有权审批的旅游行政管理部门审批，待获取《旅行社业务经营许可证》后，申请人再持此证到工商行政管理机关依法办理工商登记注册手续并领取营业执照。

1. 旅行社的设立条件

根据《旅行社条例》及《旅游法》，旅行社应依法设立，符合以下条件：有固定的营业场所；有必要的营业设施；有一定的注册资本金；有必要的经营管理人员和导游。具体规定如下。

(1) 有固定的营业场所。申请者拥有产权的营业用房，或者申请者租用的、租期不少于1年的营业用房；营业用房应当满足申请者业务经营的需要。

(2) 有必要的营业设施。两部以上的直线固定电话；传真机、复印机；具备与旅游行政管理部门及其他旅游经营者联网条件的计算机。

(3) 有一定的注册资本金和质量保证金。国内旅行社注册资本不少于30万元人民币，国际旅行社注册资本不少于150万元人民币。经营国内旅游业务和入境旅游业务的旅行社，应当存入质量保证金20万元；经营出境旅游业务的旅行社，应当增存质量保证金120万元。

(4) 有必要的经营管理人员和导游。"必要的经营管理人员"是指具有旅行社从业经历或者相关专业经历的经理人员和计调人员；"必要的导游"是指有不低于旅行社在职员工总数20%且不少于3名、与旅行社签订固定期限或者无固定期限劳动合同的持有导游证的导游。

2. 设立旅行社的审批材料

为了能够顺利办理设立旅行社的申请手续，申请人应准备好申办过程中所需要的各种文件和相关证明材料。相关证明文件是指与其所申请从事的国内旅游业务和入境旅游业务经营相关的文件，这些文件分别能证明申请人符合《旅行社条例》规定的条件。依照《旅行社条例》的规定，申请人应递交的文件如下。

(1) 设立申请书，内容包括申请设立的旅行社的中英文名称及英文缩写，设立地址，企业形式、出资人、出资额和出资方式，申请人、受理申请部门的全称、申请书名称和申请的时间。

(2) 法定代表人履历表及身份证明。

(3) 企业章程。旅行社章程是关于旅行社运营的基本制度，主要内容包括旅行社的经济性质、组织结构、活动宗旨、成员之间的权利与义务。旅行社章程是各成员的共同约定，对各成员具有约束力。

(4) 依法设立的验资机构出具的验资证明。我国法定的验资机构包括经国务院金融主管部门审批设立的各商业银行和该主管部门认定的会计师事务所、审计师事务所或律师事务所。旅行社验资可以在以上机构中进行选择。

(5) 经营场所的证明。如果营业场所属于申请自有资产，申请人应当向旅游行政管理部门出具产权证明或使用证明；如果经营场所是申请人租用他人资产，申请人应向旅游行政管理部门出具不少于一年的租房协议。

(6) 营业设施、设备的证明或者说明。营业设施、设备是旅行社开展旅游业务经营活动的必备设施，必须是旅行社的自有财产。国家旅游局规定凡设立旅行社，申请人应当提交传真机、直线电话、计算机等营业设备证明。营业设施、设备的证明包括投资部门出具的营业设备使用证明和商业部门开具的具有申请人或该旅行社名称的发票和收据。

(7) 工商行政管理部门出具的《企业名称预先核准通知书》。申请人应到所在地的工商行政管理部门进行名称预核，取得工商行政管理部门出具的《企业名称预先核准通知书》。

3．设立旅行社的申请程序

依照《旅行社条例》，申请设立旅行社，经营国内旅游业务和入境旅游业务的，应当向所在地的省、自治区、直辖市旅游行政管理部门或者其委托的设区的市级旅游行政管理部门提出申请，并提交符合规定的相关证明文件。受理申请的旅游行政管理部门应当自受理申请之日起 20 个工作日内作出许可或者不予许可的决定。予以许可的，向申请人颁发旅行社业务经营许可证，申请人持旅行社业务经营许可证向工商行政管理部门办理设立登记；不予许可的，书面通知申请人并说明理由。

4．旅行社分支机构的设立

旅行社根据业务经营和发展的需求，可以设立不具有法人资格的旅行社分社和旅行社服务网点，以设立分社、服务网点的旅行社的名义从事规定的经营活动，其经营活动的责任和后果，由设立社承担。旅行社应当加强对分社和服务网点的管理，对分社或网点实行统一的人事、财务、招徕、接待制度规范，对服务网点实行统一管理、统一财务、统一招徕和统一咨询服务规范。

分社的经营范围不得超出设立分社的旅行社的经营范围。分社的经营场所、营业设施、设备，应当符合旅行社设立规定的要求；分社不受地域限制；分社的设立不得超出设立分社的旅行社的经营范围；分社的名称中应当包含设立社名称、分社所在地地名和"分社"或者"分公司"字样。经营出境旅游业务的旅行社可以根据市场发展需要来设立分社，即既可设立只经营国内旅游业务和入境旅游业务的分社，也可以设立只经营出境旅游业务的分社，还可以设立经营国内、入境和出境旅游业务的分社。

旅行社服务网点是指旅行社设立的门市部等销售机构，为旅行社招徕旅游者、提供旅游咨询的并以旅行社的名义与旅游者签订旅游合同的网点。服务网点的名称、标牌应当包括设立社名称、服务网点所在地地名等，不得含有使消费者误解为是旅行社或者分社的内容，也不得作易使消费者误解的简称。服务网点应当在设立社的经营范围内，招徕旅游者、提供旅游咨询服务。

旅行社设立分社或服务网点的,应当持旅行社业务经营许可证副本向分社所在地的工商行政管理部门办理设立登记,领取分社或服务网点营业执照。登记后 3 个工作日内,应当向分社或服务网点所在地与工商登记同级的旅游行政管理部门备案,没有同级的旅游行政管理部门的,向上一级旅游行政管理部门备案。分社、服务网点备案后,受理备案的旅游行政管理部门应当向旅行社颁发《旅行社分社备案登记证明》或者《旅行社服务网点备案登记证明》。

设立分社备案时应当持下列文件:设立社的旅行社业务经营许可证副本和企业法人营业执照副本;分社的营业执照;分社经理的履历表和身份证明;增存质量保证金的证明文件。而旅行社设立服务网点备案所需文件为设立社的旅行社业务经营许可证副本和企业法人营业执照副本;服务网点的营业执照;服务网点经理的履历表和身份证明。

5. 申请经营出境旅游业务的特别程序

旅行社取得经营许可满两年,且未因侵害旅游者合法权益受到行政机关罚款以上处罚的,可以申请经营出境旅游业务。申请经营出境旅游业务的旅行社,应当向国务院旅游行政主管部门或者其委托的省、自治区、直辖市旅游行政管理部门提出申请。并提交原许可的旅游行政管理部门出具的,证明其经营旅行社业务满两年、且连续两年未因侵害旅游者合法权益受到行政机关罚款以上处罚的文件。所谓"原许可旅游行政部门"是指该旅行社所在地的省、自治区、直辖市旅游行政管理部门或者受委托的设区的市级旅游行政管理部门。

受理申请的旅游行政管理部门应当自受理申请之日起 20 个工作日内作出许可或者不予许可的决定。予以许可的,由国务院旅游行政主管部门换发旅行社业务经营许可证,30 日内,旅行社应当持换发的旅行社业务经营许可证到工商行政管理部门办理变更登记。不予许可的,书面通知申请人并说明理由。

旅行社申请经营边境旅游业务的,适用《边境旅游暂行管理办法》的规定。

旅行社申请经营赴台湾地区旅游业务的,适用《大陆居民赴台湾地区旅游管理办法》的规定。

6. 旅行社的变更

旅行社变更名称、经营场所、法定代表人等登记事项或者终止经营的,应当到工商行政管理部门办理相应的变更登记或者注销登记,并在登记办理完毕之日起 10 个工作日内,向原许可的旅游行政管理部门备案,换领或者交回旅行社业务经营许可证。

3.2.2 外商投资旅行社的设立

根据我国加入 WTO 的承诺,对外商投资旅行社包括在投资条件、设立条件等方面均享受国民待遇。由此现行《旅行社条例》对以往设置的中外投资者条件、旅行社设立条件、审批原则等内容都做了全面调整。但考虑到外商投资旅行社在许可主体、许可程序和经营业务范围等方面,仍存在一些特殊性,为此新条例设专章,就外商投资旅行社的若干特殊性作了规定,而作为旅行社的共性规定,则适用《旅行社条例》的一般规定。香港特别行政区、澳门特别行政区和台湾地区的投资者在内地投资设立的旅行社,除参照适用《旅行社条例》的一般规定外,也适用于外商投资旅行社的特别规定。

1. 外商投资旅行社的范围

《旅行社条例》规定外商投资旅行社，包括中外合资经营旅行社、中外合作经营旅行社和外资旅行社。按我国法律规定，上述三类外商投资旅行社的投资方式、分配方式、风险承担方式、回收投资方式、责任承担方式、清算方式等都不相同。

中外合资经营旅行社是指外国的服务提供者，包括外国个人、公司、企业和其他经济组织，依照中国法律、法规的规定，在境内同中国合营者，包括公司、企业和其他经济组织共同投资举办的合资经营旅行社。按照相关法律规定，中外合资旅行社具有四个主要特点：一是具备企业法人资格，其组织形式为有限责任公司；二是股权式合营企业合营各方"共同投资、共同经营、按各自的出资比例共担风险、共负盈亏"，即"四共原则"；三是税后分配原则；四是董事会原则。

中外合作经营旅行社是指外国的服务提供者，包括外国个人、公司、企业和其他经济组织，依照中国法律、法规的规定，在境内同中国合作者，包括公司、企业和其他经济组织，以合作企业合同为基础而共同举办的旅行社。合作企业合同是合作经营旅行社的基础，该合同的订立，是基于合作各方通过协商，就投资或者合作条件、收益分配、风险和亏损的分担、经营管理的方式和合作经营旅行社终止时企业财产的归属等事项达成一致。与合资经营的股权制不同，合作经营是契约式企业。此外，合作各方达成的投资或合作条件，可以是现金、实物、土地使用权、知识产权、非专利技术，也可以是其他财产权利。

外资旅行社是指依照中国法律、法规的规定在中国境内设立的，全部资本由外国个人、公司、企业和其他经济组织投资的旅行社。外资旅行社独立经营、独立核算，并以其认缴的出资独立承担法律责任。

2. 设立外商投资旅行社的程序

设立外商投资旅行社，由投资者向国务院旅游行政主管部门提出申请，并提交符合《旅行社条例》第六条规定条件的相关证明文件。国务院旅游行政主管部门应当自受理申请之日起30个工作日内审查完毕。同意设立的，出具外商投资旅行社业务许可审定意见书；不同意设立的，书面通知申请人并说明理由。

申请人持外商投资旅行社业务许可审定意见书、章程，合资、合作双方签订的合同向国务院商务主管部门提出设立外商投资企业的申请。国务院商务主管部门应当依照有关法律、法规的规定，作出批准或者不予批准的决定。予以批准的，颁发外商投资企业批准证书，并通知申请人向国务院旅游行政主管部门领取旅行社业务经营许可证，申请人持旅行社业务经营许可证和外商投资企业批准证书向工商行政管理部门办理设立登记；不予批准的，书面通知申请人并说明理由。

外商投资旅行社的申请与许可，与其他旅行社设立的申请与许可相比，有以下特殊要求。

第一，设立中外合资、中外合作经营旅行社的，申请者可以是境外服务提供者，也可以是境内投资、合作者。独立外资旅行社的申请者只能是境外服务提供者。从实践来看，设立中外合资、合作经营旅行社，一般由中方提出申请，更加符合便捷、效率原则。

第二，作出许可的主体为国家旅游局和商务部。

第三，审查时限相对较长。对外商投资旅行社申请的期限为 30 个工作日，而对其他旅行社的设立申请期限为 20 个工作日。

第四，企业登记需要提供双重许可证明。这是由于我国法律、法规规定对外商投资企业实行双重前置许可，故申请人必须持国务院旅游行政主管部门颁发的《旅行社业务经营许可证》和商务部颁发的《外商投资企业批准证书》向工商行政管理部门办理登记。

3. 外商投资旅行社经营业务的限制

《旅行社条例》对外商投资旅行社经营业务作了限制，即"外商投资旅行社不得经营中国内地居民出国旅游业务以及赴香港特别行政区、澳门特别行政区和台湾地区旅游的业务，但是国务院决定或者我国签署的自由贸易协定和内地与香港、澳门关于建立更紧密经贸关系的安排另有规定的除外。"也就是说，未经特别批准，凡外商投资旅行社，无论中外合资经营旅行社、中外合作经营旅行社或外商独资旅行社均不得经营中国内地居民出国包括赴香港特别行政区、澳门特别行政区和台湾地区旅游业务。

知识链接

为了进一步加快旅游业的对外开放，加强国际旅游合作，引进国际先进的旅行社经营模式，促进我国旅行社业的转型升级，提高国际竞争能力，根据《旅行社条例》和国务院《意见》，2010 年 8 月 29 日，国家旅游局和商务部联合发布了《中外合资经营旅行社试点经营出境旅游业务监管暂行办法》(以下简称《暂行办法》)。《暂行办法》规定国家在试点的基础上，逐步对外商投资旅行社开放经营中国内地居民出境旅游业务。国家严格控制试点经营出境旅游业务的中外合资经营旅行社的数量。具体数量由国务院旅游行政主管部门决定。取得试点经营出境旅游业务的中外合资经营旅行社，应当自换领《旅行社业务经营许可证》之日起 3 个工作日内，增存质量保证金 120 万元人民币，并向国务院旅游行政主管部门提交相关证明文件。《暂行办法》施行后 3 年内，国务院旅游行政主管部门应当按年度对试点经营出境旅游业务的效果进行评估，并可根据评估结果，对试点经营出境旅游业务及试点旅行社的数量作出调整。

案例 3.1

旅行社挂靠承包经营案

案情简介：

2010 年 5 月 7 日，中国青年报以《内蒙古多家旅行社公开出租部门——一些大型旅行社就像收租子的"地主"》为题，反映内蒙古两家旅行社涉嫌挂靠承包违法问题。据记者调查，承包一个部门缴纳 1 万元保证金，承包费为每年 1.5 万元，承包人可以对外宣称是该旅行社的某一部门，各个承包部门业务独立，旅行社不过问，导致内蒙古旅游市场出现秩序和质量问题。内蒙古海外旅游(旅行社)有限公司的赵经理说，承包一个部门需要缴纳 1 万元的保证金，承包费为每年 1.5 万元。承包人可以对外宣称是该旅行社的某一部门，各个承包部门之间的业务独立,互不干涉。"如果确定要承包部门,需要签订合同,通常合同期限为1年。承包之后做得不够好,可以退租,但是不可以转包。"赵经理说。当记者问"能否在其他盟(市)开分社"时,他说,在其他地区开分社,总社不会干涉分社的业务,分社一样可以根据自己的需要将分社各部门承包出去。部门外包不仅可以提升旅行社的知名度,还可以收取一定的承包费,减少自己承担的费用。对此,一位业内人士告诉记者,其实很多承包人在承包了旅行社的部门之后,发现不赚钱,就私下再次进行转包,并没有人会追究责任。这样,一个看似很知名的旅行社组织的大型旅行活动,可能就是经过层层转包后,几个经营者的个人行为。内蒙古有的大型旅行社对外承包的部门多达几十个,总社就好像是收租子的"地主"。一些有"旅行社业务经营许可证"旅行社甚至自己不做业务,专门"收租",导致内蒙古旅游市场出现混乱,旅行社服务质量逐渐下降。

(案例来源:http://www.toptour.cn/detail/info11874.htm。)

问:
1. 请问旅行社挂靠经营是哪种违法行为?
2. 旅行社应当受到什么处罚?

案例评析:

1. 设立旅行社,经营国内旅游业务、入境旅游业务和出境旅游业务,是国务院行政法规《旅行社条例》设定的行政许可项目,只有符合规定条件的申请人,经审查获准后才能从事上述经营活动。《行政许可法》规定,依法取得的行政许可,除法律、法规规定依照法定条件和程序可以转让的外,不得转让。本案中所描述的旅行社承包挂靠,是承包挂靠人向旅行社交纳一定费用,就可以对外以该旅行社的名义经营旅游业务,即使用该旅行社获得的旅游业务经营许可证。这实际上是旅行社业务经营许可证的出租和租借。对此,《旅行社条例实施细则》第二十七条做出了明确规定:"旅行社业务经营许可证不得转让、出租或者出借。旅行社的下列行为属于转让、出租或者出借旅行社业务经营许可证的行为: …… (二)准许其他企业、团体或者个人,以部门或者个人承包、挂靠的形式经营旅行社业务的。"

2. 对于转让、出租、出借和受让、租借旅行社业务经营许可证的行为属于违法违规行为。《旅游法》第九十五条规定了罚则:"违反本法规定,未经许可经营旅行社业务的,由旅游主管部门或者工商行政管理部门责令改正,没收违法所得,并处一万元以上十万元以下罚款;违法所得十万元以上的,并处违法所得一倍以上五倍以下罚款;对有关责任人员,处二千元以上二万元以下罚款。旅行社违反本法规定,未经许可经营本法第二十九条第一款第二项、第三项业务,或者出租、出借旅行社业务经营许可证,或者以其他方式非法转让旅行社业务经营许可的,除依照前款规定处罚外,并责令停业整顿;情节严重的,吊销旅行社业务经营许可证;对直接负责的主管人员,处二千元以上二万元以下罚款。"

3.2.3 旅行社质量保证金制度

1. 设立旅行社质量保证金的立法目的

质量保证金是指从旅行社合法财产中特定出来,用以保障旅游者权益的专用款项。旅游活动中,通常是旅游者付费在先,旅行社提供服务在后。同时,旅游消费不同于一般商品消费,一旦产生纠纷难以通过修理、退换、重作等方式救济,主要依靠事后经济补偿予以解决。因此,许多国家和地区均实行了质量保证金制度。为了满足我国旅行社行业管理的需要,参照英国、法国等旅游业发达国家的通行做法,建立了质量保证金制度。1994年9月15日,国务院办公厅在给国家旅游局《关于对旅行社实行质量保证金制度的复函》中明确"为加强对旅游行业服务质量的监督和管理,保护旅游者的合法权益,原则同意对旅行社实行质量保证金制度"。1995年1月1日国家旅游局发布《旅行社质量保证金暂行规定》及其实施细则,1995年7月1日又发布《旅行社质量保证金赔偿暂行办法》、《旅行社质量保证金赔偿试行标准》等相关规章,建立了较为完整的质量保证金制度。1996年10月15日,国务院发布《旅行社管理条例》,进一步确认了这一制度。实践证明,质量保证金制度对于加强旅行社服务质量的监督与管理,保护旅游者合法权益,维护旅游市场秩序发挥了积极作用。2011年4月19日在《旅行社质量保证金赔偿试行标准》基础上,总结归纳近年来各地调解旅游投诉纠纷实践经验,国家旅游局发布了《旅行社服务质量赔偿标准》。

但是巨额质量保证金的交纳在客观上也占用了旅行社的资金、增加了企业经营成本。为减轻旅行社的经营负担,2009年发布的《旅行社条例》在保留了质量保证金制度的同时,根据"便民"、"效率"的原则和转变政府管理职能的要求,对质量保证金的交纳数额、交纳程序、管理使用等方面都作了较大的修订。

2. 旅行社质量保证金的缴存方法

质量保证金存入银行由国家旅游局指定。旅行社取得旅行社业务经营许可后,应当在国家旅游局指定银行的范围内,选择银行开设质量保证金专门账户存入质量保证金。旅行社必须与银行签订质量保证金专用账户协议。协议应当包含以下内容。

(1) 未经相关旅游行政管理部门允许,旅行社不得擅自动用存储在质量保证金专门账户上的资金。

(2) 银行应根据许可的旅游行政管理部门出具的《旅行社质量保证金取款通知书》等有关文件,将保证金直接退还给旅行社;或依据旅游行政管理部门出具的《旅行社质量保证金取款通知书》及《旅游行政管理部门划拨旅行社质量保证金决定书》,以现金或转账方式直接向旅游者支付;银行还可根据人民法院判决、裁定及其他生效法律文书从旅行社保证金账户中扣取。

(3) 存款银行应当及时向旅游行政管理部门通报质量保证金专门账户的存款变化情况,旅游行政管理部门也可以查询旅行社的质量保证金专门账户。

为了降低旅行社经营成本、避免资金闲置,《旅行社条例》除规定旅行社以现金形式交纳质量保证金外,允许旅行社向银行寻求信用支持。即向作出许可的旅游行政管理部门提交担保额度不低于相应质量保证金数额的银行担保。根据这一担保,在保证合同约定期间内,如发生需要使用质量保证金赔偿旅游者损失的情形,而旅行社拒绝赔偿或者无力赔偿时,银行必须依据担保合同约定,向旅游者履行赔偿义务或者承担责任。

3. 旅行社质量保证金的交纳标准

依据《旅行社条例》规定,经营国内旅游业务和入境旅游业务的旅行社,应当存入质量保证金20万元；经营出境旅游业务的旅行社，应当存入质量保证金140万元。旅行社每设立一个经营国内旅游业务和入境旅游业务的分社，应当向其质量保证金账户增存5万元；每设立一个经营出境旅游业务的分社，应当向其质量保证金账户增存30万元。如果设立一个同时经营国内旅游业务、入境旅游业务、出境旅游业务分社，增存质量保证金35万元。

4．旅行社质量保证金交纳期限和接受银行担保的监管部门

旅行社应当自取得旅行社业务经营许可证之日起3个工作日内，在国务院旅游行政主管部门指定的银行开设专门的质量保证金账户，存入质量保证金，或者向作出许可的旅游行政管理部门提交依法取得的担保额度不低于相应质量保证金数额的银行担保。

旅行社业务范围不同，其接受旅行社依法取得的银行担保的旅游行政部门也不同。从事国内旅游业务和入境旅游业务的旅行社银行担保的接受部门是省级旅游行政管理部门或者其委托的设区的市级旅游行政管理部门；从事出境旅游业务的旅行社银行担保的接受部门是国务院旅游行政管理部门或者其省级旅游行政管理部门。

5．旅行社质量保证金的存入期限和利息归属

旅行社在银行存入质量保证金的，应当设立独立账户，存期由旅行社确定，但不得少于1年。账户存期届满，旅行社应当及时办理续存手续。旅行社存入、续存、增存质量保证金后7个工作日内，应当向作出许可的旅游行政管理部门提交存入、续存、增存质量保证金的证明文件，以及旅行社与银行达成的使用质量保证金的协议。

《旅行社条例》规定，质量保证金的利息属于旅行社所有。由于利息是质量保证金产生的孳息，不属于从旅行社财产中特定化的用于保障旅游者合法权益的保证金的范围，不受质量保证金的限制，旅行社可以按照与银行的约定存款期限支取质量保证金产生的利息。

6．旅行社质量保证金的使用

有下列情形之一的，旅游行政管理部门可以使用旅行社的质量保证金。
(1) 旅行社违反旅游合同约定，侵害旅游者合法权益，经旅游行政管理部门查证属实的。
(2) 旅行社因解散、破产或者其他原因造成旅游者预交旅游费用损失的。
(3) 人民法院判决、裁定及其他生效法律文书认定旅行社损害旅游者合法权益，旅行社拒绝或者无力赔偿的，人民法院可以从旅行社的质量保证金账户上划拨赔偿款。

根据我国法律、法规的规定和划拨使用质量保证金的实践，下列情形不得划拨使用质量保证金。
(1) 旅行社提供的服务未达到国家标准或者行业标准的，不得划拨使用质量保证金进行赔付。
(2) 旅游服务经营者之间的经济纠纷，不得划拨使用质量保证金赔付。
(3) 旅行社因违法受到行政机关的罚款处罚，不得划拨使用质量保证金支付。
(4) 旅游者在旅游过程中因为不可抗力、意外事故而发生的人身、财产损失，不得划拨使用质量保证金赔付。

7. 旅行社质量保证金的动态管理

《旅行社条例》规定旅行社自交纳或者补足质量保证金之日起 3 年内未因侵害旅游者合法权益受到行政机关罚款以上处罚的，旅游行政管理部门应当将旅行社质量保证金的交存数额降低 50%，并向社会公告。旅行社可凭省、自治区、直辖市旅游行政管理部门出具的凭证减少其质量保证金。

旅行社在旅游行政管理部门使用质量保证金赔偿旅游者的损失，或者依法减少质量保证金后，因侵害旅游者合法权益受到行政机关罚款以上处罚的，应当在收到旅游行政管理部门补交质量保证金的通知之日起 5 个工作日内补足质量保证金。

此外，旅行社不再从事旅游业务的，凭旅游行政管理部门出具的凭证，可向银行取回质量保证金。

案例 3.2

游客对旅行社服务质量问题投诉

案情简介：

刘某等 24 名广东省游客在国庆假期期间，参加某旅行社组织的九寨沟黄龙 8 天纯玩豪华团，团费 6 920 元/人。由于旅行社提供的服务存在质量问题，遂向旅行社投诉，在得不到及时解决情况下，向广东省旅游质监所投诉。投诉内容包括：①旅行社住宿安排严重违约，安排他们到一些无星级及卫生条件差的旅店入住；②用餐条件差，三顿正餐吃冷饭菜；③全陪服务水平不达标；④缩减行程安排；⑤作虚假广告宣传，欺骗游客。由于双方未能达成一致意见，交省旅游质监所处理。

(案例来源：http://lyj.huizhou.gov.cn/lyzj/lyal/201011/1288766978269.html.)

问：

广东省旅游质监所能否动用旅行社质量保证金向游客赔偿？

案例评析：

显然旅行社存在以下质量问题：1、合同规定该团为豪华团，实际上旅行社只在成都安排符合约定的标准以外，其余都安排入住无星级旅店；2、旅行社导游没有跟团往返，只在目的地陪同游客参观游览，没有提供全陪服务，且部分景点导游没有讲解；3、部分用餐标准不达标；4、广告宣传有夸大成分。

根据《旅行社条例》第十五条："有下列情形之一的，旅游行政管理部门可以使用旅行社的质量保证金：(一)旅行社违反旅游合同约定，侵害旅游者合法权益，经旅游行政管理部门查证属实的；(二)旅行社因解散、破产或者其他原因造成旅游者预交旅游费用损失的。"因此广东省旅游质监所可以动用旅行社质量保证金向每位游客进行赔偿。

3.2.4 旅行社的经营规范

《旅行社条例》着眼于保护旅游者和旅游经营者的合法权益，从旅行社行业的经营特点出发，针对旅行社经营中长期存在的突出问题，设置了较为全面的旅行社经营行为规范。

旅行社在经营活动中应当遵循自愿、平等、公平、诚信的原则，提高服务质量，维护旅游者的合法权益。旅行社行业组织应当按照章程为旅行社提供服务，发挥协调和自律作用，引导旅行社合法、公平竞争和诚信经营。具体经营规范如下。

(1) 旅行社向旅游者提供的旅游服务信息必须真实可靠，不得作虚假宣传。

(2) 经营出境旅游业务的旅行社不得组织旅游者到国务院旅游行政主管部门公布的中国公民出境旅游目的地之外的国家和地区旅游。

(3) 旅行社为旅游者安排或者介绍的旅游活动不得含有违反有关法律、法规规定的内容。

(4) 旅行社不得以低于旅游成本的报价招徕旅游者。未经旅游者同意，旅行社不得在旅游合同约定之外提供其他有偿服务。

(5) 旅行社为旅游者提供服务，应当与旅游者签订旅游合同并载明下列事项：旅行社的名称及其经营范围、地址、联系电话和旅行社业务经营许可证编号；旅行社经办人的姓名、联系电话；签约地点和日期；旅游行程的出发地、途经地和目的地；旅游行程中交通、住宿、餐饮服务安排及其标准；旅行社统一安排的游览项目的具体内容及时间；旅游者自由活动的时间和次数；旅游者应当交纳的旅游费用及交纳方式；旅行社安排的购物次数、停留时间及购物场所的名称；需要旅游者另行付费的游览项目及价格；解除或者变更合同的条件和提前通知的期限；违反合同的纠纷解决机制及应当承担的责任；旅游服务监督、投诉电话；双方协商一致的其他内容。

(6) 旅行社在与旅游者签订旅游合同时，应当对旅游合同的具体内容作出真实、准确、完整的说明。旅行社和旅游者签订的旅游合同约定不明确或者对格式条款的理解发生争议的，应当按照通常理解予以解释；对格式条款有两种以上解释的，应当作出有利于旅游者的解释；格式条款和非格式条款不一致的，应当采用非格式条款。

(7) 旅行社组织中国内地居民出境旅游的，应当为旅游团队安排领队全程陪同。

(8) 旅行社为接待旅游者委派的导游人员或者为组织旅游者出境旅游委派的领队人员，应当持有国家规定的导游证、领队证。

(9) 旅行社聘用导游人员、领队人员应当依法签订劳动合同，并向其支付不低于当地最低工资标准的报酬。

(10) 旅行社及其委派的导游人员和领队人员不得有下列行为：拒绝履行旅游合同约定的义务；非因不可抗力改变旅游合同安排的行程；欺骗、胁迫旅游者购物或者参加需要另行付费的游览项目。

(11) 旅行社不得要求导游人员和领队人员接待不支付接待和服务费用或者支付的费用低于接待和服务成本的旅游团队，不得要求导游人员和领队人员承担接待旅游团队的相关费用。

(12) 旅行社违反旅游合同约定，造成旅游者合法权益受到损害的，应当采取必要的补救措施，并及时报告旅游行政管理部门。

(13) 旅行社需要对旅游业务作出委托的，应当委托给具有相应资质的旅行社，征得旅游者的同意，并与接受委托的旅行社就接待旅游者的事宜签订委托合同，确定接待旅游者的各项服务安排及其标准，约定双方的权利、义务。

(14) 旅行社将旅游业务委托给其他旅行社的，应当向接受委托的旅行社支付不低于接待和服务成本的费用；接受委托的旅行社不得接待不支付或者不足额支付接待和服务费用的旅游团队。接受委托的旅行社违约，造成旅游者合法权益受到损害的，作出委托的旅行社应当承担相应的赔偿责任。作出委托的旅行社赔偿后，可以向接受委托的旅行社追偿。接受委托的旅行社故意或者重大过失造成旅游者合法权益损害的，应当承担连带责任。

(15) 旅行社应当投保旅行社责任险。旅行责任险是一种法定强制险，投保主体是旅行社，赔付主体是保险公司。旅行社责任保险的保险责任，应当包括旅行社在组织旅游活动中依法对旅游者的人身伤亡、财产损失承担的赔偿责任和依法对受旅行社委派并为旅游者提供服务的导游或者领队人员的人身伤亡承担的赔偿责任。

(16) 旅行社对可能危及旅游者人身、财产安全的事项，应当向旅游者作出真实的说明和明确的警示，并采取防止危害发生的必要措施。发生危及旅游者人身安全的情形的，旅行社及其委派的导游人员、领队人员应当采取必要的处置措施并及时报告旅游行政管理部门；在境外发生的，还应当及时报告中华人民共和国驻该国使领馆、相关驻外机构、当地警方。

(17) 旅游者在境外滞留不归的，旅行社委派的领队人员应当及时向旅行社和中华人民共和国驻该国使领馆、相关驻外机构报告。旅行社接到报告后应当及时向旅游行政管理部门和公安机关报告，并协助提供非法滞留者的信息。旅行社接待入境旅游发生旅游者非法滞留我国境内的，应当及时向旅游行政管理部门、公安机关和外事部门报告，并协助提供非法滞留者的信息。

(18) 旅行社应当妥善保存《旅行社条例》规定的招徕、组织、接待旅游者的各类合同及相关文件、资料，以备县级以上旅游行政管理部门核查。前款所称的合同及文件、资料的保存期，应当不少于两年。旅行社不得向其他经营者或者个人，泄露旅游者因签订旅游合同提供的个人信息；超过保存期限的旅游者个人信息资料，应当妥善销毁。

(19) 旅行社以互联网形式经营旅行社业务的，除符合法律、法规规定外，其网站首页应当载明旅行社的名称、法定代表人、许可证编号和业务经营范围，以及原许可的旅游行政管理部门的投诉电话。

(20) 旅行社及其委派的导游人员、领队人员在经营、服务中享有下列权利：要求旅游者如实提供旅游所必需的个人信息，按时提交相关证明文件；要求旅游者遵守旅游合同约定的旅游行程安排，妥善保管随身物品；出现突发公共事件或者其他危急情形，以及旅行社因违反旅游合同约定采取补救措施时，要求旅游者配合处理防止扩大损失，以将损失降低到最低程度；拒绝旅游者提出的超出旅游合同约定的不合理要求；制止旅游者违背旅游目的地的法律、风俗习惯的言行。

《旅游法》中针对旅行社经营还有以下规定。

(1) 旅行社不得出租、出借旅行社业务经营许可证，或者以其他形式非法转让旅行社业务经营许可。

(2) 旅行社组织旅游活动应当向合格的供应商订购产品和服务。

(3) 旅行社不得以不合理的低价组织旅游活动，诱骗旅游者，并通过安排购物或者另行付费旅游项目获取回扣等不正当利益。旅行社组织、接待旅游者，不得指定具体购物场所，不得安排另行付费旅游项目。但是，经双方协商一致或者旅游者要求，且不影响其他旅游者行程安排的除外。发生违反前两款规定情形的，旅游者有权在旅游行程结束后 30 日内，要求旅行社为其办理退货并先行垫付退货货款，或者退还另行付费旅游项目的费用。

(4) 旅行社应当与其聘用的导游依法订立劳动合同，支付劳动报酬，缴纳社会保险费用。旅行社临时聘用导游为旅游者提供服务的，应当向导游全额支付在包价旅游合同中载明导游服务费用。旅行社安排导游为团队旅游提供服务的，不得要求导游垫付或者向导游收取任何费用。

(5) 旅行社应当在旅游行程开始前向旅游者提供旅游行程单。旅游行程单是包价旅游合同的组成部分。

(6) 安排导游为旅游者提供服务的，应当在包价旅游合同中载明导游服务费用。

(7) 旅行社根据旅游者的具体要求安排旅游行程，与旅游者订立包价旅游合同的，旅游者请求变更旅游行程安排，因此增加的费用由旅游者承担，减少的费用退还旅游者。

(8) 旅行社接受旅游者的委托，为其代订交通、住宿、餐饮、游览、娱乐等旅游服务，收取代办费用的，应当亲自处理委托事务。因旅行社的过错给旅游者造成损失的，旅行社应当承担赔偿责任。旅行社接受旅游者的委托，为其提供旅游行程设计、旅游信息咨询等服务的，应当保证设计合理、可行，信息及时、准确。

案例 3.3

沧州国际旅行社违规招徕旅游者案

案情简介：

2012 年 4 月，国家旅游局多次接到群众举报，反映沧州国际旅行社违规在《沧州晚报》刊登赴台旅游广告，涉嫌违规经营赴台旅游业务。国家旅游局按照重大旅游违法违规案件督办台账的规定，督促河北省旅游局严肃处理。

(案例来源：http://wenku.baidu.com/view/96e91a6b168884868662d606.html。)

问：

1. 沧州国际旅行社有何违规之处？
2. 沧州国际旅行社旅游质量保证金的交存数额应当如何处理？

案例评析：

1. 其违规行为属于未取得赴台旅游业务经营许可而实施招徕旅游者的经营行为，违反了《旅行社条例》第四十六条第一项的规定：违反本条例的规定，有下列情形之一的，由旅游行政管理部门或者工商行政管理部门责令改正，没收违法所得，违法所得 10 万元以上的，并处违法所得 1 倍以上 5 倍以下的罚款；违法所得不足 10 万元或者没有违法所得的，并处 10 万元以上 50 万元以下的罚款：(一)未取得相应的旅行社业务经营许可，经营国内旅游业务、入境旅游业务、出境旅游业务的。

2. 依据《旅行社条例》第十七条：旅行社自交纳或者补足质量保证金之日起三年内未因侵害旅游者合法权益受到行政机关罚款以上处罚的，旅游行政管理部门应当将旅行社质量保证金的交存数额降低 50%，并向社会公告。旅行社可凭省、自治区、直辖市旅游行政管理部门出具的凭证减少其质量保证金。所以应取消其降低旅行社质量保证金的缴存数额 50%的资格，并在全行业通报批评。

3.2.5 旅行社的监督检查

1. 相关行政部门对旅行社监督检查

《旅行社条例》规定，对旅行社及旅行社业务经营活动的实行以旅游行政管理部门为主体的分组管理体制。国务院旅游行政主管部门负责全国旅行社的监督管理工作。县级以上地方人民政府管理旅游工作的部门按照职责负责本行政区域内旅行社的监督管理工作。县级以上各级人民政府，工商、价格、商务、外汇等有关部门，应当按照职责分工，依法对旅行社进行监督管理。

《旅行社条例》第四十一条规定："旅游、工商、价格、商务、外汇等有关部门应当依法加强对旅行社的监督管理，发现违法行为，应当及时予以处理。"本条规定包括两个方面的内容：一是工商、价格、商务、外汇等有关部门，应当遵守《旅行社条例》之外的相关法律，在职权范围内，对本条例已涉及或未涉及的旅行社的行为进行监督管理并查处违法行为；二是旅游、工商管理部门依照本条例的规定，对旅行社及旅行社业务经营活动进行监督管理并查处违法行为。

县级以上旅游行政管理部门对旅行社及其分支机构实施监督检查时，可以进入其经营场所，查阅招徕、组织、接待旅游者的各类合同、相关文件、资料，以及财务账簿、交易记录和业务单据等材料，旅行社及其分支机构应当给予配合。县级以上旅游行政管理部门对旅行社及其分支机构监督检查时，应当由两名以上持有旅游行政执法证件的执法人员进行。不符合前款规定要求的，旅行社及其分支机构有权拒绝检查。

旅行社应当按年度将下列经营和财务信息等统计资料，在次年 3 月底前，报送原许可的旅游行政管理部门。

(1) 旅行社的基本情况，包括企业形式、出资人、员工人数、部门设置、分支机构、网络体系等。

(2) 旅行社的经营情况，包括营业收入、利税等。

(3) 旅行社组织接待情况，包括国内旅游、入境旅游、出境旅游的组织、接待人数等。

(4) 旅行社安全、质量、信誉情况，包括投保旅行社责任保险、认证认可和奖惩等。

如果这些资料中涉及旅行社商业秘密的内容，旅游行政管理部门应当予以保密。

2. 行政管理部门监督管理公告制度

旅游、工商、价格等行政管理部门应当及时向社会公告监督检查的情况。公告的内容包括旅行社业务经营许可证的颁发、变更、吊销、注销情况，旅行社的违法经营行为及旅行社的诚信记录、旅游者投诉信息等。具体公告规定如下。

(1) 县级以上旅游行政管理部门应当通过本部门或者上级旅游行政管理部门的政府网站向社会发布。

(2) 质量保证金存缴数额降低、旅行社业务经营许可证的颁发、变更和注销的，国务院旅游行政主管部门或者省级旅游行政管理部门应当在作出许可决定或者备案后 20 个工作日内向社会公告。

(3) 旅行社违法经营或者被吊销旅行社业务经营许可证的，由作出行政处罚决定的旅游行政管理部门,在处罚生效后 10 个工作日内向社会公告。

(4) 旅游者对旅行社的投诉信息,由处理投诉的旅游行政管理部门每季度向社会公告。

3. 行政管理部门受理投诉的规定

《旅行社条例》第四十三条规定:"旅行社损害旅游者合法权益的,旅游者可以向旅游行政管理部门、工商行政管理部门、价格主管部门、商务主管部门或者外汇管理部门投诉,接到投诉的部门应当按照其职责权限及时调查处理,并将调查处理的有关情况告知旅游者。"

因下列情形之一,给旅游者的合法权益造成损害的,旅游者有权投诉:旅行社违反《旅行社条例》和本实施细则规定的;旅行社提供的服务,未达到旅游合同约定的服务标准或者档次的;旅行社破产或者其他原因造成旅游者预交旅游费用损失的。

3.2.6 旅行社的法律责任

依据《旅游法》、《旅行社条例》及《旅行社条例实施细则》,对旅行社违法行为实施行政处罚的执法主体主要是旅游行政管理部门、工商行政管理部门和价格主管部门。以上 3 个执法主体对旅行社违法行为实施处罚的依据分别是各相关法律和行政法规。吊销旅行社业务经营许可证的行政处罚,由原许可的省级以上旅游行政管理部门作出。对旅行社作出停业整顿行政处罚的,旅行社在停业整顿期间,不得招徕旅游者、签订旅游合同;停业整顿期间,不影响已签订的旅游合同的履行。违反《旅游法》、《旅行社条例》及《旅行社条例实施细则》的违法行为,其中损害旅游者合法权益的,应当承担相应的民事责任;构成犯罪的,依法追究刑事责任。

1. 旅行社无照经营、超范围经营或转让、出租、出借旅行社业务经营许可证的法律责任

未经许可经营旅行社业务的,由旅游主管部门或者工商行政管理部门责令改正,没收违法所得,并处一万元以上十万元以下罚款;违法所得十万元以上的,并处违法所得一倍以上五倍以下罚款;对有关责任人员,处二千元以上二万元以下罚款。

旅行社未经许可经营出境旅游业务、边境旅游业务的,或者出租、出借旅行社业务经营许可证,或者以其他方式非法转让旅行社业务经营许可的,除依照上面的规定处罚外,并责令停业整顿;情节严重的,吊销旅行社业务经营许可证;对直接负责的主管人员,处二千元以上二万元以下罚款。

旅行社的下列行为属于转让、出租或者出借旅行社业务经营许可证的行为。

(1) 除招徕旅游者和委托给旅游目的地的旅行社并签订委托接待合同的情形外,准许或者默许其他企业、团体或者个人,以自己的名义从事旅行社业务经营活动的。

(2) 准许其他企业、团体或者个人,以部门或者个人承包、挂靠的形式经营旅行社业务的。

外商投资旅行社经营中国内地居民出国旅游业务以及赴香港特别行政区、澳门特别行政区和台湾地区旅游业务,或者经营出境旅游业务的旅行社组织旅游者到国务院旅游行政主管部门公布的中国公民出境旅游目的地之外的国家和地区旅游的,由旅游行政管理部门责令改正,没收违法所得,违法所得十万元以上的,并处违法所得一倍以上五倍以下的罚

款；违法所得不足十万元或者没有违法所得的，并处十万元以上五十万元以下的罚款；情节严重的，吊销旅行社业务经营许可证。

2. 旅行社关于导游和领队人员安排相关的法律责任

旅行社有下列行为之一的，由旅游主管部门责令改正，没收违法所得，并处五千元以上五万元以下罚款；情节严重的，责令停业整顿或者吊销旅行社业务经营许可证；对直接负责的主管人员和其他直接责任人员，处二千元以上二万元以下罚款。

(1) 未按照规定为出境或者入境团队旅游安排领队或者导游全程陪同的。
(2) 安排未取得导游证或者领队证的人员提供导游或者领队服务的。
(3) 未向临时聘用的导游支付导游服务费用的。
(4) 要求导游垫付或者向导游收取费用的。

3. 旅行社虚假宣传、订购不合格产品或服务及不投保旅行社责任险的法律责任

旅行社有下列行为之一的，由旅游主管部门或者有关部门责令改正，没收违法所得，并处五千元以上五万元以下罚款；违法所得五万元以上的，并处违法所得一倍以上五倍以下罚款；情节严重的，责令停业整顿或者吊销旅行社业务经营许可证；对直接负责的主管人员和其他直接责任人员，处二千元以上二万元以下罚款。

(1) 进行虚假宣传，误导旅游者的。
(2) 向不合格的供应商订购产品和服务的。
(3) 未按照规定投保旅行社责任保险的。

4. 旅行社以不合理的低价组织旅游活动、未经旅游者同意提供旅游合同外有偿服务的法律责任

旅行社有下列行为，由旅游主管部门责令改正，没收违法所得，责令停业整顿，并处三万元以上三十万元以下罚款；违法所得三十万元以上的，并处违法所得一倍以上五倍以下罚款；情节严重的，吊销旅行社业务经营许可证；对直接负责的主管人员和其他直接责任人员，没收违法所得，处二千元以上二万元以下罚款，并暂扣或者吊销导游证、领队证。

(1) 以不合理的低价组织旅游活动，诱骗旅游者，并通过安排购物或者另行付费旅游项目获取回扣等不正当利益。
(2) 旅行社在组织、接待旅游者过程中，未经双方协商一致或者旅游者要求，指定具体购物场所，安排另行付费旅游项目的。

5. 旅行社发现旅游者从事违法活动或非法滞留时未尽报告义务的法律责任

旅行社及其委派的导游人员、领队人员有下列情形之一的，由旅游主管部门处五千元以上五万元以下罚款；情节严重的，责令停业整顿或者吊销旅行社业务经营许可证；对直接负责的主管人员和其他直接责任人员，处二千元以上二万元以下罚款，并暂扣或者吊销导游证、领队证。

(1) 旅行社组织、接待出入境旅游，发现旅游者从事违法活动的，旅行社未及时向公安机关、旅游主管部门或者我国驻外机构报告。

(2) 旅行社组织出境旅游的旅游者非法滞留境外，擅自分团、脱团，旅行社未及时报告并协助提供非法滞留者信息的。

(3) 旅行社接待入境旅游的旅游者非法滞留境内，擅自分团、脱团，旅行社未及时报告并协助提供非法滞留者信息的。

6．旅行社不履行合同义务、改变行程、未尽安全义务的法律责任

旅行社有下列行为之一的，由旅游主管部门责令改正，处三万元以上三十万元以下罚款，并责令停业整顿；造成旅游者滞留等严重后果的，吊销旅行社业务经营许可证；对直接负责的主管人员和其他直接责任人员，处二千元以上二万元以下罚款，并暂扣或者吊销导游证、领队证。

(1) 在旅游行程中擅自变更旅游行程安排，严重损害旅游者权益的。

(2) 拒绝履行合同的。

(3) 未征得旅游者书面同意，委托其他旅行社履行包价旅游合同的。

此外，在旅游者自行安排活动期间，旅行社未尽到安全提示、救助义务的，应当对旅游者的人身损害、财产损失承担相应责任。

7．为旅游者安排或介绍的旅游活动违反法律、法规规定的法律责任

旅行社安排旅游者参观或者参与违反我国法律、法规和社会公德的项目或者活动的，由旅游主管部门责令改正，没收违法所得，责令停业整顿，并处二万元以上二十万元以下罚款；情节严重的，吊销旅行社业务经营许可证；对直接负责的主管人员和其他直接责任人员，处二千元以上二万元以下罚款，并暂扣或者吊销导游证、领队证。

旅行社不得安排的活动或介绍的旅游活动，主要包括以下几种。

(1) 含有损害国家利益和民族尊严内容的。

(2) 含有民族、种族、宗教歧视内容的。

(3) 含有淫秽、赌博、涉毒内容的。

(4) 其他含有违反法律、法规规定内容的。

8．旅行社未在规定期限内缴纳质量保证金的法律责任

旅行社未在规定期限内向其质量保证金账户存入、增存、补足质量保证金或者提交相应的银行担保的，由旅游行政管理部门责令改正；拒不改正的，吊销旅行社业务经营许可证。

9．旅行社未履行备案手续及报送统计资料义务的法律责任

旅行社有下列情形之一的，由旅游行政管理部门责令改正；拒不改正的，处一万元以下的罚款。

(1) 变更名称、经营场所、法定代表人等登记事项或者终止经营，未在规定期限内向原许可的旅游行政管理部门备案，换领或者交回旅行社业务经营许可证的。

(2) 设立分社未在规定期限内向分社所在地旅游行政管理部门备案的。
(3) 不按照国家有关规定向旅游行政管理部门报送经营和财务信息等统计资料的。

在《旅行社条例实施细则》中还规定：擅自引进外商投资、设立服务网点未在规定期限内备案，或者旅行社及其分社、服务网点未悬挂旅行社业务经营许可证、备案登记证明的，由县级以上旅游行政管理部门责令改正，可以处一万元以下的罚款。

10．旅行社未签相关合同的法律责任

旅行社有下列情形之一的，由旅游行政管理部门责令改正，处二万元以上十万元以下的罚款；情节严重的，责令停业整顿一个月至三个月：

(1) 未与旅游者签订旅游合同。
(2) 与旅游者签订的旅游合同未载明本条例第二十八条规定的事项。
(3) 未取得旅游者同意，将旅游业务委托给其他旅行社。
(4) 将旅游业务委托给不具有相应资质的旅行社。
(5) 未与接受委托的旅行社就接待旅游者的事宜签订委托合同。

11．旅游者合法权益受到损害没有采取必要补救措施的法律责任

旅行社违反旅游合同约定，造成旅游者合法权益受到损害，不采取必要的补救措施的，由旅游行政管理部门或者工商行政管理部门责令改正，处一万元以上五万元以下的罚款；情节严重的，由旅游行政管理部门吊销旅行社业务经营许可证。

12．旅行社不向受委托旅行社支付费用的法律责任

旅行社有下列情形之一的，由旅游行政管理部门责令改正，停业整顿一个月至三个月；情节严重的，吊销旅行社业务经营许可证。

(1) 旅行社不向接受委托的旅行社支付接待和服务费用的。
(2) 旅行社向接受委托的旅行社支付的费用低于接待和服务成本的。
(3) 接受委托的旅行社接待不支付或者不足额支付接待和服务费用的旅游团队的。

13．妨害国境管理受刑事处罚和吊销许可证的负责人的从业禁止

因妨害国(边)境管理受到刑事处罚的，在刑罚执行完毕之日起五年内不得从事旅行社业务经营活动；旅行社被吊销旅行社业务经营许可的，其主要负责人在旅行社业务经营许可被吊销之日起五年内不得担任任何旅行社的主要负责人。

14．旅行社未妥善保存各类旅游合同及相关文件、资料的法律责任

《旅行社条例实施细则》规定：旅行社未妥善保存各类旅游合同及相关文件、资料，保存期不够两年，或者泄露旅游者个人信息的，由县级以上旅游行政管理部门责令改正，没收违法所得，处违法所得三倍以下但最高不超过三万元的罚款；没有违法所得的，处一万元以下的罚款。

案例 3.4

304名内地游客在澳门发生纠纷案

案情简介：

广东某医药公司组织 304 名医药代表赴港澳旅游，每人缴纳费用 420 元，共计人民币 127 680 元。该公司职员袁某利用多次与张某(深圳市 A 旅行社前员工)合作组团赴港澳旅游的便利，将该团以 27 680 元的报价交由张某操作，其余 10 万元作为袁某的利润。接团后，张某为该团队中的老人和儿童缴纳 25 000 元团费，其余客人按零团费方式，委托深圳市 B 旅行社具体操作。深圳市 B 旅行社随即与香港 C 旅行社达成后者向前者倒退 152 000 元团费(每人倒退港币 500 元)的接待协议、与澳门 D 旅行社达成每人接待费用港币 180 元的协议。该团在港期间，香港 C 旅行社以游客购物消费过低(总额约港币 270 000 元)为由，拒绝支付先前承诺的 152 000 元负团费，并于 9 月 24 日上午将该团队送至澳门北安码头。深圳市 B 旅行社随即要求张某追加每人 500 元人民币的费用，张某拒绝支付。深圳市 B 旅行社则书面通知澳门 D 旅行社等接待社取消团队接待任务，从而导致该团队滞留澳门北安码头。经澳门旅游局及深圳文体旅游局协调，当日晚 7 时许，304 名游客全部返回内地，避免了事态的进一步扩大。

经查，张某以深圳市 A 旅行社的名义，非法组织招徕游客赴港澳旅游，违反了《旅行社条例》第五十九条和《旅游法》第一百条规定。其中，深圳市 A 旅行社为张某与深圳市 B 旅行社的交易提供了公司账户，该社应对张某的行为承担法律责任；深圳市 B 旅行社在操作团队及处理 304 名游客澳门纠纷事件中，擅自对接待社澳门 D 旅行社等作出取消团队接待的指令，造成 304 名游客滞留澳门码头事件，违反了《旅行社条例》第五十九条。鉴于上述违法违规事实，深圳市文体旅游局决定对深圳市 B 旅行社处以罚款 15 万元、对深圳市 A 旅行社处以罚款 5 万元并停业整顿 1 个月的行政处罚。

(案例来源：中国旅游报，2012 年 04 月 16 日，第 3 版)

问：
1. 本案中旅行社有哪些违法行为？
2. 深圳市文体旅游局对深圳市 A 旅行社、深圳市 B 旅行社的处罚是否正确？

案例评析：

1. 本案中旅行社主要违法行为有两个：①不支付或不足额支付接待和服务费用；②拒不履行合同义务。

2. 《旅行社条例》第六十二条规定"违反本条例规定，有下列情形之一的，由旅游行政管理部门责令改正，停业整顿一个月至三个月；情节严重的，吊销旅行社业务经营许可证：①旅行社不向接受委托的旅行社支付接待和服务费用的；②旅行社向接受委托的旅行社支付的费用低于接待和服务成本的；③接受委托的旅行社接待不支付或者不足额支付接待和服务费用的旅游团队的"。《中华人民共和国旅游法》第一百条规定"旅行社违反本法规定，有下列行为之一的，由旅游主管部门责令改正，处三万元以上三十万元以下罚款，并责令停业整顿；造成旅游者滞留等严重后果的，吊销旅行社业务经营许可证；对直接负责的主管人员和其他直接责任人员，处二千元以上二万元以下罚款，并暂扣或者吊销导游证、领队证：(一)在旅游行程中擅自变更旅游行程安排，严重损害旅游者权益的；(二)拒绝履行合同的；(三)未征得旅游者书面同意，委托其他旅行社履行包价旅游合同的。"据此，深圳市文体旅游局对深圳市A旅行社、深圳市B旅行社的处罚是正确的。

本案中旅游者还可以要求旅行社赔偿取消澳门行程所致经济损失，如赴澳旅游费用、交通费用等，以维护自身合法权益。

重要法条提示

《旅游法》第九十六条规定："旅行社违反本法规定，有下列行为之一的，由旅游主管部门责令改正，没收违法所得，并处五千元以上五万元以下罚款；情节严重的，责令停业整顿或者吊销旅行社业务经营许可证；对直接负责的主管人员和其他直接责任人员，处二千元以上二万元以下罚款：

（一）未按照规定为出境或者入境团队旅游安排领队或者导游全程陪同的；
（二）安排未取得导游证或者领队证的人员提供导游或者领队服务的；
（三）未向临时聘用的导游支付导游服务费用的；
（四）要求导游垫付或者向导游收取费用的。"

《旅游法》第九十七条规定："旅行社违反本法规定，有下列行为之一的，由旅游主管部门或者有关部门责令改正，没收违法所得，并处五千元以上五万元以下罚款；违法所得五万元以上的，并处违法所得一倍以上五倍以下罚款；情节严重的，责令停业整顿或者吊销旅行社业务经营许可证；对直接负责的主管人员和其他直接责任人员，处二千元以上二万元以下罚款：

（一）进行虚假宣传，误导旅游者的；
（二）向不合格的供应商订购产品和服务的；
（三）未按照规定投保旅行社责任保险的。"

小测试

下列情形中不适用旅行社质量保证金赔偿的有（　　）。
A. 因不可抗力因素造成旅游者经济损失的
B. 旅游者在旅游期间发生人身财物意外事故的
C. 由于导游人员违反有关规定造成旅游者经济损失的
D. 司法机关已经受理的

模拟法庭

郭向禄等诉新疆中国国际旅行社财产损害赔偿纠纷案

案情简介：

原告郭向禄、齐锡环与被告国际旅行社于1999年12月16日签订了一份出境旅行合同。按该合同约定，每人交旅游费8760元，两原告共同向被告交款17520元；旅游路线为乌鲁木齐—深圳—澳门—香港—马来西亚—泰国—乌鲁木齐。二原告在马来西亚乘坐民航MH-784航班时，依照旅客乘坐航班的规定，将行李箱随团集体办理了托运，至曼谷机场领取行李箱时发现丢失。两原告按规定向机场管理部门提供了一份丢失物品清单，并由随团导游在原告提供的清单上写了"以上情况属实,特此证明,务请查实为感"字样。2000年3月2日,被告通知原告到乌鲁木齐机场接行李箱。原告在接行李箱时,发现其行李箱被撬,箱内部分物品丢失,遂要求被告合理解决赔偿问题,但遭到了拒绝,以致引起诉讼。

本案中诉讼角色:

上诉人(原审原告):郭向禄

上诉人(原审原告):齐锡环

被上诉人(原审被告):新疆中国国际旅行社(以下简称国际旅行社)

庭审图示:

法官

上诉人(原审原告)郭向禄、齐锡环上诉称1:一审法院认定事实有误。被上诉人国际旅行社不履行合同约定及法定义务……

上诉称2:请求二审法院撤销原判,判令国际旅行社赔偿经济损失和精神损害抚慰金。

上诉人(原审原告)

被上诉人(原审被告)国际旅行社辩称1:原审认定事实清楚,适用法律正确,判决公正。

辩称2:请求二审法院判决驳回上诉人的上诉请求。

被上诉人(原审被告)

上诉人(原审原告)郭向禄、齐锡环诉称1:一审法院认定事实有错误。被上诉人国际旅行社不履行合同约定及法定义务:(1)按照有关规定,国际旅行社应为旅行者投保旅游意外险,但国际旅行社违反规定,没有给上诉人投保;(2)国际旅行社没有履行必要告知及明确警示义务,没有办理交接手续。

上诉人(原审原告)郭向禄、齐锡环诉称2:由于国际旅行社没有履行这些义务,致使上诉人的财产遭受损失,故,请求二审法院撤销原判,判令国际旅行社赔偿经济损失和精神损害抚慰金。

被上诉人(原审被告)辩称1：原审认定事实清楚，适用法律正确，判决公正，请求二审法院判决驳回上诉人的上诉请求。

一审法院认为：

双方签订的旅游合同符合法律规定，合法有效，且双方已自愿履行完毕。原告已走完该合同所约定的路线，诉讼中要求被告退还旅游费3000元没有依据，不能支持。另，原告以被告没有尽到职责、有过错行为为由，要求被告赔偿其途中所丢失的物品价值20000元，及精神抚慰金5000元，庭审中虽提供了相应证据，但这些证据均不能证明被告对此损害发生有过错，因此，对其诉讼请求不能支持。被告在得知原告行李箱丢失后协助原告寻找，并办理了相关事宜，尽到了被告应尽的职责，因此其在庭审中的反驳理由成立，符合法律规定，本院应予以采纳。该院依据上述事实和理由，判决如下：驳回原告郭向禄、齐锡环的诉讼请求。

法院裁判理由：

乌鲁木齐市中级人民法院认为：根据国务院发布的《旅行社管理条例》和国家旅游局颁布的《旅行社办理旅游意外保险暂行规定》的规定，旅游意外保险是强制保险，是国家规定旅行社必须为旅游者代办的事项。但被上诉人国际旅行社与上诉人郭向禄、齐锡环签订的旅游合同，仅明确旅行社代办旅游意外伤害、死亡或残疾保险，而未按规定代上诉人办理包含旅游者所携带的行李物品丢失、损坏等情形所需赔偿的旅游意外保险，致使上诉人行李丢失后无法向保险公司索赔，对此国际旅行社应当承担赔偿责任。

被上诉人国际旅行社向旅游者提供的"注意事项"中，明确警示旅游者对"现金首饰等重要物品一定要随身携带"。但上诉人郭向禄、齐锡环未按此要求行事，将现金、首饰等贵重物品放在托运行李中，其丢失是自己过错造成的，因此，本院对上诉人请求赔偿现金、首饰损失的部分不予支持；上诉人丢失的其他物品，价值约5000元，本院对上诉人这部分损失的赔偿请求予以支持；对于上诉人的其他诉讼请求主张，因无事实和法律依据，本院不予支持。原审认定事实基本清楚，但判决不当，本院予以纠正。

法院判决：

乌鲁木齐市中级人民法院依照《中华人民共和国民事诉讼法》第一百五十三条第一款第(一)项之规定，于2002年6月1日判决如下：

(一) 撤销乌鲁木齐市天山区人民法院(2001)天民初字第2559号民事判决；
(二) 国际旅行社赔偿郭向禄、齐锡环损失5000元。

(案例来源：奚晓明主编《最高人民法院审理旅游纠纷案件司法解释理解与适用》).
北京：人民法院出版社，2010.)

本章小结

本章回顾了旅行社的发展历史，主要介绍了旅行社管理的重要法律法规知识。详细介绍了旅行社的概念、分类与经营范围，旅行社设立的条件与申办程序，质量保证金的定义、数量、缴纳方式、管理，旅行社的经营规范，旅行社的监督检查和法律责任。

第3章 旅行社管理制度

关键术语

旅行社　企业法人　质量保证金制度　监督检查制度

习题

1．名词解释

(1) 旅行社　(2) 旅行社质量保证金　(3) 旅行社服务网点　(4) 出境旅游业务

2．填空题

(1) 旅行社在银行存入质量保证金，应当设立独立账户，存期不得少于(　　)年。

(2) 旅行社聘用导游人员、领队人员应当依法签订劳动合同，并向其支付不低于(　　)的报酬。

(3) 在中国内地学习、工作、经商和定居的外国人及香港特别行政区、澳门特别行政区、台湾地区居民，由于他们的身份，他们在中国内地的旅游活动仍视为(　　)。

3．简答题

(1) 旅行社设立条件是什么？
(2) 适用质量保证金赔偿的范围是什么？

4．思考题

(1) 对于旅行社的导游和领队人员有哪些经营规范？
(2) 旅行社吊销旅行社业务经营许可证的情形有哪些？

5．实训题

1) 2007年2月，北京某旅行社接待了香港某旅行社组织的内地观光团。按照合同约定，该旅游团在北京游览4天，其中2月11日的旅游线路是游览长城。该旅行社委派导游张某担任该团陪同。张某未经旅行社同意，擅自将游览长城的日期改为2月14日，即离京的前一天，而将2月11日的活动改为购物。观光团的团员对此变更曾表示异议，但张某称此变更是旅行社的安排。不料，2月13日晚天降大雪，2月14日晨该观光团赴长城时，积雪封路，只得返回。翌日，该观光团离京返港后书面向旅游行政管理部门投诉，称该旅行社委派的导游未征得旅游者同意，擅自改变旅游行程，违反了合同约定，造成旅游观光团未能游览长城，旅行社应承担赔偿责任。该旅行社则辩称，改变旅游行程，属导游个人行为，与旅行社无关，而导游张某则辩称，造成长城未能游览，是由于大雪封路的原因，属不可抗力，依据法律规定，不承担赔偿责任。

问题：(1) 在旅游活动过程中，导游员擅自改变日程是否属于导游员的个人行为，与旅行社无关吗？

(2) 在旅游活动过程中，由于大雪封路的原因导致旅游者未能游览长城是否属于不可抗力，旅行社可以免责吗？

2) 某旅行社成立3年有余，由于经营有方，经济效益连年攀升，成为其所在城市旅行社行业的龙头。此时，旅行社经理李某退休，由关某接任。但作为法定代表人，关某并未到旅游局变更登记手续。同年7月，为了扩大业务范围，提高企业经济效益和社会知名度，关某提出该市所属4个县设立分社，这个提议经旅行社董事会商讨后通过。于是，该旅行社未经主管部门审批，便在4个县设立了分社，开展旅游招徕接待任务，并在分社办公场所挂上了3年前旅游行政管理部门颁发的《旅行社业务经营许可证》的副本复印件。后因某分社在接待旅游活动中侵犯了游客的合法权益，被客人投诉，当地旅游行政管理部门才发现这一违法行为，并依据我国有关法规对其进行了处罚。

问题：该旅行社经营中有哪些违法行为？应受到什么处罚？

第4章　导游与领队人员管理制度

知识要点	掌握程度	相关知识
1. 导游人员	掌握	导游人员的概念、分类
2. 导游人员资格考试制度	重点掌握	导游人员资格考试制度及参加导游人员资格考试应具备的条件
3. 导游证书	掌握	导游证的含义和分类、领取导游证的条件、不得颁发导游证的情形、导游证管理办法
4. 导游人员的计分管理	了解	计分管理部门及其职责、导游人员计分管理的实施及其他规定
5. 导游人员的年审管理	重点掌握	年审管理部门及其职责、年审形式、内容和考评结论及其他规定
6. 导游人员等级考核制度	掌握	导游人员等级划分及等级标准、导游人员等级的考核评定方法、导游人员等级考核评定的管理办法
7. 导游人员应尽义务与法律责任	重点掌握	法律责任承担
8. 出境游领队人员管理	了解	领队的义务和职责履行

技能要点	能力要求	应用方向
导游人员的法律责任	重点掌握	确定法律责任承担

导入案例

案情简介：

王某是某大学外语系学生，非常向往导游工作，业余时间对旅游方面的书籍借阅甚多，但是多次参加导游资格证考试都未合格。在一次旅游旺季，听说A旅行社需要兼职导游，所以前去应聘。由于时间比较紧张，A旅行社又急需用人，考虑到王某是知名大学学生，有一定的旅游方面知识，自身素质也非常不错，所以让王某带外国团队在市内旅游。在游览过程中，王某因业务流程不够熟悉，讲解不够流畅引起了外国客人的极大不满，最终遭到投诉。对于王某的无证导游行为，应由旅游行政部门责令改正并予以公告，处1 000元以上1万元以下的罚款；有违法所得的，并处没收违法所得。

（案例来源：王志雄. 旅游法规案例教程. 北京：北京大学出版社，2012：47.）

问题：

(1) 王某能否担任团队导游？

(2) 旅行社能否聘用王某这种条件的人做临时导游？

案例评析：

(1) 导游工作性质非常特殊，在工作中往往是单人行动，独当一面，为了提高旅游服务质量，更好地维护旅游者合法权益，《导游人员管理条例》第四条第一款规定："在中华人民共和国境内从事导游活动，必须取得导游证。"想要取得导游证，必须参加国家统一组织的导游资格考试合格，经与旅行社订立劳动合同或者在导游服务公司登记，持所订立的劳动合同或登记证明材料，向旅游行政部门申领导游证。本案例中，王某虽然阅读学习旅游方面书籍甚多，但是始终没有通过导游资格证考试，未取得导游证，故不能担任团队导游。

(2) 从旅行社角度来讲，在旅游旺季游客数量增多时旅行社需要临时聘用一些持证导游，即依法取得导游证的人员。如果旅行社需要特殊语种的导游，但又缺乏这类人才该怎么办呢？为了规范行业秩序，保证服务质量，《导游人员管理条例》第四条第三款明确规定："具有特定语种语言能力的人员，虽未取得导游人员资格证书，旅行社需要聘请临时从事导游活动的，由旅行社向省、自治区、直辖市人民政府旅游行政部门申请领取临时导游证。"本案例中，王某具有特定语种语言能力，符合临时导游证申请条件，A 旅行社应当先向旅游行政部门申请并获得临时导游证后，方可聘用王某。

4.1 导游人员概述

导游服务是旅游服务中具有代表性的工作，贯穿于旅游活动的始终。导游人员是导游服务的主体，是旅游各项服务的具体组织者，是旅游业的灵魂、旅行社的窗口。特别是随着旅游业的不断发展，导游人员的地位和作用显得越来越重要。因此为进一步提高导游人员的素质，加强对导游人员的法律管理，规范导游活动，保障旅游者和导游人员的合法权益，促进旅游业的健康发展，1987 年 11 月 14 日经国务院批准，1987 年 12 月 1 日国家旅游局发布的《导游人员管理暂行规定》，国务院于 1999 年 5 月 14 日修订发布了《导游人员管理条例》，同年 10 月 1 日起施行。《导游人员管理条例》是目前导游法规中法律效力最高的行政规章。2001 年 12 月 27 日，国家旅游局发布了《导游人员管理实施办法》，该规章明确提出了对导游人员实施计分管理和年审管理的措施和办法。目前，我国有关导游人员的管理法还包括有《出境旅游领队人员管理办法》等。

4.1.1 导游人员的概念

《导游人员管理条例》第二条规定："本条例所称导游人员，是指依照本条例的规定取得导游证，接受旅行社委派，为旅游者提供向导、讲解及相关旅游服务的人员。"

由上述导游人员的法定概念可见，导游人员这一概念包含以下 3 层含义。

(1) 导游人员是指依照本条例的规定取得导游证的人员。这是担任导游工作的前提条件。

(2) 导游人员是指接受旅行社委派，为旅游者提供向导、讲解及相关旅游服务的人员。这是导游人员概念的主要特征。在日常生活中，也有为他人提供向导、讲解服务的人，但是，只要其不是由旅行社委派的，尽管其也为他人提供向导、讲解服务，也不是《导游人员管理条例》所称的导游人员。

(3) 导游人员是为旅游者提供向导、讲解及相关旅游服务的人员。这是导游人员的工作范围。所谓"向导"，一般是指为他人引路、带路，而"讲解"则是指给旅游者解说、指点风景名胜，至于"相关旅游服务"一般是指为旅游者代办各种旅行证件，代购交通票据，安排旅游住宿、旅程就餐等与旅行游览有关的各种服务。

4.1.2 导游人员的分类

由于工作范围，业务内容不同，服务对象和使用语言各异，导游人员的业务性质和服务方式也不尽相同，即使是同一位导游人员，由于从事的业务性质不同，所扮演的社会角色也随之变换。从我国的实际情况出发，可从下列不同角度对我国的导游人员进行分类。

1．按业务范围划分

导游人员分为境外领队、全程陪同导游人员、地方陪同导游人员和景点景区导游人员。

境外领队：简称领队，是指受国家旅游行政主管理部门批准可以经营出境旅游业务的旅行社的委派，全权代表旅行社带领旅游团在境外从事旅游活动的工作人员，是由组团社委派的导游人员。

全程陪同导游人员：简称全陪，是指受组团旅行社委派，作为组团旅行社的代表，在地方陪同导游人员的配合下实施接受计划，为旅游团(者)提供全程陪同服务的工作人员。

地方陪同导游人员，简称地陪，是指受组团旅行社委派，代表该接待社实施接待计划，为旅游团(者)提供当地旅游活动，安排、讲解、翻译等服务的工作人员。

景点景区导游人员：亦称讲解员，是指在旅游景点，如博物馆、自然保护区等为旅游团(游客)进行导游讲解的人员。

2．按职业性质划分

按导游人员的职业性质可以分为专职导游人员和兼职导游人员。

专职导游人员，是指在一定时期内以导游工作为主要职业的导游人员。这类导游人员与旅行社签订有正式的劳动合同，是当前我国导游队伍的主力军。

兼职导游人员，亦称业余导游人员，是指不以导游工作为主要职业，而是利用业余时间从事导游工作的人员。目前这类人分为两种：一种是通过了国家导游资格统一考试取得导游证而从事兼职导游工作的人员；另一种是具有特定语种语言能力而受聘于国际旅行社，领取临时导游证，临时从事导游活动的人员。

3．按工作语言划分

按导游人员使用的语言可以将其分为外语导游人员和中文导游人员。

外语导游人员，是指运用外语从事导游服务的人员。目前，他们的服务对象主要是入境旅游的外国旅游者和出境旅游的中国公民。

中文导游人员，是指能使用普通话、地方方言或少数民族语言，从事导游业务的人员。目前，这类导游人员的主要服务对象是在国内旅游的中国公民和入境旅游者中的港、澳、台同胞。

4．按技术等级划分

按导游人员的技术等级，可以将其分为初级导游人员、中级导游人员、高级导游人员和特级导游人员。

初级导游人员：取得导游人员资格证书后工作满 1 年，就技能、业绩和资历对其进行考核，合格者成为初级导游人员。

中级导游人员：取得初级导游人员资格 2 年以上。工作成绩明显，为企业的业务骨干，经考核、考试合格者晋升为中级导游人员。

高级导游人员：取得中级导游人员资格 4 年以上，工作成绩突出、水平较高，在国内外同行和旅行商中有一定影响，经考核、考试合格者晋升为高级导游人员。

特级导游人员：取得高级导游人员资格 5 年以上，工作成绩优异，有突出贡献，在国内外同行和旅行商中有较大的影响，有一定数量高水平并正式发表的导游工作研究成果，经考核合格者晋升为特级导游人员。

4.2 导游人员的从业管理制度

我国实行统一的导游人员资格考试，经考试合格后可取得导游人员资格证书。再依据《导游人员管理条例》的相关要求申请导游证。导游人员资格证书和导游证由国务院旅游行政管理部门统一印制，导游证是持证人已依法进行中华人民共和国导游注册、能够从事导游活动的法定证件，无证导游属于违法。为了动态监督管理导游人员的执业行为，我国还对导游人员实行计分管理制度和年度审核制度，导游人员必须参加年审。导游计分管理制度则根据其违规行为的性质、情节轻重，经查证核实后予以扣分的一项管理制度。此外，为加强导游队伍建设，提高导游人员的业务素质，建立导游人才市场，国家旅游局于 1994 年公布了《关于对全国导游员实行等级评定的意见》和《导游员职业等级标准》，开始了导游人员等级考核评定工作。这一制度在 1999 年发布的《导游人员管理条例》中得以确认，从而成为一项法定制度。2005 年 6 月国家旅游局又发布了《导游人员等级考核评定管理办法(试行)》，进一步规范了导游人员等级考核评定制度。

4.2.1 导游人员资格考试制度

《导游人员管理条例》规定，国家实行全国统一的导游人员资格考试制度。经考试合格者，方可取得"导游人员资格证书"。实行统一的导游人员资格考试，是世界上许多旅游业发达国家的通行做法，而且都是以法律形式明确加以规定。我国也实行导游人员资格考试，这充分体现了国家对导游工作的高度重视，也表明了导游工作在旅游业中所处的重要地位；同时，实行导游人员资格考试，可以为旅游行政管理部门对导游工作的管理提供有力的法律手段，可以保证和提高我国导游人员队伍的素质，为旅游者提供良好的导游服务，提高我国旅游业的产业形象。

1. 导游人员资格考试报考条件

依据我国《导游人员管理条例》规定，具备下列条件的人员可以参加导游资格考试。
1) 必须是中华人民共和国公民

参加导游人员资格考试的人员必须是具有中华人民共和国国籍的公民。所谓"公民"，通常是指具有某个国家国籍的自然人。在我国，凡是按照《中华人民共和国国籍法》规定，取得中国国籍的人,都是中华人民共和国公民。

2) 必须具有高级中学、中等专业学校或者以上学历

报考者应具有高级中学、中等专业学校或以上学历。接受过何等程度的教育,具有何种学历,是衡量一个从业人员的知识结构及知识文化程度的一个客观标准,也是某种职业对从业人员的要求。一般认为,导游人员应当是一个"杂家",即要求其具有较广泛的文化知识,对祖国的历史文化、名川大山、风土人情、民族习俗等有较广泛的了解。导游工作的这一特点,就要求导游从业人员必须具有较好的文化素养和相应的学历条件。

3) 必须身体健康

报考者须具有良好的身体素质,能适应导游工作的需要。导游工作既是一项脑力工作,又是一项繁忙艰苦的体力工作;导游人员为了适应各地气候条件、生活习俗等差异,必须有一个健康的身体。

4) 必须具有适应导游需要的基本知识和语言表达能力

参加考试者必须具有适应导游工作需要的基本知识和语言表达能力。具有适应导游需要的基本知识主要是指具有《导游人员管理条例》规定的文化程度和学历证明;同时,还应当参加各级旅游局根据国家旅游局统一布置而组织的导游人员资格考试的考前培训。语言表达能力是导游人员必不可少的基本条件,因为导游人员主要是通过语言来为旅游者提供服务。导游语言是对祖国名胜风景古迹的艺术表达,它要求导游人员应当按照规范化的语言来解说,或以艺术化的语言进行表述,做到语言流畅、鲜明生动、活泼风趣、合乎礼仪,以吸引旅游者的注意力,形成轻松愉快、活泼有趣的氛围,给人以美的享受,消除旅途疲劳,增添旅游情趣。

2. 导游人员资格考试的管理

在《导游人员管理条例》中规定"国家实行全国统一的导游人员资格考试制度",应从以下两方面进行理解:首先,它是一个国家制度,这表明了国家对导游职业的重视,是国家对导游职业实行资格准入的具体措施和体现;其次,它是采取全国统一考试的方式。依据《导游人员管理条例》规定,除景点景区导游人员外,将其余的各种资格考试并轨,均实行全国统一考试。全国统一考试具体内容是:统一组织、统一试题、统一评判标准、统一公布结果和统一颁发资格证书。

全国导游人员资格考试政策、标准的制定和对各地考试工作的监督管理由国务院旅游行政管理部门负责。省级旅游行政管理部门负责组织、实施本行政区域内的导游人员资格考试工作。直辖市、计划单列市、副省级城市负责本地区的导游人员资格考试工作。考试和培训分开、培训自愿的原则,不得强迫考生参加培训。

3. 导游人员资格证书的颁发

《导游人员管理条例》明确规定,参加导游人员资格考试合格后,由国务院旅游行政部门或者国务院旅游行政部门委托省、自治区、直辖市人民政府旅游行政部门颁发导游人员资格证书。此处颁发导游人员资格证书的主体为国务院旅游行政管理部门,即国家旅游局,其他部门的发证行为也是受国家旅游局委托。导游人员资格证书在考试结束之日起30个工作日内颁发,获得导游人员资格证书3年未从业的,资格证自动失效。

4.2.2　导游证管理制度

1. 导游证的含义

导游人员证书简称"导游证",是持证人依法进行导游注册、能够从事导游活动的法定证件。要求导游人员执业必须具有导游证,是为了维护旅游声誉,保证导游服务质量,便于旅游行政管理人员的监督检查。因此,《导游人员管理条例》规定:"在中华人民共和国境内从事导游活动,必须取得导游证。"《旅游法》第三十七条规定:"参加导游资格考试成绩合格,与旅行社订立劳动合同或者在相关旅游行业组织注册的人员,可以申请取得导游证。"

由以上规定可见申领导游证的前提是参加导游人员资格考试并合格,从而取得导游人员资格证书。在满足这一前提条件下,申领人员又可分为两类:一是取得导游人员资格证书,与旅行社订立劳动合同的人员;二是取得导游人员资格证书,在相关旅游行业组织注册的人员。上述两类人员持所订立的劳动合同或者登记证明材料方可申领导游证。

2. 导游证的分类

依据《导游人员管理条例》规定,导游证可分为正式导游证和临时导游证两种。

(1) 正式导游证,亦即导游证。它是指参加导游人员资格考试并合格,取得导游人员资格证书的人员,经与旅行社订立劳动合同或者在导游服务公司登记,由省、自治区、直辖市人民政府旅游行政部门颁发的导游证。持有正式导游证的人员,可以是专职的导游人员,也可以是兼职的导游人员;可以是旅行社的正式员工,也可以是某旅行社聘用人员。但是,持有正式导游证的人员,都必须是经过导游人员资格考试并合格,取得导游人员资格证书的人员。

(2) 临时导游证。所谓临时导游证,是指具有特定语种语言能力的人员,虽未取得导游人员资格证书,但因旅行社需要聘请其临时从事导游活动,由旅行社向省、自治区、直辖市人民政府旅游行政部门申请领取的导游证。由此可见,领取临时导游证的条件一是具有某种特定语种语言能力;二是旅行社需要聘请其临时从事导游活动。

正式导游证与临时导游证的区别主要如下。

(1) 有无取得导游人员资格证书。即正式导游证持有者是经过导游人员资格考试并合格、取得导游人员资格证书者;而临时导游证的持有者是没有经过导游人员资格考试、没有取得导游人员资格证书者。

(2) 有无语种语言能力限制。即正式导游证的持有者无语种语言能力的限制,正式导游证的持有者可以是具有特定语种语言能力的人员,也可以是不具有特定语种语言能力的人员;而临时导游证的持有者必须是具有特定语种语言能力的人员,否则便不具备领取临时导游证的条件。

(3) 领取导游证的程序不同。申请领取正式导游证是由申请领取者个人向旅游行政部门领取;而临时导游证则是由旅行社根据需要向旅游行政部门申请领取。

(4) 有效期限不同。根据《导游人员管理条例》第八条第二、三款的规定，导游证的有效期限为3年，临时导游证的有效期限最长不超过3个月，即既可以是数天，也可以是1个月或2个月，但最长不得超过3个月；此外，导游证有效期满后，可以申请办理换发导游证手续，而临时导游证有效期限届满后，不得展期。如需继续聘请，则必须由旅行社重新向旅游行政部门申请领取。

根据《导游人员管理条例》规定，颁发导游证和临时导游证的部门是省、自治区、直辖市人民政府旅游行政部门，亦即省、自治区、直辖市旅游局，而导游证和临时导游证的样式规格，由国务院旅游行政部门规定，亦即由国家旅游局规定。应当明确的是，导游证和临时导游证的样式规格由国务院旅游行政部门规定，并不意味着导游证和临时导游证必须由国务院旅游部门制作，而是可以由国务院旅游行政部门规定样式规格并统一制作，也可以由国务院旅游行政部门规定样式规格，由省、自治区、直辖市旅游行政部门制作并颁发。

3. 导游证与导游人员资格证书的区别

导游人员资格证书与导游证是两种既有联系又有区别的证书。两者的联系是：导游人员资格证书是取得导游证的必要前提，也就是说，要取得导游证，必须首先取得导游人员资格证书。导游人员资格证书是表明持证人具备了从事导游业务所应具备的知识和技能的证件，导游证是由旅游行政管理部门颁发的准许进行导游活动的凭证。应当指出的是取得导游人员资格证书并不意味着必然取得导游证。

导游人员资格证书与导游证的区别在于以下方面。

1) 性质不同

导游人员资格证书标志着某人具备从事导游职业的资格；而导游证则是标志着国家准许某人从事导游职业。前者表明某人具有导游职业的资格，而后者表明某人获准从事导游职业。

2) 颁证机构不同

导游人员资格证书是由国务院旅游行政管理部门或国务院旅游行政管理部门委托的省、自治区、直辖市人民政府旅游行政管理部门颁发；而导游证则是由省、自治区、直辖市人民政府旅游行政管理部门颁发。

3) 领取程序不同

导游人员资格证书是参加导游人员资格考试并合格后，向旅游行政管理部门领取；而导游证则必须是取得导游人员资格证书，并与旅行社订立劳动合同或者在导游服务公司登记后，方可向旅游行政管理部门领取。

4) 作用不同

导游人员资格证书仅仅是表明持证人具备了从事导游职业的资格，但并不能实际从事导游职业；而导游证则表明持证人可以实际从事导游职业。前者是从业的资格，后者是从业的许可。

5) 期限不同

导游人员资格证书没有期限规定，但获得导游人员资格证3年未从业的，资格证自动失效；而导游证是有期限规定的，导游证的有效期限为3年。导游证持有人需要在有效期届满后继续从事导游活动的,应当在有效期限届满3个月前,向省、自治区、直辖市人民政府旅游行政管理部门申请办理换发导游证。

4．领取导游证的条件

1) 取得导游人员资格证书

通过导游人员资格考试获得旅游行政管理部门颁发的导游资格证书是申请领取导游证的前提条件。

2) 与旅行社订立劳动合同或在相关旅游行业组织注册

与旅行社订立劳动合同的人员,是指专职导游人员,是旅行社的雇员,即旅行社的正式员工。导游人员与旅行社订立劳动合同,明确导游人员在旅行社应承担的工作及相应的劳动规则;旅行社则有按导游人员工作的数量和质量付给工资,并提供相应劳动条件的责任。

"相关旅游行业组织"是指设区的市级以上地方依法成立的导游协会、旅游协会成立的导游分会或者内设的相应工作部门。

5．不得颁发导游证的情形

导游人员工作专业性强,为保证导游人员队伍的整体水平,在规定取得导游人员资格条件、执业条件的同时,《导游人员管理条例》第五条规定了不予颁发导游证的4种情形。

1) 无民事行为能力或者限制民事行为能力的

民事行为能力是指公民可以独立进行民事活动的资格,法律要求公民在达到一定年龄以及能够对自己的行为、可能产生的法律后果具有认知能力和判断能力后才具有的行为能力。我国法律根据公民的年龄、智力和精神健康状况将公民的民事行为能力划分为以下3种。

(1) 完全民事行为能力。法律规定18周岁以上的公民是具有完全民事行为能力,可以独立进行民事活动;16周岁以上不满18周岁的公民,以自己的劳动收入为主要生活来源的,视为完全民事行为能力人。

(2) 限制民事行为能力。具体指10周岁以上不满18周岁的未成年人;不能完全辨认自己行为的精神病人(包括痴呆症人)。

(3) 无民事行为能力。具体指不满10周岁的未成年人;不能辨认和控制自己行为结果的精神病人(包括痴呆症人)。

根据《导游人员管理条例》规定,对无民事行为能力或者限制民事行为能力的人,不得颁发导游证,只有具有完全民事行为能力的公民,才能申请领取导游证,从事导游职业。

2) 患有传染性疾病的

传染性疾病是指由病原体侵入生物体,使生物体产生病理反应而引起的疾病,主要包括肺结核、麻风病、天花、伤寒、病毒性肝炎等,应由医疗机构作出诊断证明。旅游行政管理部门不得向患有传染性疾病的申请人颁发导游证,是由导游人员这一职业特性决定的。导游人员为旅游者提供向导、讲解及相关旅游服务,在旅游活动中与旅游者朝夕相处,若患有传染性疾病，就可能将其患有的疾病传染给旅游者，造成交叉感染。因此《导游人员管理条例》规定，患有传染性疾病的人员申请领取导游证，旅游行政部门不得颁发。

3) 受过刑事处罚的，过失犯罪的除外

旅游行政管理部门不对曾因其行为触犯了国家刑律依法受到刑罚制裁的人员颁发导游证。

但是《导游人员管理条例》在此规定上有一个例外，即"过失犯罪的除外"。规定该除外情形的理由是：根据《中华人民共和国刑法》规定，犯罪分为故意犯罪和过失犯罪，明知自己的行为会发生危害社会的结果，并且希望或者放任这种结果发生，因而构成犯罪的，是故意犯罪；应当预见自己的行为可能发生危害社会的结果，因为疏忽大意而没有预见，或者已经预见而轻信能够避免，以致发生这种结果的是过失犯罪。过失犯罪分为疏忽大意的过失和过于自信的过失。由此可见，故意犯罪是一种有意识的犯罪，过失犯罪不是有意识的犯罪。较之故意犯罪人，过失犯罪人在主观恶意性、社会危害性上，与故意犯罪都有着原则区别，过失犯罪是由于缺乏必要的谨慎而构成的犯罪。因此，这类人虽然也受过刑罚的制裁，旅游行政管理部门也可以对其颁发导游证。

4) 被吊销导游证的

旅游行政部门对曾被吊销过导游证的人员，不得颁发导游证。这一规定是指曾经取得导游证的人员，因违反有关导游人员管理法规，被旅游行政管理部门处以吊销导游证的处罚后，又重新参加导游人员资格考试并合格、取得导游人员资格证书后，向旅游行政管理部门申请领取导游证的人员。由于此类人员在进行导游活动时有过不良记录、受过被吊销导游证的处罚，表明已不适合继续从事该职业。为确保导游人员的基本从业素质，加强导游人员队伍建设，树立中国旅游业的良好形象，理应不再重新对其颁发导游证。条例之所以做出如此严格的规定，意在提醒导游人员认真执业，提高自身素质，从而维护旅游者的合法权益。

6．导游证管理办法

旅游行政部门颁发导游证是现代行政管理中的一种法律制度。旅游行政部门颁发导游证是准予申请领取导游证人员从事导游活动的具体行政行为。根据《导游人员管理条例》规定，颁发导游证和临时导游证的部门是国务院旅游行政部门或者国务院旅游行政部门委托省、自治区、直辖市人民政府旅游行政部门。导游证和临时导游证的样式规格，由国务院旅游行政部门规定。导游人员资格证的具体管理办法如下。

1) 导游证的申领与发放

通过考试获得导游人员资格证书的人员，在旅行社或导游管理服务机构注册，持劳动合同或相关旅游行业组织登记证明材料可向所在地旅游行政管理部门申请办理导游证。所在地旅游行政管理部门是指直辖市、计划单列市、副省级旅游行政管理部门，以及有相应的导游规模、有相应的导游管理服务机构、有稳定的执法队伍的地市级以上旅游行政管理部门。

取得导游人员资格证书的人员申请办理导游证，还须参加颁发导游证的旅游行政管理部门举办的岗前考核。

申领导游证的程序如下：首先，申请人须向省、自治区、直辖市旅游行政管理部门提出书面申请；提交导游人员资格证书及其复印件、与旅行社订立的劳动合同及其复印件或相关旅游行业组织注册的证明文件及其复印件、申请人的身份证及其复印件和按规定填写的《申请导游证登记表》。省、自治区、直辖市旅游行政管理部门依据《导游人员管理条例》的有关规定进行审批。省、自治区、直辖市旅游行政管理部门自收到申请人提交的申请材料之日起15个工作日内颁发导游证。对不予颁发导游证的，应当书面通知申请人。

2) 导游证的变更和换发

根据《导游证管理办法》的规定，原导游证作废，持证人必须办理变更、换发手续。

当出现导游人员跨省或跨城市调动，涉及发证机关和导游证编号变更时，原发证机关须收回变更人原导游证并打孔作废，在《申请导游证登记表》中注明"原证已收回，跨地变更、换发"字样。持原发证机关的证明和上述办理导游证所要求的四项材料，到新单位所在地旅游行政管理部门换领导游证。变更人的新导游证编号应按单位所属地区编码和该地区导游人员排序重新编排、建档和登记。

需要进行等级调整时，持原导游证和身份证、导游人员等级证书(原件及其复印件)、《申请导游证登记表》(一式三份，须注明"等级变更换发"字样)到原发证机关办理换领手续。

当需要调动发生所属单位的变更时，在本地区内的所属单位变更，持原单位同意调出或解聘关系的证明材料、身份证、原导游证到原发证机关办理导游证变更手续，领取、填报《申请导游证登记表》(一式三份，须注明"单位变更"字样)，同时持上述办证所要求的四项材料，办理导游证。

根据规定，其他变更程序可参照以上内容执行。

3) 导游证的遗失和补发

根据《导游证管理办法》的规定，持证人发现导游证遗失须立即办理挂失、补办手续。

持证人在带团时发生遗失，应及时与原单位或委托旅行社联系，取得其单位开具的身份及遗失证明或复印件，并凭团队计划和日程表、遗失证件简要说明等材料完成行程。

持证人申请补发导游证，应及时向所在单位报告、递交遗失证件简要情况，并持所属单位出具的遗失证明、身份证(及其复印件)、导游人员资格证书及其复印件、导游员等级证书及其复印件到发证机关办理遗失补办手续；填写《申请导游登记表》(一式三份)，注明"遗失补发"字样。持证人凭此《申请导游登记表》到《中国旅游报》、省级日报联系办理登载"证件遗失作废声明"(内容包括导游证编号、姓名、卡号)事宜，自证件遗失作废声明登载之日起的1个月后，持登报启事、导游人员资格证书、身份证、所在单位开具的证件丢失证明，到原发证机关补办导游证。

在申请补办期间，申请人不得从事导游活动。

导游证损坏的，持证人应持身份证(原件及复印件)、原导游证、导游资格(等级)证书和填妥的《申请导游登记表》(一式三份，须注明"损坏换发"字样)，向原发证机关申请换发。

4) 导游证的监督检查

导游证的持证人应接受旅游行政管理部门的检查，出示和提供有关材料。

导游证的持证人违规使用导游证，旅游行政管理部门依据《导游人员管理条例》、《导游人员管理实施办法》的规定作出相应处罚。其他组织和个人不得擅自扣留、销毁、吊销导游证。

无导游证进行导游活动的,由旅游行政管理部门责令改正并予以公告,处 1 000 元以上 1 万元以下的罚款;有违法所得的,并处没收违法所得。

知识链接

新版导游证的式样及使用的有关规定

为贯彻《导游人员管理条例》和《导游人员管理实施办法》(国家旅游局第 15 号局令)精神,适应对不断壮大的导游队伍进行管理和监督的需要,国家旅游局决定启用新版导游证,现将有关工作通知如下:

一、新版导游证为 IC 卡形式。新版导游证样式附后。

二、按照《导游人员管理实施办法》(国家旅游局第 15 号局令),国家旅游局修订了《导游证管理办法》,从 4 月 1 日起正式试行。《导游证管理办法》附后。

三、新版导游证从 2002 年 4 月 1 日起在部分地区试行,从 2003 年 4 月 1 日起,在全国实行。现行的旧版导游证截至 2003 年 3 月 31 日废止。

四、第一批实行新版导游证的地区应在 3 月 31 日前对持证导游人员集中换发新版导游证;其余地区将在 2003 年 3 月 31 日前全部完成换发新版导游证工作,在分批推进新版导游证换发工作的同时,逐步实现全国导游管理联网。

各省、自治区、直辖市旅游局要对本行政区域内的导游人员换证和省内导游管理联网工作作出计划和安排,以便尽早实现与全国联网管理。

发放新版导游证的旅游行政部门应按导游管理联网的要求,于规定时间内将发放新版导游证的情况上传上一级旅游行政部门备案。与上级旅游部门暂未实现联网的地区,应在一个月内以文件方式备案。

五、自 2002 年 4 月 10 日起,在暂不能实行新版导游证的地区,导游人员持导游证(旧版)的同时,必须携带导游证副证上岗,通过副证进行计分管理。

各省、自治区、直辖市旅游局应在 4 月 10 日前完成导游证副证的发放组织工作,有权发放导游证的城市负责本行政区域内导游人员的副证发放工作。

副证发放的范围为:今年 4 月不能使用 IC 卡的所有地区。导游证副证内容由国家旅游局确定,由各省级旅游局统一设计版式和印制,由有发证权的城市按《导游人员管理实施办法》登记发放并检查实施。导游证副证截至 2003 年 3 月 31 日废止。

发放导游证副证的旅游行政部门应将发放导游证副证的情况 4 月 20 日前上报省级旅游行政部门备案。

导游证实行统一版式。新版导游证(2002 年版)为 IC 卡形式,可借助读卡机查阅卡中储存的导游基本情况和违规计分情况等内容,导游证的正面设置中英文对照的"导游证(CHINA TOUR GUIDE)"、导游证等级、编号、姓名、语种等项目,中间为持证人近期免冠 2 寸正面照片,导游证等级以 4 种不同的颜色加以区分:初级为灰色、中级为粉米色、高级为淡黄色、特级为金黄色;背面印有注意事项和卡号。导游证编号:其规则为"D - 0000 - 000000",英文字母"D"为"导"字的拼音字母的缩写,代表导游,前 4 位数字为省、城市、地区的标准国标代码,后 6 位数字为计数编码。不同等级的导游证卡号依各自顺序编号。

4.2.3 导游人员的计分管理制度

1．计分管理制度概述

为加强对导游人员的执业行为的动态管理，国家旅游局从 2002 年 4 月 10 日起要求在全国范围内对导游人员实行计分管理。计分管理是旅游行政管理部门对导游从业人员的违法、违规行为实施扣分处罚的一项管理制度。对违法、违规导游人员除扣减其相应分值外，贪污应以处罚的，仍依据有关法律、法规给予处罚。

2．计分管理部门及其职责

依据《导游人员管理实施办法》国家旅游局负责制定全国导游人员计分管理政策，并组织实施和监督检查。省、自治区、直辖市旅游行政管理部门负责本行政区域内导游人员计分管理的组织实施和监督检查。导游人员从业所在地的旅游行政管理部门在本行政区域内负责具体执行导游人员计分管理制度。《导游人员管理实施办法》之所以规定导游人员的计分管理由所在地旅游行政管理部门负责具体实施，是为了使计分管理落到实处，具有实际可操作性。

《导游人员管理实施办法》第二十一条还规定："旅游行政执法人员玩忽职守、不按照规定随意进行扣分或处罚的，由上级旅游行政管理部门提出批评和通报，本级旅游行政管理部门给予行政处分。

3．导游人员计分管理的实施

依据《导游人员管理实施办法》规定，导游人员计分办法实行年度 10 分制，按照导游人员违规行为性质、情节轻重分别扣减不同分值。

(1) 在导游活动过程中，导游人员有下列行为之一的，扣除 10 分：①有损害国家利益和民族尊严的言行的；②诱导或安排旅游者参加黄、赌、毒活动项目的；③有殴打或谩骂旅游者行为的；④欺骗、胁迫旅游者消费的；⑤未通过年审继续从事导游业务的；⑥因自身原因造成旅游团重大危害和损失的。

(2) 在导游活动过程中，导游人员有下列行为之一的，扣除 8 分：①拒绝、逃避检查，或者欺骗检查人员的；②擅自增加或减少旅游项目的；③擅自终止导游活动的；④讲解中掺杂庸俗、下流、迷信内容的；⑤未经旅行社委派私自承揽或者以其他任何方式直接承揽导游业务的。

(3) 在导游活动过程中，导游人员有下列行为之一的，扣除 6 分：①向旅游者兜售物品或购买旅游者物品的；②以明示或者暗示的方式向旅游者索要小费的；③因自身原因漏接、漏送或误接误送旅游团的；④讲解质量差或不讲解的；⑤私自转借导游证供他人使用的；⑥发生重大安全事故不积极配合有关部门救助的。

(4) 在导游活动过程中，导游人员有下列行为之一的，扣除 4 分：①私自带人随团游览的；②无故不随团活动的；③在导游活动中未佩戴导游证或未携带计分卡；④不尊重旅游者宗教信仰和民族风俗。

(5) 在导游活动中，导游人员有下列行为之一的，扣除 2 分：①未按规定时间到岗的；

②10人以上团队未打接待社社旗的；③未携带正规接待计划；④接站未出示旅行社标识的；⑤仪表、着装不整洁的；⑥讲解中吸烟、吃东西的。

4．导游人员计分管理的其他规定

导游人员因违规被扣完10分分值后，由最后扣分的旅游行政执法单位暂时保留其导游证，出具保留导游证的证明，并于10天内通报导游人员所在地旅游行政管理部门和登记注册单位。如果此导游人员正在带团过程中，可持旅游执法单位出具的保留证明完成团队剩余的行程。

导游人员的10分分值被扣完后，暂停从事导游业务，需接受旅游行政管理部门的培训，培训考核合格后，方能继续从事导游业务。

对导游人员的违法、违规行为除扣减其相应分值外，依法应予处罚的，依据有关法律给予处罚。

违规导游人员被扣分的凭证是导游人员违规通知单。导游人员违规通知单分为一式三联，一联为检查单位留存，一联通知违规导游人员的发证单位，一联交给违规导游人员本人。

案例 4.1

导游漏接旅游团，计分制度管理严格

案情简介：

2002年7月，上海某旅行社的导游郭某去火车站接来自福建的旅游团。导游郭某因自身的原因，事先未联系好接站时间，致使旅游团队到达后，在火车站等了近两个小时。导游郭某到达后，对漏接事故未向游客表示丝毫的歉意，好像接漏一事没有发生过。在送团时导游郭某又迟到了40分钟，且由于不会办理登机手续，又差点造成该旅游团队的误机事故。全团游客对该导游不负责任的行为进行联名投诉，认为该导游的业务素质、服务质量和服务意识太差，连最起码的工作都做不好，要求旅行社给予补偿。

案例评析：

《导游人员管理实施办法》第十六条规定："导游人员在导游活动中有下列情形之一的，扣除6分：(一)向旅游者兜售物品或购买旅游者物品的；(二)以明示或者暗示的方式向旅游者索要小费的；(三)因自身原因漏接漏送或误接误送旅游团的；(四)讲解质量差或不讲解的；(五)私自转借导游证供他人使用的；(六)发生重大安全事故不积极配合有关部门救助的。"以及第十八条规定："导游人员在导游活动中有下列情形之一的，扣除2分：(一)未按规定时间到岗的；(二)10人以上团队未打接待社社旗的；(三)未携带正规接待计划；(四)接站未出示旅行社标识的；(五)仪表、着装不整洁的；(六)讲解中吸烟、吃东西的。"，因此旅游投诉管理机关对郭某作出扣除8分的处罚，并要求该导游和旅行社向游客道歉，退还部分导游费。

4.2.4 导游人员的年审管理制度

《导游人员管理实施办法》规定，国家对导游人员实行年度审核制度，导游人员必须参加年审。

1. 年审管理部门及其职责

国家旅游局负责制定全国导游人员年审工作政策，组织实施并监督检查。省级旅游行政管理部门负责组织、指导本行政区域内导游人员年审工作并监督检查。所在地旅游行政管理部门具体负责组织实施对导游人员的年审工作。

2. 年审形式、内容和考评结论

年审以考评为主，考评的内容包括导游人员当年从事导游业务的情况、扣分情况、受到行政处罚情况和游客反映情况等。考评等级分为通过年审、暂缓通过年审和不予通过年审3种。导游人员一次被扣10分的，不予通过年审；导游人员一次被扣8分的，全行业通报；导游人员一次被扣6分的，警告批评；导游人员累计扣分达10分的，暂缓通过年审；暂缓通过年审的导游人员，通过培训和整改后，方可重新上岗。导游人员通过年审后，年审单位应核销其遗留分值，重新输入初始分值。

3. 年审管理的其他规定

导游人员必须参加所在地的旅游行政管理部门举办的年审培训，且每年累计培训的时间不得少于56小时。

旅行社或者导游人员服务机构应为注册的导游人员建立档案，对导游人员进行工作培训和指导，建立对导游人员工作情况的检查、考核和奖惩的内部管理机制，接受并处理对导游人员的投诉，负责对导游人员年审的初评。

4.2.5 导游人员等级考核制度及标准

为了加强导游人员队伍建设，提高导游人员素质和接待服务水平，客观、公正地评价和选拔人才，调动导游人员钻研业务和努力工作的积极性，引入竞争机制，国家旅游局于1994年发布了《关于对全国导游人员实行等级评定的意见》和《导游人员职业等级标准》，开始了导游人员等级考核评定工作。这一制度在《导游人员管理条例》中得以确认。2005年6月3日，国家旅游局令第22号《导游人员等级考核评定管理办法(试行)》使导游人员的等级评定成为一项法定制度。国家旅游局组织设立全国导游人员等级考核评定委员会。全国导游人员等级考核评定委员会负责全国导游人员等级考核评定工作的组织实施。

1. 导游人员等级划分及等级标准

导游人员等级标准，适用于我国境内从事导游工作的专、兼职人员。导游人员等级分为2个系列、4个等级。所谓2个系列是指等级考核分为外语导游系列和中文导游系列；4个等级是指通过考试考核，将导游人员划分为初级导游员、中级导游员、高级导游员和特级导游员。

根据导游员职业等级标准的规定，各个等级的导游员必须符合的政治思想、职业道德和身体要求是：拥护中国共产党的领导，热爱祖国，遵纪守法，忠于职守，钻研业务，宾客至上,优质服务,遵守职业道德,身心健康。

不同等级的导游员考核评定的标准具体规定如下。

1) 初级导游员等级标准

知识要求:了解我国的大政方针和旅游及其有关的政策法规;掌握当地主要游览点的导游知识,了解我国主要旅游景点和线路的基本知识;了解与业务有关的我国政治、经济、历史、地理、宗教和民俗等方面的基本知识;了解有关主要客源市场的概况和习俗;掌握导游工作规范。其中外语导游员基本掌握一门外语,达到外语专业大学三年级水平;中文导游人员掌握汉语言文学基础知识,达到高中毕业水平。

技能要求:能独立完成导游接待工作;能与旅游者建立良好的人际关系;能起草情况反映、接待简报等有关应用文。

业绩要求:完成企业要求的工作,无服务质量方面的重大投诉,游客反映良好率不低于85%。

学历要求:外语导游员具有外语专业大专或非外语专业本科及其以上学历;中文导游员须有高中及其以上学历。

资历要求:取得导游员资格证书后工作满1年。

2) 中级导游员等级标准

知识要求:熟悉我国的大政方针,掌握旅游及其有关的政策法规;全面掌握当地主要游览点的导游知识;了解我国主要旅游景点、线路的有关知识;掌握与业务有关的我国政治、经济、历史、地理、社会、宗教、艺术和民俗等方面的基本知识;熟悉有关主要客源市场的概况和特点;熟练掌握导游工作规范。外语导游员掌握一门外语,达到外语专业本科毕业水平;中文导游人员掌握汉语言文学的有关知识,达到大专毕业水平。

技能要求:能接待不同性质、类型和规模的旅行团;有比较娴熟的导游技能;能独立处理旅行中发生的疑难问题;能正确理解旅游者的服务要求,有针对性地进行导游服务;能与旅游者、有关业务单位和人员密切合作,有较强的公关能力;导游语言流畅、生动,语音、语调比较优美,讲究修辞;外语导游员的外语表达正确,中文导游员能使用标准的普通话,并能基本听懂一种常用方言(粤语、闽南话或客家话);能够培训和指导初级导游员。

业绩要求:工作成绩明显,为企业的业务骨干;无服务质量方面的重大投诉,游客反映良好率不低于90%。

学历要求:外语导游员的学历与初级导游员的学历要求相同,中文导游员具有大专及其以上学历。

资历要求:取得初级导游员资格2年以上。

3) 高级导游员等级标准

知识要求:全面掌握我国的大政方针和旅游及其有关的政策法规;全面、深入地掌握当地游览内容;熟悉我国有关的旅游线路和景点知识;有比较宽广的知识面;掌握有关客源市场的重要知识及其接待服务规律;熟练掌握导游工作规范。外语导游员熟练掌握一门外语,初步掌握一门第二外语;中文导游员熟练掌握汉语言文学的有关知识,初步掌握一种常用方言(粤语、闽南话或客家话)。

技能要求:有娴熟的导游技能,并有所创新;能预见并妥善处理旅行中发生的特殊疑难问题；有一定的业务研究能力，能创作内容健康、语言优美的导游词；外语导游员能用一门外语自如、准确、生动、优美地表达思想内容，并能胜任一般场合的口译工作，中文导游员能用标准的普通话和一种常用方言(粤语、闽南话或客家话)工作，语言准确、生动、形象；能够培训和指导中级导游员。

业绩要求：工作成绩突出；无服务质量方面的重大投诉，游客反映良好率不低于95%；在国内外同行和旅行商中有一定影响，通过优质服务能为所在企业吸引一定数量的客源；有较高水平的导游工作研究成果(论文、研究报告等)。

学历要求：与中级导游员的学历要求相同。

资历要求：取得中级导游员资格4年以上。

4) 特级导游员等级标准

知识要求：对有关的方针、政策和法规有全面、深入和准确的理解；对当地游览内容有精到的认识；全面掌握我国的有关旅游线路的景点知识；有宽广的知识面，在与业务有关的某一知识领域有较深的造诣；掌握有关客源市场的知识，全面、准确、具体地了解其特点和接待服务规律；熟练掌握导游工作规范。外语导游员精通一门外语，基本掌握一门第二外语；中文导游人员掌握汉语言文学知识，基本掌握一种常用方言(粤语、闽南话或客家话)。

技能要求：导游技能超群，导游艺术精湛，形成个人风格；能预见和妥善解决工作中的突发事件；能通过优质服务吸引客源；有较强的业务研究能力；有很高的语言表达能力，外语导游员能胜任旅游专业会议及其他重要场合的口译工作，中文导游员能胜任某一有关专业(如重点寺庙、古建筑或博物馆)的解说；能创作富有思想性、艺术性和立论确凿的导游词；能够培训和指导高级导游员。

业绩要求：职业道德高尚，工作成绩优异，有突出贡献，在国内外同行和旅行商中有较大的影响；无服务质量方面的重大投诉，游客反映良好率不低于98%；有一定数量高水平并正式发表的导游工作研究成果。

学历要求：学历要求与高级导游员相同。

资历要求：取得高级导游员资格5年以上。

2. 导游人员等级的考核评定方法

根据国家旅游局《导游人员等级考核评定管理办法(试行)》(2005年)，导游员的4个等级考核在中文导游员和外语导游员2个系列中同时进行，导游人员等级考核评定工作，按照申请、受理、考核评定、告知、发证的程序进行。

(1) 特级导游员：采取论文答辩方式。考核内容主要是工作表现、导游技能、遵纪守法和游客反映；考试第二外语或一种方言。评定工作不定期进行，按照省(自治区、直辖市)旅游局初评、国家旅游局评定的工作步骤进行。

(2) 高级导游员：采取笔试方式。考试科目为"导游案例分析"和"导游词创作"。对高级导游员的评定每3年进行一次。

(3) 中级导游员：采取笔试方式。中文导游人员考试科目为"导游知识专题"和"汉语言文学知识"；外语导游人员考试科目为"导游知识专题"和"外语"。考核方式与高级导游员相同。中级导游员的评定每2年组织一次。

(4) 初级导游员：采取考核方式。凡取得导游人员资格证书后工作满 1 年的人，经考核合格，即可成为初级导游员。

此外，参加省部级以上单位组织的导游技能大赛获得最佳名次的导游员，报全国导游人员等级考核评定委员会批准后，可晋升一级导游员等级。一人多次获奖只能晋升一次，晋升的最高等级为高级。

3．导游人员等级考核评定的管理办法

1) 导游人员等级考核评定工作的原则

导游人员等级考核评定工作，遵循自愿申报、逐级晋升、动态管理的原则。是否参加等级考核由导游人员自愿决定，申报等级考核，必须从初级导游开始，逐级递升，不得越级申报。导游等级不搞"终身制"，如果有重大投诉或有重大违规行为，一经核实，即可取消。

2) 申报导游人员等级的条件

凡通过全国导游人员资格考试并取得导游人员资格证书，符合全国导游人员等级考核评定委员会规定报考条件的导游人员，均可申请参加相应的等级考核评定。

3) 导游人员等级考核评定机构

国家旅游局负责导游人员等级考核评定标准、实施细则的制定工作，负责对导游人员等级考核评定工作进行监督检查。国家旅游局组织设立全国导游人员等级考核评定委员会。全国导游人员等级考核评定委员会负责全国导游人员等级考核评定工作的组织实施。省、自治区、直辖市旅游行政管理部门组织设立导游人员等级考核评定办公室，在全国导游人员等级考核评定委员会的授权和指导下开展相应的工作。

4) 导游人员等级证书发放

导游人员等级证书由全国导游人员等级考核评定委员会统一印制。各等级资格有效期一般为 5 年。导游人员获得导游人员资格证书和中级、高级、特级导游员证书后，可通过省、自治区、直辖市旅游行政管理部门申请办理相应等级的导游证。

5) 导游人员等级考核评定的评定命题

参与导游人员等级考核评定的命题和考核员必须经全国导游人员等级考核评定委员会进行资格认定。命题员和考核员接受全国导游人员等级考核评定委员会的委派，承担导游人员等级考核评定相关工作。参与考核评定的命题员和考核员不得徇私舞弊。全国导游人员等级考核评定委员会要加强对考核人员的监督管理，对有违规行为的要从严处理，撤销其资格。

4.3 导游人员的权利义务与法律责任

导游人员的权利，是指导游人员依法享有的权能或利益。这种权能或利益表现为导游人员可以自己做出一定行为，也可以要求他人做出或不做出一定的行为。这里所讲的导游人员的权利主要指《导游人员管理条例》及有关法律规定的权利。导游人员的法律义务是指导游人员依法承担的必须履行的责任。导游人员是接受旅行社的委派，为旅游者提供向导、讲解及相关旅游服务的人员。导游人员依法承担而且必须履行的义务往往是与其职务活动联系在一起的，因此导游人员的法律义务也就是其依法承担并必须履行的职责。同样，这里所讲的导游人员法律义务也主要是《导游人员管理条例》所规定的义务。

4.3.1 导游人员的权利

1. 导游人员享有人格尊严不受侵犯权

《导游人员管理条例》规定："导游人员进行导游活动时，其人格尊严应当受到尊重，其人身安全不受侵犯。"导游人员有权拒绝旅游者提出的侮辱其人格尊严或者违反其职业道德的不合理要求。由以上规定可见，导游人员在执行导游职务活动中，享有人身安全及人格尊严不受侵犯的权利。

在实际中，个别游客在旅行游览活动中，遇有不顺其心意的事情，就肆意侮辱谩骂导游人员，甚至还发生殴打导游人员的事件。故《导游人员管理条例》明确规定导游人员在进行导游活动时，其人身安全不受侵犯，其人格尊严应当受到尊重。人格权是人身权的一种，如生命、健康、名誉等，既是构成人的人格要素，也是人作为民事主体从事民事活动所必须具备的条件。

2. 导游人员享有履行职务权

《导游人员管理条例》规定："导游人员在引导旅游者旅行、游览过程中，遇有可能危及旅游者人身安全的紧急情形时，经征得多数旅游者的同意，可以调整或者变更接待计划，但是应当立即报告旅行社。"

根据该规定，导游人员享有调整或变更接待计划的权利。但是，导游人员行使这一权利时，必须符合下列条件。

(1) 必须是在引导旅游者旅行、游览过程中。也就是说，必须是在旅游活动开始后。
(2) 必须是遇有可能危及旅游者人身安全的紧急情形时，导游人员才可以行使这一权利。
(3) 必须是征得多数旅游者的同意。
(4) 必须立即报告被委派的旅行社。

3. 导游人员对旅游行政处罚不服时，依法享有申请复议权

《导游人员管理条例》规定了对导游人员违反条例的行政处罚。如果导游人员对旅游行政部门所给予的行政处罚不服，依照我国《中华人民共和国行政复议法》(以下简称《行政复议法》)的规定，有权向旅游行政机关申请复议。

行政复议一般是由法律、法规的规定而产生的。如我国许多法律、法规均规定，当事人对行政管理机关作出的行政处罚不服，可以向其上一级行政管理机关申请复议。《导游人员管理条例》虽然没有行政复议的规定，但这并不意味着导游管理不实行行政复议制度，因为我国《行政复议法》明确规定了公民、法人或者其他组织向行政机关申请复议的权利。因此，导游人员对旅游行政机关作出的行政处罚不服时，有权向其上一级旅游行政机关申请复议，并不一定需要《导游人员管理条例》明确规定申请复议条款。

根据《行政复议法》的规定，结合旅游行政管理实际，导游人员对旅游行政部门下列行政行为不服时，可以申请复议。

(1) 对罚款、吊销导游证、责令改正、暂扣导游证等行政处罚不服的。
(2) 认为符合法定条件申请行政机关颁发导游人员资格证书和导游证，旅游行政部门拒绝颁发或者不予答复的。

(3) 认为旅游行政部门违法要求导游人员履行义务的。
(4) 认为旅游行政部门侵犯导游人员人身权、财产权的。
(5) 法律、法规规定可以提起行政诉讼或者可以申请复议的其他具体行政行为。

4．导游人员对旅游行政部门的具体行政行为不服时，享有向人民法院提起行政诉讼权

《中华人民共和国行政诉讼法》第二条规定："公民、法人或者其他组织认为行政机关和行政机关工作人员的具体行政行为侵犯其合法权益，有权依照本法向人民法院提起诉讼。"由此规定可见，导游人员对旅游行政管理部门给予其的行政处罚和有关行政行为，不仅享有申请复议权，而且还享有向人民法院提起行政诉讼权。

导游人员对旅游行政部门的下列具体行政行为不服时，有权向人民法院提起诉讼。

(1) 由对行政处罚不服，可以提起诉讼。行政处罚是国家行政机关依法对违反行政管理法律、法规的公民、法人或其他组织给予的行政制裁。《导游人员管理条例》规定对导游人员违法行为的行政处罚主要有罚款、没收非法所得、责令改正、暂扣导游证、吊销导游证等。导游人员对旅游行政部门给予的行政处罚不服的，有权向人民法院提起诉讼。

(2) 符合法定条件申请旅游行政部门颁发导游人员资格证书和导游证，旅游行政部门拒绝颁发或不予答复的，可以提起诉讼。

(3) 对旅游行政机关违法要求导游人员履行义务的，可以提起诉讼。

(4) 对旅游行政机关侵犯导游人员人身权、财产权的具体行政行为，可以提起诉讼。

5．导游人员享有的其他权利

导游人员为了更好地履行职责应当享有参加培训的权利、获得晋升的权利、获取合理报酬的权利等。与旅行社签订了劳动合同的导游人员还应享有最低工资保障、休息、休假、社会保险和福利，并获得劳动安全、卫生保护等。

案例 4.2

导游人格尊严不受侵犯

案情简介：

某旅行社组织了黄山 5 日游团队，安排本社导游李某作全程陪同。李某是一名从事导游工作时间不长的女孩，但组织能力较强、旅游知识丰富。旅游团是乘火车前往黄山的，在火车上，为活跃气氛，李某为大家唱了几首歌，并介绍了一些安徽的风土人情、风景名胜。但游客张某等人却觉得不够刺激，非要李某讲几个"黄色"笑话，李某婉言拒绝，并提议大家参与做一个互动游戏，张某等人拒绝，并指责导游不能满足游客要求，遂产生怨气。到达黄山后，张某称自己的手机不见了，怀疑是导游李某拿错了，要检查她的包并要搜身。导游李某拒绝其无理要求，张某不肯罢休，还声称要投诉到李某所在的旅行社。

案例评析：

(1) 《导游人员管理条例》第十二条规定："导游人员进行导游活动时……不得迎合个别旅游者的低级趣味，在讲解、介绍中掺杂庸俗下流的内容。"本案例中，导游李某拒绝讲

"黄色笑话",符合导游人员的职业道德要求,不属于服务缺陷。

(2)《导游人员管理条例》第十条规定:"导游人员进行导游活动时,其人格尊严应当受到尊重,其人身安全不受侵犯。导游人员有权拒绝旅游者提出的侮辱其人格尊严或者违反其职业道德的不合理要求。"在导游活动中,导游人员和旅游者扮演着不同的社会角色,但不意味着导游人员的人格低于旅游者。本案例中游客张某搜包搜身的行为严重侵犯了导游李某的人格尊严,对其人身安全造成威胁,李某应当予以坚决拒绝,若其不听劝阻,可以向当地派出所报案。

4.3.2 导游人员的义务

(1) 导游人员应当不断提高自身业务素质和职业技能。

导游人员自身业务素质的高低,职能、技能的优劣,直接关系到导游服务质量,影响到能否为旅游者提供优良的导游服务。而旅游者也往往是通过导游去认识一家旅行社、一个城市乃至认识一个民族、一个国家的。可以说,导游人员的业务素质及其导游职业技能紧紧维系旅游业的发展,所以《导游人员管理条例》将此作为导游人员的一项义务加以明确规定。

(2) 导游人员进行导游活动时,应当佩戴导游证。

导游证是国家准许从事导游工作的法定证件。导游人员在导游工作中佩戴导游证,一是为了给旅游者提供规范服务的需要,便于旅游者识别导游人员,及时得到导游人员的帮助和服务;二是便于旅游行政管理部门的监督检查。

(3) 导游人员进行导游活动,必须经旅行社委派。

导游人员不得私自承揽或者以其他任何方式直接承揽导游业务,进行导游活动。这一规定是为了规范旅游市场秩序,切实维护旅游者的合法权益。

(4) 导游人员进行导游活动时,应当自觉维护国家利益和民族尊严,不得有损害国家利益和民族尊严的言行。

维护国家利益和民族尊严,是每一个公民的基本义务。《宪法》规定:"中华人民共和国公民有维护祖国的安全、荣誉和利益的义务,不得有危害祖国的安全、荣誉和利益的行为。"导游人员作为文化和友谊的传播者,其言行和举止有着重要的代表意义。因此,导游人员尤其要履行好这一义务。

(5) 导游人员进行导游活动时,应当遵守职业道德,着装整洁,礼貌待人,尊重旅游者的宗教信仰、民族习俗和生活习惯,应当向旅游者告知和解释旅游文明行为规范。

导游人员进行导游活动时,应当向旅游者讲解旅游地的人文和自然情况,介绍风土人情和习俗。但是,不得迎合个别旅游者的低级趣味,不得在讲解、介绍中掺杂庸俗下流的内容。导游人员进行导游活动时,应着装整洁,礼貌待人,尊重旅游者的宗教信仰、民族风俗和私生活习惯。

应当向旅游者告知和解释旅游文明行为规范,引导旅游者健康、文明旅游,劝阻旅游者违反社会公德的行为。在旅游者这个群体中,绝大多数是健康的、友好的,但确实也存在个别旅游者在旅游过程中,会提出一些低级趣味的讲解要求。对于这种无理要求,导游人员应当予以拒绝,不得在讲解、介绍中掺杂庸俗下流的内容。

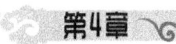 导游与领队人员管理制度

导游人员应当遵守的职业道德主要是指爱岗敬业、诚实守信、办事公道、服务游客、奉献社会。导游人员应当本着这一职业道德的要求在导游活动中形成一个相互尊重、和睦相处、轻松愉快的旅游氛围。

(6) 导游人员应当严格按照旅行社确定的接待计划，安排旅游者的旅行、游览活动，不得擅自增加、减少旅游项目或者中止导游活动。

由旅行社确定的接待计划、旅游行程计划是经旅游者认可的，是旅游者与旅行社订立的旅游合同的主要内容。旅游行程计划一般包括乘坐的交通工具、游览景点、住宿标准、餐饮标准、购物次数等内容的安排。因此，导游人员接受旅行社的委派带团旅游时，应当严格按照旅行社确定、经旅游者认可的旅游接待计划完成导游活动，不得擅自增加、减少旅游项目或者中止导游活动。这不仅是《导游人员管理条例》所规定的，而且《中华人民共和国合同法》(以下简称《合同法》)也规定，当事人应当按照约定全面履行自己的义务。否则，就要承揽违约责任。

当然，导游人员在引导旅游者旅行、游览过程中，遇有可能危及旅游者人身安全的紧急情形时，经征得多数旅游者的同意，也可以调整或者变更接待计划，并应当立即报告旅行社。

但是，导游人员在进行导游活动时，无论遇到何种情形，均不得擅自中止导游活动。所谓中止导游活动，是指在导游过程中，擅自中止导游活动的行为。一般来说，构成中止导游活动必须具备以下条件：一是必须在导游活动结束之前，也就是说，必须是在旅游接待计划执行完毕之前。导游活动的中止不是导游活动的终止，它必须是出现在执行旅游接待计划过程当中；如果旅游接待计划已经执行完毕，当然也就谈不到中止的问题。二是必须是擅自中止。这是中止导游活动的最主要的特征。如果不是擅自中止导游活动，而是旅行社的决定或其他外部作用影响，致使导游人员中止导游活动，就不是《导游人员管理条例》所称的"擅自中止导游活动"情形了。三是必须是彻底中止。这里所说的"彻底"中止，是指导游人员彻底放弃了原来的导游活动。如果导游人员因某种原因，暂时放弃了正在进行的导游活动，待该种原因消失后又进行了导游活动，这是导游活动的中断进行，而不是导游活动的中止。以上三个条件必须同时具备，缺少其中任何一个，都不能认为是导游活动的中止。

(7) 导游人员在引导旅游者旅行、游览过程中，应当就可能发生危及旅游者人身、财物安全的情况，向旅游者做出真实说明和明确警示，并按照旅行社的要求采取防止危害发生的措施。

旅游是一项体验或者经历活动。在旅游过程中，有赏心悦目的体验，也可能会有遭遇危险的经历，尤其是在探险旅游中，可能危及旅游者人身、财物安全的情形往往是客观存在的。遇有这类情形，导游人员应当就可能发生危及旅游者人身、财物安全的情况，向旅游者做出真实的说明和明确的警示。说明和警示要求真实、准确、通俗易懂，不致发生歧义；同时，导游人员要按照旅行社的要求采取防止危害发生的措施，否则导游人员和旅行社就要承担相应的法律责任。

(8) 导游人员进行导游活动，不得向旅游者兜售物品或者购买旅游者的物品，不得以明示或者暗示的方式向旅游者索要小费。

导游人员在进行导游活动时的职责，即他应该做的是为旅游者提供向导、讲解及相关的旅游服务，而向旅游者兜售物品或者购买旅游者的物品，不属于其职责范围，也是与其

身份不相称的。

以明示或者暗示的方式向旅游者索要小费,是我国旅游法规历来禁止的。1987年8月17日,经国务院批准,国家旅游局就发布了《关于严格禁止在旅游业务中私自收受回扣和收取小费的规定》,更进一步明确规定了导游人员在进行旅游活动中不得以明示或暗示的方式向旅游者索要小费。

所谓"明示的方式",是指导游人员以语言、文字或者其他直接表达意思的方法向旅游者索取小费的形式;所谓"暗示的方式",是指导游人员以含蓄的言语、文字或者示意的举动等间接表达意思的方法向旅游者索要小费的形式。而"小费"则是指旅游者额外给导游人员等旅游服务人员的钱,也叫小账。一般来说,小费是旅游者出于对导游人员的优质服务的感谢或奖赏,主动给予导游人员的钱。《导游人员管理条例》之所以规定导游人员不得以明示或暗示的方法向旅游者索要小费,是因为在旅游实际中,有些导游人员不是以自己的优质服务赢得旅游者的感谢或奖赏,而是不择手段,以明示或暗示的方法向旅游者索取小费,给旅游业的声誉造成了极其恶劣的影响。

(9) 导游人员进行导游活动,不得欺骗、胁迫旅游者消费或者与经营者串通欺骗、胁迫旅游者消费。

这也是导游人员在进行导游活动中必须履行的义务。所谓"欺骗",是指导游人员,或导游人员与经营者串通起来,故意告知旅游者虚假情况,或者故意隐瞒真实情况,诱使旅游者做出错误的意思表示的行为。这种欺骗行为分两种情形:一是导游人员故意欺骗旅游者消费;二是导游人员与经营者串通起来欺骗旅游者消费。

所谓"胁迫",是指导游人员,或导游人员与经营者串通起来,以给旅游者及其亲友的生命健康、名誉、荣誉、财产等造成损害为要挟,或以丢团、甩团为要挟,迫使旅游者做出违背真实的消费意思表示的行为。

欺骗、胁迫旅游者消费或者与经营者串通欺骗、胁迫旅游者消费的行为,是严重侵害旅游者合法权益的行为,应当受到法律的严厉制裁。

案例 4.3

导游委婉索要小费案

案情简介:

地陪小韩带领香港旅游团一行28人游览W市。按照旅行社计划安排,旅游团在W市游览6个景点,安排2家商店购物。然而在游览过程中,小韩擅自增加购物点,安排游客去他朋友新开业的珍珠馆。领队委婉提醒小韩不妥,但小韩仍我行我素。到珍珠馆门前,许多游客不愿下车,小韩便说:"请大家给点面子,进去看看,不购物也没关系。"游客这才懒洋洋地进去。行程结束,快到机场时,小韩致欢送辞后,领队依照惯例,给小韩一个内装小费的信封。小韩接过后,当着游客的面拆开,一看里面装的是50元人民币,心里极不舒服。她让游客在车上等一会,自己下了车。不一会儿,小韩手上拿着一大把零钱回到车上,她解释说:"各位朋友,我刚才已经说了,感谢大家在W市期间对我工作的支持和配合"。说着扬扬手里的钱,"大家的心意我领了,这小费我不收,钱来自大家,我把它还给各位。"说完，小韩将这 50 元零钱逐一发到游客手上。游客手上拿着这些钱，眼睛却怔怔的，车厢的气氛顿时凝固。几位反应较快的游客马上拿出 50 元，甚至 100 元给小韩，说这是他们个人给小韩的一点小意思，请别嫌少，小韩最后收下了这些小费并再致谢意。

案例评析：

本案中，小韩擅自增加购物点，安排游客去她朋友新开业的珍珠馆，虽经领队提醒，但她我行我素；把 50 元换成零钱发到客人手里的举动是向客人说明她嫌给的钱少，导致了游客也很尴尬，最后纷纷给小费。小韩违反了《旅游法》第四十一条的规定，应该依据《旅游法》第一百零二条给予处罚。小韩所在的旅行社也有责任。小韩是接受旅行社委派的人员，也就是说旅行社要为游客聘用合格导游，要对所聘导游的行为负责。根据《旅行社服务质量赔偿标准》第十条的规定，旅行社及导游或领队违反旅行社与旅游者的合同约定，损害旅游者合法权益的，旅行社应承担赔偿责任。

(案例来源：王志雄. 旅游法规案例教程. 北京：北京大学出版社，2012：71、72.)

重要法条提示

《旅游法》第四十一条规定："导游和领队从事业务活动，应当佩戴导游证、领队证，遵守职业道德，尊重旅游者的风俗习惯和宗教信仰，应当向旅游者告知和解释旅游文明行为规范，引导旅游者健康、文明旅游，劝阻旅游者违反社会公德的行为。

导游和领队应当严格执行旅游行程安排，不得擅自变更旅游行程或者中止服务活动，不得向旅游者索取小费，不得诱导、欺骗、强迫或者变相强迫旅游者购物或者参加另行付费旅游项目。"

第一百零二条规定："违反本法规定，未取得导游证或者领队证从事导游、领队活动的，由旅游主管部门责令改正，没收违法所得，并处一千元以上一万元以下罚款，予以公告。

导游、领队违反本法规定，私自承揽业务的，由旅游主管部门责令改正，没收违法所得，处一千元以上一万元以下罚款，并暂扣或者吊销导游证、领队证。

导游、领队违反本法规定，向旅游者索取小费的，由旅游主管部门责令退还，处一千元以上一万元以下罚款；情节严重的，并暂扣或者吊销导游证、领队证。"

第一百零三条规定："违反本法规定被吊销导游证、领队证的导游、领队和受到吊销旅行社业务经营许可证处罚的旅行社的有关管理人员，自处罚之日起未逾三年的，不得重新申请导游证、领队证或者从事旅行社业务。"

4.3.3 导游人员的法律责任

(1) 无导游证进行导游活动时，由旅游行政部门责令改正并予以公告，处 1 000 元以上 1 万元以下的罚款；有违法所得的，并处没收违法所得。

(2) 导游人员未经旅行社委派、私自承揽或者以其他任何方式直接承揽导游业务，进行导游活动的，由旅游行政管理部门责令改正，处 1 000 元以上 1 万元以下的罚款；有违法所得的，并处没收违法所得，并暂扣或者吊销导游，被吊销导游证，自处罚之日起未逾 3 年的，不得重新申请导游证。

(3) 导游人员进行导游活动时，有损害国家利益和民族尊严的言行的，由旅游行政管理部门责令改正；情节严重的，由省、自治区、直辖市人民政府旅游行政管理部门吊销导游证并予以公告；对该导游人员所在的旅行社给予警告直至责令停业整顿。

(4) 导游人员进行导游活动时未佩戴导游证的，由旅游行政管理部门责令改正；拒不改正的，处500元以下的罚款。

(5) 导游人员有下列情形之一的，由旅游行政管理部门责令改正，暂扣导游证3～6个月；情节严重的，由省、自治区、直辖市人民政府旅游行政管理部门吊销导游证并予以公告：①擅自增加或者减少旅游项目的；②擅自变更接待计划的；③擅自中止导游活动的。

(6) 导游人员进行导游活动，向旅游者兜售物品或者购买旅游者的物品的，或者以明示或暗示的方式向旅游者索要小费的，由旅游行政管理部门责令改正，处1 000元以上1万元以下的罚款；有违法所得的，并处没收违法所得；情节严重的，并暂扣或者吊销导游证，被吊销导游证，自处罚之日起未逾3年的，不得重新申请导游证。

案例 4.4

导游采取欺骗手段改行程

案情简介：

2000年5月初，H旅行社组织接待广东游客一行20人，由成都赴九寨沟至黄龙旅游。行程的第三天，团队结束九寨沟行程前往黄龙游览，当旅游车行至川主寺时恰遇下雨，该社导游王某便告知游客：由于下雨，前往黄龙的道路塌方了，团队将改游牟尼沟，请全体游客在同意改游牟尼沟的证明上签字。全车的游客信以为真，在导游王某草拟的"因遇下雨，为保证安全，游客自愿放弃黄龙景点而改游牟尼沟"的文书上签了字。王某便带全体游客前往牟尼沟游览，且未给游客退还黄龙与牟尼沟两处景点门票的差额。由于导游王某以欺骗手段擅自改变团队行程计划，造成景点漏游等服务质量问题，游客返蓉后，遂向旅游质监部门投诉。

(案例来源：http://www.gxta.gov.cn/Public/Article/ShowArt.asp?Art_ID=8939.)

案例评析：

旅游质量监督管理部门经审理认为，H旅行社导游王某改变团队行程计划虽得到了游客的书面同意，但由于王某采取欺骗手段，隐瞒了实情，因此游客在不知实情的情况下所签的文书，应视为无效。另据查证，当日前往黄龙的道路并未塌方，而且有团队在黄龙游览。

导游王某擅自改变原定计划，减少团队旅游项目的行为，严重违反了《导游人员管理条例》第二十二条的规定："导游人员有下列情形之一的，由旅游行政部门责令改正，暂扣导游证三至六个月；情节严重的，由省、自治区、直辖市人民政府旅游行政部门吊销导游证并予以公告：(一)擅自增加或者减少旅游项目的；(二)擅自变更接待计划的；(三)擅自中止导游活动的。" H旅行社应当承担游客的经济损失，王某的违规行为应受到相应处罚。对H旅行社及导游王某做出如下处理：责成该社退还20名游客的黄龙景点门票、导游服务及相关交通费用，并退还游客黄龙与牟尼沟景点门票的差额；暂扣导游王某的导游证4个月。

4.3.4 对景点景区导游人员的管理

所谓景点景区导游人员，是指在旅游景点景区的范围内为旅游者提供向导、讲解服务的人员。

我国是一个幅员辽阔、旅游资源极为丰富的国家，各地都分布着规模不等、特色各具、风情各异的旅游景点和旅游景区，在我国的旅游者中，既有本国旅游者，又有海外旅游者；既有旅行社组织的团体旅游者，也有自助旅游的零散旅游者等等。适应这种状况，在我国的导游人员队伍中，既需要由旅行社委派的为旅游者提供旅途向导、讲解及相关服务的导游人员，也需要在景点景区内为游客提供讲解服务的导游人员。因此，景点景区导游人员也是我国导游队伍的一个重要组成部分。对这部分导游人员的管理，《导游人员管理条例》第二十六条规定："景点景区的导游人员管理办法，由省、自治区、直辖市人民政府参照本条例制定。"

4.4 领队人员管理制度

从广义上说，领队具有和导游同样的性质和作用，领队和导游最大的区别在于他们的服务空间有所不同，前者的服务空间主要在境外，而后者的服务空间局限于国内。有鉴于此，我们把出境游领队的管理规定纳入本节范围。虽然领队和导游具有本质的一致性，但毕竟存在一定的区别，以导游管理的法律法规来规范领队的行为有一定的局限性，而且两者相比，领队人员面临的问题更为复杂，承担着更重的责任，所以，为了更加有效地规范出境游领队的行为，保护出境旅游者的合法权益，2002年10月28日国家旅游局第18号令发布了《出境旅游领队人员管理办法》，同时《旅游法》(2013年10月1日起施行)也有相关规定。

4.4.1 领队的概念

出境旅游领队人员(以下简称"领队人员")是指依照《出境旅游领队人员管理办法》规定取得出境旅游领队证(以下简称"领队证")，接受具有出境旅游业务经营权的国际旅行社(以下简称"组团社")的委派，从事出境旅游领队业务的人员。领队业务是指为出境旅游团提供旅途全程陪同和有关服务。它作为组团社的代表，协同境外接待旅行社(以下简称"接待社")完成旅游计划安排，以及协调处理旅游过程中相关事务等活动。

我国领队的主要服务对象是中国内地公民。

4.4.2 领队的申请条件和管理

1. 申请领队证的条件

《旅游法》第三十九条规定："取得导游证，具有相应的学历、语言能力和旅游从业经历，并与旅行社订立劳动合同的人员，可以申请取得领队证。"相应的学历，是指大专以上学历；相应的语言能力，是指与出境旅游目的地国家(地区)相对应的语言能力；相应的旅游从业经历，是指2年以上旅行社相关岗位从业经历。2013年10月1日前已取得领队证的人员，在2016年10月1日前，应当具备《旅游法》规定的相应条件。此外，申请领队证的人员还应当符合下列条件：

(1) 有完全民事行为能力的中华人民共和国公民。
(2) 热爱祖国，遵纪守法。
(3) 可切实负起领队责任的旅行社人员。
(4) 掌握旅游目的地国家或地区的有关情况。

2．领队证的申领程序

(1) 组团社要负责做好申请领队证人员的资格审查和业务培训。业务培训的内容包括思想道德教育、涉外纪律教育、旅游政策法律法规、旅游目的地国家的基本情况及领队人员的义务与职责。

(2) 对已经领取领队证的人员，组团社要继续加强思想教育和业务培训，建立严格的工作制度和管理制度，并认真贯彻执行。

(3) 领队证由组团社向所在地的省级或经授权的地市级以上旅游行政管理部门申领，并提交下列材料：申请领队证人员登记表；组团社出具的胜任领队工作的证明；申请领队证人员业务培训证明。

3．领队证的颁发与管理

(1) 旅游行政管理部门应当自收到申请材料之日起 15 个工作日内，对符合条件的申请领队证人员颁发领队证，并予以登记备案。旅游行政管理部门要根据组团社的正当业务需求合理发放领队证。

(2) 领队证由国家旅游局统一样式并制作，由组团社所在地的省级或经授权的地市级以上旅游行政管理部门发放。

(3) 领队证的有效期为 3 年。凡需要在领队证有效期届满后继续从事领队业务的，应当在届满前半年由组团社向旅游行政管理部门申请登记换发领队证。领队证不得伪造、涂改、出借或转让。

(4) 领队人员遗失领队证的，应当及时报告旅游行政管理部门，并声明作废，然后申请补发；领队证损坏的，应及时申请换发。

(5) 被取消领队人员资格的人员不得再次申请领队登记。

4.4.3　领队的义务、职责和法律责任

1．领队的义务和职责

根据《出境旅游领队人员管理办法》、《中国公民出国旅游管理办法》和《旅游法》的规定，领队应履行下列义务和职责。

(1) 领队从事领队业务，必须经组团社正式委派，不得私自承揽领队业务。未取得领队证的人员，不得从事出境旅游领队业务。

(2) 领队从事领队业务时，必须佩戴领队证。遵守职业道德，尊重旅游者的风俗习惯和宗教信仰，应当向旅游者告知和解释旅游文明行为规范，引导旅游者健康、文明旅游，劝阻旅游者违反社会公德的行为。

(3) 领队为旅游者提供旅游行程服务，应当严格执行旅游行程安排，不得擅自变更旅游行程或者中止服务活动，不得向旅游者索取小费，不得诱导、欺骗、强迫或者变相强迫

旅游者购物或者参加另行付费旅游项目。

(4) 遵守《中国公民出国旅游管理办法》中的有关规定，维护旅游者的合法权益。

(5) 协同接待社实施旅游行程计划，协助处理旅游行程中的突发事件、纠纷及其他问题。

(6) 自觉维护国家利益和民族尊严，并提醒旅游者抵制任何有损国家利益和民族尊严的言行。

2. 领队的法律责任

(1) 对申请领队证人员不进行资格审查或业务培训，或审查不严，或对领队人员、领队业务疏于管理，造成领队人员或领队业务发生问题的，由旅游行政管理部门视情节轻重，分别给予组团社警告、取消申领领队证资格、取消组团社资格等处罚。

(2) 未取得领队证从事领队业务的，由旅游主管部门责令改正，没收违法所得，并处1千元以上1万元以下罚款，予以公告。私自承揽业务的，由旅游主管部门责令改正，没收违法所得，处1千元以上1万元以下罚款，并暂扣或者吊销导游证、领队证。向旅游者索取小费的，由旅游主管部门责令退还，处1千元以上1万元以下罚款；情节严重的，并暂扣或者吊销导游证、领队证。自处罚之日起未逾3年的，不得重新申请导游证、领队证或者从事旅行社业务。

(3) 领队人员伪造、涂改、出借或转让领队证，或者在从事领队业务时未佩戴领队证的，由旅游行政管理部门责令改正，处人民币1万元以下的罚款；情节严重的，由旅游行政管理部门暂扣领队证3个月至1年，并不得重新换发领队证。

(4) 出境领队未能履行《领队人员管理办法》和《中国公民出国旅游管理办法》中规定义务和职责，由旅游行政管理部门责令改正，并可暂扣领队证3个月至1年；造成重大影响或产生严重后果的，由旅游行政管理部门撤销其领队登记，并不得再次申请领队登记，同时要追究组团社责任。

此外，《出境旅游领队人员管理办法》第十四条还规定旅游行政管理部门工作人员玩忽职守、滥用职权、徇私舞弊，构成犯罪的，依法追究刑事责任；未构成犯罪的，依法给予行政处分。

小测试

不得领发导游证的情形有（　　）。

A. 无民事行为能力者　　　　　　B. 限制民事行为能力者
C. 患有传染病者　　　　　　　　D. 受过刑事处罚者
E. 曾被吊销导游证者

模拟法庭

导游拿回扣，将染色珍珠作为天然金色珍珠销售

案情简介：

2011年11月1日，舒丽参加了由华美假期组织的"魅力江南透透游"，旅游过程中，在导游王飞推荐和安排下前往博古工艺品商店购物。在导游王飞的游说下，舒丽以3万元

价格购买了一颗规格为 13～13.5mm、圆形的金色海水珍珠吊坠及赠品耳环。2011 年 11 月 10 日，舒丽将珍珠拿到相关机构经鉴定，发现该珍珠经过了染色处理。舒丽又经多方了解，发现与该珍珠同尺寸、同级别的天然金色珍珠挂件市场价格在 3 万元以内，而染色珍珠和天然金色珍珠价格存在较大差距。于是舒丽将导游王飞与无锡市博古工艺品商店告上法院，要求法院判令该公司退还货款并加倍赔偿损失共计 60 000 元。

本案中诉讼角色：

原告：舒丽

被告：博古工艺品商店

被告：王飞

庭审图示：

法官

原告诉称 1：被告有欺诈行为，故意隐瞒真实情况，以次充好。

原告诉称 2：被告在购物过程中诱导消费，诱使原告作出错误购买决定。

原告诉称 3：要求双倍赔偿损失，合计 60 000 元。

被告辩称 1：商品均已明码标价，不存在欺诈。

被告辩称 2：购物是行程安排，购买行为与被告无关。

博古工艺品商店为行程安排，购买决定最终是由原告实施。

被告辩称 3：原告要求的赔偿金额过高。

即使珍珠存在质量问题，可退回购买金额，要求双倍赔偿不合理。

法院审理查明：

法院经审理查明：2011 年 11 月 1 日，原告舒丽参加由华美假期组织的"魅力江南透透游"，在导游王飞安排下前往博古工艺品商店购物。在该店，在导游王飞的游说下原告以 3 万元价格购买了一颗规格为 13～13.5mm、圆形的金色海水珍珠吊坠及赠品耳环。经鉴定，该珍珠经过了染色处理。后原告了解到，与本案争议珍珠同尺寸、同级别的天然金色珍珠挂件市场价格在 3 万元以内，并且须同时出具相应的鉴定书，而染色珍珠和天然金色珍珠价格存在较大差距。经调查，天然金色珍珠(包含饰品)的市场价格约为 2 万元至 3 万元，出售时需随带鉴定书；如出售染色珍珠必须要在出售标签中进行标注。经营者应尽到对原告所购买珍珠真实情况如实告知的义务，而不能要求消费者具有极为专业的鉴别能力。经营者滥用了消费者对其商业信任，故意隐瞒真实情况，诱使对方当事人做出错误意思表示，构成消费欺诈。经调查发现导游王飞在此次交易中收取了高额回扣，金额达到 5 000 元。

法院裁判理由：

法院认为：

(1) 被告博古工艺品商店行为构成欺诈，损害了原告的合法权益。

被告主观上具有欺诈的故意，存在隐瞒真实情况的行为，原告因被告的欺诈使得其合法权益受到损害，且原告受到的损失与经营者的欺诈行为之间有因果关系。

(2) 被告王飞收取回扣，与经营者串通欺骗旅游者消费。

被告王飞收取高额回扣，与经营者串通起来，故意告知原告虚假情况，欺骗原告消费，严重侵害原告的合法权益。

法院判决：

(1) 判决被告博古工艺品商店退还原告价款 30 000 元，并赔偿原告损失 30 000 元，并在判决生效后 15 日内付清。

(2) 吊销被告王飞导游证，自处罚之日起未逾 3 年的，不得重新申请导游证。没收违法所得 5 000 元，并处以 2 000 元罚金，并在判决生效后 15 日内付清。

本章小结

本章重点介绍了导游人员的概念、导游人员资格考试制度及参加导游人员资格考试应具备的条件、导游证书的性质及导游证的申领条件和申领程序，阐述了导游证与导游资格证书的区别，并对导游人员的分类、导游人员的管理，尤其是对导游人员的计分管理、年审管理、导游人员的等级评定与考核，以及导游人员的权利、义务、法律责任进行了详细的论述。此外，还介绍了出境游领队人员管理相关制度。

关键术语

导游人员管理条例　导游人员的权利和义务　出境旅游领队人员管理办法

习题

1．名词解释

(1) 导游人员　(2) 导游人员资格证　(3) 导游证　(4) 领队人员

2．填空题

(1) 导游资格证(　　)年不从业自动失效，导游证的有效期是(　　)年。

(2) 导游的计分管理由(　　)负责具体实施。

(3) 国家旅游局与省、自治区、直辖市旅游局建立导游员等级注册登记制度，各级资格有效期一般为(　　)年。

3．简答题

(1) 导游人员资格考试的条件有哪些？

(2) 导游人员有哪些权利？

(3) 导游人员的义务有哪些？

4．思考题

(1) 导游资格证和导游证的联系与区别是什么？

(2) 导游人员一次性被扣10分的违规行为有哪些？

5．实训题

1) 2007年11月上旬，武汉某保险公司组织员工到武夷山风景名胜区进行观光旅游。按照合同约定，由当地W旅行社负责接待，W旅行社安排刘某为导游员。11月5日上午8:30，团队在刘某的引导下开始旅游活动，天近中午时，天气突然出现变化，开始下起雨来，而且越下越大。一些游客看到降雨比较大，遂建议导游员刘某放弃旅游回到宾馆，而刘某却称：行程是旅行社定好的，自己不能随便更改。大家没有办法，只好继续前行。等到17:20左右，由于一天的降雨，造成个别路段雨水积存，从山上呈洪流状冲下，导游员刘某见势不妙，说去找人竟然溜之大吉。众游客在风雨中苦苦等待了1个多小时，直到有人拨打电话，才由当地有关部门派出人员把他们送回住所。

问题：本案中，导游员刘某的行为是否正确？为什么？

2) 2007年7月，在石家庄工作的赵女士报名参加了某旅行社组织的赴桂林6日游。按照合同约定，这次旅游活动为全包价旅游，某旅行社安排导游员张某为该团导游，实际上，在整个游程中，导游张某几乎不作什么讲解，并没有真正发挥他的导游作用。旅游团在准备乘船游览时，大家一时竟找不到张某了，游客有的自己买了船票，有的还等着导游购买集体船票。但等到游客找到张某时，他却说：导游只负责陪同，并不管买票之事。在随后的旅行过程中，张某对住宿、就餐等事项也不关心，给赵女士等游客的这次旅游造成许多麻烦。此外，游客还发现张某自始至终都没有佩戴导游证，便询问他到底是不是导游员，为什么不戴导游证。张某回答说："导游证只是一种形式，没有必要天天都带着。"由于多数游客对这次旅游非常不满意，并对张某的身份产生了怀疑，于是向旅游行政部门投诉。经查，张某的导游身份是合法的。

问题：
(1) 导游员张某对不佩戴导游证的解释是否正确？为什么？
(2) 张某认为"导游员不负责买票之事"的说法，违反了什么规定？

第5章 旅游饭店管理制度

知识要点	掌握程度	相关知识
1. 旅游饭店	了解熟悉	旅游饭店概念、旅游饭店的星级划分与评定、旅游饭店的治安管理、旅游饭店的行业规范
2. 旅游饭店星级评定	掌握	星级饭店的范围和依据、星级饭店的评定标准、星级饭店的评定组织权限
3. 星级饭店评定的具体程序	一般了解	旅游饭店星级评定的规程、复核处理及检查员制度
4. 旅游饭店住宿业治安管理的主要内容	掌握	旅游饭店安保措施、旅游饭店治安管理的有关法律规定
5. 旅游饭店行业规范的主要内容	掌握	旅游饭店的经营管理秩序、旅游饭店的权利、义务及责任归属
6. 旅游饭店的权利义务	重点掌握	旅游饭店安全保障义务、旅游饭店的权利

技能要点	能力要求	应用方向
1. 旅游饭店权利、义务的识别	掌握	确定法律责任的承担
2. 辨明旅游饭店违反义务时承担法律责任的情况	重点掌握	索赔

导入案例

案情简介：

2010年5月，年逾60岁的老苏报名参加了某旅行社组织的南京、黄山、无锡"夕阳红之旅"。到达黄山后，老苏被旅行社安排入住到当地的一家快捷酒店。在去酒店吧台倒水时，因地面湿滑老苏不慎摔伤，后被送往医院救治。后经鉴定，老苏伤情属九级伤残。2011年9月，老苏以旅行社和酒店侵犯其生命权、健康权、身体权为由，将旅行社和酒店作为共同被告起诉至成都锦江区人民法院，要求二被告承担连带赔偿责任，赔偿医疗费、精神损失费等共计22万余元。

(案例来源：http://rmfyb.chinacourt.org/paper/html/2012-06/12/content_46270.htm.)

问题：

(1) 被告快捷酒店已尽提醒义务，仍旧要承担损害赔偿责任吗？
(2) 本案中旅行社也要对老苏的损失承担责任吗，为什么？
(3) 本案中，应从哪些角度考查酒店是否已尽安全保障义务？

案例评析：

(1) 本案中被告快捷酒店应当对老苏的损失承担赔偿责任。旅游饭店对客人负有安全保障义务，饭店管理者应当尽到的最基本的保障饭店范围内人身和财产安全的义务。不论是《中华人民共和国消费者权益保护法》(以下简称《消费者权益保护法》)还是《旅游饭店行业规范》都对饭店的安全保障义务作出了明确的规定。事故发生时，酒店在吧台附近虽设立了"小心地滑"的警示牌，但对地面湿滑的情况并未发现并采取积极有效的处理措施，对客人的人身安全构成了安全隐患，酒店存在过失，没有完全尽到安全保障义务，造成苏老在饭店内摔伤的事实，因此酒店应当承担与过错相应的民事赔偿责任。此外，老苏对酒店的警示牌重视不足，存在过失，对损害结果的发生也具有一定的责任。

(2) 旅行社和快捷酒店对老苏的损害未形成共同侵权，所以不承担连带赔偿责任。根据《最高人民法院关于审理旅游纠纷案件适用法律若干问题的规定》第十四条规定："因旅游辅助服务者的原因造成旅游者人身损害、财产损失，旅游者选择请求旅游辅助服务者承担侵权责任的，人民法院应予支持。旅游经营者对旅游辅助服务者未尽谨慎选择义务，旅游者请求旅游经营者承担相应补充责任的，人民法院应予支持。"据此，旅游消费者在旅行社安排的旅游过程中遭到人身、财产损害，旅行社对结果发生存在过错的话，也要承担相应的补充责任。但本案中，没有证据证明旅行社对酒店未尽谨慎选择义务，旅行社作为旅游经营者安排老苏入住该酒店并无过错，应免责，因此旅行社不承担赔偿责任。

(3) 在本案中，要审查酒店是否尽到安全保障义务不仅要依据法律，还要从酒店的安全提示从位置和字幕来说是否显著，是否能够有效传达给客人；地板本身摩擦力如何，是否容易打滑；地面积水性质、大小及存在的时间是否造成地面过度湿滑，是否采取防范措施，是否能侧面反映酒店对安全隐患的排查的重视，从以上角度可以判断酒店是否尽到完全保障义务。

5.1　旅游饭店星级评定制度

旅游饭店是旅游住宿业的主体，在我国旅游住宿业发展中占有十分重要的地位，随着我国旅游业的迅猛发展，按照国际惯例，国家有关部门对旅游饭店进行星级评定，以使旅游饭店的管理向规范化、科学化目标发展，从而提升和保证服务质量。我国从 1988 年 8 月开始实行饭店星级评定制度，国家旅游局参照国际标准，结合中国国情，制定公布了《中华人民共和国评定旅游涉外饭店星级的规定》(以下简称《评定规定》)评定及《中华人民共和国评定旅游涉外饭店星级标准》(以下简称《评定标准》)，在我国开始实行了星级评定制度。1993 年中华人民共和国评定旅游涉外饭店星级标准，即《旅游涉外饭店星级的划分及评定》(GB/T 14308—1993)公布实施。1998 年根据 10 年来星级评定的实践，又重新修订了上述《评定》规定，同时新的《旅游涉外饭店星级的划分及评定》(GB/T 14308—1997)开始实施。2003 年 8 月，《旅游饭店星级的划分与评定》(GB/T 14308—2003)代替了《旅游涉外饭店星级的划分及评定》(GB/T 14308—1997)，用"旅游饭店"取代了"旅游涉外饭店"。2010 年 10 月，《旅游饭店星级的划分与评定》(GB/T 14308—2010)国家标准获批，自 2011 年 1 月 1 日起实施。

5.1.1　相关基础概念

旅游饭店是指以夜为单位出租客房，为旅游者提供住宿、餐饮等综合性服务项目，使旅游者的旅居成为可能的一种场所。它又称为酒店、宾馆、旅社、度假村等。

旅游饭店业是指为旅游业提供住宿、餐饮等多种综合性服务的行业。

旅游饭店的星级评定制度(简称五星制度)是指依据饭店的建筑、设施设备、装潢、服务质量、管理水平、清洁卫生状况、服务项目、宾客满意度等对饭店进行综合评价，并区分高低等级的制度。饭店的星级综合体现了饭店的服务质量和管理的专业化水平。

5.1.2 旅游饭店的星级评定法规依据和范围

1. 旅游饭店星级评定法规依据

2010年10月18日国家质检总局、国家标准化管理委员会批准发布国家标准，自2011年1月1日开始施行《旅游饭店星级的划分与评定》(GB/T 14308—2010)。为配合该标准的实施，进一步规范饭店星级评定及复核工作，国家旅游局制定了《〈旅游饭店星级的划分与评定〉(GB/T 14308—2010)实施办法》(以下简称《实施办法》)及《饭店星评员章程》，自2011年1月1日起开始施行。

2. 旅游饭店的星级划分和标志

根据国家旅游局制定公布的《实施办法》的规定，饭店等级的标志采用的是长城和五角星的组合图案，根据星的数量和颜色不同划分为5个级别，分别是一星级、二星级、三星级、四星级、五星级(包括白金五星级)，星级以镀金五星为符号。星星的数量越多，意味着星级越高，饭店的等级也就越高，服务质量和管理水平就越高。预备星级是星级的补充，其等级与星级相同。

3. 星级饭店的评定范围

凡在中华人民共和国境内，正式开业1年以上的旅游饭店均可申请参加星级评定；经相应星级评定机构评定后，星级标志使用有效期为3年，3年期满后应重新进行评定。开业不满1年的饭店，可申请预备星级，有效期为1年。

小贴士

比起旧标准，新标准在饭店专业化程度、整体设计和谐度、舒适度等方面都提出了更高的要求。值得注意的是，新标准还注入特色化、环保类、个性化等人文理念。

5.1.3 星级饭店评定机关和权限

1. 评定机关

根据《旅游饭店星级的划分与评定》(GB/T 14308—2010)第四条规定，国家旅游局设全国旅游星级饭店评定委员会，是全国星评工作的最高权力机构。它负责全国旅游饭店星级评定领导工作，并具体负责评定全国五星级饭店。

各省、自治区、直辖市旅游局设饭店星级评定机构，在国家旅游局领导下，负责本地区旅游饭店星级评定工作和推荐工作，并负责将本地区所评定星级饭店的批复和评定检查资料上报备案。

2．权限范围

国家旅游局负责实施或组织实施对五星级饭店的星级评定和复核工作。

各省、自治区、直辖市旅游局设省级旅游星级饭店评定委员会(简称"省级星评委")。省级星评委报全国星评委备案后，根据全国星评委的授权开展星评和复核工作。对本省副省级城市、地级市(地区、州、盟)及下一级星级评定机构违反规定所评定的结果拥有否决权；实施或组织实施本省四星级饭店的星级评定和复核工作；向全国星评委推荐五星级饭店并严格把关。

副省级城市、地级市(地区、州、盟)旅游局设地区旅游星级饭店评定委员会(简称"地区星评委")。市、副省级市、优秀旅游城市旅游局负责评定本地三星级饭店并向上级推荐四星级饭店；地区星评委在省级星评委的指导下，参照省级星评委的模式组建，按照《饭店星评员章程》要求聘任地市级星评员，实施或组织实施本地区三星级及以下饭店的星级评定和复核工作；向省级星评委推荐四、五星级饭店。

5.1.4 星级饭店的评定方法和参照标准

旅游饭店星级评定方法是按照星级饭店的"必备条件"和"检查评分"相结合的方法综合评定。

旅游饭店星级评定依据是按照国家标准《旅游饭店星级划分与评定》及其附录A(设备项目检查表)、附录B(设施设备评分表)和附录C(饭店运营质量评价表)的相关规定内容进行评分。将评定的重点放在必备项目、设施设备和饭店运营质量三方面，分别参照附录A、附录B和附录C对各检查项目进行打分。如达不到规定要求和数量以及最低得分和得分率的，则不能得到所申请星级。

1．必备条件

必备条件是指各星级饭店应具备的条件，即酒店达到相应标准所必须具备应有的硬件设施设备和服务项目，在评定检查时，应逐项确认。只有确认达标的才能进入后续打分的程序。因此，必备项目作为饭店进入不同星级的基本准入条件，非常严格，必须过关。

2．设施设备

设施设备是旅游饭店的硬件，也是饭店提供服务的基础所在。其考评项目主要是饭店的整体设计、建筑结构、装修装饰的材质与工艺、设施设备配置档次、服务功能区域数量与面积及整体功能质量等要素。分别从各要素的专业性、整体协调性、舒适度等方面进行综合考量。总分600分，其中对一星级、二星级饭店不作要求，但三星级、四星级、五星级饭店应达到规定的最低的分线，依次为220分、330分、420分。

3．饭店运营质量

饭店运营质量评价主要考查的是饭店的规章制度是否科学合理，操作程序是否明确规范，服务规范是否到位，清洁卫生和维修保养是否达标，这是对饭店的管理环境和服务环境的综合评价，是一个饭店顺利运营的关键。

评分时按"优"、"良"、"中"、"差"打分,按公式:得分率=该实际所得分/该项标准总分×100%来计算最后得分。该项考评同样仅对三星级以上饭店作要求,要求其必须达到最低得分率,三星级70%,四星级80%,五星级85%。

案例 5.1

住宿标准违约案

案情简介:

张某利用"五一"假期参加了一家旅行社组织的"五一三日游"旅游团,旅行社委派杨某作为该团导游。晚上,杨某把旅游团安排在一家旅游饭店住宿,张某发现入住的房间设施陈旧、卫生条件也相当差,水龙头坏死,热水器失修,明显与合同中规定的三星级饭店的标准不符,便要求导游更换住处。导游杨某坚持认为所安排的饭店是三星级,不同意更换。后张某向旅游质量监督管理部门投诉,要求旅行社赔偿其经济损失。经查:旅行社安排张某等人入住的酒店为一星级。

(案例来源:国家旅游局旅游质量监督管理所. 旅游案例分析. 北京:中国旅行出版社,2008,有改动)

案例评析:

根据《旅游饭店星级的划分与评定》的规定,星的数量和颜色是饭店的等级标志,我国星级饭店可划分为一星级、二星级、三星级、四星级、五星级(包括白金五星级),星星的数量越多,饭店的等级越高,自然管理服务水平和收费标准也越高。星级标志的使用需要经过旅游主管部门的严格评定,未经评定星级的饭店禁止使用星级标志,不得使用星级称谓从事经营和宣传活动。在本案中,导游杨某违反合同约定,安排张某等游客入住的饭店为一星级,显然不论是住宿标准还是服务档次都劣于三星级饭店,杨某所在旅行社应当对游客承担违约责任,对游客进行赔偿。

5.1.5 旅游饭店星级评定规程

1. 申请

申请星级评定的旅游饭店,应向具有相应评定权限的评定机关递交星级申请材料,申请四星级以上的饭店,应按属地原则逐级递交申请材料。申请材料包括饭店星级申请报告、自查自评情况说明及其他必要的文字和图片资料。

2. 受理

当接到饭店星级申请报告后,有相应评定权限的旅游饭店星级评定机构应在核实申请材料的基础上,于14日内做出受理与否的答复。对申请四星级以上的饭店,其所在地旅游饭店星级评定机构在逐级递交或转交申请材料时,应提交推荐报告或转交报告。

3. 检查

当受理申请或接到推荐报告后,相应评定权限的旅游饭店星级评定机构应在一个月内以明察和暗访的方式安排评定检查。无论检查合格与否，检查员均应提交检查报告。对检查未予通过的饭店，相应星级评定机构应加强指导，待接到饭店整改完成并要求重新检查的报告后，于一个月内再次安排评定检查。

对申请四星级以上的饭店，检查分为初检和终检。

(1) 初检由相应评定权限的旅游饭店星级评定机构组织，委派检查员以明察或暗访的方式实施检查，并将检查结果及整改意见记录在案，供终检时对照使用；初检合格，方可安排终检。

(2) 终检由相应评定权限的旅游饭店星级评定机构组织，委派检查员对照初检结果及整改意见进行全面检查；终检合格，方可提交评审。

4．评审

在接到检查报告后的一个月内，旅游饭店星级评定机构应根据检查员意见对申请星级的饭店进行评审。评审的主要内容有以下几方面：审定申请资格；核实申请报告；认定本标准的达标情况；查验违规及事故、投诉的处理情况等。

5．批复

对于评审通过的饭店，旅游饭店星级评定机构应给予评定星级的批复，并授予相应星级的标志和证书。对于经评审认定达不到标准的饭店，旅游饭店星级评定机构不予批复。

旅游饭店星级的标志和证书由全国旅游星级饭店评定机构统一制作、核发。旅游饭店星级标志应置于饭店前厅最显著的位置。

6．申诉

申请星级评定的饭店对星评过程及其结果如有异议，可直接向国家旅游局申诉。国家旅游局根据调查结果予以答复，并保留最终裁定权。

7．抽查

国家旅游局根据《国家级星评监督员管理规则》，派出国家级星评监督员随机抽查星级评定情况，对星评工作进行监督。一旦发现星评过程中存在不符合程序的现象或检查结果不符合标准要求的情况，国家旅游局可对星级评定结果予以否决，并对执行该任务的国家级星评员进行处理。

案例 5.2

伪星级酒店案

案情简介：

2010年6月，吉林省旅游服务监督管理所在旅游市场专项整治行动中发现，某酒店正门前广告牌上标有"五颗五角星"标志的宣传牌，并在酒店服务总台放有"五颗五角星"标志的宣传手册对外宣传，当经过调查，发现该酒店自开业以来，从未向旅游部门递交过申报星级酒店的申请材料,也未获得相应星级酒店的认定。但消费者却误认为这是五星级酒店,并按五星级酒店标准进行消费。

(案件来源:http://www.cntour2.com/viewnews/2010/6/30/0630141558.htm 有改动)

案例评析:

根据《旅游饭店星级的划分及评定》的规定,星级评定是旅游管理部门主持实施的国家标准评定工作,未经旅游主管部门评定核准,任何宾馆饭店不得使用有关星级的称谓和标志。该酒店在经营过程中,在未按国家标准参加旅游饭店星级划分与评定的情况下,在酒店(饭店)正门或橱窗等明显位置放置标有"五颗五角星"标志的广告牌(宣传牌)、在服务总台放置印有"五颗五角星"标志的宣传手册对外宣传,使消费者误认为该酒店为星级酒店。同时,该酒店从未向旅游部门递交过申报星级酒店的申请材料,也未获得相应星级酒店的认定。属于擅自使用星级称谓及图形标志,利用广告及广告之外的其他方法进行引人误解的虚假宣传,违反了《中华人民共和国反不正当竞争法》的规定,构成了利用广告或者其他方法,对商品作引人误解的虚假宣传行为。对此,该酒店违法经营活动,当地旅游局通过口头警告、现场督办、摘除擅自使用的星级标志。监督检查部门也对该酒店作出责令停止违法行为,并处人民币 1 万元罚款的行政处罚。

5.1.6 星级饭店的复核及处理

1. 旅游饭店的星级复核

根据《实施办法》的规定,旅游饭店的星级复核工作是由星级评定机构进行,它们负责对已经评定为星级的旅游饭店复查审核,以督促已经取得星级的饭店继续保持星级的水准,为旅客提供与自身星级标准相符的服务。星级复核工作是星级评定工作的重要补充。

2. 复核主体

饭店星评员分为国家级星评员、地方级星评员(含省级和地市级)和星级饭店内审员。

(1) 国家级星评员由全国星评委负责选聘。接受全国星评委的委派,承担全国范围内的饭店星级评定、复核和其他检查工作。

(2) 地方级星评员由省级星评委或地区星评委负责选聘。接受省级星评委或地区星评委的委派,按照职责分工,承担辖区内饭店星级评定、复核和其他检查工作。

(3) 星级饭店内审员由各饭店指定。星级饭店内审员根据相应星评委的指导和安排,依照星级标准,执行对所在饭店的检查、复核工作,并同时向所在饭店管理层和所在地区星评委办公室报告工作。

3. 复核种类

星级复核分为年度复核和三年期满的评定性复核两种。

(1) 年度复核工作由星级饭店内审员根据相应星评委的指导和安排,依照星级标准,执行对所在饭店的检查、复核工作,并同时向所在饭店管理层和所在地区星评委办公室报告工作,相应级别星评委根据饭店自查结果进行抽查验收。

(2) 评定性复核工作由各级星评委委派星评员，以明察或暗访的方式进行。由全国星评委委派二至三名国家级星评员同行，以明察或暗访的方式对饭店进行评定性复核检查。其中，全国星评委可根据工作需要，对满三年期的五星级饭店进行宾客满意度调查，并形成专业调查报告，作为评定性复核的参考意见。接受评定性复核的星级饭店，如其正在进行大规模装修改造，或者其他适当原因而致使暂停营业，可以在评定性复核当年年前提出延期申请。经查属实后，相应级别星评委可以酌情批准其延期一次。延期复核的最长时限不应超过一年，如延期超过一年，必须重新申请星级评定。

4．复核方式

年度复核工作的方式是自查自纠和抽查验收。

评定性复核工作的方式是明察或暗访。

(1) 明察：星级评定机构派出星评员对饭店依程序进行公开的调查和评估，以核实饭店在取得星级后，设施设备、服务项目、管理制度、维修保养、清洁卫生等方面是否持续达标的复核方式。

(2) 暗访：根据宾客的意见和投诉所反映的问题，星级评定机构派出星评员对饭店进行暗中访问，以监督考察饭店在星级服务质量方面是否符合原有的水准，并在暗访后对饭店作出客观评价和反馈的复核方式。

各级星评委应于本地区饭店星评复核工作结束后进行认真总结，并逐级上报复核结果。

5．复核标准

星评机构根据《旅游饭店星级的划分与评定》附录 A、附录 B、附录 C 及饭店的经营状况进行综合考量。

6．复核不达标的处理办法

对于复核不达标(低于《实施办法》第二十四条及第二十五条标准)的旅游饭店，相应级别星评委根据情节轻重给予限期整改、取消星级的处理，并公布处理结果。

整改期限原则上不能超过一年。被取消星级的饭店，自取消星级之日起一年后，方可重新申请星级评定。对于取消星级的饭店，应将其星级证书和星级标志牌收回。具体处理办法如下。

(1) 旅游饭店星级评定机构根据情节轻重给予签发警告通知书，通报批评，降低或取消星级的处理，并在相应范围内公布处理结果。

(2) 凡在一年内接到警告通知书三次以上或通报批评两次以上的饭店，旅游饭店星级评定机构应降低或取消其星级，并向社会公布。

(3) 被降低或取消星级的饭店，自降低或取消星级之日起一年内，不予恢复或重新评定星级；一年后，方可重新申请星级。

(4) 已取得星级的饭店如发生重大事故，造成恶劣影响，其所在地旅游饭店星级评定机构应立即反映情况或在权限范围内做出降低或取消星级的处理。

7. 复核处理权限

各级星评委对星级饭店做出处理的责任划分依照星级评定的责任分工执行。

全国星评委保留对各星级饭店复核结果的最终处理权。国家旅游局根据《国家级星评监督员管理规则》，派出国家级星评监督员随机抽查年度复核和评定性复核情况，对复核工作进行监督。一旦发现复核过程中存在不符合程序的现象或检查结果不符合标准要求的情况，国家旅游局可对星级复核结果予以否决。

小贴士

有限服务饭店 VS 完全服务饭店：根据《旅游饭店星级的划分与评定》，一星级、二星级、三星级饭店属于有限服务饭店，评定星级时对饭店住宿产品进行重点评价；四星级、五星级、白金五星级饭店属于完全服务饭店，评定星级时应对饭店产品进行全面评价。因此，完全服务饭店的要求和标准要严格于有限服务饭店。

5.2 旅游饭店行业管理制度

我国旅游饭店行业管理，除了依据国家法律法规政策外，还主要依据本行业规范进行。中国旅游饭店业协会是我国旅游饭店行业管理主要机构，它于 2009 年 8 月再次组织修订了《中国旅游饭店行业规范》(以下简称《规范》)，并组织贯彻实施。它是一种自律性准则。《规范》是中国旅游饭店业的第一部行业规范，对于完善旅游饭店业法规建设具有重要意义。

5.2.1 相关基础概念

行业规范是指为了本行业健康发展，由本行业协会的会员单位共同来制定的符合本行业特点的行为规范和标准，是本行业的自律准则，凡进入本行业的会员单位均应共同遵守执行。

旅游饭店行业规范是指由我国旅游饭店业协会的会员单位共同来制定的，符合我国境内开办的各种经济性质的旅游饭店经营特点的，用于指导和规范我国旅游饭店自律行为的准则，凡我国境内开办的各种经济性质的旅游饭店均应共同遵守执行。

5.2.2 旅游饭店行业管理的行规依据

目前中国旅游饭店行业管理的主要依据是 2009 年 8 月中国旅游饭店业协会再次修订的《规范》，适用于中国境内开办的各种经济性质的饭店，含宾馆、酒店、度假村等。《规范》是中国旅游饭店业的第一部行业规范，对规范旅游市场秩序、保护客人和旅游饭店的合法权益、推动经济发展和社会健康发展有着积极的意义，同时也是完善我国旅游饭店业法制建设的重要标志。

《规范》的宗旨：倡导履行诚信准则，保障客人和旅游饭店的合法权益，维护旅游饭店业经营管理的正常秩序，以促进中国旅游饭店业的健康发展。

《规范》所涉行业规范的主要内容包括预订、登记、入住、饭店收费、保护客人人身和财产安全、保护客人物品安全、停车场管理和纠纷处理等。

5.2.3 预订、登记、入住、饭店收费

1．预订

客人可以选择通过电话、邮件或网络等方式向饭店预订房间。饭店由于出现超额预订而使预订客人不能入住的，饭店应当主动替客人安排本地同档次或高于本饭店档次的饭店入住，所产生的有关费用由饭店承担。

2．登记、入住

饭店在办理客人入住手续时，应当按照国家的有关规定，要求客人出示有效证件，并如实登记。

出现以下情况饭店可以不予接待：①携带危害饭店安全的物品入店者；②从事违法活动者；③影响饭店形象者(如携带动物者)；④无支付能力或曾有过逃账记录者；⑤饭店客满；⑥法律、法规规定的其他情况。

3．饭店收费

饭店收费的规定很明显体现了对顾客知情权和公平交易权的尊重，饭店应当将饭店的住宿和其他服务费用，通过显著的方式向旅客告示。

(1) 饭店应当将房价表置于总服务台显著位置，供客人参考。饭店如给予客人房价折扣，应当书面约定。

(2) 饭店应在前厅显著位置明示客房价格和住宿时间结算方法，或者确认已将上述信息用适当方式告知客人。

(3) 根据国家规定，饭店如果对客房、餐饮、洗衣、电话等服务项目加收服务费，应当在房价表或有关服务价目单上明码标价。

5.2.4 旅游饭店的义务

旅游饭店的客人作为旅游消费者，享有作为消费者的基本权利，除了受《消费者权益保护法》的保护外，也应当受到旅游行业规范的保护，客人所享有的权利相对旅游饭店来说就是其必须承担的义务。人身财产安全是旅游者在旅游过程中考虑的首要因素，自然也是旅游饭店必须履行的首要义务。

1．保护客人人身、财产安全的义务

旅游饭店应当为保护客人的合法权益，从硬件(设施设备)方面和软件(管理制度)方面做好充分的准备，只有二者兼顾才能为客人营造安全的环境。对此，饭店应当做到以下几方面。

1) 安全预防设施

为了保护客人的人身和财产安全，饭店客房房门应当装置防盗链、门镜、应急疏散图，卫生间内应当采取有效的防滑措施。客房内应当放置服务指南、住宿须知和防火指南。有条件的饭店应当安装客房电子门锁和公共区域安全监控系统。

饭店应当确保健身、娱乐等场所设施、设备的完好和安全。

对可能损害客人人身和财产安全的场所,饭店应当采取防护、警示措施。警示牌应当中外文对照。

饭店应当采取措施,防止客人放置在客房内的财物灭失、毁损。由于饭店的原因造成客人财物灭失、毁损的,饭店应当承担责任。

案例 5.3

客人财物丢失,宾馆承担赔偿责任案

案情简介:

李某因公务出差入住江西某酒店,次日凌晨 1 时许,李某被房间里翻倒东西的声音惊醒,发现自己行李散落一地,然后看见一人夺门而去,他意识到是小偷,马上追赶并大呼抓小偷。但是当李某猛追至一楼,眼看小偷就要逃走,但门口的保安却未加阻拦或追赶。经确认,李某丢失手机一部,现金 2 000 多元和一张银行卡,公安人员对现场勘验后,初步判断房门存在安全隐患,小偷是经由房门入室盗窃。据此,李某认为宾馆服务人员没有提醒李某寄存贵重物品,且宾馆保安人员眼见犯罪行为人逃窜,却未加阻拦,是工作失职,宾馆对其损失负有责任,应当赔偿。

(案例来源:王莉霞,李九全. 旅游法规理论与实务. 大连:东北财经大学出版社,2009:94,有改动)

案例评析:

从《消费者权益保护法》角度,李某作为旅游消费者,在购买、使用商品和接受服务时享有人身、财产安全不受损害的权利。经营者应当保证其提供的商品或服务符合保障人身、财产安全的要求。另外根据《旅游饭店行业规范》的规定,旅游饭店有义务保护客人的人身和财产安全,饭店应当采取措施,防止客人放置在客房内的财物灭失、毁损。由于饭店的原因造成客人财物灭失、毁损的,饭店应当承担责任。饭店应当对住店客人贵重物品的保管服务做出书面规定,并在客人办理入住登记时予以提示。否则,造成客人贵重物品灭失的,饭店应当承担赔偿责任。在本案中,由于宾馆的疏忽,既没有主动提示李某贵重物品寄存,同时客房门存在安全隐患给了小偷可乘之机,当发现盗窃行为时,酒店保安又未及时进行制止,而是消极不作为,故在整个事件过程中,宾馆存在严重过错,违反了保护客人人身和财产安全的义务,导致李某的财产受到损失,应当对李某进行赔偿。

资料卡

安全保障义务一般指饭店管理者应当尽到的最基本的保障饭店范围内人身和财产安全的义务。在实践中,一般从酒店与客人的具体约定、行业习惯、公平交易、诚信原则及公序良俗原则等方面综合考虑并评价饭店应尽安全保障义务范围。值得注意的是,饭店安全保障的对象不仅包括在饭店内消费的旅客,还包括进入酒店管辖区域的非消费者,饭店都应当对其人身和财产安全负责。

2) 隐私权保护

饭店应当保护客人的隐私权。除日常清扫卫生、维修保养设施设备或者发生火灾等紧急情况外，饭店员工未经客人许可不得随意进入客人下榻的房间。

3) 财产权保护

财产权保护主要是对客人财产物品的保管和寄存。

(1) 对于客人的贵重物品的保管，饭店应当做到以下几点。

① 饭店应当在前厅处设置有双锁的客人贵重物品保险箱。贵重物品保险箱的位置应当安全、方便、隐蔽，能够保护客人的隐私。饭店应当按照规定的时限，免费提供住店客人贵重物品的保管服务。

② 饭店应当对住店客人贵重物品的保管服务做出书面规定，并在客人办理入住登记时予以提示。违反规定，造成客人贵重物品灭失的，饭店应当承担赔偿责任。

③ 在客人寄存贵重物品时，饭店应当要求客人填写贵重物品寄存单，并办理有关手续。

④ 饭店客房内设置的保险箱仅为住店客人提供存放一般物品之用。对没有按规定将贵重物品存放在饭店前厅贵重物品保险箱内，而造成客房里客人的贵重物品灭失、毁损的，如果责任在饭店一方，可视为一般物品予以赔偿。

⑤ 如无事先约定，在客人结账退房离开饭店以后，饭店可以将客人寄存在贵重物品保险箱内的物品取出，并按照有关规定处理。饭店应当将此条规定在客人贵重物品寄存单上明示。

⑥ 客人如果遗失饭店贵重物品保险箱的钥匙，那么除赔偿锁匙成本费用外，饭店还可以要求客人承担维修保险箱的费用。

(2) 对于客人的一般物品的保管，饭店应当做到以下几点。

① 饭店保管客人寄存在前厅行李寄存处的行李物品时，应当检查其包装是否完好、安全，询问有无违禁物品，并经双方当面确认后，给客人签发行李寄存牌。

② 客人在餐饮、康乐、前厅行李寄存处等场所寄存物品时，饭店应当当面询问客人寄存物品中有无贵重物品。客人寄存的物品中如有贵重物品的，应当向饭店声明，由饭店员工验收并交饭店贵重物品保管处免费保管；客人事先未声明或不同意核实而造成物品灭失、毁损的，如果责任在饭店一方，饭店按照一般物品予以赔偿；客人对寄存物品没有提出需要采取特殊保管措施的，因为物品自身的原因造成毁损或损耗的，饭店不承担赔偿责任；由于客人没有事先说明寄存物品的情况，造成饭店损失的，除饭店知道或者应当知道而没有采取补救措施的以外，饭店可以要求客人承担相应的赔偿责任。

③ 客人结账离店后，如有物品遗留在客房内，那么饭店应当设法同客人取得联系，将物品归还或寄给客人，或替客人保管，所产生的费用由客人承担。3 个月后仍无人认领的，饭店可登记造册，按拾遗物品处理。

(3) 对于客人的车辆的保管，饭店应当做到以下几点。

① 饭店应当保护停车场内饭店客人的车辆安全。

② 由于保管不善，造成车辆灭失或者毁损的，饭店承担相应责任，但因为客人自身的原因造成车辆灭失或者毁损的除外。双方均有过错的，应当各自承担相应的责任。

案例 5.4

摩托车宾馆失窃赔偿纠纷案

案情简介：

张某于 2006 年 4 月 24～26 日到上海旅游，入住上海市的某宾馆，并在住宿的当天将一辆春兰牌的摩托车托付宾馆治安人员吴某保管。吴某将摩托车停放在宾馆的停车场内。4 月 25 日早晨，张某去停车场取车时，发现摩托车失窃，张某遂要求宾馆进行赔偿，而宾馆认为宾馆的停车场并未完全对客人开放，宾馆是出于为张某提供方便的初衷才让张某停车，宾馆没有保管义务，提供的是无偿保管，摩托车丢失宾馆不存在责任。张某于是向法院提起诉讼，要求宾馆赔偿摩托车丢失的损失。

（案例来源：乜瑛. 旅游政策与法规. 杭州：浙江大学出版社，2005：108，有改动.）

案例评析：

根据《旅游饭店行业规范》的规定，旅游饭店有义务保护客人的人身和财产安全；饭店应当保护停车场内饭店客人的车辆安全。由于保管不善，造成车辆灭失或者毁损的，饭店承担相应责任。本案中虽然宾馆是无偿对张某的车辆进行保管，但是张某的车辆已经进入了宾馆的停车场范围之内，即形成一种权利义务关系，宾馆为客人保管车辆，应当对其停车场内的客人车辆安全负责。由于宾馆未尽职守，保管不善造成客人张某的车辆遗失，宾馆存在重大过失，应当依法承担赔偿责任。

重要法条提示

《合同法》第三百七十四条规定："保管期间，因保管人保管不善造成保管物毁损、灭失的，保管人应当承担损害赔偿责任，但保管是无偿的，保管人证明自己没有重大过失的，不承担损害赔偿责任。"在本案中，从《合同法》角度看，宾馆不能证明其对车辆遗失没有重大过失，依然要承担损害赔偿责任。

2. 提醒告知义务

(1) 如果谢绝客人自带酒水和食品进入餐厅、酒吧、舞厅等场所享用，应当将谢绝的告示设置于经营场所的显著位置，或者确认已将上述信息用适当方式告知客人。

(2) 饭店有义务提醒客人在客房内遵守国家有关规定，不得私留他人住宿或者擅自将客房转让给他人使用及改变使用用途。对违反规定造成饭店损失的，饭店可以要求入住该房间的客人承担相应的赔偿责任。

(3) 饭店应当提示客人保管好放置在汽车内的物品。对汽车内放置的物品的灭失，饭店不承担责任。

(4) 饭店可以口头提示或书面通知客人不得自行对客房进行改造、装饰。未经饭店同意进行改造、装饰而造成损失的，饭店可以要求客人承担相应的赔偿责任。

(5) 饭店有义务提示客人爱护饭店的财物。由于客人的原因造成损坏的，饭店可以要求客人承担赔偿责任。由于客人原因，饭店维修受损设施、设备期间导致客房不能出租、场所不能开放而发生的营业损失，饭店可视其情况要求客人承担责任。

3. 其他义务

客人送洗衣物，饭店应当要求客人在洗衣单上注明洗涤种类及要求，并应当检查衣物状况有无破损。客人如有特殊要求或者饭店员工发现衣物破损的，双方应当事先确认并在洗衣单上注明。客人事先没有提出特殊要求，饭店按照常规进行洗涤，造成衣物损坏的，饭店不承担赔偿责任。客人送洗衣物在洗涤后即时发现破损等问题，而饭店无法证明该衣物是在洗涤以前破损的，饭店承担相应责任。

4. 赔偿义务

饭店应当提供与本饭店档次相符的产品与服务。饭店所提供的产品与服务如果存在瑕疵，饭店应当采取措施及时加以改进。由于饭店的原因而给客人造成损失的，饭店应当根据损失程度向客人赔礼道歉，或给予相应的赔偿。

5.2.5 旅游饭店的权利

1. 拒绝一定顾客的权利

饭店在接待旅客过程中，并不是无条件一律接待，在出现以下情况时，饭店可以合理地拒绝接待客人。

(1) 饭店客满，没有空房可供新的客人住宿时。

(2) 患有严重传染病或精神病无人监护者要求入住，会对饭店内其他客人的健康或安全造成不利影响。

(3) 携带危险物品进入饭店者，对饭店安全构成威胁。

(4) 扰乱饭店的正常经营并妨害其他客人休息娱乐者，扰乱饭店治安秩序。

(5) 从事违法、犯罪活动者，如在饭店内卖淫、嫖娼、赌博、诈骗等。

(6) 无法支付费用或有过不良逃账记录者。

(7) 其他合理的理由。

2. 收取住宿费和服务费用的权利

饭店有权要求客人就住宿或享受的其他服务支付相应的费用。但饭店收取的各种费用的前提是费用是合理的，即是正常的服务项目所产生的费用，如客房、餐饮、洗衣、电话等服务项目的费用，而且收费标准也不能违反国家的有关规定。

当客人无力支付费用或拒绝支付费用时，饭店可以对客人的财物行使留置权，留置与所欠费用相当的财物，从中受偿，受偿超过应支付费用的部分应当归还客人。

3. 要求客人遵守规章制度的权利

旅游饭店的规章制度不管是对内部职工还是对客人都是有效的，所以客人在行使权利的同时也应当遵守饭店的规章制度，如饭店的规章制度中如果谢绝客人自带酒水和食品进入餐厅、酒吧、舞厅等场所享用，客人应当遵守；饭店规定客人不得私留他人住宿或者擅自将客房转让给他人使用及改变使用用途。对违反规定造成饭店损失的，饭店可以要求入住该房间的客人承担相应的赔偿责任。

5.2.6 旅游饭店违反行业规范的后果

(1) 造成不良后果和影响的，除按照有关规定进行处理外，中国旅游饭店业协会将对该会员饭店给予协会内部通报批评。

(2) 给客人的人身造成较大伤害，或者给客人的财产造成严重损失且情节严重的，除按规定进行赔偿外，中国旅游饭店业协会将对该会员饭店给予公开批评。

(3) 给客人人身造成重大伤害或者给客人的财产造成重大损失且情节特别严重的，除按规定进行赔偿外，经中国旅游饭店业协会常务理事会通过后，将对该会员饭店予以除名。

此外，旅游饭店违反法律、法规的规定，在经营活动中依法不履行义务或对他人构成侵害，应当承担相应的法律责任。

重要法条提示

《中华人民共和国侵权责任法》(以下简称《侵权责任法》)第三十七条规定："宾馆、商场、银行、车站、娱乐场所等公共场所的管理人或者群众性活动的组织者，未尽到安全保障义务，造成他人损害的，应当承担侵权责任。因第三人的行为造成他人损害的，由第三人承担侵权责任；管理人或者组织者未尽到安全保障义务的，承担相应的补充责任。"

5.3 旅游饭店住宿业治安管理制度

安全是旅游业的生命线。安全感是旅游者在旅游过程中首要考虑的因素。经营旅游饭店必须建立各项安全管理制度。如住宿业治安管理制度、旅游饭店行业突发事件应急规范制度以及旅游消费者权益保护制度等等，以构成并完善我国旅馆业健康发展的法制保障。

5.3.1 相关基础概念

旅游饭店住宿业治安管理是指为了保障旅游饭店的正常经营及旅客和饭店内员工的生命财产安全，维护社会治安进行的管理活动。

安全保障义务是指公共场所的管理人或者群众性活动的组织者对于进入公共场所和参加群众性活动的相对人的人身和财产负有保障安全的义务(胡岩，2011 年)。如未尽其义务导致人身财产损害的，则应当承担相应的赔偿责任。安全保障义务属于法定义务，其义务主体包括宾馆、银行、商场、车站、娱乐场所等的管理人和组织者。

5.3.2 旅游饭店住宿业治安管理法律法规依据

1987 年 11 月 10 日公安部发布的《旅馆业治安管理办法》及各省、自治区、直辖市公安厅(局)根据本办法制定的《实施细则》。

1993年10月31日第八届全国人民代表大会常务委员会第四次会议通过，根据2009年8月27日第十一届全国人民代表大会常务委员会第十次会议《关于修改部分法律的决定》第一次修正，根据2013年10月25日第十二届全国人民代表大会常务委员会第五次会议《关于修改〈中华人民共和国消费者权益保护法〉的决定》第二次修正，2014年3月15日正式施行的《中华人民共和国消费者权益保护法》(以下简称《消法》)。

2008年6月11日中国旅游饭店业协会发布《中国饭店行业突发事件应急规范(试行)》，并于发布日起试行。

5.3.3 相关规定内容

1.《旅馆业治安管理办法》相关内容

1) 开设饭店的准备条件

(1) 开办旅馆，其房屋建筑、消防设备、出入口和通道等，必须符合《中华人民共和国消防条例》等有关规定，并且要具备必要的防盗安全设施。

(2) 申请开办旅馆，应经主管部门审查批准，经当地公安机关签署意见，向工商行政管理部门申请登记，领取营业执照后，方准开业。

(3) 经批准开业的旅馆，如有歇业、转业、合并、迁移、改变名称等情况，应当在工商行政管理部门办理变更登记后三日内，向当地的县、市公安局、公安分局备案。

2) 旅游饭店的住宿治安管理要求

(1) 安全制度的建立：经营旅馆，必须遵守国家的法律，建立各项安全管理制度，设置治安保卫组织或者指定安全保卫人员。

案例 5.5

客人财物在客房内被盗责任争议案

案情简介：

2005年3月28日19时，程某到郑州铁原宾馆要求住宿，宾馆服务员为其办理住宿登记手续，同时询问有无现金、贵重物品需要寄存保管，程某答复没有。尔后，程某便住进309房间。10分钟后，程某接到该宾馆服务员的电话，让其将停在马路边的汽车停到停车场内，程某到停车场后见仍无车位，即开车离开了郑州铁原宾馆。20时许，宾馆保安人员巡查到3楼，见309房间房门半开，电视机声音大，敲门无人应答，发现房门有被撞击的痕迹，因当时无法找到程某，宾馆便派人守候在309房门口。22时30分，程某回到宾馆，见此情况，怀疑被盗，宾馆便拨打110报警。派出所接警后迅速出警，对309房间进行了勘查。程某以宾馆没有尽到安全保障义务为由诉至法院，要求宾馆赔偿丢失的现金1万元、价值4 800元的三星手机一部、更换车锁费用853元，并退还住宿费110元。

法院经审理认为，原告提供的所有证据均不能证实其诉讼主张的成立，被告履行旅店服务合同并无违约之处，不应承担责任，故判决驳回原告程某的诉讼请求。

(案例来源：侯作前，徐连宏，张建融. 旅游业常见争议解析：宾馆·饭店分册. 北京：知识产权出版社 2010：74，有改动．)

案例评析：

客人财物在酒店房间被盗事件时有发生，但要求酒店承担赔偿责任往往较为困难。酒店是否承担赔偿责任，取决于以下3个基本问题。一是客人必须提供证据证明其财物在酒店房间被盗，这对于客人来说是较为困难的。是否发生盗窃，需要公安机关认定，即使通过现场勘查能认定盗窃的事实，如果案件不能侦破，则客人往往难以举证证明其财产损失。二是客人要证明酒店存在违约行为，未能履行保障旅客人身、财产安全的合同附随义务，即旅客要证明酒店对盗窃事件的发生存在过错，未能采取必要的安全防范措施，致使盗窃事件发生。三是酒店是否提供保险箱服务，并提醒顾客如有贵重物品应交酒店处理。如果顾客未将贵重物品交酒店保管，酒店一般应免责。

在本案中，由于案件并未侦破，不能因为房门被撞开就得出必然被盗的结论，更不能证明原告被盗现金1万元，三星手机1部和汽车钥匙。而且，酒店曾明确提醒顾客将贵重物品交酒店保存，酒店建立了安全管理制度，设置了治安保卫组织，指定了安全保卫人员守候在309房间门口，酒店在履行服务合同时没有明显的过错。所以，酒店不承担责任。但如果本案中盗窃事实清楚，酒店也存在过错，法院不能因为原告没有充分举证就不支持其要求酒店赔偿其直接经济损失的诉讼请求。在这种情况下，法院应充分考虑原告举证的实际困难，从公平和诚实信用原则出发，综合考虑双方的过错程度、原告出差住宿的通常情况、具体案情、原告的陈述及双方的主张，酌情确认原告的损失。

(2) 住宿登记：旅馆接待旅客住宿必须登记。登记时，应当查验旅客的身份证件，按规定的项目如实登记。接待境外旅客住宿，还应当在24小时内向当地公安机关报送住宿登记表。

(3) 财物保管：旅馆应当设置旅客财物保管箱、保管柜或者保管室、保险柜，指定专人负责保管工作。对旅客寄存的财物，要建立登记、领取和交接制度。

(4) 遗失物招领：旅馆对旅客遗留的物品，应当妥为保管，设法归还原主或揭示招领；经招领3个月后无人认领的，要登记造册，送当地公安机关按拾遗物品处理。对违禁物品和可疑物品，应当及时报告公安机关处理。

(5) 违法举报制：旅馆工作人员发现违法犯罪分子，形迹可疑的人员和被公安机关通缉的罪犯，应当立即向当地公安机关报告，不得知情不报或隐瞒包庇。

(6) 危险因素消除：严禁旅客将易燃、易爆、剧毒、腐蚀性和放射性等危险物品带入旅馆。

在旅馆内，严禁卖淫、嫖宿、赌博、吸毒、传播淫秽物品等违法犯罪活动。

2.《消费者权益保护法》相关内容

(1) 旅游消费者在旅游领域中的消费权利和合法利益受《消费者权益保护法》保护，包括人身、财产不受侵犯的权利，自由选择权，知情权，公平交易权，获得赔偿权等。

(2) 旅游饭店的经营者应当保证其提供的商品或者服务符合保障人身、财产安全的要求。对可能危及人身、财产安全的商品和服务，应当向消费者作出真实的说明和明确的警示，并说明和标明正确使用商品或者接受服务的方法及防止危害发生的方法。

经营者发现其提供的商品或者服务存在严重缺陷，即使正确使用商品或者接受服务仍然可能对人身、财产安全造成危害的，应当立即向有关行政部门报告和告知消费者，并采取防止危害发生的措施。

3. 2008 年《中国饭店行业突发事件应急规范(试行)》相关内容

1) 饭店行业突发事件

在饭店所负责区域内，突然发生的对客人、员工和其他相关人员的人身和财产安全，造成或者可能造成严重危害，需要饭店采取应急处置措施予以应对的火灾、自然灾害、饭店建筑物和设备设施事故、公共卫生和伤亡事件、社会治安事件，以及公关危机事件等。

2) 突发事件处理原则

饭店行业突发事件应急管理应贯彻预防为主、预防与应急处置相结合的原则，把应急管理贯穿于饭店管理的全过程，创造安全和谐的饭店环境。

3) 突发事件应急制度

饭店应从实际出发，根据自身的特点，结合本规范制订具体的、符合自身情况的应对危机预案。具体实施主要表现在：建立应急预案、应急管理机构、完善制度体系、做好充足物资准备、应急处理准备、社会治安、暴力事件的处理等。一旦发现危险因素，及时加以控制、排除并马上与公安机关或其他相关机关联系。

小测试

请列举《旅馆业治安管理办法》对旅游饭店住宿治安管理的基本要求有哪些？

模拟法庭

刘海诉 H 市西凤酒店人身损害赔偿纠纷案

案情简介：

2009 年 1 月 31 日，刘海随同父母到 H 市西凤酒店处消费就餐，餐厅位于三楼金凤厅，当刘海与其他 3 个年龄相仿的孩子在就餐楼层玩耍背靠墙体不锈钢板处休息时，意外坠入西凤酒店传菜用的电梯洞口，事故发生后，家长当即报了警，后在楼下电梯洞里找到孩子时，孩子已严重受伤，刘海父母立即将刘海送到 H 市第四人民医院抢救，在确定没有生命危险的情况下及时转至中心医院救治。事故发生后，刘海伤情经鉴定已达九级伤残，此外刘海精神受到刺激，经常出现"人在飞"、"突坠落"、"噩梦"、"胆小"等状况，刘海父母要求酒店就没有尽到安全保障义务进行赔偿，双方无法达成一致意见，刘海作为原告向法院起诉，要求西凤酒店进行人身损害赔偿。

本案中诉讼角色：

原告：刘海

被告：H 市西凤酒店

庭审图示：

法官

原告诉称1：被告未尽安全保障义务……
原告诉称2：被告应承担民事赔偿责任……
原告诉称3：赔偿 102 108.5 元……

被告辩称1：原告诉请主要事实不清，证据不足，请法院依法驳回原告的诉讼请求……
被告辩称2：在坠梯事故中，原告监护人存在重大过错……

原告诉称1：被告提供的场所未尽到保障人身财产安全的要求义务，对电梯传菜口的设计未顾及到儿童宾客特殊服务群体存在缺陷，且未做到说明和明确警示及防止危害发生的措施。

原告诉称2：被告应承担民事赔偿责任。

原告诉称3：请求判令被告赔偿原告各种经济损失102 108.5元。

被告辩称1：被告不存在任何过错。

原告坠入提拉餐梯门的发生是由原告自身行为所致，而不是被告对酒店设施管理不善造成的。因为提拉餐梯门非人为拉动不会自动启开，原告诉称背靠墙体不锈钢板处休息时，突然坠入一洞内与实际不符。

被告辩称2：原告受伤是由于原告父母疏忽大意所致。

原告系未成年人，其监护人应当对其进行管理、教育，由于原告父母疏于照看，原告不注意安全,导致原告在无人看管情况下出现意外受伤的结果,显然是原告监护人存在过错,没有尽到监护责任,由此造成人身损害,应当由其父母承担。

被告辩称3:被告支付原告15 000元是道义上的补偿,而不是赔偿,原告索赔117 108.5元与法无据。

法院审理查明:

原告刘海于2009年1月31日随同父母在被告西凤酒店三楼金凤厅用餐,其间刘海在与其他同餐人员小孩在餐厅楼层玩耍时,坠入西凤酒店用于传菜的电梯井内,造成右股骨粗隆间骨折;第3、4左侧横突骨折;头皮挫裂伤。(该传菜电梯口凹进楼体,高、宽各约70余厘米,非外力提拉挡板不会自动开启),当即被送入信阳市第四人民医院抢救后,转入信阳市中心医院治疗,至2009年2月17日出院,共计花医疗费25 294.5元及后期检查费140元。其出院注意事项注明全休3个月,下次手术费用约10 000元等。其伤情经信阳明德法医临床司法鉴定所2009年5月26日信明德司鉴所(2009)临鉴字第71号司法鉴定意见书确定为九级伤残。花鉴定费670元。事发后,被告在支付了15 000元后未再付款。双方因赔偿问题未达成合意。原告起诉来院要求被告赔偿医疗费、护理费、交通费、住院伙食补助费、伤残鉴定费、残疾赔偿金、后期治疗费及精神抚慰金等。

庭审中,原告提供了交通费票据300元及支付给刘纪霞的护理费2 000元的收据,但原、被告提交的证据均不能证明该电梯口在发生事故时是闭合或开启状态。

法院裁判理由:

法院认为:

本案是因原告在被告处用餐过程中出现意外,造成其人身遭受伤害而引起的纠纷,属人身损害赔偿纠纷。按照人身损害赔偿纠纷的处理原则,首先,应划分受害者与致害人之间的责任;其次,按责任依法确定双方之间应承担损失数额,其数额的确定亦应依法确认。本案是原告在被告餐厅金凤厅消费时,在楼层间玩耍而意外坠入被告用于传菜的电梯井内而遭受的伤害。首先,被告应当保证其提供商品或服务符合保障人身、财产安全的要求,对可能危及人身、财产安全的商品和服务,应当向消费者作出真实的说明和明确的警示,并说明和标明正确使用商品或者接受服务的方法及防止危害发生的方法,被告未提供证据证明其在该传菜口设有明确的警示标志,故对原告遭受的伤害负主要责任;其次,原告属于限制民事行为能力的未成年人,其随父母接受的服务是就餐服务,被告向原告提供的就餐服务的场所是金凤厅,原告既非在接受就餐服务时遭受到伤害又非在金凤厅或接受服务的必经场所发生意外造成伤害,而是在楼层通道上玩耍时遭受意外,坠入没有警示标示的传菜电梯井内受到伤害。故原告受到意外伤害其父母未尽到监护责任亦有一定责任;再次,原、被告双方均不能证明导致原告坠入的传菜口在发生意外事故时是开启或闭合的状态。根据上述原则和查明的事实。本院确认原告的损失为:①医疗费25 294.5元+140元=25 434.5元;②护理费2 200元(原告母亲月工资)÷30×17(住院天数)+2 000元(护理人员收取的护理费)=3246.66元;③交通费300元;④住院伙食补助费30元/天×17天=510元;⑤营养费15元/天×107天=1 605元;⑥鉴定费670元;⑦二次手术费10 000元;⑧残疾赔偿金。因原告父母及其户籍所在地均为浉河区五星乡平西村,故应按照城镇人口计算,即13 231元/年×20年×20%(九级伤残)=52 924元。以上8项共计94 690.16元。此外,因该次事故造成原告精神受到一定损害，被告应给予一定赔偿，本院根据当地经济发展状况酌定为5 000元。

法院判决：

(1) 被告西凤酒店应赔偿原告刘海各项损失94 690.16元的70%，即66 283.11元(其中已支付的15 000元应从中扣除)。

(2) 被告西凤酒店赔偿原告刘海精神抚慰金5 000元。

(3) 原告其他诉讼请求不予支持。

(案例来源：http://www.110.com/panli/panli_16650987.html，有改动．)

本章小结

通过本章的学习，了解熟悉我国旅游饭店星级评定制度意义、住宿业治安管理制度的主要内容和旅游饭店行业规范。掌握旅游饭店管理过程中的相关法律知识，如饭店星级评定的标准和规程，星级饭店的复核及处理，饭店住宿业治安的管理含义和法定要求，旅游饭店的权利、义务及法律责任；尝试用《旅游饭店星级的划分与评定》、《消费者权益保护法》、《旅馆业治安管理办法》、《旅游饭店行业规范》、《侵权责任法》中的相关规定来辨析旅游饭店中遇到的各种纠纷及其责任承担问题，厘清纠纷性质及其损害赔偿范围，既有利于旅游饭店业的健康发展，也有利于旅游消费者的合法权益的维护。

关键术语

旅游饭店　安全保障义务　提醒告知义务　赔偿义务

习题

1. 名词解释

(1) 旅游饭店　(2) 安全保障义务　(3) 旅游饭店行业规范

2. 填空题

(1) 在我国，负责四星级、五星级、白金五星级饭店的星级评定的职能部门是(　　)。

(2) 当接到饭店星级审查报告后，相应评定权限的旅游星级饭店评定机构应在核实申请资料的基础上，于(　　)日内做出受理与否的答复。

(3) 《旅馆业治安管理办法》规定，经批准开业的旅馆，如有歇业、转业、合并、迁移、改变名称等情况，应当在工商行政管理部门办理变更登记后(　　)内，向当地的县、市(　　)备案。

3. 简答题

(1) 简述旅游饭店星级评定的规程。

(2) 简述旅游饭店星级评定的评定机关及其权限范围。

(3) 旅游饭店在什么情况下可以拒绝接收客人？

4．思考题

(1) 旅游饭店对顾客应尽的提醒告知义务体现在哪些方面？

(2) 针对旅游饭店的住宿业治安，主要有哪些相关的法律规定？

5．实训题

赵先生下榻某宾馆的四楼。当天 21 时左右，赵先生在洗澡时突然停水，没想到再次来水时水龙头流出的全是热水而被严重烫伤。医院经诊断为 II 度烧伤，这给赵先生造成了较大的经济损失。于是，赵先生以宾馆的房间内水龙头没有冷热水标志、宾馆设施存在缺陷为由，将该宾馆告上法庭，要求被告宾馆赔偿其医疗费、误工费、护理费、交通费等各项费用共计 16 000 元。被告宾馆辩称，事发当日原告系酒后洗澡，神志不清，其烫伤是原告自身原因所造成。被告只同意补偿原告经济损失 2 000 元。被告向法庭主张房间内的水龙头开关有冷热水标志，并向法庭提供了照片。为此，双方形成争议。

(案例来源：侯作前，徐连宏，张建融．旅游业常见争议解析：宾馆·饭店分册．北京：知识产权出版社：2010．)

争议处理：

法院经审理查明，原告确系在被告处住宿洗澡时被烫伤，客观上被告应承担未尽合理限度范围内的安全保障义务之责。原告亦应承担未尽谨慎义务之责。依据我国《消费者权益保护法》的规定，消费者在接受服务时享有人身安全不受损害的权利。被告系从事住宿经营活动的法人，应尽合理限度内的安全保障义务。对于原告的合理损失被告应给予适当赔偿，负担比例以 50%为宜。故判决被告在判决生效 7 日内赔偿原告合理经济损失 16 000 元的一半，计人民币 8 000 元。

问题： 分析法院这样处理的理由和根据。

第6章 旅游交通管理制度

知识要点	掌握程度	相关知识
1. 旅游交通	了解熟悉	旅游交通的概念、旅游交通的特征、旅游交通的主要方式
2. 旅游交通法	掌握	旅游交通法的概念、旅游交通的主要法律法规
3. 旅游交通航空运输相关法律规定	掌握	航空运输企业的概念、航空运输合同、旅客的权利与义务、承运人的权利与义务、承运人的责任、《中华人民共和国民用航空法》(以下简称《民航空法》)有关旅游运输管理的主要规定
4. 旅游交通铁路运输相关法律规定	掌握	铁路运输合同、旅客的权利与义务、承运人的权利与义务、承运人的责任、《中华人民共和国铁路法》(以下简称《铁路法》)有关旅游运输管理的主要规定
5. 旅游交通公路运输相关法律规定	掌握	旅客的权利与义务、承运人的权利与义务、承运人的责任、《中华人民共和国道路运输管理条例》、《中华人民共和国道路交通安全法》等有关旅游运输管理的主要规定

技能要点	能力要求	应用方向
1. 旅客和承运人的权利、义务	掌握	确定法律责任的承担
2. 旅游交通事故责任分析	重点掌握	索赔

导入案例

案情简介：

2005年11月4日，袁某与女朋友搭乘一辆旅游大巴，结伴去云南旅游。袁某在车上遭遇小偷扒窃，发现后便与小偷展开搏斗，其女友一边劝阻一边要求车上的人帮忙。但是车内其他人被小偷恐吓，因此无人敢出面帮忙。袁某一边与小偷打斗，一边要求司机停车向车下群众求救，或将车开往公安局。小偷警告司机不要多管闲事，否则将伺机报复。出于对自身安全考虑，司机及乘务人员均未出面制止或报警。结果袁某所带物品被抢，并被小偷刺伤。事后，袁某向法院起诉大巴所属旅游公司，要求其承担损害赔偿责任。

(案例来源：http://blog.sina.com.cn/s/blog_9248166401011m9r.html，有改动)

问题：

(1) 本案中承运人违反了什么义务？

(2) 袁某的损害是由公司司乘人员赔偿还是由旅游公司赔偿？

案例评析：

(1) 承运人违反了保护旅客人身及财产安全义务。

根据《中华人民共和国道路运输管理条例》的规定承运人具有保证旅客人身财产安全的义务。对旅客提供的旅游交通服务，应当保证符合保障人身、财产安全的要求。承运人有义务将乘客安全送至目的地。

本案中，在公路运输过程中，出现了旅客人身、财产遭受损失的危险时，司机及乘务员消极不作为，没有对盗窃和人身伤害行为加以制止，从而造成了袁某及其财产的损失，明显未尽到安全保护义务，使旅客被他人打伤、被盗，承运人应当承担赔偿责任。

(2) 本案中应当由旅游公司对袁某的损害承担赔偿责任。

司机及乘务员没有履行保护旅客人人身财产安全的职务行为，从而造成的袁某财产损失与人身伤害。根据《中华人民共和国民法通则》第四十三条："企业法人对它的法定代表人和其他工作人员的经营活动，承担民事责任。"对于司乘人员在行使职务过程中造成的旅客财产损失及人身伤害，应由其所在旅游公司承担责任。

因此本案中，袁某只能以旅游公司即承运人作为被告起诉。在法院判决旅游公司承担责任后，旅游公司可以向相关司乘人员追偿，追究司乘人员因履行职务不当而造成公司损失的责任。

6.1　旅游交通法律法规概述

旅游离不开交通，旅游交通是旅游活动吃、住、行、游、购、娱六要素之一中的"行"，它是旅游业发展的前提条件，是旅游活动中必不可少的重要环节。旅游交通是国家交通运输业的重要组成部分，同时旅游交通有其特定的运送对象，所以它既具有其特殊性又具有相对独立性。旅游交通借助于各种交通工具，包括汽车、飞机、火车、轮船、缆车和索道交通等运送旅游者进行旅游活动。旅游交通法是通过将旅游交通活动中发生的各种社会关系进行法律规制，使旅游交通社会关系中各主体之间形成特定的权利义务关系，以维护和促进旅游交通秩序，从而促进旅游业和交通运输业的进一步繁荣和健康发展。我国的《旅游法》、《民用航空法》、《铁路法》、《中华人民共和国海上交通安全法》(以下简称《海上交通安全法》)、《中华人民共和国内河交通安全管理条例》(以下简称《内河交通安全管理条例》)、《旅游汽车、游船管理办法》等法律、法规的颁布与实施，已初步架构起了我国旅游交通法律法规体系。

6.1.1　相关基础概念

旅游交通是指伴随旅游者旅行游览全过程所发生的各种交通运输服务经济活动的总称。它的根本目的是保障旅游者进行空间位置转移、观光旅游和最终抵达目的地。它是旅游活动进行和旅游业发展的必要条件。

旅游交通法是指由国际社会和各国立法机关制定的调整国际旅游、国内旅游交通运输关系的法律法规总和。主要划分为交通运输管理法律制度和交通运输合同法律制度。

我国目前并未制定单独的旅游交通法，相关规定散见于其他法律法规中。2013年2月2日国务院办公厅发布的《国民旅游休闲纲要(2013—2020年)》要求，各地要将游客运输纳入当地公共交通系统，提高旅游客运质量。这意味着旅游交通依托公共交通而建立和发展，但又需保障旅游客运质量，突出旅游交通特点。

6.1.2 旅游交通的特征

旅游交通不是一个完全独立的行业,但作为整个交通运输业的一个重要组成部分,具有一定的特殊性和相对独立性。

旅游交通相较于一般的公共交通而言,主要有以下几个特征:

1. 旅游交通的游览性

游览性是旅游交通的基本特点之一。旅游交通安排的经停旅游景点多,且有较长的游览时间。行程安排上常常保证白天通过观光景点、景区,夜间休息,夜间经过地段的景点、景区少或无。例如,长江三峡景点,旅游船安排白天过三峡,但一般客轮安排晚间过三峡。旅游交通的线路安排也十分注意将各旅游景点、景区串联起来,以满足旅游者游览多个景点、景区,领略沿途风光。一般交通运输因不以旅游观光为目的,只是较单一地实现空间位置的转移,以将旅客从始发地送到目的地为特征,一般情况下不具有游览性。

2. 旅游交通的舒适性

舒适性是旅游交通的基本特点之二。旅游的价值之一在于放松身心,因此,旅游交通工具本身应当符合旅客追求舒适性的需要。旅游交通工具不仅要具备方便、快捷的基本功能,还应在设施设备、服务质量、服务项目等方面都达到舒适的效果。一般来说,旅游列车、旅游汽车、旅游轮船内的设备设施一般也都优于一般列车、交通客车、交通客轮,服务方面也优于一般交通运输工具。例如,旅游专列、旅游大巴、游船等,特别在一些国际间旅游专列和巨型远洋邮轮上,有星级客房、健身房、风味餐厅和各种娱乐设施等。当然,根据市场需求也有一些经济型的旅游交通工具以迎合这种需求,如廉价航空。可见经济的发展和科技的进步为旅游交通工具的舒适度提高提供了条件。

3. 旅游交通的季节性

季节性是旅游交通的基本特点之三。众所周知,旅游有明显的季节性特点,季节性特点因节假日、地域、季节气候的不同而产生旅游旺季和旅游淡季之分。因此,旅游交通作为旅游服务的载体,也呈现出相应的季节性特点。例如,节假日期间是旅游旺季,旅游交通客运量会急剧增加;非节假日期间则相对来说是旅游淡季,旅游交通运送量明显下降。又如,因地域的不同也会出现区域旅游的旺季或淡季,如海南因为夏季伴有学生暑假,本该是旅游旺季,但此时正值海南最热的时候,所以每年6~9月,反而是海南的旅游淡季,而秋末至春初海南温度适宜成为旅游旺季。又如,西藏受高海拔的影响,常年温度均衡,没有明显的冬季和夏季之分,虽然西藏很多地方不受季节性影响,但下列时段的降雨和大雪所形成的景观已形成了西藏旅游的旺季:4~5月、6~8月和9~10月。旅游交通根据旅游的季节性,在旅游旺季集中运送旅游者,而在旅游淡季以运送一般旅客为主,呈现出自身的季节性变化。

4. 旅游交通的协调性

协调性是旅游交通的基本特点之四。旅游交通是一个复杂又相互联系的系统,在旅游交通公共关系活动的过程中,力求使旅游交通内部组织和外部组织之间达到和平、竞争、互利的关系。这不仅要求民航、铁路、公路、水运等不同的部门之间实现密切配合，互相协作，也要求协调好同业合作与竞争的关系。同时，要保证旅游服务质量，旅游交通还必须协调好与旅客关系、旅行社、饭店、景区、政府旅游管理部门等之间的关系。因此，旅游交通不论从横向角度还是纵向角度都离不开相互协调，只有通过协调和配合才能有效实现旅游交通便利、舒适的功能。

6.1.3 旅游交通的主要方式

旅游交通常用的方式主要有 5 种。

1．航空运输

航空运输在我国旅游交通运输中地位非常重要。近年来，我国民航运输业飞速发展，航空运输对于长线旅游有重要的意义。航空运输不仅带来了更多高端客源，为当地旅游业、酒店业等相关产业带来了更多的利润增长点，其速度快的优势为游客提供了便利，加快了游客的周转速度，从而促进旅游业的迅速发展。据统计，近年来乘坐飞机出游的旅客以每年 20%以上的增加率在上升，可见，乘坐飞机已成为非常重要的旅游交通方式。

2．铁路运输

铁路运输是我国旅游交通运输的主要力量。铁路运输具有安全性高、速度较快、运输能力强、安全正点和经济实惠等特点，成为国内中、远程旅游出行的主要交通方式。铁路运输还不受天气条件和自然因素的影响，是降低旅游成本，提高旅游舒适性的最佳选择。因此，我国多数旅游者出行，会选择铁路运输这种交通方式。

3．公路运输

汽车旅游是一种机动灵活、方便迅速的旅游交通方式，可以实现"门到门"的快捷直达运输，并可深入到旅游景点、景区内部，是最普遍、最重要的中、短途的旅游运输方式。游客可选择直接乘坐汽车旅游，或游客乘坐火车或飞机到达当地后换乘专门的旅游汽车出行。

随着我国经济和社会的发展，私家车的数量不断增多，加上高速公路网络的发展，自驾游日益兴起，并且选择汽车旅游的群体越来越庞大。因此公路运输是旅游中不可或缺的交通方式。

4．水路运输

水路运输可分为沿海客运、远洋客运和内河客运。旅游中的水路运输并不普遍，由于受自然条件影响较大，水路运输主要集中在以水域为主要旅游资源或区位优势的地方，如香港，具有良好航道水深、区位优势、腹地面积广大。我国水路运输具有广阔的发展前景，我国海岸线北起辽宁省丹东，南至海南省三亚，长达 1.84 多万公里的大陆海岸线，海岸线上岛屿、海峡及海湾众多，同时我国的内河沿岸景观及内河航运的运输能力不断开发，因此我国水上旅游和水路运输发展潜力巨大。

5. 索道运输

索道，又称吊车、流笼，是交通工具的一种。客运架空索道是利用架空绳索支撑和牵引客车运送乘客的机械运输设施。它的特点是爬坡能力强，受地形和气候影响小，能缩短运输距离，能耗低，如过江索道。这种旅游交通常常适用于景区内的空间位置转移运输。

6. 缆车运输

缆车运输是指由驱动机带动钢丝绳，牵引车厢沿着铺设在地表并有一定坡度的轨道运行，用以提升或下放游客的机械运输设施。它能适应线路的地形条件、满足游客乘坐舒适的需要，又能缩短运输距离。这种旅游交通主要适用于有坡度的山区及雪场草场等景区。

6.1.4 旅游交通的主要法律法规

1. 航空运输方面的主要法律法规

1995年10月30日全国人民代表大会常委会通过的，自1996年3月1日起施行的《民用航空法》；1985年1月1日中国民用航空总局制定并经1996年2月28日和2004年7月12日两次修订，自2004年8月12日实施至今的《中国民航旅客、行李国内运输规则》；1997年12月8日中国民用航空局制定，1998年4月1日起施行的《中国民用航空旅客、行李国际运输规则》；2006年1月29日经国务院批准，2006年3月28日起施行的《国内航空运输承运人赔偿责任限额》等。

2. 铁路运输方面的主要法律法规

1990年9月7日全国人民代表大会常委会通过，自1991年5月1日起施行的《铁路法》；1997年12月1日原铁道部发布，经2010年修改，自2010年12月1日起施行的《铁路旅客运输规程》。

3. 公路运输方面的主要法律法规

1997年7月3日全国人民代表大会常委会通过，并于1999年10月31日和2004年8月28日两次修正，自2004年8月28日起施行的《中华人民共和国公路法》；2003年10月28日全国人民代表大会常委会通过，自2004年5月1日起施行的《道路交通安全法》；2004年4月28日国务院通过，自2004年5月1日起施行的《中华人民共和国道路交通安全法实施条例》；2012年11月9日修正的《中华人民共和国道路运输条例》。

4. 水路运输方面的主要法律法规

1983年9月2日全国人民代表大会常委会通过，1984年1月1日起施行的《海上交通安全法》；1995年12月12日通过，并于1997年8月26日修订，自1996年6月1日起施行的《水路旅客运输规则》；2002年6月19日国务院通过，自2002年8月1日起施行的《内河交通安全管理条例》等。

5. 索道运输、缆车运输方面的法规

2006 年 9 月 6 日国务院通过，自 2006 年 12 月 1 日起施行的《风景名胜区条例》。此外，在部分省市出台的一些旅游条例和通知中也有索道、缆车运输的相关规定，如《陕西省风景名胜区管理条例》、《洛阳市旅游条例》等。

小贴士

旅游交通法律法规的三大基本原则：①安全运输原则，即确保旅游者人身及财产在旅游过程中被安全地安置与转移；②计划运输原则，指的是旅游运输应当根据旅游者的旅游安排有计划地配合并予以实现；③合理运输原则，是指通过科学管理手段，低成本高成效地选择交通工具、安排旅游路线，从而实现资源的优化配置。

6.2 旅游航空运输管理和运输企业的义务

旅游航空运输，其实质就是旅客航空运输，又称民用航空运输，它是民用航空运输企业使用民用航空器运送旅客、行李或者货物的有偿经济活动。我国以 1995 年 10 月 30 日全国人民代表大会通过并公布的《民用航空法》为核心和标志，构建了民用航空运输法制体系。

6.2.1 相关基础概念

民用航空运输企业是指以盈利为目的，使用民用航空器运送旅客、行李、邮件或者货物的企业法人。

承运人一般是指以本人名义与旅客或者托运人，或者与旅客或者托运人的代理人，订立航空运输合同的人。本节所指承运人包括了填开客票的航空承运人和承运或约定承运该客票所列旅客及其行李的所有航空承运人。

托运人是指与承运人订立航空合同，要求承运人按照合同约定的时间运送到指定地点，并向承运人支付相应报酬的一方当事人。

客票是指由承运人或代表承运人所填开的被称为"客票"及行李的凭证，包括运输合同条件、声明、通知及乘机联和旅客联等内容。

承运人赔偿责任限额是指当航空运输过程中，发生了旅客人身、财产损失，如果没有超出法定责任限额时，承运人按实际损失赔偿旅客；当损失数额超过责任限额时，承运人仅在法定责任限额内承担赔偿责任。

航空运输期间是指在机场内、民用航空器上或者机场外降落的任何地点，托运行李、货物处于承运人掌管之下的全部期间。

航空运输合同是指航空运输承运人与旅客之间订立的，约定由承运人使用民用航空器将旅客或者货物运送到约定地点，并由旅客、托运人或者收货人支付票款或者运输费用的合同。合同主体包括参与航空运输活动的当事人，即承运人、旅客、托运人和收货人。承运人负有强制缔约义务，安全、正点运输义务和合理运输义务，而作为航空运输合同另一方当事人的旅客、托运人、收货人则应履行支付票款或运输费用、遵守法律和飞行器上规章制度等基本义务。

6.2.2 民用航空运输主管机关和企业义务

1. 民用航空运输主管机关

国务院民用航空主管部门对全国民用航空活动实施统一监督管理。根据相关法律、规定和国务院的相关决定,在本部门的权限内,发布有关民用航空活动的规定、决定。

国务院民用航空主管部门设立的地区,民用航空管理机构依照国务院民用航空主管部门的授权,监督管理该地区的民用航空活动。

2. 民用航空运输企业的义务

1) 服务要求

民用航空运输企业应当以保证飞行安全和航班正常,提供良好服务为准则,采取有效措施,提高运输服务质量。

民用航空运输企业应当教育和要求本企业职工严格履行职责,以文明礼貌、热情周到的服务态度,认真做好旅客和货物运输的各项服务工作。

2) 航班告示

旅客运输航班延误的,应当在机场内及时通告有关情况。民用航空运输企业经营航班运输,应当公布班期时刻。

3) 安全运输规定

乘坐民航飞机的旅客在登机前必须接受人身和行李检查项目,这也是为了保证旅客自身安全和民用航空器在空中飞行安全所采取的一项必要措施。

4) 安全保卫方案

民用航空运输企业应当依照国务院制定的公共航空运输安全保卫规定,制定安全保卫方案,并报国务院民用航空主管部门备案。

5) 安检制度

(1) 对国内航班旅客应当核查其有效乘机身份证件、客票和登机牌。对核查无误的旅客,应在其登机牌上加盖验讫章。

(2) 对旅客实施安检时,安检人员应当引导旅客逐个通过安全门。对通过时安全门报警的旅客,应当重复过门检查或使用手持金属探测器或手工人身检查的方法进行复查,排除疑点后方可放行。手工人身检查一般应由同性别安检人员实施;对女旅客实施检查时,必须由女安检人员进行。

(3) 对经过手工人身检查仍有疑点的旅客,经安检部门值班领导批准后,可以将其带到安检室从严检查,检查应当由同性别的两名以上安检人员实施。

(4) 旅客的托运行李和非托运行李都必须经过安全检查仪器检查。发现可疑物品时应当开箱(包)检查,必要时也可以随时抽查。开箱(包)检查时,可疑物品的托运人或者携带者应当在场。旅客申明所携物品不宜接受公开检查的,安检部门可根据实际情况,在适当场合检查。

(5) 国际航空运输的民用航空器及其所载人员、行李、货物应当接受边防、海关、检疫等主管部门的检查;但是,检查时应当避免不必要的延误。

6) 禁运规定

(1) 民用航空运输企业不得运输法律、行政法规规定的禁运物品。

(2) 禁止旅客随身携带法律、行政法规规定的禁运物品乘坐民用航空器。

(3) 民用航空运输企业运输危险品，应当遵守国家有关规定。禁止以非危险品品名托运危险品。危险品品名由国务院民用航空主管部门规定并公布。

(4) 禁止旅客随身携带危险品乘坐民用航空器。除因执行公务并按照国家规定经过批准外，禁止旅客携带枪支、管制刀具乘坐民用航空器。禁止违反国务院民用航空主管部门的规定将危险品作为行李托运。

(5) 民用航空运输企业不得运输拒绝接受安全检查的旅客，不得违反国家规定运输未经安全检查的行李。

6.2.3 民用航空运输票证管理

1. 客票的管理

1) 性质

客票是航空旅客运输合同订立和运输合同成立的初步证据。

案例 6.1

国际航班客票无效案

案情简介：

李某在 A 航公司售票处购买了 3 张由上海至玻利维亚首都拉巴斯的国际航程机票，分别由 3 个航空公司承运。李某搭乘 A 航空公司的航班离沪，次日抵达法国巴黎戴高乐机场。在机场核换登机牌时，法国警方人员通知李某其所持机票无效，勒令其次日返回。李某遂要求 A 公司返还全程机票及其他各项相关的费用。而 A 航空公司认为机票无效是法国警方单方面的认定，属于法国政府有关部门实施的与货物入境、出境或者过境有关的行为，航空公司对此不负责任，因此拒绝赔偿。

案例评析：

李某与 A 航空公司存在有效的航空运输合同关系，因此 A 航空公司作为承运人有义务将李某送至目的地拉巴斯。根据《民用航空法》第一百一十一条规定："客票是航空旅客运输合同订立和运输合同条件的成立初步证据。旅客未能出示客票、客票不符合规定或者客票遗失，不影响运输合同的存在或者有效。"本案中，机票是证明李某与 A 航空公司运输合同存在的初步证据，并不是警方出具的单方面通知所能否认的，且机票无效的通知没有充分的理由；双方之间的运输合同仍然有效，A 航空公司为履行约定义务，应当对李某的损失承担责任。

(案例来源：周忠海. 航空法判例与学理研究. 北京：群众出版社，2001，有改动)

2) 内容

票证上要注明：出发地点和目的地点；出发地点和目的地点均在中华人民共和国国境内，而在境外有一个或者数个约定的经停地点的，至少注明一个经停地点；旅客航程的最终目的地点、出发地点或者约定的经停地点之一不在中华人民共和国国境内，依照所适用的国际航空运输公约的规定，应当在客票上声明，此项运输适用该公约的，客票上应当载有该项声明。

3) 管理

承运人运送旅客，应当要求旅客出具客票。旅客乘坐民用航空器，应当交验有效客票。旅客未能出示客票、客票不符合规定或者客票遗失，不影响运输合同的存在或者有效。旅客未履行出具客票的强制义务或已履行内容不符合客票的强制义务的，必须承担一定的法律后果。当旅客承载飞机不出具客票时，则不能援引有关规定要求赔偿。

2. 行李票的管理

根据《民用航空法》第一百一十二条的规定。
1) 性质
行李票是行李托运和运输合同条件成立的初步证据。
2) 内容
托运行李的件数和重量；需要声明托运行李在目的地点交付时的利益的，注明声明金额。承运人载运托运行李时，行李票可以包含在客票之内或者与客票相结合。
3) 管理
旅客未能出示行李票、行李票不符合规定或者行李票遗失，不影响运输合同的存在或者有效。承运人未履行出具行李票的强制义务或已履行内容不符合行李票的强制义务的，必须承担一定的法律后果。当承运人载运行李不出具行李票时，则不能援引有关规定要求赔偿。

6.2.4 承运人的责任

1. 承运人对旅客人身安全的责任

因发生在民用航空器上或者在旅客上、下民用航空器过程中发生的事件，造成旅客人身伤亡的，承运人应当承担相应法律责任；但是，旅客的人身伤亡完全是由于旅客本人的健康状况造成的，承运人不承担责任。

2. 承运人保障旅客财产安全的责任

旅客的财产一般是旅客的行李，包括托运行李和旅客随身携带的行李物品。因发生在民用航空器上或者在旅客上、下民用航空器过程中发生的事件，造成旅客随身携带物品毁灭、遗失或者损坏的，承运人应当承担责任。

但旅客随身携带物品或者托运行李物品的毁灭、遗失或者损坏是由以下原因造成的，承运人不承担责任。
(1) 货物本身的自然属性、质量或者缺陷。
(2) 承运人或者其受雇人、代理人以外的人包装货物的，货物包装不良。
(3) 战争或者武装冲突。
(4) 政府有关部门实施的与货物入境、出境或者过境有关的行为。

3. 航班延误造成损失的责任承担

1) 一般情形
对于旅客、行李或者货物在航空运输中因延误造成的损失，承运人应当承担责任；由于机务维护、航班调配、商务、机组等原因，造成航班在始发地延误或取消，承运人应当向旅客提供餐食或住宿等服务。由于天气、突发事件、空中交通管制、安检及旅客等非承运人原因，造成航班在始发地延误或取消，承运人应协助旅客安排餐食和住宿，费用可由旅客自理。航班在经停地延误或取消，无论何种原因，承运人均应负责向经停旅客提供膳宿服务。

2) 承运人免责或减轻责任情形

(1) 承运人能证明本人或者其受雇人、代理人为了避免损失的发生，已经采取一切必要措施或者不可能采取此种措施的，不承担责任。

(2) 承运人证明，损失是由索赔人的过错造成或者是由代行权利人的过错造成，应当根据造成或者促成此种损失的过错的程度，相应免除或者减轻承运人的责任。

(3) 旅客以外的其他人就旅客死亡或者受伤提出赔偿请求时，经承运人证明，死亡或者受伤是旅客本人的过错造成或者促成的，同样应当根据造成或者促成此种损失的过错的程度，相应免除或者减轻承运人的责任。

(4) 在货物运输中，经承运人证明，损失是由索赔人造成或者促成的，应当根据造成或者促成此种损失的过错的程度，相应免除或者减轻承运人的责任。

4．承运人的赔偿责任

只要能证明航空运输中的损失是由于承运人或者其受雇人、代理人的故意或者明知可能造成损失而轻率地作为或者不作为造成的，承运人就应当承担赔偿责任，承运人无权援引有关赔偿责任限制的规定；证明承运人的受雇人、代理人有此种作为或者不作为的，还应当证明该受雇人、代理人是在受雇、代理范围内行事。

(1) 国内航空运输承运人的赔偿责任限额由国务院民用航空主管部门制定，报国务院批准后公布执行。按照《国内航空运输承运人赔偿责任限额规定》第三条，国内航空运输承运人应当在下列规定的赔偿责任限额内按照实际损害承担赔偿责任，但是《民用航空法》另有规定的除外：

① 对每名旅客的赔偿责任限额为人民币 40 万元。

② 对每名旅客随身携带物品的赔偿责任限额为人民币 3 000 元。

③ 对旅客托运的行李和对运输的货物的赔偿责任限额，为每公斤人民币 100 元。

(2) 根据《民用航空法》第一百二十九条的规定，国际航空运输承运人的赔偿责任限额按照下列规定执行。

① 对每名旅客的赔偿责任限额为 16 600 计算单位；但是，旅客可以同承运人书面约定高于本项规定的赔偿责任限额。

② 对托运行李或者货物的赔偿责任限额，每公斤为 17 计算单位。旅客或者托运人在交运托运行李或者货物时，特别声明在目的地点交付时的利益，并在必要时支付附加费的，除承运人证明旅客或者托运人声明的金额高于托运行李或者货物在目的地点交付时的实际利益外，承运人应当在声明金额范围内承担责任。

托运行李或者货物的一部分或者托运行李、货物中的任何物件毁灭、遗失、损坏或者延误的，用以确定承运人赔偿责任限额的重量，仅为该一包件或者数包件的总重量；但是，因托运行李或者货物的一部分或者托运行李、货物中的任何物件的毁灭、遗失、损坏或者延误，影响同一份行李票或者同一份航空货运单所列其他包件的价值的，确定承运人的赔偿责任限额时，此种包件的总重量也应当考虑在内。

③ 对每名旅客随身携带的物品的赔偿责任限额为 332 计算单位。

以上所称"计算单位",是指国际货币基金组织规定的特别提款权;其人民币数额为法院判决之日、仲裁机构裁决之日或者当事人协议之日,按照国际外汇主管机关的国际货币基金组织的特别提款权对人民币的换算办法计算得出的人民币数额。

重要法条提示

《民用航空法》第一百三十条规定:"任何旨在免除本法规定的承运人责任或者降低本法规定的赔偿责任限额的条款,均属无效;但是,此种条款的无效,不影响整个航空运输合同的效力。"

《国内航空运输承运人赔偿责任限额规定》第五条规定:"旅客自行向保险公司投保航空旅客人身意外保险的,此项保险金额的给付,不免除或者减少承运人应当承担的赔偿责任。"

6.3　旅游铁路运输管理相关规定

我国地域辽阔,人口众多,资源分布不均,因此,经济快捷的铁路运输被广泛使用,这种大众化的交通运输工具在我国综合交通运输体系中处于重要地位。目前,我国拥有仅次于美国、俄罗斯的全球第三大铁路网和全球最大规模高速铁路网。我国国内大部分中长途旅客、旅游活动主要选择铁路运输方式。我国目前规范铁路运输活动的法制体系建设以 1990 年 9 月 7 日全国人民代表大会常委会通过的《铁路法》(1991 年 5 月 1 日起施行)为核心和标志。

6.3.1　相关基础概念

承运人是指与旅客或托运人签有运输合同的铁路运输企业。铁路车站、列车及与运营有关人员在执行职务中的行为代表承运人。

旅客是指持有铁路有效乘车凭证的人和同行的免费乘车儿童。根据铁路货物运输合同押运货物的人视为旅客。

托运人是指委托承运人运输行李或小件货物并与其签有行李包裹运输合同的人。

铁路运输合同是指明确铁路运输企业与旅客、托运人之间权利义务关系的协议。旅客车票、行李票、包裹票和货物运单是合同或者合同的组成部分。

保价运输是指旅客、托运人在托运行李、货物或包裹时,按照所托运物品的实际价值向铁路运输企业申明价格,并按申明的价格支付相应的运费,一旦发生物品损坏,铁路运输企业须按申明的价格进行赔偿。

6.3.2　铁路运输主管机关和管理

1. 铁路运输主管机关

原铁路运输主管机关为铁道部,2013 年 3 月,根据国务院机构改革和职能转变方案,实行铁路政企分开,撤销原铁道部,组建国家铁路局,由交通运输部管理铁路运输,承担铁道部的其他行政职责;同时另组建中国铁路总公司,承担铁道部的企业职责。

铁路运输的基本要求是铁路运输企业应当保证旅客、行李和货物运输的安全，做到列车正点到达。

2．铁路运输合同

1) 性质

铁路旅客运输合同从售出车票时起成立，至按票面规定运输结束旅客出站时止，为合同履行完毕。旅客运输的运送期间自检票进站起至到站出站时止计算。

2) 铁路运输企业的权利和义务

铁路运输企业的权利：

(1) 依照规定收取运输费用。

(2) 要求旅客遵守国家法令和铁路规章制度，保证安全。

(3) 对损害他人利益和铁路设备、设施的行为有权制止、消除危险和要求赔偿。

铁路运输企业的义务：

(1) 铁路运输企业应当保证旅客按车票载明的日期、车次乘车，并到达目的站。因铁路运输企业的责任造成旅客不能按车票载明的日期、车次乘车的，铁路运输企业应当按照旅客的要求，退还全部票款或者安排改乘到达相同目的站的其他列车。

(2) 铁路运输企业应当采取有效措施做好旅客运输服务工作，做到文明礼貌、热情周到，保持车站和车厢内的清洁卫生，提供饮用开水，做好列车上的饮食供应工作。铁路运输企业应当采取措施，防止对铁路沿线环境的污染。

(3) 铁路运输企业应当按照合同约定的期限或者国务院铁路主管部门规定的期限，将货物、包裹、行李运到目的站；逾期运到的，铁路运输企业应当支付违约金。

3) 旅客的基本权利和义务

旅客的基本权利：

(1) 依据车票票面记载的内容乘车。

(2) 要求承运人提供与车票等级相适应的服务并保障其旅行安全。

(3) 对运送期间发生的身体损害有权要求承运人赔偿。

(4) 对运送期间因承运人过错造成的随身携带物品损失有权要求承运人赔偿。

旅客的基本义务：

(1) 支付运输费用，当场核对票、款，妥善保管车票，保持票面信息完整可识别。

(2) 遵守国家法令和铁路运输规章制度，听从铁路车站、列车工作人员的引导，按照车站的引导标志进、出站。维护公共秩序和运输安全，尤其注意《铁路旅客运输规程》第五十二条的禁运规定。

(3) 对所造成铁路或者其他旅客的损失予以赔偿。

4) 违约责任

当旅游合同当事人一方违反合同规定的义务时，即构成违约，应当承担违约责任，根据违约主体的不同会出现两种情况，一种是旅客违约，另一种是铁路运输企业违约。

(1) 旅客违约。旅客由于自身的原因，无法按时乘车或出现不符旅客预期乘车需要的情况时(如车次错误、座位错误等)，应当由旅客自己承担法律后果，铁路运输企业对此不承担法律责任。旅客可以通过退票或改签车票进行补救，如果旅客选择退票，即是解除铁路运输合同的表示，旅客作为违约方要缴纳一定的违约费用；选择改签车票的旅客相当于变更铁路运输合同，旅客和铁路运输企业应当按照新的合同承担权利和义务。

(2) 铁路运输企业违约。由于铁路运输企业的原因造成旅客不能按票面记载的日期、车次、座别、铺位乘车时，铁路运输企业应当承担违约责任。对此，铁路运输企业应重新妥善安排。重新安排的列车、坐席、铺位高于原票等级时，超过部分票价不予补收。低于原票等级时，应退还票价差额，不收退票费。

3．有关凭证管理的规定

1) 铁路运输基本要求

旅客乘车应当购买有效车票并凭票乘车。旅客须按票面载明的日期、车次、席别乘车，并在票面规定有效期内到达到站。对无票乘车或者持失效车票乘车的，铁路运输企业有权补收票款，并按照规定加收票款；拒不交付的，铁路运输企业可以责令下车。

2) 铁路票证的具体规定

(1) 车票票面应载明事项：发站和到站站名；座别、卧别；径路；票价；车次；乘车日期；有效期。

(2) 票种：车票中包括客票和附加票两部分。客票部分为软座、硬座。附加票部分为加快票、卧铺票、空调票。附加票是客票的补充部分，除儿童外，不能单独使用。

(3) 票价：车票票价为旅客乘车日的适用票价。承运人调整票价时，已售出的车票不再补收或退还票价差额。

(4) 售票与购票：车票应在承运人或销售代理人的售票处购买。在有运输能力的情况下，承运人或销售代理人应按购票人的要求发售车票。

承运人可以开办往返票、联程票(指在购票地能够买到换乘地或返回地带有席位、铺位号的车票)、定期、不定期、储值、定额等多种售票业务，以便于购票人购票和使用。

承运人一般不接受儿童单独旅行(乘火车通学的学生和承运人同意在旅途中监护的除外)。随同成年人旅行身高 1.2～1.5 米的儿童，享受半价客票、加快票和空调票(以下简称儿童票)。超过 1.5 米时应买全价票。每一成人旅客可免费携带一名身高不足 1.2 米的儿童，超过一名时，超过的人数应买儿童票。儿童票的座别应与成人车票相同，其到站不得远于成人车票的到站。 免费乘车的儿童单独使用卧铺时，应购买全价卧铺票，有空调时还应购买半价空调票。

① 优惠或优先安排情形：

在校学生凭附有加盖院校公章的减价优待证的学生证(小学生凭书面证明)，每年可享受家庭至院校(实习地点)之间 4 次单程半价硬座客票、加快票、空调票。动车组列车只发售二等座车学生票，学生票为全价票的 75%。新生凭录取通知书、毕业生凭学校书面证明可买一次学生票。

伤残军人(解放军或武警)凭革命伤残军人证、人民警察伤残抚恤证享受半价的软座、硬座客票和附加票。

20 人以上乘车日期、车次、到站、座别相同的旅客可作为团体旅客，承运人应优先安排；如填发代用票时除代用票持票本人外，每人另发一张团体旅客证。

② 有下列情况时只补收票价，不核收手续费：

应买票而未买票的儿童只补收儿童票。身高超过 1.5 米的儿童使用儿童票乘车时，应补收儿童票价与全价票价的差额。

持站台票上车送客未下车但及时声明时，只补收至前方停车站的票款。

经站、车同意上车补票的。

③ 下列情况只核收手续费：

旅客未按票面确定的日期、车次乘车(含错后乘车 2 小时以内的)但乘坐票价相同的列车时，列车换发代用票；超过 2 小时均按失效处理。

旅客所持车票日期、车次相符但未经车站剪口的应补剪；中转换乘或中途下车应签证而未签证的应补签。补剪、补签只核收手续费，但已使用至到站的车票不再补剪、补签。

(5) 检票、验票：车站对进出站的旅客和人员应检票，列车对乘车旅客应验票。对必须持证购买的减价票和各种乘车证的旅客应当核对相应的证件。验票应打查验标记。

铁路稽查人员凭稽查证件、佩戴稽查臂章可以在车内验票。

(6) 变更：旅客不能按票面指定的日期车次乘车时，在列车有能力的前提下可以办理一次提前或改晚乘车签证手续。办理改晚乘车签证手续最晚不超过开车后 2 小时，团体旅客必须在开车 48 小时以前办理。原票已托运行李的，在改签后的新票背面注明"原票已托运行李"字样并加盖站名戳。

动车组列车车票办理改晚乘车手续时，推迟乘车的时间应当在车站售票的预售期内。

旅客在发站办理改签时，改签后的车次票价高于原票价时，核收票价差额；改签后的车次票价低于原票价时，退还票价差额。

(7) 误售、误购、误乘的处理：发生车票误售、误购时，在发站应换发新票。在中途站、原票到站或列车内应补收票价时，换发代用票，补收票价差额。应退还票价时，站、车应编制客运记录交旅客，作为乘车至正当到站要求退还票价差额的凭证，并应以最方便的列车将旅客运送至正当到站，均不收取手续费或退票费。

因误售、误购或误乘需送回时，承运人应免费将旅客送回。在免费送回区间，旅客不得中途下车。如中途下车，对往返乘车区间补收票价，核收手续费。

由于误售、误购、误乘或坐过了站在原票有效期不能到达到站时，应根据折返站至正当到站间的里程，重新计算车票有效期。

4．承运人的责任

(1) 对旅客人身的责任。

因铁路行车事故及其他铁路运输事故造成人身伤亡的，适用无过错责任，铁路运输企业应当承担赔偿责任。赔偿责任限额如下：

铁路运输企业依照本规定应当承担赔偿责任的，对每名旅客人身伤亡的赔偿责任限额为人民币 15 万元，自带行李损失的赔偿责任限额为人民币 2 000 元。

铁路运输企业和旅客可以书面约定高于前款规定的赔偿责任限额。

铁路运输企业依照本规定给付赔偿金，不影响旅客按照国家有关铁路旅客意外伤害强制保险规定获取保险金。

但事故发生是由以下原因造成的，铁路运输企业不承担赔偿责任或减轻责任：

① 如果人身伤亡是因不可抗力引起的，即发生了铁路运输合同当事人无法预见、无法预防、无法避免和无法控制的事件，如自然灾害等。

② 被害人自身的原因造成或承运人能证明伤亡是旅客故意或重大过失造成的，如旅客在铁路线路上行走，旅客自身患有严重的心脏病等。

③ 经承运人证明事故是由承运人和旅客或托运人的共同过错所致，应根据各自过错的程度分别承担责任。

案例 6.2

乘坐火车旅游窗外飞来石伤击案

案情简介：

张某乘火车前往云南旅游，在临行前购买了旅游意外保险。在火车行驶途中，突然一块飞来的石头击碎了火车车窗的玻璃，将靠窗而坐的张某击伤，张某不得不终止旅游计划，入院治疗。事后，张某向铁路客运部门要求赔偿损失，但是铁路部门以事故为不可抗力为由拒绝承担赔偿责任。

(案例来源：国家旅游局旅游质量监督管理所. 旅游服务案例分析. 北京：中国旅游出版社，2007，有改动)

案例评析：

根据《铁路法》第十条规定："铁路运输企业应当保证旅客和货物运输的安全，做到列车正点到达。"第五十八条规定："因铁路行车事故及其他铁路运营事故造成人身伤亡的，铁路运输企业应当承担赔偿责任。"如果是第三者的责任，铁路运输企业可以向有责任的第三者追偿；对运送期间发生的身体损害，旅客有权要求承运人赔偿。

本案中张某在火车运输的过程中，遭受突然飞来石头的袭击而受伤，属于意外事故，适用无过错责任，铁路运输企业应当承担责任。铁路运输企业依照本规定给付赔偿金，不影响旅客按照国家有关铁路旅客意外伤害强制保险规定获取保险金。如果砸窗的石头是由第三者扔掷所致，铁路运输企业可以在赔偿后再向第三者追偿。

(2) 铁路运输企业应当对承运的货物、包裹、行李自接受承运时起到交付时止发生的灭失、短少、变质、污染或者损坏，承担赔偿责任。

① 托运人或者旅客根据自愿申请办理保价运输的，按照实际损失赔偿，但最高不超过保价额。

② 未按保价运输承运的，按照实际损失赔偿，但最高不超过国务院铁路主管部门规定的赔偿限额；如果损失是由于铁路运输企业的故意或者重大过失造成的，不适用赔偿限额的规定，按照实际损失赔偿。

③ 托运人或者旅客根据自愿可以向保险公司办理货物运输保险，保险公司按照保险合同的约定承担赔偿责任。

④ 托运人或者旅客根据自愿，可以办理保价运输，也可以办理货物运输保险；还可以既不办理保价运输，也不办理货物运输保险。不得以任何方式强迫办理保价运输或者货物运输保险。

⑤ 铁路运输企业应当按照合同约定的期限或者国务院铁路主管部门规定的期限，将货物、包裹、行李运到目的站；逾期运到的，铁路运输企业应当支付违约金。

⑥ 铁路运输企业逾期30日仍未将货物、包裹、行李交付收货人或者旅客的，托运人、收货人或者旅客有权按货物、包裹、行李灭失向铁路运输企业要求赔偿。

(3) 免责事由。由于下列原因造成的货物、包裹、行李损失的，铁路运输企业不承担赔偿责任：①不可抗力；②货物或者包裹、行李中的物品本身的自然属性，或者合理损耗；③托运人、收货人或者旅客的过错。

6.4 旅客公路运输管理相关规定

公路运输业是我国国民经济中的一个重要部门，改革开放以来，我国的公路运输业得到飞速的发展，对我国国民经济的发展起到支撑和保证作用，它在我国综合运输体系中具有基础性地位。公路交通已成为现代社会生活方式的重要组成部分，也是旅游业不可或缺的重要交通运输方式，它是城际间旅游、城乡间旅游，特别是森林旅游、运动健身旅游、乡村旅游等的重要交通运输方式。我国公路交通运输的法制建设，以1997年7月3日全国人民代表大会常委会通过后经两次修订，并于2004年8月28日施行的《中华人民共和国公路法》和2003年10月28日全国人民代表大会常委会通过，后经修正并于2011年4月22日起施行的《道路交通安全法》为核心和标志。

6.4.1 旅客公路运输管理机关

国务院交通主管部门主管全国道路运输管理工作。
县级以上地方人民政府交通主管部门负责组织领导本行政区域的道路运输管理工作。
县级以上道路运输管理机构负责具体实施道路运输管理工作。

6.4.2 旅客公路运输管理

1. 旅游客运合同

旅游客运合同是指旅游者和承运人签订的，由旅游者按照约定支付运费，承运人按照约定的运输时间、方式路线,将旅游者及其行李从起运地安全正点送达目的地的书面协议。这里所指的旅游客运合同一般适用于旅客自主选择车辆出行的情况,旅客参加旅行社随旅行团出行不适用该合同,而适用和旅行社签订的旅游合同。

案例 6.3

陆某诉南京长途客运公司案

案情简介:

陆某带着妻子赵某和儿子想去四川旅游度假,便请自己所在单位的驾驶员沈某开车相送。沈某欣然同意,但驾车途中与顾某驾驶的长途客运汽车在不远的前方借道相向而行,因躲闪不及两车剧烈相撞,陆某的儿子受伤严重,经救治无效死亡,陆某和妻子均不同程度受伤。经交警部门认定,顾某驾车借道通行,违反了《道路交通事故管理条例》的有关规定,在这次事故中应负主要责任。而驾驶员沈某在雨天路滑的情况下开车对前方的行车情况疏于观察,未能确保安全,对这起事故应负次要责任。事后陆某将顾某所属南京长途汽车客运总公司和其所在单位江苏省物资信息中心起诉到法院。

诉讼中原告陆某坚持要按合同关系诉讼。原告认为,虽然物资信息中心是免费送原告,但实际上已经与自己形成了运输合同关系,而且在这起事故中本单位驾驶员负有一定的责任。被告长途客运总公司在这起事故中负主要责任,也应当对原告进行赔偿。被告南京长途客运公司辩称,该公司与原告没有合同关系,故请求法院驳回对该公司的诉讼请求。被告物资信息中心辩称,这起案件是道路交通事故,应该按道路交通事故处理办法的有关规定进行处理。

(案例来源:http://bbs.hb163.cn/read-htm-tid-251431.html)

案例评析:

法院经审理认为,本案中原告起诉了这起事故中的两个责任方,但是在诉讼过程中原告方坚持要按合同法律关系进行诉讼。根据本案事实,南京客运公司与原告之间不存在合同上的法律关系,所以不应当承担合同责任,但对事故的发生负主要责任,因此应当对原告承担侵权责任。物资信息中心虽然在事实上与原告方形成了承运关系,但物资信息中心为原告提供的服务属无偿服务,其性质在法律上应视为好意搭乘,故应当适当减轻物资信息中心的民事责任。

简言之,本案中原告与顾某所属南京长途汽车客运总公司(被告1)不存在合同关系,所以,原告不应主张合同之诉,但可主张侵权之诉。原告与沈某所属物资信息中心(被告 2)在事实上形成了承运关系,但物资信息中心提供的是无偿服务,应承担好意搭乘的相关民事责任。

2. 客运经营企业的义务(同时也是旅客享有的权利)

(1) 保证旅客人身财产安全的义务。保证旅客人身财产安全的义务是客运经营企业的首要义务。对旅客提供的旅游交通服务,应当保证符合保障人身、财产安全的要求,对可能危及人身、财产安全的情形，必须向旅客作出必要的说明和明确的警示。包括旅客安全乘运的说明、旅客的安全检查，对旅客托运的行李物品数量、大小、包装、安检，以及各类交通工具自身的适宜载运旅客所必须具备的天气、基本设施、基本服务条件等。

(2) 提供连续、稳定作业的义务。班线客运经营者取得道路运输经营许可证后，应当向公众连续提供运输服务，不得擅自暂停、终止或者转让班线运输。

(3) 按规定线路运输的义务。承运人依旅游交通合同规定，应当按照客票载明的时间、班次、路线运输旅客，按照约定的或者通常的运输路线将旅客、货物运输到约定地点。从事包车客运的，应当按照约定的起始地、目的地和线路运输。

从事旅游客运的，应当在旅游区域按照旅游线路运输。

(4) 禁止强制交易的义务。客运经营者不得强迫旅客乘车，不得甩客、敲诈旅客；不得擅自更换运输车辆。

(5) 履行安全管理的义务。履行车辆驾驶人的义务，包括遵守交通规则、文明驾驶，进行车辆的安全检查，参加国家实行机动车第三者责任强制保险制度等。

(6) 赔偿义务。客运经营者在运输过程中造成旅客人身伤亡，行李毁损、灭失，当事人对赔偿数额有约定的，依照其约定；没有约定的，参照国家有关港口间海上旅客运输和铁路旅客运输赔偿责任限额的规定办理。

(7) 其他。承运人在运输过程中，还需要提供一些服务，如根据《合同法》第三百零一条的规定："承运人在运输过程中，应当尽力救助患有急病、分娩、遇险的旅客。"

案例 6.4

旅客诉大巴人身损害赔偿纠纷案

案情简介：

张某搭乘 A 旅游客运公司旅游大巴(内乘游客 26 人、司机 1 人、导游 1 人)前往一草原旅行，当大巴行至某国道 XX 段时，因 A 旅游客运公司旅游大巴司机强行超车，导致车辆失控坠入离路面 100 米的山崖下，事故造成包括司机、导游在内的 8 人死亡、张某等 12 人受伤。经某市公安局交警支队鉴定，此次事故系驾驶员赵某超速行驶、且在超车过程中临危采取措施不当所造成的，驾驶员负全部责任。

问：张某可否要求 A 旅游客运公司承担赔偿责任？为什么？

(案例来源：http://www.dehuata.net/2011/06/3829_1.shtml，有改动)

案例评析：

根据《道路交通安全法》第四十二条的规定："机动车上道路行驶，不得超过限速标志标明的最高时速。在没有限速标志的路段，应当保持安全车速。"第四十三条规定："同车道行驶的机动车，后车应当与前车保持足以采取紧急制动措施的安全距离。"本案中，承运人没有遵守交通规则，不但没有限速，反而危险超车，从而导致重大人员伤亡事故，承运人存在过错；根据《合同法》第三百零二条规定："承运人应当对运输过程中旅客的伤亡承担损害赔偿责任。"第三百零三条规定："在运输过程中旅客自带物品毁损、灭失，承运人有过错的，应当承担损害赔偿责任。"因此，作为承运人A的旅游客运公司应当对旅客张某承担损害赔偿责任。如果旅客张某和承运人对赔偿数额有约定的，依照其约定；没有约定的，参照国家有关港口间海上旅客运输和铁路旅客运输赔偿责任限额的规定办理。

小贴士

近年来一些旅行社组团旅游的费用越来越低，甚至出现零团费、负团费的情况，但实际上旅客的低成本投入将带来一系列的风险，如接待旅行社通过降低服务质量、安排低档次接待设施、雇佣非专业司机、强制游客购物、不购买保险等方式来赚取利润，因而低价团可能导致安全风险的增加，旅客在选择旅行社时应警惕低价团的陷阱。

3. 旅客的义务(同时也是承运人的权利)

1) 支付运输费用的义务

承运人向旅客提供交通运输服务，旅客应当支付相应的对价，即运输费用。如果由于旅客的原因导致客票变更、补票、退票的，旅客应按规定支付相应的费用。如果由于旅客的原因导致漏乘、错乘、客票遗失等引起客票作废的，承运人不承担责任，支付的票款不予退还。

2) 凭票上车、接受检查和遵守相关乘车规定的义务

旅客应当持有效客票乘车，旅客车应接受相关的安全检查，包括客票检查、行李检查。旅客间因争抢座位或者其他原因争吵打斗，伤害其他旅客，损害他人物品或者损坏客车设备设施的，由有过错的一方承担赔偿损失。

3) 遵守国家关于携带行李物品的规定

旅客携带或者托运的行李物品中不得夹带武器，易燃、易爆、有毒、有腐蚀性、有放射性、可聚合物质、磁性物质及其他危险物品。旅客也不得携带国家法律、法规和规章禁止携出、携入或者过境购物品。旅客携带危险品或者其他禁运物品上车，造成损害结果的，除承担相应的刑事责任、行政责任外，应当承担赔偿损失责任。

4) 遵守相关交通规则

乘车人不得向车外抛撒物品，不得有影响驾驶人安全驾驶的行为。

4. 承运人的法律责任

根据承运人违反义务的性质和内容可将承运人责任分为以下3类。

1) 民事责任

在公路运输过程中，出现了旅客人身伤亡、财产损失的情况，根据《合同法》的规定，承运人应当对运输过程中旅客的伤亡承担损害赔偿责任。承运人对运输过程中货物的毁损、灭失承担损害赔偿责任。

2) 行政责任

承运人违反交通运输管理法规，造成事故，除赔偿旅客的损失外，对情节严重，尚未达到犯罪程度的，应给予行政处罚。公安机关交通管理部门对机动车驾驶人违反道路交通安全法律、法规的行为，除依法给予行政处罚外，实行累积记分制度。公安机关交通管理部门对累积记分达到规定分值的机动车驾驶人，扣留机动车驾驶证，对其进行道路交通安全法律、法规教育，重新考试；考试合格的，发还其机动车驾驶证。

3) 刑事责任

承运人在运输旅客途中，交通肇事，造成旅客人身伤亡，达到犯罪程度的，应当追究刑事责任。

如果损失是由以下原因引起的，承运人可以免除责任或相应地减轻责任：

(1) 伤亡是旅客自身健康原因造成的或者承运人证明伤亡是旅客故意、重大过失造成的。

(2) 对运输过程中发生货物的毁损、灭失，承运人证明货物的毁损、灭失是因不可抗力、货物本身的自然性质或者合理损耗，以及托运人、收货人的过错造成的，不承担损害赔偿责任。

小测试

（　　）造成的货物、包裹、行李损失的，铁路运输企业不承担赔偿责任。
A. 不可抗力
B. 货物、包裹、行李的物品本身的自然属性
C. 货物、包裹、行李的物品本身的合理损耗
D. 托运人、收货人或旅客的过错

模拟法庭

张祖明与××铁路局人身损害赔偿纠纷案

案情简介：

20××年11月9日，原告持有效车票乘坐重庆至攀枝花的N8××次旅客列车。在列车上原告发现庄有国正在盗窃旅客的财物便及时制止，当列车进入永郎车站停车时，庄有国下车逃跑，原告与被盗人共同追赶庄有国，将庄有国抓获，在抓获的过程中，庄有国用刀片划伤原告的左手背。列车到达攀枝花站后，张祖明被送往攀枝花市中心医院治疗。出院后，张祖明向铁路部门提出索赔，结果以种种理由遭到拒赔。

本案中诉讼角色：

原告：张祖明

被告：××铁路局

庭审图示：

法官

原告诉称1：被告防范措施不力……
原告诉称2：被告应承担民事赔偿责任……
原告诉称3：赔偿33 139.04元……

被告辩称1：原告受伤不是铁路企业及职工造成的……
被告辩称2：原告在事发时未及时报警，其处置事件有误，自己亦有责任……
被告辩称3：被告在张祖明受伤后采取了及时、有效的救助……

原告　　　　　　　　　　　　　　　被告

原告诉称1：我的受伤是由于被告治安防范措施不力，管理行为存在疏漏所致，被告却拒赔相关费用。

原告诉称2：被告应承担民事赔偿责任，第三人庄有国负连带责任。

原告诉称3：被告应赔偿原告残疾赔偿金16 772元(8 386×20×10%)、误工费8 444.39元(15 820÷12÷20.92×134)、护理费882.25元(15 820÷12÷20.92×14)、住院伙食补助费210元(15×14)、铁路意外伤害住院费6 000元、出院后继续治疗费204.4元、伤残评定费500元、交通费140元，共计33 153.04元，同时承担本案诉讼费。

被告辩称1：原告受伤不是铁路企业及职工造成的，而是由第三人庄有国造成，被告不应当承担责任。

被告辩称2：原告张祖明在事发时未及时报警，其处置事件有误，自己亦有责任。

被告辩称 3：被告在张祖明受伤后采取了及时、有效的救助，并支付了全部的住院费用。

被告辩称 4：被告并未拒绝对张祖明的赔偿，而是多次与张祖明协商赔偿事宜，但由于种种原因，未达成一致。

被告辩称 5：对原告提出的具体赔偿要求。被告认为，原告的伤残鉴定依据的是《职工工伤与职业病病残程度鉴定等级》，依据是错误的，该鉴定无效，故对伤残补助金、伤残评定费不予认可；护理费没有需要护理的医嘱证明，不予认可；误工费应当按受诉法院所在地的行业上一年度职工平均工资标准进行计算。被告对原告提出的住院伙食补助费、铁路意外伤害保险费、出院继续治疗费、交通费不持异议。

法院审理查明：

法院经审理查明：20××年 11 月 9 日，原告张祖明持有效车票乘坐重庆至攀枝花的 N8××次旅客列车。10 日凌晨，原告发现庄有国(已判刑)正在盗窃旅客的财物便及时制止，当列车运行至永郎车站停车时，庄下车逃跑，原告张祖明与被盗人共同追赶，将庄抓获带回车上交给乘警处理。在抓获的过程中，庄有国用刀片划伤原告张祖明的左手背，列车工作人员为张进行了包扎处理。列车到达攀枝花站后，张被送往攀枝花市中心医院治疗，经诊断，张祖明的伤情为：桡神经浅支断裂；拇长伸肌腱、食指伸肌腱、桡侧腕长、短伸肌腱断裂。被告成都铁路局为张祖明支付了住院期间的医疗费 4 729.38 元。20××年 3 月 3 日，原告张祖明经凉山州公安局伤残鉴定评定为十级伤残。后原、被告之间多次就赔偿事宜进行协商，未达成协议。

法院裁判理由：

本院认为：原告张祖明的人身损害后果，系原告张祖明在乘坐旅客列车时，为制止他人实施犯罪行为，而被第三人庄有国用刀片划伤所致，第三人庄有国应对原告的损害后果承担民事赔偿责任。被告成都铁路局事后虽采取了有效应对措施，积极组织救治，并支付医疗费等，但其治安管理措施不力，未能在旅客列车上有效地预防突发性犯罪发生，对旅客未尽到足够的安全保障义务，也是导致原告张祖明被第三人用刀片划伤的原因之一，其主观上具有过错。故被告成都铁路局应当承担相应的补充赔偿责任，该责任为全部责任的 70%。

在赔偿范围上，张祖明虽为农村居民，但在城市居住和工作，残疾赔偿金标准应按城镇居民的相关标准进行计算，应为 16 772 元；张祖明的误工时间应当自受伤之日起至定残之日止，共 113 天，其收入状况参照四川省 20××年城市公共交通业的年平均工资 15 440 元计算，每天为 42.30 元，共 4 780 元；张祖明住院期间由其爱人杨淑华护理，杨淑华无固定收入，其护理费本院酌情认定为每天 20 元，住院 14 天，共计 280 元；对原告所诉住院伙食补助费 196 元、出院后继续治疗费 204.4 元、伤残评定费 500 元、交通费 140 元，本院予以认可；对原告所诉的铁路意外伤害保险费 6 000 元，因《侵权责任法》对伤致残的赔偿范围内没有此项规定，本院不予支持。综上，各项费用总计 22 872.4 元，按 70%计算，被告成都铁路局应承担 16 010.68 元。

法院判决如下：

(1) 被告成都铁路局赔偿原告张祖明残疾赔偿金、误工费、护理费、住院伙食补助费、继续治疗费、伤残评定费、交通费等共计 16 010.68 元。

(2) 驳回原告张祖明的其他诉讼请求。

(案例来源：http://www.110.com/panli/panli_76483.htm)

本章小结

通过本章的学习，了解熟悉我国《民用航空法》、《铁路法》、《道路交通安全法》等有关交通运输管理的法律法规。掌握《合同法》及相关法律法规对旅客和承运人之间权利、义务的规定，及承运人责任的承担；厘清交通运输合同纠纷发生原因及其损害赔偿范围，掌握承运人免责或责任减轻的情形，最终为旅客适当解决旅游交通管理纠纷，维护自身合法权益提供有效可行的办法，促进交通运输业的良好有序发展。

关键术语

旅游交通法　承运人　托运人　客票　赔偿责任　违约责任

习题

1. 名词解释

(1) 旅游交通法　(2) 航空承运人赔偿责任限额　(3) 铁路运输合同　(4) 公路承运人的民事法律责任

2. 填空题

(1) (　　)是航空旅客运输合同订立和运输合同成立的初步证据。

(2) 根据《铁路旅客运输损害赔偿规定》第八条：旅客或者其继承人向铁路运输企业要求赔偿的请求，应当自事故发生之日起(　　)内提出，铁路运输企业应当自接到赔偿请求之日起(　　)日内答复。

3. 简答题

(1) 航空承运人免责或减轻责任的情形有哪些？

(2) 客运经营企业的义务有哪些？

4. 思考题

(1) 什么是违约责任？铁路运输合同中的违约责任有哪些？

(2) 国内航空运输承运人的赔偿责任限额是如何规定的？

5. 实训题

客先生等14名乘客购买了2008年9月25日早8点N航空公司某次航班的机票，由广西北海途经长沙返回北京。当天，该航空公司无故延误航班起飞时间至晚8点，14名乘客办理登机手续后，该航空公司又单方面宣布要更改航班行程，当晚不飞北京，飞机到长沙后安排住宿一晚。次日再乘坐其他航班飞往北京。9名原告在内的14名返京旅客坚持要求按预定航程返京,但航空公司对此置之不理并且拒绝说明更改航程的原因,并将他们"遗弃"在北海机场。

2008年9月26日凌晨2点30分,该航空公司湖南分公司宣布与滞留旅客终止合同,不再承诺后续服务。无奈之下,客先生等人只好于早上离开机场,改道南宁乘坐航班返回北京。其中9名乘客分别要求航空公司返还机票款、机场建设费、燃油附加费,并赔偿经济赔偿金1 000元、经济损失2 250元及精神损失费1 000元。

"飞机延误是天气原因,属于不可抗力",该航空公司代理人表示,当时北部湾地区出现八级大风,因为暴风雨,航班才出现了推迟。该代理人称,后来飞机来了,原告等人拒绝登机,坚持要求当晚抵达北京,考虑到其他乘客的利益,他们只能将客先生等人"遗弃"在北海机场。

本案中,经法院调查,因当日长沙至北京段飞行任务已执行完毕,航空公司再执行此段飞行任务必须向空管部门申请紧急加班计划,而被告并未申请。被告在航班延误后,根据实际情况对起飞时间和航程进行调整并不构成违约。但被告未及时告知原告,并且没有尽力做好解释工作,以致原告以为航班只是延误而航程并未改变。被告漠视乘客的知情权,造成原告无法做出最符合自身利益的选择,其在履行与原告的客运合同过程中存在重大失误。

处理结果:法院一审判决N航空公司分别返还原告航班票款、机场建设费和燃油附加费共计1 850元,同时支付经济损失和补偿金共计865元。

(案例来源:王志雄. 旅游法规案例教程. 北京:北京大学出版社,2012)

第 7 章 旅游出入境及出国旅游管理制度

知识要点	掌握程度	相关知识
1. 中国公民、外国公民出入境的相关证件和手续	熟悉掌握	护照、签证、旅游证、通行证的概念;中国公民因私出境和因公出境手续办理;外国公民签证管理、停留管理的规定
2. 出入国境各项检查制度	熟悉掌握	海关检查、边防检查、卫生检疫和动植物检疫的规定
3. 中国公民出国旅游制度	重点掌握	中国公民出国旅游目的地制度、组团社审批制度和组团旅游制度的具体规定
4. 中国公民赴港澳台旅游制度	重点掌握	港澳台旅游制度的具体规定
5. 中国公民边境旅游制度	掌握	中国公民边境旅游制度的规定

技能要点	能力要求	应用方向
1. 中国公民、外国公民出入境所持证件及手续办理	掌握	正确办理旅游出入境证件及出入境手续
2. 中国公民出境旅游目的地制度、组团社审批制度和组团旅游制度的运用	重点掌握	中国公民出境旅游业务的经营与管理

导入案例

案例简介:

刘某与甲旅行社签订一份包价旅游合同,由甲旅行社组织"泰国—澳门"五日游,刘某按照约定支付了旅行费用 33 950 元。但是,甲旅行社根本没有国际业务的经营资格,无权组织中国公民出境旅游(非国际旅行社)。未取得刘某同意,甲旅行社擅自将合同权利义务转让给乙旅行社(国际旅行社)。在泰国旅游期间,乙旅行社擅自增加一天行程,增加购物次数。回国后,刘某要求甲旅行社退还全部旅行费用 33 950 元。甲旅行社辩称,乙旅行社是具有出境旅游经营权的旅行社,有权组织中国公民出境旅游,有权委托其他旅行社代理销售包价旅游产品;在泰国旅游期间,旅游团增加在香港自由活动一天并在出团通知书上已经明示,且没有增收旅游者多玩一天的旅游费用;关于增加购物次数,购物与否是旅游者自愿选择,旅行社和商家均未强迫;鉴于旅游行程已经完成,不能退还旅行费用。

(案例来源:http://www.doc88.com/p-238797295696.html)

问题:
(1) 甲旅行社的辩解说法是否符合法律规定?
(2) 甲旅行社与刘某签订的包价旅游合同的效力如何认定?
(3) 对刘某与甲旅行社签订的包价旅游合同应当如何处理?

案例评析:
(1) 甲旅行社的说法不符合法律规定。《旅游法》第六十条规定:"旅行社委托其他旅行社代理销售包价旅游产品并与旅游者订立包价旅游合同的,应当在包价旅游合同中载明委托社和代理社的基本信息。"本案中,甲旅行社未直接以乙旅行社的名义而是以自己的名义与旅游者刘某签订包价旅游合同,也未载明乙作为委托社和甲作为代理社的基本信息,因此,该包价旅游合同只在刘某与甲旅行社之间成立。

(2) 甲旅行社与刘某签订的合同属无效合同。依据《合同法》第九条第一款规定:"当事人订立合同,应当具有相应的民事权利能力和民事行为能力。"因为甲旅行社无经营出境旅游资格,不能从事出境旅游业务,所以,本案中,甲旅行社以自己的名义签订出境旅游合同,该合同无效。

(3) 《合同法》第五十八条规定:"合同无效或者被撤销后,因该合同取得的财产,应当予以返还;不能返还或者没有必要返还的,应当折价补偿。有过错的一方应当赔偿对方因此所受到的损失,双方都有过错的,应当各自承担相应的责任。"就本案而言,甲旅行社无权经营国际业务,擅自与刘某签订的出境旅游合同属无效合同,但是,甲旅行社转客给乙旅行社,该包价旅游合同已经由乙旅行社事实履行完毕,刘某不能要求退还旅行费用33 950元。关于增加一天行程和购物次数,未增加多玩一天的费用,购物与否是旅游者自愿选择,未对刘某造成实际损失。鉴于旅游行程已经完成,不能退还全部团费33 950元。如果要求甲旅行社退还全部旅行费用,则刘某也应当将在旅游行程中事实花费支付给甲旅行社,即各自返还财产。

7.1 旅游出入境管理制度

随着旅游业的加速开放,出境旅游与入境旅游所形成的旅游国际性联系更加密切。2011年出入境人员达4.1亿人次,其中外国人5412万人次,相比1985年分别增长了9倍和15倍。旅游出入境必须涉及中国公民出入境和外国公民入出境手续办理,如护照、签证、通行证、旅行证的办理,涉及出入境检查与查验,包括海关检查、边防检查与卫生检疫与动植物检疫。目前,规范中国公民出入境和外国公民入出境的法律是《中华人民共和国出境入境管理法》(以下简称《出境入境管理法》,2012年6月30日由第十一届全国人民代表大会常委会第二十七次会议通过),于2013年7月1日起实施。

7.1.1 相关基础概念

出入境是出境入境的简称。出境是指由中国内地前往其他国家或者地区,由中国内地前往香港特别行政区、澳门特别行政区,由中国大陆前往台湾地区。入境是指由其他国家或者地区进入中国内地,由香港特别行政区、澳门特别行政区进入中国内地,由台湾地区进入中国大陆。

护照是各主权国家发给本国公民出境、旅行、居留、入境的证件,标明持证人的国籍、身份及出国目的等信息,是一国公民向本国或外国当局证明其身份的文书。

出入境通行证是出入中国国境、边境的通行证件,由省级公安部门及其授权的部门签发。出入境通行证在有效期内可以一次或多次出入境。

签证是指一个国家官方机关发给本国人或外国人出入本国国境或在本国停留、居留的许可证明。即在护照上或者在其他有效的旅行证件上盖印签注，表示准许其出入或经过该国国境。签证一般签注在护照上，也有签注在代替护照的其他旅行证件上，有的还颁发另纸签证。

边防检查是指国家对外开放的港口、机场、国境车站和通道及特许的进出口岸设立的边防检查站，对进出国境的人和物进行检查。

7.1.2 旅游出入境的管理机关

《出境入境管理法》第四条规定："公安部、外交部按照各自职责负责有关出境入境事务的管理……公安部、外交部可以在各自职责范围内委托县级以上地方人民政府公安机关出入境管理机构、县级以上地方人民政府外事部门受理外国人入境、停留居留申请。公安部、外交部在出境入境事务管理中，应当加强沟通配合，并与国务院有关部门密切合作，按照各自职责分工，依法行使职权，承担责任。"

1. 出入境签证管理机关

中华人民共和国驻外使馆、领馆或者外交部委托的其他驻外机构(以下称驻外签证机关)负责在境外签发外国人入境签证。中国政府在国内受理外国人入境、过境、停留、居留、求学和旅游签证的机关，是公安部、公安部授权的地方公安机关及其出入境管理机构，以及外交部、外交部授权的地方外事部门。

在特定情况下，依据国务院规定，外国人也可以向中国政府主管机关指定口岸的签证机关申请办理签证。例如，海外旅游者来中国旅游，应当到中国的外交代表机关、领事机关或者外交部授权的其他驻外机关申请办理签证；旅行社按照国家有关规定组织入境旅游的，可以向口岸签证机关申请办理团体旅游签证。

2. 边境检查机关

出入境边防检查机关负责实施出境入境边防检查。国家在对外开放的口岸设立出入境边防检查机关。中国公民、外国人及交通运输工具应当从对外开放的口岸出入境，特殊情况下，可以从国务院或者国务院授权的部门批准的地点出境入境。出境入境人员和交通运输工具应当接受出境入境边防检查。

出入境边防检查机关负责对口岸限定区域实施管理。根据维护国家安全和出境入境管理秩序的需要，出入境边防检查机关可以对出境入境人员携带的物品，或者出境入境交通运输工具载运的货物实施边防检查，但是应当通知海关。

3. 停留居留管理机关

县级以上地方人民政府公安机关及其出入境管理机构负责外国人停留居留管理。

签证、外国人停留居留证件等出境入境证件发生损毁、遗失、被盗抢或者签发后发现持证人不符合签发条件等情形的，由签发机关宣布该出境入境证件作废。伪造、变造、骗取或者被证件签发机关宣布作废的出境入境证件无效。公安机关可以对前款规定的或被他人冒用的出境入境证件予以注销或者收缴。

出境入境证件的真伪由签发机关、出入境边防检查机关或者公安机关出入境管理机构认定。

7.1.3 旅游出入境的证件

《出境入境管理法》第九条第一款规定："中国公民出境入境，应当依法申请办理护照或者其他旅行证件。"

1．护照

护照是一国公民向本国或外国当局证明其身份的文书，是各主权国家发给本国公民出境、旅行、居留、入境的证件，其目的是证明持证人的国籍、身份及出国目的等。

我国颁发的护照分为外交护照、公务护照、普通护照。中国公民出境旅游应申请办理普通护照。普通护照由公安部出入境管理机构或公安部委托的县级以上地方人民政府公安机关出入境管理机构，以及中华人民共和国驻外使馆、领馆和外交部委托的其他驻外机构签发。外交护照由外交部签发。公务护照由外交部，中华人民共和国驻外使馆、领馆或者外交部委托的其他驻外机构，以及外交部委托的省、自治区、直辖市和社区的市人民政府外事部门签发。中华人民共和国护照有效期 5 年，可以延期二次，每次不超过 5 年。申请延期应在护照有效期满前提出。在国外，护照延期，由中国驻外国的外交代表机关、领事机关或者外交部授权的其他驻外机关办理。在国内，定居国外的中国公民的护照延期，由省、自治区、直辖市公安厅(局)及其授权的公安机关出入境管理部门办理；居住国内的公民在出境前的护照延期，由原发证的或者户口所在地的公安机关出入境管理部门办理。

1) 因私出境申请护照

因私出境包括定居、探亲、访友、继承财产、自费留学、就业、旅游和其他私人事务。中国公民因私事出境，应当向户口所在地的市、县公安部门提出申请，提交以下手续：交验户口簿或者其他户籍证明；填写出境申请表；提交所在工作单位对申请人出境的意见；提出与出境事由相应的证明。如果中国公民出境旅游，必须提交旅行所需外汇费用证明。

居住国内的公民经批准出境的，由公安机关出入境管理部门发给中华人民共和国护照，并附发出境登记卡。

2) 因公出境申请护照

中国公民因公务出境，由派遣单位向外交部或者授权的地方外事部门申请办理出境证件；海员因执行任务出境，由港务监督局或港务监督局授权的港务监督办理出境证件。

2．旅行证

中华人民共和国旅行证是中国旅行者出入境的主要证件，由中国驻外的外交代表机关、领事机关或外交部授权的其他驻外机关颁发。旅行证分为一年一次有效和二年多次有效两种，由持证人保存、使用。需变更或加注旅行证的记载事项，应提交变更材料、加注事项的证明或说明材料并向颁证机关提出申请。

3．出入境通行证

出入境通行证是出入中国边境的通行证件，由省级公安部门及其授权的部门签发。证件在有效期内可以一次或多次入出境。

《出境入境管理法》第十条规定:"中国公民往来内地与香港特别行政区、澳门特别行政区,中国公民往来大陆与台湾地区,应当依法申请办理通行证件,并遵守本法有关规定。"

4. 签证

中国公民凭护照或其他有效证件出入境,无须办理签证。如果中国公民前往其他国家(或地区),还需要取得所去国(或地区)、中途经过或停留国(或地区)在其有效证件上签证,或者取得其他入境许可证明,但是,中国政府与其他国家政府签订互免签证协议或者公安部、外交部另有规定的除外。如果中国公民以海员身份出境入境和在国外船舶上从事工作的,应当依法申请办理海员证。

签证的登记项目包括签证种类,持有人姓名、性别、出生日期、入境次数、入境有效期、停留期限,签发日期、地点,护照或者其他国际旅行证件号码等。

在我国,签证根据外国人的身份与护照的种类,可分为外交签证、礼遇签证、公务签证和普通签证4种。根据需要次数和时间限制,分为长期、短期签证,一般是一次出入境有效。有些国家为加强友好交往,在互惠原则的基础上,互免签证手续;也有许多双边条约规定互免签证手续。旅游者办理护照后,按照国际惯例,一般按护照种类发给相应签证,但也可发给高于或低于护照的签证。

出国旅游应向目的地国的驻华使、领馆办理签证申请;没有使、领馆,也没有其他使馆代办业务的,则需到办理该国签证机关的国家办理。出国旅游要提前办理签证;办好签证要特别注意有效期和停留期。

资料卡

根据《出境入境管理法》规定,县级以上公安机关出入境管理机构根据公安部的委托受理外国人入境、停留居留申请,同时依法实施外国人停留居留管理,并可以实施警告和5 000元以下的罚款处罚,其将成为具有独立执法主体资格的警种。同时,赋予了出入境边防检查机关完整的执法办案权限:采取人身检查、扣押工具、当场盘问、继续盘问、传唤、拘留审查、限制活动范围和遣送出境等行政强制措施,提高执法水平。

7.1.4 中国公民出入境管理制度

1. 中国公民出入境手续的办理

《出境入境管理法》第十一条规定:"中国公民出境入境,应当向出入境边防检查机关交验本人的护照或者其他旅行证件等出境入境证件,履行规定的手续,经查验准许,方可出境入境。具备条件的口岸,出入境边防检查机关应当为中国公民出境入境提供专用通道等便利措施。"

中国公民出境、入境,从对外开放的或者指定的口岸通行,接受边防检查机关的检查。国家在对外开放的口岸设立出入境边防检查机关。中国公民、外国人及交通运输工具应当从对外开放的口岸出境入境,特殊情况下,可以从国务院或者国务院授权的部门批准的地点出境入境。出境入境人员和交通运输工具应当接受出境入境边防检查。根据维护国家安全和出境入境管理秩序的需要，出入境边防检查机关可以对出境入境人员携带的物品实施边防检查。必要时，出入境边防检查机关可以对出境入境交通运输工具载运的货物实施边防检查，但是应当通知海关。

2．中国公民不准出境的规定

《出境入境管理法》第十二条规定：中国公民有下列情形之一的，不准出境：
(1) 未持有效出境入境证件或者拒绝、逃避接受边防检查的。
(2) 被判处刑罚尚未执行完毕或者属于刑事案件被告人、犯罪嫌疑人的。
(3) 有未了结的民事案件，人民法院决定不准出境的。
(4) 因妨害国(边)境管理受到刑事处罚或者因非法出境、非法居留、非法就业被其他国家或者地区遣返，未满不准出境规定年限的。
(5) 可能危害国家安全和利益，国务院有关主管部门决定不准出境的。
(6) 法律、行政法规规定不准出境的其他情形。

7.1.5　外国公民入出境管理制度

1．外国公民入出境管理的基本原则

(1) 主管机关许可的原则。外国人入境、过境、停留、居留，必须经中国政府主管机关许可。主管机关包括：一是中国的外交代表机关、领事机关和外交部授权的其他驻外机关；二是公安部、公安部授权的地方公安机关及其出入境管理机构，以及外交部、外交部授权的地方外事部门。
(2) 指定口岸通行。根据相关规定，外国人入出境，必须在对外国人开放或指定的口岸通行，在北京主要是北京机场；天津水运口岸在天津、渤海中原油田海面交货点、空运是天津机场；河北水运口岸在秦皇岛、唐山，空运口岸在石家庄。
(3) 接受边防检查的原则。
(4) 保护外国人合法权利和利益的原则。在中国境内的外国人的合法权益受法律保护。外国人的人身自由不受侵犯，非经人民检察院批准或者决定、或者人民法院决定，并由公安机关或者国家安全机关执行，不受逮捕。
(5) 遵守中国法律的原则。在中国境内的外国人应当遵守中国法律，不得危害中国国家安全、损害社会公共利益、破坏社会公共秩序。

2．外国人入境签证管理

签证手续，实际上是一国实施有条件准许入境的措施。外国人入境，应当向驻外签证机关申请办理签证，特殊情况下可以申请口岸签证。外国人申请办理签证，应当提交本人的护照或者其他国际旅行证件，以及申请事由的相关材料，并接受面谈。外国人需要提供的资料包括：有效护照或者能够代替护照的证件；填写签证申请表，交近期2寸半身正面免冠照片；交验与申请入境、过境事由有关的证明。

外国人来中国定居或者居留一年以上的，在申请入境签证时，还须交验所在国政府指定的卫生医疗部门签发的，或者卫生医疗部门签发的并经过公证机关公证的健康证明书，健康证明书自签发之日起6个月有效。

外国人申请办理签证需要提供中国境内的单位或者个人出具的邀请函件的，申请人应当按照驻外签证机关的要求提供。出具邀请函件的单位或者个人应当对邀请内容的真实性负责。

1) 外国人向驻外签证机关申请签证

签证分为外交签证、礼遇签证、公务签证、普通签证。这是根据签证的待遇不同进行区分。依据不同的签证理由，签证分为因公入境签证和因私入境签证。

(1) 因公入境签证。对因外交、公务事由入境的外国人，签发外交、公务签证；对因身份特殊需要给予礼遇的外国人，签发礼遇签证。外交签证、礼遇签证、公务签证的签发范围和签发办法由外交部规定。

(2) 因私入境签证。对因工作、学习、探亲、旅游、商务活动、人才引进等非外交、公务事由入境的外国人，签发相应类别的普通签证。普通签证的类别和签发办法由国务院规定。

2) 外国人向口岸签证机关申请签证

出于人道原因需要紧急入境，应邀入境从事紧急商务、工程抢修或者具有其他紧急入境需要并持有有关主管部门同意在口岸申办签证的证明材料的外国人，可以在国务院批准办理口岸签证业务的口岸，向公安部委托的口岸签证机关(以下简称口岸签证机关)申请办理口岸签证。外国人向口岸签证机关申请办理签证，应当提交本人的护照或者其他国际旅行证件，以及申请事由的相关材料，按照口岸签证机关的要求办理相关手续，并从申请签证的口岸入境。

资料卡

《出境入境管理法》完善了外国人签证签发制度，为了规范邀请行为，规定出具邀请函件的单位或者个人应当承担对邀请真实性负责的义务和法律责任；对口岸签证的签发情形、程序和口岸签证停留期限等作了必要规范；明确了不予签发签证的情形，为签证机关行使国家主权提供了制度保证。

2001年公安部、国家旅游局发布《关于授予口岸签证机关团体旅游签证权的通知》，明确公安部授权的口岸签证机关设在下列对外开放口岸：北京、上海、天津、重庆、大连、福州、厦门、西安、桂林、杭州、昆明、广州(白云)、深圳(罗湖、蛇口)、珠海(拱北)、海口、三亚、济南、青岛、烟台、威海、成都、南京。

3) 外国人不予签证的情形

外国人有下列情形之一的，不予签发签证：

(1) 被处驱逐出境或者被决定遣送出境，未满不准入境规定年限的。

(2) 患有严重精神障碍、传染性肺结核病或者有可能对公共卫生造成重大危害的其他传染病的。

(3) 可能危害中国国家安全和利益、破坏社会公共秩序或者从事其他违法犯罪活动的。
(4) 在申请签证过程中弄虚作假或者不能保障在中国境内期间所需费用的。
(5) 不能提交签证机关要求提交的相关材料的。
(6) 签证机关认为不宜签发签证的其他情形。
对不予签发签证的，签证机关可以不说明理由。

4) 外国人免办签证的情形

外国人有下列情形之一的，可以免办签证：
(1) 根据中国政府与其他国家政府签订的互免签证协议，属于免办签证人员的。
(2) 持有效的外国人居留证件的。
(3) 持联程客票搭乘国际航行的航空器、船舶、列车从中国过境前往第三国或者地区，在中国境内停留不超过24小时且不离开口岸，或者在国务院批准的特定区域内停留不超过规定时限的。
(4) 国务院规定的可以免办签证的其他情形。

资料卡

《出境入境管理法》为实施人才签证制度提供了法律依据，扩大了过境免签适用范围；完善了临时入境制度，规定外国船员及其随行家属登陆港口所在城市、免签过境人员需要离开口岸和外国人因不可抗力或者其他紧急原因需要入境的，可以申请临时入境。

《出境入境管理法》进一步完善了不准外国人入境出境制度。对于入境后可能从事与签证种类不符的活动的外国人，参照国际通行作法，规定不准其入境；针对近年来外籍企业主拖欠劳动者劳动报酬出境逃避责任的问题，规定"国务院有关部门或者省、自治区、直辖市人民政府可以决定其不准出境"。

3．外国人临时入境的情形

有下列情形之一的外国人需要临时入境的，应当向出入境边防检查机关申请办理临时入境手续：
(1) 外国船员及其随行家属登陆港口所在城市的。
(2) 本法第二十二条第三项规定的人员需要离开口岸的。
(3) 因不可抗力或者其他紧急原因需要临时入境的。
临时入境的期限不得超过15日。

对申请办理临时入境手续的外国人，出入境边防检查机关可以要求外国人本人、载运其入境的交通运输工具的负责人或者交通运输工具出境入境业务代理单位提供必要的保证措施。

4．外国人不准入境的情形

外国人有下列情形之一的，不准入境：
(1) 未持有效出境入境证件或者拒绝、逃避接受边防检查的。
(2) 被处驱逐出境或者被决定遣送出境，未满不准入境规定年限的。

(3) 患有严重精神障碍、传染性肺结核病或者有可能对公共卫生造成重大危害的其他传染病的。

(4) 可能危害中国国家安全和利益、破坏社会公共秩序或者从事其他违法犯罪活动的。

(5) 在申请签证过程中弄虚作假或者不能保障在中国境内期间所需费用的。

(6) 入境后可能从事与签证种类不符的活动的。

(7) 法律、行政法规规定不准入境的其他情形。

对不准入境的，出入境边防检查机关可以不说明理由。

5．外国人出境管理

外国人出境，应当向出入境边防检查机关交验本人的护照或者其他国际旅行证件等出境入境证件，履行规定的手续，经查验准许，方可出境。

外国人有下列情形之一的，不准出境：

(1) 被判处刑罚尚未执行完毕或者属于刑事案件被告人、犯罪嫌疑人的，但是按照中国与外国签订的有关协议，移管被判刑人的除外。

(2) 有未了结的民事案件，人民法院决定不准出境的。

(3) 拖欠劳动者的劳动报酬，经国务院有关部门或者省、自治区、直辖市人民政府决定不准出境的。

(4) 法律、行政法规规定不准出境的其他情形。

外国驻中国的外交代表机构、领事机构成员及享有特权和豁免的其他外国人的出入境管理，其他法律另有规定的，依照其规定。

7.1.6　我国出入境检查制度

1．海关检查的具体规定

海关是国家设立的，代表国家对进出境的运输工具、货物、物品的进出境活动进行监督管理的国家行政执法机关，其行使国家权力的基本特点是主权性和强制性。海关检查是指海关在国境、口岸依法对进出国境的货物、运输工具、行李物品、邮递物品和其他物品执行监督管理、代收关税和查禁走私等任务时所进行的检查。

外国旅游者来中国，要接受海关对其入境运输工具和行李物品的检查。旅游者不仅搭乘飞机、船舶或列车，而且在邻近国家之间，往往驾驶车辆、船舶等旅游，因此各国都制定了对外国旅游者运输工具的监督和检查制度。进出中国国境的旅游者应携带符合规定的行李物品交海关检查。旅游者应填写"旅客行李申报表"一式两份，经海关查验行李物品后签章双方各执一份，在旅游者回程时交海关验核。来我国居留不超过 6 个月的旅游者，携带海关认为必须复运出境的物品，由海关登记后放行，旅游者出境时必须将原物带出；旅游者携带的金银、珠宝钻石等饰物，如准备携带出境，应向海关登记，由海关发给证明书，以便出境时海关凭证核放。进出国境的旅游者携带的行李物品符合纳税规定的，应照章纳税。

2．边防检查的具体规定

为了禁止非法出入境，便利乘机人员和交通运输畅通，国家在对外开放的港口、机场、国境车站和通道及特许的进出口岸设立了边防检查站，要求入境人员填写边防检查出入境登记卡，对进出国境的人和物进行检查。自2007年1月1日起，免填入境登记卡的人员范围包含港澳居民、内地居民、台湾居民及华侨在内的所有中国公民。而且，符合礼遇条件并持有项目齐全名单的高级代表团、持用团体签证或名单的外国旅游团，以及列入交通运输工具上服务人员名单的员工，也可免填入境登记卡。"免填入境登记卡"进一步缩短入境旅客在边防检查现场的候检时间。边防检查的内容包括：护照检查、证件检查、签证检查、出入境登记卡检查、行李物品检查、交通运输工具检查等。

1) 旅客出入境边防检查

出境旅客应当交验有效护照、签证或其他有效的出入境证件，护照颁发机关签发的《出境登记卡》(仅限首次出境时交验)。

中国公民出境旅游，必须持有护照、填写"出境登记卡"、经营出境旅游业务的旅行社出具专用旅游团人员名单。

外国公民入出我国国境的应交验有效护照、证件、我国有关部门及驻外使领馆签发的有效签证。

外国旅游团入出我国国境的应交验有效护照、证件及团体签证。

对依法决定不准出境或者不准入境的人员，决定机关应当按照规定及时通知出入境边防检查机关；不准出境、入境情形消失的，决定机关应当及时撤销不准出境、入境决定，并通知出入境边防检查机关。

2) 行李物品、货物的检查

边防检查站根据维护国家安全和社会秩序的需要，可以对出境、入境人员携带的行李物品和交通运输工具载运的货物进行重点检查。出境、入境的人员和交通运输工具不得携带、载运法律、行政法规规定的危害国家安全和社会秩序的违禁物品；携带、载运违禁物品的，边防检查站应当扣留违禁物品，对携带人、载运违禁物品的交通运输工具负责人依照有关法律、行政法规规定处理。任何人不得非法携带属于国家秘密的文件、资料和其他物品出境；非法携带属于国家秘密的文件、资料和其他物品的，边防检查站应当予以收缴，对携带人依照有关法律、行政法规规定处理。出境、入境的人员携带或者托运枪支、弹药必须遵守有关法律、行政法规的规定，向边防检查站办理携带或者托运手续；未经许可，不得携带、托运枪支、弹药出境、入境。

3) 交通运输工具的检查

出境入境交通运输工具入境、过境、出境，必须从对外开放或者指定口岸通行，接受边防检查机关的检查和监护。对交通运输工具的入境边防检查，在其最先抵达的口岸进行；对交通运输工具的出境边防检查，在其最后离开的口岸进行。特殊情况下，可以在有关主管机关指定的地点进行。交通运输工具负责人或者交通运输工具出境入境业务代理单位应当按照规定提前向出入境边防检查机关报告入境、出境的交通运输工具抵达、离开口岸的时间和停留地点，如实申报员工、旅客、货物或者物品等信息。交通运输工具负责人、交通运输工具出境入境业务代理单位应当配合出境入境边防检查，发现违反本法规定行为的，应当立即报告并协助调查处理。

3．卫生检疫的具体规定

为防止传染病由国外传入或由国内传出，保护人身健康，各国都制定了国境卫生检疫法。我国依据《中华人民共和国国境卫生检疫法》设立了国境卫生检疫机关，在入出境口岸依法对包括旅游者在内的有关人员及其携带的动植物和交通工具等实施传染病检疫、检测和卫生监督；只有经过检疫，由国境卫生检疫机关许可，才能入出境。

4．动植物检疫的具体规定

为了保护我国农、林、牧、渔业生产和人体健康，维护对外贸易信誉，履行国际间义务，防止危害动植物的病、虫、杂草及其他有害生物由国外传入或由国内传出，我国同世界各国都制定了动植物检疫的法律，在我国边境口岸设立的口岸动植物检疫站，代表国家对入出境的动物、动物产品、植物、植物产品及运载动植物的交通工具等执行检疫检查。旅游者应主动接受动植物检疫，并按有关规定入出境。

案例 7.1

因护照信息不符游客被判监禁案

案情简介：

2008 年 1 月，上海某汽车配件厂组织本厂 3 名职工自费出国旅游，为此与上海 A 旅行社签订了"香港—新加坡 6 日游"的旅游合同，但由于 A 旅行社不具备办理出境旅游资格，该出国旅游活动由上海 B 国际旅行社代办。当游客王先生拿到自己的护照时发现除了护照上的名字是正确的，其余信息包括照片、身份证号码、出生年月等均为错误，当即向 B 旅行社反映。B 旅行社考虑到已经和某境外社签订旅客接待合同，如果游客王先生一人离团，其他 38 人可能取消这次出国旅游，会给旅行社造成很大的经济损失。于是经过再三考虑，B 旅行社经理让导游员李某对王先生说："走吧，对方已经搞定，一定没问题。"王先生带着满腹疑虑随团启程。刚进入香港，王先生便被海关截住，并以非法使用他人护照、入境卡与本人身份不符判定王先生 3 个月监禁，后经所在单位和旅行社的"营救"，王先生才获释返回上海。回到上海后王先生起诉 A、B 两家旅行社，并要求精神损失费和误工损失费共计人民币 9.4 万余元的赔偿。

(案例来源：http://blog.sina.com.cn/s/blog_4916f95d0100gs5h.html)

案例评析：

(1)《中国公民出国旅游管理办法》第四条规定："未经国务院旅游行政部门批准取得出国旅游业务经营资格的，任何单位和个人不得擅自经营或者以商务、考察、培训等方式变相经营出国旅游业务。"A 旅行社不具备办理出境旅游资格，却承揽中国公民出国旅游，显然是超出范围经营。《中国公民出国旅游管理办法》第二十六条规定："任何单位和个人违反本办法第四条的规定，未经批准擅自经营或者以商务、考察、培训等方式变相经营出国旅游业务的，由旅游行政部门责令停止非法经营，没收违法所得，并处违法所得 2 倍以上 5 倍以下的罚款。"因此，旅游行政部门责令 A 旅行社停止非法经营，没收非法所得，并处违法所得 2 倍以上 5 倍以下的罚款。

(2)《出境入境管理法》第十一条规定："中国公民出境入境，应当向出入境边防检查机关交验本人的护照或者其他旅游证件等出境入境证件，履行规定的手续，经查验准许，方可出境入境。"《中国公民出国旅游管理办法》第九条规定："组团社应当为旅游者办理前往国签证等出境手续。"作为代办证照的 B 旅行社负有重大责任。B 旅行社明知将游客的护照办错，为了不损失本旅行社的利益，哄骗游客，对游客造成极大伤害。

7.2 外国公民入境旅游管理制度

入境旅游是我国旅游业的重要组成部分，体现旅游产业发展水平。各国十分重视入境旅游的发展，往往采取完善入境旅游法律法规，简化入境手续的方式推进入境旅游计划的实施，并广泛开展国际旅游合作。对于外国公民入境旅游管理，目前主要依据《旅游法》、《旅行社入境旅游服务规范(LB/T 009—2011)》、2007 年出台的《关于大力发展入境旅游的指导意见》、2009 年国务院发布《关于加快发展旅游业的意见》等。

7.2.1 相关基础概念

境外旅行社是指直接为来华旅游者提供旅游产品和服务的境外旅游批发商和代理商，即境内组团社的客户。

过境免签是指外籍人士依据过境国的法律或有关规定，从一国经转某国前往第三国时，不必申请过境国签证即可过境，并可在过境国进行短暂停留的制度。

7.2.2 外国旅游者的邀请函、签证和接待计划

1. 外国旅游者的邀请函和签证办理

(1) 境内旅行社收到境外旅行社确认入境旅游的函电后，如果需要办理邀请函，应当填写邀请函发给境外旅行社及我国驻外使领馆，一般宜在入境前(大约 20 天)收集所有入境人员资料，以备随时查阅和办理入境手续。需要办理邀请函的，组团社应当持函到相关旅游管理部门加盖旅游签证章。邀请函宜在收到团费后、旅游团入境(大约 10 天)前发出。

(2) 外国旅游者的口岸签证及其办理。旅行社按照国家有关规定组织入境旅游的，可以向口岸签证机关申请办理团体旅游签证，包括我国国际旅行社和经批准的港澳旅行社组织、接待的旅游团。入境时，旅游团成员免填"入出境登记卡"。

个人签证申请可以由接待单位代办，团体旅游签证申请可以由我国国际旅行社和经批准的港澳旅行社代办。持有口岸签证机关提前签发签证的外国个人或者团队可以从全国所有对外开放口岸入境。旅游团人数不限，口岸签证机关签发的签证一次入境有效，签证注明的停留期限不得超过 30 日。旅游团成员抵达口岸前，由接待社向口岸签证机关申请团体旅游签证。接待社提前 3 天将旅游团名单传送至口岸签证机关。口岸签证机关提前 1 天将审批情况通知接待社。口岸签证机关在旅游团成员抵达口岸后，发给团体旅游签证，也可在旅游团抵达口岸前 24 小时提前做好签证交给接待社。

已经批准的旅游团名单原则上只能减人，不能增人或者换人。接待社不得以任何方式

将组织、接待权转让给国内旅行社。旅游者领取签证后,需要申请变更或延期,诸如有效期延长、增加随行人员、增加不对外国人开放地点,法律是许可的,但应向证件发放机关申办,并办理下列手续:交验护照和签证、旅行证等证件;填写变更或延期申请表,提供与延期或变更有关的材料;缴纳规定的费用。

公安部授权的口岸签证机关设在下列对外开放口岸:北京、上海、天津、重庆、大连、福州、厦门、西安、桂林、杭州、昆明、广州(白云)、深圳(罗湖、蛇口)、珠海(拱北)、海口、三亚、济南、青岛、烟台、威海、成都、南京。

资料卡

北京"72小时过境免签"政策已获国务院批准。从2013年1月1日起,美国、意大利、法国等45个国家持有第三国签证和机票的外国人在北京口岸实施72小时过境免签,机场将为享受72小时免签政策的旅客开设专门的检查区域和检查通道,以确保符合条件的旅客能够顺畅快速通关。"72小时过境免签政策"将带来游客数量的增加,直接促进入境旅游消费,有利于促进北京旅游业的发展。

2. 外国旅游者的接待计划及实施

(1) 境内组团社或地接社应当根据境外旅行社确认的旅游团行程(通常在旅游团入境前20天)编制好接待计划,经审核无误后,发送至各接待单位。

(2) 若因境外旅行社要求或因有关接待单位原因导致计划出现变更,组团社应当及时更改相关预订,并以书面形式通知相关接待单位和境外旅行社,确认变更后的新日程、要求及价格。

(3) 若旅游团取消成行,组团社应当及时取消相关预订。

(4) 若已产生取消费用,应当及时向境外旅行社通报并收取。

7.2.3 外国旅游者出入境与停留的规定

入境时,旅游团向边防检查站提交护照、团体旅游签证表两联,旅游团成员免填"入出境登记卡"。边防检查站查验无误后,在两联团体旅游签证表加盖入境验讫章,收存第二联,将第一联发还旅游团供出境时使用。

旅游团成员在华旅游期间须随团活动并整团入出境。如有擅自离团或非法停留的,接待社须及时向当地公安机关报告,并协助公安机关做好遣送工作,对本人无力承担遣送费用的,遣送费用由接待社负责。

对因不可抗拒的原因,旅游团成员不能随团离境的,由接待社出具公函并携团体旅游签证表到当地公安机关出入境管理部门为其办理分团手续,并负责该成员在华期间的接待工作直至在签证有效期内将其送出国境。

外国旅游团成员在华旅游期间须随团活动,旅游团人数不限,在华停留时间最长不超过1个月。

7.3 中国公民出国旅游管理制度

我国对中国公民出境旅游采取出境旅游目的地制度(Approved Destination Status，ADS)。出境旅游目的地资格的获得采取 ADS 协议谈判方式。中国公民出境旅游目的地的审批与开放，是在拟开放作为中国公民出境游目的地向中国提出申请的前提下，由国家旅游局会同外交部、公安部研究以后，报国务院批准而确定。依据以下几个筛选标准：一是对方是中国的入境旅游客源国，相互开放有利于双方旅游合作与交流；二是政治上对我国友好，开展国民外交符合中国对外政策的目标；三是对方的旅游资源有吸引力，服务设施适于接待中国旅游者；四是在外交、法律、行政方面，对中国旅游者没有歧视性、限制性、报复性的政策，中国旅游者的旅游和人身安全有保障；五是具有良好的交通和旅游可进入性。出境旅游的 ADS 制度，是特定时期中国关于公民出境旅游政策的一个创造，只是一个过渡性政策，当越来越多的国家成为中国公民出境旅游的目的地，这个协议就会失去意义。出境旅游目的地开放的多少，直接关系到中国公民"境外消费"的范围，也从一个侧面反映了出境旅游市场开放的程度。随着中国出境旅游目的地从港澳和东南亚向大洋洲，再逐渐向欧洲、非洲，然后向美洲国家逐渐扩散，中国的出境游组团社为中国公民出境旅游提供的服务空间越来越大。国家旅游局 2002 年 7 月公布并施行《中国公民出国旅游管理办法》，对中国公民出国旅游管理作了具体规定，规范旅行社组织中国公民出国旅游活动，保障出国旅游者和出国旅游经营者的合法权益。截至 2012 年 5 月，国家旅游局许可 117 家出境组团社经营出境游业务。

7.3.1 相关基础概念

出国旅游团是指有经营权的旅行社组织的 3 人以上的出国旅游的团队。

出国旅游目的地是指我国政府批准、允许旅行社组织旅游团队前往的国家和地区。

旅游证是指由中国驻外国的外交代表机关、领事机关或外交部授权的其他驻外机关颁发的中国旅游者出入境的主要证件。分为一年一次或两年多次有效两种，由持证人保存、使用。需要变更或加注旅行证记载事项的，应提供变更材料、加注事项的证明或说明材料并向颁证机关提出申请。

7.3.2 中国公民出国旅游的管理原则

1. 总量控制、配额管理

国务院旅游行政部门根据上年度全国入境旅游的业绩、出国旅游目的地的增加情况和出国旅游的发展趋势，在每年的 2 月底以前确定本年度组织出国旅游的人数安排总量，并下达省、自治区、直辖市旅游行政部门。省、自治区、直辖市旅游行政部门根据本行政区域内各组团社上年度经营入境旅游的业绩、经营能力、服务质量，按照公平、公正、公开的原则，在每年的 3 月底以前核定各组团社本年度组织出国旅游的人数安排。

2. 组团社审批制度

组团社是指经国家旅游行政管理部门批准、特许经营中国公民出国旅游业务的国际旅行社。根据国家开办公民出国旅游的方针政策，从国家长远利益出发，国家根据坚持出入挂钩，考虑地区合理分布，按市场需求循序渐进、动态管理的原则，对经营公民出国旅游的旅行社实行审批制度。未经国务院旅游行政部门批准取得出国旅游业务经营资格的，任何单位和个人不得擅自经营或者以商务、考察、培训等方式变相经营出国旅游业务。

3. 出国旅游目的地审批制度

出国旅游目的地，是指我国政府批准、允许旅行社组织旅游团队前往的国家和地区。出国旅游的目的地国家，由国务院旅游行政部门会同国务院有关部门提出，报国务院批准后，由国务院旅游行政部门公布。任何单位和个人不得组织中国公民到国务院旅游行政部门公布的出国旅游的目的地国家以外的国家旅游；组织中国公民到国务院旅游行政部门公布的出国旅游的目的地国家以外的国家进行涉及体育活动、文化活动等临时性专项旅游的，须经国务院旅游行政部门批准。根据国家旅游局发布的公告，我国与新加坡、马来西亚、泰国、菲律宾、韩国、澳大利亚、新西兰、日本、越南、老挝、柬埔寨、文莱、印度尼西亚、尼泊尔、缅甸、德国、马耳他、南非、埃及、土耳其、印度、马尔代夫、匈牙利、克罗地亚、巴基斯坦、古巴、约旦及中国香港、中国澳门等共 29 个国家和地区签有旅游协定。根据国家旅游局和中国旅游研究院 2012 年 4 月 11 日联合发布的《中国出境旅游发展年度报告 2012》显示，目前有 146 个国家和地区成为中国公民出境旅游目的地，中国已成为亚洲最大的出境旅游客源国。

4. 以团队方式开展出国旅游制度

旅游团队，是指有经营权的旅行社组织的 3 人以上的出国旅游团。为保障参游人员的人身安全及合法权益，便于旅游服务质量的监督管理，防止旅游者非法滞留、涉足"三禁"(黄、赌、毒)，我国规定公民出国旅游主要以团队形式进行，且每团派遣领队，暂不办理零星散客出国旅游。领队负责团队活动安排，代表组团社负责与境外接待社接洽，保证团队旅游服务质量，处理突发事宜。组团社的职责是：按核定的配额人数组团，办理参游人员报名、收费手续，填写"审核证明"；要求境外接待社按照团队活动计划安排旅游，不得安排参加色情、赌博、毒品及危险性活动；对于团队在境外遇到特殊困难和安全问题时，领队须及时向我驻外使馆、旅游办事处报告；组团社须及时向公安部门和旅游行政管理部门报告；对滞留不归的，组团社应须及时向公安和旅游行政管理部门报告，有关查询、遣返等事项，组团社应予以协助并负责垫付费用，事后向被遣返人员追偿；协助有关部门作好团队行李验收等管理工作。公安机关的职责是查验参游人员提交的"审核证明"和费用发票；确认组团社和参游人员的合法资格后，依照有关法律、法规办理出国旅游手续；在法定期限内做出批准或不批准的决定，通知参游人员；参游人员经批准出境，由公安机关出入境管理部门颁发护照，并附发出境卡。

7.3.3 中国公民出国旅游的签证手续

1．申请签证所需证件资料

公民参加旅行社组织的团队出国旅游，只需向公安机关提交有出国经营权的旅行社出具的全额旅游费用发票。办理探亲旅游，还应提交亲友邀请证明，亲友生活保证书和出示我公安机关的亲属关系说明。公安机关发给护照时，还附发出境卡。

出国团组或个人向外国驻华使领事馆申办签证时，必须备齐一切必要的证件、资料、表格、照片和签证费用等。这些证件、资料包括：①提供有效的护照；②提供国外邀请函电；③提供申请人的照片(照片应与护照相一致)；④填写外国签证申请表格；⑤因公务出国，由省、自治区、直辖市外事办或中央部委外事局备妥致前往国家驻华使领馆的照会或函件；⑥准备好签证费。

旅游者持有有效普通护照的，可以直接到组团社办理出国旅游手续；没有有效普通护照的，应当依照《出境入境管理法》的有关规定办理护照后再办理出国旅游手续。

组团社应当为旅游者办理前往国签证等出境手续。

2．外国使领馆对申请签证所持邀请电函的要求

各国驻华使馆对申请签证所持邀请电函的要求不尽相同，但大体有以下几点。

(1) 邀请函电必须是前往国本土发来的，有邀请人亲笔签署的信函原件。邀请信上要注明邀请人的地址、电话。

(2) 邀请函电上必须注明团组人数、成员姓名、访问目的(访问目的要详细，不能只说考察培训等，要写明具体内容)、停留期限(停留期限是写某年、某月、某日到达，到达后停留多长时间；或写从某年、某月、某日到某年、某月、某日出境)、出访费用由何方负担。如系外方负担全部费用，应给予写明；如系外方负担部分费用，则应写明负担哪一部分费用。

(3) 邀请信函不得做任何改动，即使是邀请人本人对其内容进行修改也应重新发出邀请函，不得涂改后复印，否则会引起外国使领馆的误解，甚至会影响到签证人单位的信誉。有些国家对入国签证有特殊要求，如赴日本的团、组或人员需提供日方《入国理由书》、《身份保证书》、访问日程表等。

3．外国使领馆对申请签证所持护照的要求

外国使领馆对送交申请签证的护照有以下要求：①护照必须有效。送交外国驻华使领馆的护照有效期必须在 6 个月以上，如有效期不足 6 个月，外国驻华使馆将不予签证；②持照人必须在护照上签名。

重要法条提示

《旅游法》第十六条规定："出境旅游者不得在境外非法滞留，随团出境的旅游者不得擅自分团、脱团。入境旅游者不得在境内非法滞留，随团入境的旅游者不得擅自分团、脱团。"团队未经批准在境外分团的，入境时由边防检查站对组团社的有关责任人员按《中国出境入境边防检查条例》有关规定处罚；对以出国旅游名义，弄虚作假，骗取出境证件，

偷越国(边)境的,或者为组织、运送他人偷越国(边)境的,依照《出入境管理法》有关规定处罚。

7.3.4 中国公民出国旅游管理的具体规定

(1) 未经国务院旅游行政部门批准取得出国旅游业务经营资格的,任何单位和个人不得擅自经营或者以商务、考察、培训等方式变相经营出国旅游业务。

(2) 任何单位和个人不得组织中国公民到国务院旅游行政部门公布的出国旅游的目的地国家以外的国家旅游;组织中国公民到国务院旅游行政部门公布的出国旅游的目的地国家以外的国家进行涉及体育活动、文化活动等临时性专项旅游的,须经国务院旅游行政部门批准。

(3) 组团社向旅游者提供的出国旅游服务信息必须真实可靠,不得作虚假宣传,报价不得低于成本。组团社应当维护旅游者的合法权益。组团社应当为旅游团队安排专职领队。旅游团队领队应当向旅游者介绍旅游目的地国家的相关法律、风俗习惯及其他有关注意事项,并尊重旅游者的人格尊严、宗教信仰、民族风俗和生活习惯。

(4) 旅游团队应当从国家开放口岸整团出入境。旅游团队出境前已确定分团入境的,组团社应当事先向出入境边防检查总站或者省级公安边防部门备案。旅游团队出境后因不可抗力或者其他特殊原因确需分团入境的,领队应当及时通知组团社,组团社应当立即向有关出入境边防检查总站或者省级公安边防部门备案。

(5) 旅游团队出入境时,应当接受边防检查站对护照、签证、名单表的查验。经国务院有关部门批准,旅游团队可以到旅游目的地国家按照该国有关规定办理签证或者免签证。

(6) 组团社组织旅游者出国旅游,应当选择在目的地国家依法设立并具有良好信誉的旅行社(以下简称境外接待社),并与之订立书面合同后,方可委托其承担接待工作。组团社及其旅游团队领队应当要求境外接待社按照约定的团队活动计划安排旅游活动,并要求其不得组织旅游者参与涉及色情、赌博、毒品内容的活动或者危险性活动,不得擅自改变行程、减少旅游项目,不得强迫或者变相强迫旅游者参加额外付费项目。境外接待社违反组团社及其旅游团队领队根据前款规定提出的要求时,组团社及其旅游团队领队应当予以制止。旅游团队领队不得与境外接待社、导游及为旅游者提供商品或者服务的其他经营者串通欺骗、胁迫旅游者消费,不得向境外接待社、导游及其他为旅游者提供商品或者服务的经营者索要回扣、提成或者收受其财物。

(7) 旅游团队在境外遇到特殊困难和安全问题时,领队应当及时向组团社和中国驻所在国家使领馆报告;组团社应当及时向旅游行政部门和公安机关报告。

(8) 严禁旅游者在境外滞留不归。旅游者在境外滞留不归的,旅游团队领队应当及时向组团社和中国驻所在国家使领馆报告,组团社应当及时向公安机关和旅游行政部门报告。有关部门处理有关事项时,组团社有义务予以协助。

7.3.5 违反中国公民出国旅游管理的法律责任

(1) 任何单位和个人违反《中国公民出国旅游管理办法》第四条的规定,未经批准擅自经营或者以商务、考察、培训等方式变相经营出国旅游业务的，由旅游行政部门责令停止非法经营，没收违法所得，并处违法所得2倍以上5倍以下的罚款。

(2) 组团社违反《中国公民出国旅游管理办法》第十条的规定，不为旅游团队安排专职领队的，由旅游行政部门责令改正，并处5 000元以上2万元以下的罚款，可以暂停其出国旅游业务经营资格；多次不安排专职领队的，并取消其出国旅游业务经营资格。

(3) 组团社或者旅游团队领队违反《中国公民出国旅游管理办法》第十四条第二款、第十八条的规定，对可能危及人身安全的情况未向旅游者作出真实说明和明确警示，或者未采取防止危害发生的措施的，由旅游行政部门责令改正，给予警告；情节严重的，对组团社暂停其出国旅游业务经营资格，并处5 000元以上2万元以下的罚款，对旅游团队领队可以暂扣直至吊销其领队证；造成人身伤亡事故的，依法追究刑事责任，并承担赔偿责任。

(4) 组团社或者旅游团队领队未要求境外接待社不得组织旅游者参与涉及色情、赌博、毒品内容的活动或者危险性活动，未要求其不得擅自改变行程、减少旅游项目、强迫或者变相强迫旅游者参加额外付费项目，或者在境外接待社违反前述要求时未制止的，由旅游行政部门对组团社处组织该旅游团队所收取费用2倍以上5倍以下的罚款，并暂停其出国旅游业务经营资格，对旅游团队领队暂扣其领队证；造成恶劣影响的，对组团社取消其出国旅游业务经营资格，对旅游团队领队吊销其领队证。

(5) 旅游团队领队与境外接待社、导游及为旅游者提供商品或者服务的其他经营者串通欺骗、胁迫旅游者消费或者向境外接待社、导游和其他为旅游者提供商品或者服务的经营者索要回扣、提成或者收受其财物的，由旅游行政部门责令改正，没收索要的回扣、提成或者收受的财物，并处索要的回扣、提成或者收受的财物价值2倍以上5倍以下的罚款；情节严重的，并吊销其领队证。

(6) 因组团社或者其委托的境外接待社违约，使旅游者合法权益受到损害的，组团社应当依法对旅游者承担赔偿责任。

(7) 组团社有下列情形之一的，旅游行政部门可以暂停其经营出国旅游业务；情节严重的，取消其出国旅游业务经营资格：

① 入境旅游业绩下降的。
② 因自身原因，在1年内未能正常开展出国旅游业务的。
③ 因出国旅游服务质量问题被投诉并经查实的。
④ 有逃汇、非法套汇行为的。
⑤ 以旅游名义弄虚作假，骗取护照、签证等出入境证件或者送他人出境的。
⑥ 国务院旅游行政部门认定的影响中国公民出国旅游秩序的其他行为。

(8) 旅游者在境外滞留不归，旅游团队领队不及时向组团社和中国驻所在国家使领馆报告，或者组团社不及时向有关部门报告的，由旅游行政部门给予警告，对旅游团队领队可以暂扣其领队证，对组团社可以暂停其出国旅游业务经营资格。旅游者因滞留不归被遣返回国的，由公安机关吊销其护照。

案例 7.2

北京吕丽莉涉嫌旅游诈骗案

案情简介：

2010年年初，多名游客向北京市旅游局投诉并向公安机关报案称，北京某旅行社取消澳大利亚、新西兰旅游合同，员工吕丽莉有诈骗嫌疑。北京市朝阳公安分局以吕丽莉涉嫌诈骗，将其拘留。经查，吕丽莉为该旅行社出境中心员工，于2009年1~10月底承包了该出境中心部分业务，以该旅行社名义操作出境旅游业务。2009年11月1日，该旅行社在报纸刊登声明，解除与吕丽莉的承包关系。之后，吕丽莉继续使用承包期间私刻的印章，继续以该旅行社出境中心名义签订出境旅游合同，采取以超低价格招徕游客、再以向游客收取出境游保证金弥补团款的方式，在2009年11月至2010年年初期间，将招徕的游客交给包括该旅行社在内的10家旅行社安排出境旅游。2010年初，因吕丽莉未向上述旅行社支付或足额支付旅游团款，旅行社未如期安排游客出行，引发游客投诉和报案。吕丽莉案件涉及游客约200人，收取出境游保证金700余万元，除部分款项打入该旅行社出境中心对公账户外，大部分款项汇入吕丽莉的个人账户且不知去向。

(案例来源：http://www.docin.com/p-287433885.html)

案例评析：

(1)《中国公民出国旅游管理办法》第二十五条规定："组团社有下列情形之一的，旅游行政部门可以暂停其经营出国旅游业务；情节严重的，取消其出国旅游业务经营资格：入境旅游业绩下降的；因自身原因，在1年内未能正常开展出国旅游业务的；因出国旅游服务质量问题被投诉并经查实的；有逃汇、非法套汇行为的；以旅游名义弄虚作假，骗取护照、签证等出入境证件或者送他人出境的；国务院旅游行政部门认定的影响中国公民出国旅游秩序的其他行为。"本案中，由于北京某旅行社出境业务经营混乱，才导致吕丽莉扰乱中国公民出国旅游秩序，以该旅行社出境中心名义签订出境旅游合同，采取以超低价格招徕游客擅自转团，实施诈骗。

(2)《旅游法》第三十五条规定："旅行社不得以不合理的低价组织旅游活动，诱骗旅游者，并通过安排购物或者另行付费旅游项目获取回扣等不正当利益"。《旅游法》第九十八条规定："旅行社违反本法第三十五条规定的，由旅游主管部门责令改正，没收违法所得，责令停业整顿，并处三万元以上三十万元以下罚款；违法所得三十万元以上的，并处违法所得一倍以上五倍以下罚款；情节严重的，吊销旅行社业务经营许可证；对直接负责的主管人员和其他直接责任人员，没收违法所得，处二千元以上二万元以下罚款，并暂扣或者吊销导游证、领队证。"

(3) 为了挽回游客损失，该旅行社及其上级单位同意以债权转让的方式全额垫付游客的损失，再向吕丽莉追偿。吕丽莉因涉嫌诈骗被公安机关刑事拘留后，经检察机关批准，已被正式逮捕。按照规定旅游管理行政部门应当对旅行社实施适当行政处罚。

7.4 港澳台与边境旅游管理制度

1983年11月,广东省作为试点率先开放本省居民赴香港地区探亲旅游,接着在全国开放内地居民赴港澳地区的探亲旅游,后来发展为中国公民自费出国旅游(包含港澳游、边境游和出国游)。1999年1月1日以前,港、澳同胞来往内地旅游须申请办理《港、澳同胞回乡证》,不必办理签证。从1999年1月1日起,港、澳居民来往内地包括来内地旅游使用《港、澳居民往来内地通行证》(以下简称《通行证》)。该通行证,是港、澳居民入出内地的旅行证件和在内地住宿、居留、旅行的身份证件,由公安部委托香港、澳门中国旅行社受理通行证申请,授权广东省公安厅审批、签发《通行证》。具有中国国籍的香港、澳门居民,只要未向国籍管理机关申报为外国人,无论是否持有外国护照或旅行证件,均可申请通行证。18岁以下的港、澳居民可申领3年期有效证件,18岁以上(含18岁)的港、澳居民可申领10年期有效证件。与《回乡证》相比,《通行证》具有过关手续简便、携带保管方便和管理水平提高的优势,《通行证》在有效期内使用次数不受限制。内地居民因私往来香港或澳门特别行政区旅游、探亲、从事商务、培训、就业等非公务活动,可以向户口所在地的市、县公安出入境管理部门申请办理往来港澳通行证,凭往来港澳通行证及有效签注前往港澳地区。台湾同胞回大陆探亲、旅游需办理《中华人民共和国旅行证》。台胞回大陆旅游,海关对其携带的行李物品,在自用合理数量范围内从宽验放,与外国旅游者相比,有优待规定。边境旅游是出国旅游的一部分。通常情况下,边境旅游是由特定部门组织,接待对象主要是两个邻近国家的公民,通常有双边协议,并在规定区域内进行,时间较短,不需要亲友提供担保。和中国港澳游一样,边境旅游先从地方开始,所不同的是,边境旅游往往与边境贸易和边民交往相关联,而并不是以探亲访友为主要目的。

7.4.1 相关基础概念

边境旅游是出国旅游的一部分,是指经批准和指定的旅游部门组织和接待我国及毗邻国家的公民在双方政府商定的边境地区进行的旅游活动。

7.4.2 中国公民赴港澳台地区旅游管理制度

1. 中国公民赴港澳地区旅游管理制度

(1) 内地居民赴香港、澳门特别行政区旅游,应当持《通行证》及有效签注。参游人员的港澳游证件及签注按公安部的规定办理。

(2) 组团社经营港澳游业务,应当与旅游者签订书面合同。旅游合同应当包括旅游起止时间、行程路线、价格、食宿、交通及违约责任等内容。旅游合同由组团社和旅游者各持一份。

(3) 经营港澳游业务的旅行社(以下简称"组团社"),应在经香港、澳门旅游部门或行业协会推荐的范围内自行选择接待社,并签订港澳游业务书面合同,明确双方的责任和义务。书面合同文本须报香港、澳门特别行政区旅游管理部门(或行业协会)和内地省级旅游局备案。

(4) 港澳游团队凭《通行证》及签注和《内地居民赴香港、澳门特别行政区旅游团队名单表》(以下简称《名单表》),从国家开放口岸出入境。《名单表》一式四联,出团前应当由省级或经授权的地级以上旅游行政管理部门审核,审核后的《名单表》不得增加人员。

《名单表》第一、二联由内地边防检查站查验并在出入境时分别留存，第三联由香港入境事务处查验留存，第四联由澳门出入境事务厅查验留存(如团队有减员，分别由相关的内地、港、澳三地查验机关在第二联上注明)。组团社可在团队出发前 24 小时将《名单表》通过传真或电脑网络发至内地出境口岸边防检查站和香港或澳门入境口岸初检。

(5) 组团社应当为港澳游团队派遣领队，领队由持有领队证的人员担任。

(6) 组团社应当严格遵守国家关于出境旅游的有关规定，不准超范围经营；不准制作、发布虚假旅游广告，不准制作、发布未经主管部门审核批准的旅游广告；不准与未经指定的接待社开展旅游业务，不准擅自增加或者减少行程中的旅游项目；不准强迫或诱导旅游者购物、参加自费项目，不准超计划购物；不准搞"零团费"、"负团费"，不准低于成本销售，不准以欺诈行为损害旅游者利益；不准组织或者诱导旅游者涉足色情场所。

(7) 旅游团队应当按照确定的日期整团出入境，严禁参游人员在境外滞留。参游人员出境前已确定分团入境的，组团社应当事先向有关出入境边防检查总站或者省级公安边防部门备案。边防检查站凭《通行证》及签注、《名单表》放行团队；单独返回人员还需持《名单表》复印件。

2. 中国公民赴台湾地区旅游管理制度

(1) 大陆居民赴台旅游的方式。大陆居民赴台湾地区旅游(以下简称赴台旅游)，可采取团队旅游或个人旅游两种形式。大陆居民赴台团队旅游须由指定经营大陆居民赴台旅游业务的旅行社(以下简称组团社)组织，以团队形式整团往返。旅游团成员在台湾期间须集体活动。大陆居民赴台个人旅游可自行前往台湾地区，在台湾期间可自行活动。

(2) 大陆居民赴台旅游实行配额管理。配额由国家旅游局会同有关部门确认后，下达给组团社根据海峡两岸关系协会和海峡交流基金会签署的有关协议，接待一方旅游配额以平均每天 3 000 人次为限，组团一方视市场需求安排，每团人数限 10 人以上 40 人以下，自入境次日起在台停留期间不超过 10 天，第二年双方可视情况协商作出调整。

(3) 经营大陆居民赴台旅游业务旅行社的确定和接待大陆居民赴台旅游旅行社的确定。组团社由国家旅游局会同有关部门，从已批准的特许经营出境旅游业务的旅行社范围内指定，由海峡两岸旅游交流协会公布。除被指定的组团社外，任何单位和个人不得经营大陆居民赴台旅游业务。台湾地区接待大陆居民赴台旅游的旅行社(以下简称接待社)，经大陆有关部门会同国家旅游局确认后，由海峡两岸旅游交流协会公布。

(4) 大陆居民赴台旅游持有的证件及办理：大陆居民赴台旅游应向其户口所在地公安机关出入境管理部门申请办理《大陆居民往来台湾通行证》，并根据其采取的旅游形式，办理团队旅游签注或个人旅游签注。参加团队旅游的，应事先在组团社登记报名。赴台旅游团须凭《大陆居民赴台湾地区旅游团名单表》，从大陆对外开放口岸整团出入境。确需分团的需遵守相关规定。

(5) 大陆居民赴台旅游期间，不得从事或参与涉及赌博、色情、毒品等内容及有损两岸关系的活动，组团社不得组织旅游团成员参与前款活动，并应要求接待社不得引导或组织旅游团成员参与前款活动。

(6) 经营大陆居民赴台旅游业务旅行社的责任和义务：组团社须为每个团队选派领队。组团社须要求接待社派人全程陪同。

(7) 赴台旅游的大陆居民应按期返回，不得非法滞留。当发生旅游团成员非法滞留时，组团社须及时向公安机关及旅游行政主管部门报告，并协助做好有关滞留者的遣返和审查工作。旅游团出境前已确定分团入境大陆的，组团社应事先向有关出入境边防检查总站或省级公安边防部门备案。旅游团成员因紧急情况不能随团入境大陆或不能按期返回大陆的，组团社应及时向有关出入境边防检查总站或省级公安边防部门报告。

对在台湾地区非法滞留情节严重者，公安机关出入境管理部门自其被遣返回大陆之日起，6个月至3年以内不批准其再次出境。

案例 7.3

深圳市 A 旅行社等 3 家企业违规经营赴台旅游业务案

案情简介：

2011 年 3 月，国家旅游局接到匿名举报，反映深圳 A、B 旅行社违规在媒体发布赴台游广告。经查明，深圳市 A 旅行社和深圳市 B 旅行社，未取得出境旅游业务经营许可，也不具备经营赴台湾旅游业务的资质，分别以未经合法注册的"××商旅台湾游全国集散中心"和"台湾两岸情假期"名义发布虚假宣传广告进行旅游招徕业务，并以"商务考察"为名，用游客个人因私护照为其办理赴台手续，组织旅游者赴台旅游活动。

(案例来源：http://travel.people.com.cn/GB/17626873.html)

案例评析：

《旅游法》第三十二条规定："旅行社为招徕、组织旅游者发布信息，必须真实、准确，不得进行虚假宣传，误导旅游者。"《中国公民出国旅游管理办法》第四条规定："未经国务院旅游行政部门批准取得出国旅游业务经营资格的，任何单位和个人不得擅自经营或者以商务、考察、培训等方式变相经营出国旅游业务。"深圳市 A 旅行社和深圳市 B 旅行社未取得出境旅游业务经营许可，违规组织中国旅游者赴台旅游活动，严重扰乱旅游市场秩序，也违反了《旅行社条例》第九、第四十六条的规定，责令立即改正，并分别处人民币 20 万元和 10 万元的行政处罚。

资料卡

2013 年 6 月 16 日，国家旅游局宣布，经两岸协商，新开放大陆 13 个城市为第三批大陆居民赴台"个人游"试点城市。至此，台湾自由行开放城市全部名单：北京、上海、厦门、天津、南京、重庆、成都、广州、杭州、深圳、福州、济南、西安、武汉、宁波、青岛、沈阳、郑州、苏州、长春、石家庄、昆明、南宁、长沙、合肥、泉州，共 26 个城市。近 5 年来，大陆已先后分三批开放了 31 个省(区、市)赴台团队旅游；大陆赴台旅游组团社已经增至 216 家。

7.4.3　中国公民边境旅游管理制度

1992 年以来，国务院连续发布了关于进一步开放边境城市的通知，我国在沿边开放政策方面迈出了一大步，大大地促进边境贸易和边境旅游发展。2010 年《边境旅游暂行管理办法》规范边境旅游管理。

(1) 未经批准，任何单位和个人不得经营边境旅游业务或任意扩大边境旅游范围。对违反本办法开展边境旅游业务的单位或个人，各级旅游行政主管部门应会同有关部门给予罚款、追究有关负责人责任、勒令停业整顿、终止其边境旅游业务等处罚。

(2) 国家旅游局是边境旅游的主管部门，负责制定边境旅游有关政策和管理办法，对边境旅游进行宏观管理，批准承办边境旅游的旅行社所申办的边境旅游业务，如涉及同我国已开展边境旅游的国家或地区，由国家旅游局商外交部、公安部、海关总署等部门审批；如涉及尚未同我国开展边境旅游的国家或地区，由国家旅游局商外交部、公安部、海关总署后报国务院审批。经批准后，有关地方可对外签订正式协议或合同。

(3) 边境省、自治区公民参加本地区的边境旅游，应当向本地区有关承办旅行社申请，旅行社统一向公安机关出入境管理部门申办出境证件。非边境省、自治区的公民参加边境旅游，应当向其户口所在地授权经营出国旅游业务的一类旅行社申请，按规定向户口所在地公安机关出入境管理部门申办出境证件，并由边境地区有关旅行社统一办理出入境手续和安排境外旅游活动。

(4) 双方参游人员应持用本国有效护照或代替护照的有效国际旅行证件，或两国中央政府协议规定的有效证件。双方旅游团出入国境的手续按各自国家有关规定办理，签有互免签证协议的，按协议办理；未签有互免签证协议的，须事先办妥对方国家的入境签证。

(5) 双方旅游团应集体出入国境，并交验旅游团名单，由边防检查机关规定验证放行。

对双方参游人员携带的进出境行李物品，海关按《中华人民共和国海关对进出境旅客行李物品监管办法》及有关规定办理验放手续。

(6) 旅游团成员如在境外滞留，有关承办旅行社须及时报告边防检查站和颁发出境证件的公安机关，并承担有关遣返费用。

案例 7.4

凭祥 A 旅行社违规经营边境游业务案

案情简介：

凭祥 A 旅行社组织 16 名游客于 2011 年 10 月 17 赴越南进行"谅山一日游"，领队姜某不按获批准的出境"一日游"于当天回国，违规安排游客开展"凭祥—越南河内—下龙湾 3 天 2 晚游"，非法在越南滞留 2 天后，于 10 月 19 日 14 时 45 分返回国内。经调查，该团由北海 B 旅行社组织招徕，凭祥 A 旅行社具体操作，凭祥 A 旅行社向北海 B 旅行社出具了《委托招徕授权书》，双方签订了《旅行社代理合同》。凭祥 A 旅行社组织越南"一日游"，团队四联单显示应于 2011 年 10 月 17 日返回国内，旅游团事实上却于 19 日返回，致使游客非法滞留境外，也没有及时报告并协助提供非法滞留者信息。

(案例来源：http://travel.people.com.cn/GB/17626899.html)

案例评析：

《中国公民出国旅游管理办法》第三十二条规定：……旅游者在境外滞留不归，旅游团队领队不及时向组团社和中国驻所在国家使领馆报告，或者组团社不及时向有关部门报告的，由旅游行政部门给予警告，对旅游团队领队可以暂扣其领队证，对组团社可以暂停其出国旅游业务经营资格。旅游者因滞留不归被遣返回国的，由公安机关吊销其护照。"本案中，凭祥A旅行社的行为也违反了《旅行社条例》第六十三条的规定，旅游局决定对凭祥A旅行社罚款5万元人民币，并暂停该社中越边境旅游异地办证业务1个月。同时，对领队姜某处以5 000元人民币的罚款。

资料卡

英国《卫报》报道称，中国游客去年的海外消费额达到720亿美元，而德国游客去年在海外的消费额是840亿美元，美国游客在海外的消费额为790亿美元。贝恩公司12月12日发布的《2012中国奢侈品市场研究报告》指出中国消费者已成为世界最大的奢侈品消费群体，购买了全球约25%的奢侈品。"中国血拼族拯救西方经济"，或许说明中国人处在"面子消费"这样相对低级的消费水平？在刺激内需方面我们是不是还有诸多不足？

小测试

中国公民出境旅游所持的证件是(　　)。
A. 护照　　　　　　　　　　B. 通行证
C. 旅游证　　　　　　　　　D. 单位证明

模拟法庭

余贵兴诉泰和国际旅行社出境旅游合同纠纷案

案情简介：

2012年6月17日，原告余贵兴与被告泰和国际旅行社签订了《出境旅游合同》一份，约定原告参加被告组织的"埃及、土耳其游轮13天风情之旅"，出发时间为2012年6月22日，结束时间为2012年7月4日，旅游费用为每人14 800元，同时约定被告对可能危及旅游者人身、财产安全的事项和须注意的问题，向旅游者做出真实的说明和明确的警示，并采取合理必要措施防止危害发生。原告依约向被告支付了旅游费用。埃及旅行期间，被告未经旅游者同意擅自改变行程，将原本下午参观的"夏宫"提前到上午参观，而原告在上午参观"夏宫"时被当地一个持刀劫匪抢走随身携带的拎包，包内有护照、居民身份证、一部苹果4S型号手机、2 000美元、一台日产数码相机及治疗糖尿病的药物。原告不得不在领队和当地旅行社的陪同下到埃及大使馆办理补证等手续。虽然原告参与剩下的在埃及的旅游行程，但是由于抢劫事件的发生给原告造成极大恐惧和精神伤害，身体状况越来越差，原告并没有享受旅游。后来因无法办理赴土耳其的入境签证，被告泰和国际旅行社才让原告独自回国，原告未参加土耳其的全部旅游行程。原告认为，由于被告擅自改变行程且未采取保障原告人身、财产的安全措施，造成原告财产损失且无法继续正常的旅游行程，被告应当退还尚未实际发生的旅游费用11 384元(平均每天旅游费用为14 800元÷13天＝1 138.46元/天，抢劫之后10天未真正参与旅游)，赔偿原告经济损失21 400元(包括一部苹果4S手机5 000元，2 000美元折合人民币12 600元，一台索尼数码相机3 800元)。

被告泰和国际旅行社答辩称：原告被抢劫当日的行程调整是由于当地交通的原因，且调整行程当时征得了包括原告在内的所有旅游者的同意，并非擅自改变旅游行程。宁波市旅游局受理原告余贵兴投诉并对余贵兴遭抢劫当日(6月24日)旅行社行程调整事宜进行调查,随机选择的3名同团团员——张某、姚某某、俞某某,均表示全团团员对领队和导游调整行程给予理解并同意和接受。被告认为,原告在出境旅游期间被抢属于意外事件,由刑事犯罪引起,该事件的发生,被告无法预料,也与被告无关,且事件发生后被告积极报警、参与处理,协助原告办理了签证补签等手续,自己已经尽到了应尽义务。在履行《出境旅游合同》时,被告不存在违约行为,不应由被告承担赔偿责任,但对于原告因被抢未参加的旅游行程(7月1~3日)费用,同意将原告未产生的费用1 500元予以退还,包含土耳其旅游阶段的两晚住宿、三天正餐、车费、门票等费用。故请求法院依法判决。

本案中诉讼角色:

原告:余贵兴

被告:泰和国际旅行社

庭审图示:

法官

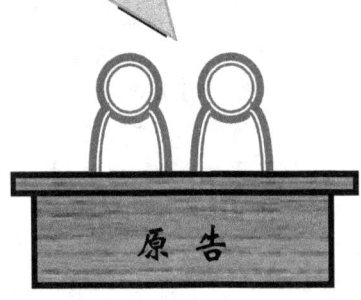

原告诉称1:双方合同关系有效,被告应当按照计划实施旅游行程。

原告诉称2:被告擅自改变旅游行程。

第7章 旅游出入境及出国旅游管理制度

原告诉称3：被告应当保证游客的人身和财产安全。

原告诉称4：被告应当退还尚未实际发生的旅游费用11 384元，赔偿原告经济损失21 400元(苹果4S手机5 000元，现金12 600元，数码相机3 800元)，合计32 784元。

被告辩称1：改变旅游行程是当地交通原因。

由于旅游合同的特殊性，在履行过程中，旅行社的领队或导游调整旅游行程比较常见，但对该合同履行的变更应取得参与旅游者的同意和认可。

被告辩称2：事先征得全团团员的理解与同意。

宁波市旅游局随机选择的3名同团团员——张某、姚某某、俞某某，均承认全团团员对领队和导游调整行程给予理解并同意和接受。

被告辩称3：原告被抢是由于刑事犯罪，不可预见，不是被告过错。

原告被抢是由于刑事犯罪，不是被告过错，属于意外事件。被告安排的该景区为正常景区，游览时间为景区正常开放时间，故被告对于行程安排不存在过错，原告被抢夺与行程调整之间不存在法律上的因果关系。

被告辩称4：被告已经协助原告。

被告在事故发生后及时协助原告进行处理。被告导游在事发后马上查看疑似车辆并向当地警察报案，办理必要手续。原告在当地旅行社代表和领队的陪同下，到中国驻埃及大使馆办理补证手续，后到埃及政府部门加盖入埃及的印章。2012年6月26日上午，原告在当地旅行社代表和领队的陪同下，到土耳其驻埃及大使馆办理土耳其签证手续，但被拒。

被告辩称5：原告参与大部分旅游行程，退还费用不能以被抢时间为准。

被抢夺之后，原告参加在埃及的所有行程，因未获签证未能参加赴土耳其的旅游行程，返回国内，但交通费、住宿费等亦已产生，退还费用不能以被抢时间为准。

法院审理查明：

2012年6月17日，原告余贵兴与被告泰和国际旅行社签订了《出境旅游合同》一份，约定原告余贵兴参加被告组织的"埃及、土耳其游轮13天风情之旅"，旅游费用为每人14 800元，出发时间为2012年6月22日，结束时间为2012年7月4日，并对合同双方的权利义务、合同的变更和转让及违约责任等进行了约定。原告按约支付了旅游费用14 800元。该旅游团成团人数为8人，于2012年6月22日从上海出发。2012年6月24日，按照《土耳其、埃及游轮13天风情之旅行程单》的安排，应在当日上午游览亚历山大图书馆，下午游览"夏宫"，但由于当地交通的客观原因，被告领队人员在取得团员同意后，当日上午的行程调整为参观"夏宫"。原告在参观"夏宫"时一只拎包被抢走，内含手机、钱包和相机及证件等财物。原告被抢夺之后，被告导游马上查看疑似车辆并向当地警察报案，办理必要手续。2012年6月25日上午，原告在当地旅行社代表和领队的陪同下，到中国驻埃及大使馆办理补证手续，后到埃及政府部门加盖入埃及的印章。2012年6月26日上午，原告在当地旅行社代表和领队的陪同下，到土耳其驻埃及大使馆办理土耳其签证，因不符合规定，无法办理土耳其入境签证。原告与领队继续埃及旅游行程。2012年7月1日，由于补办临时签证无法进入土耳其，原告搭乘飞机于2012年7月2日下午返回国内。

法院裁判理由：

法院认为：

(1) 原、被告之间有旅游服务合同关系存在。

原、被告双方签订了《出境旅游合同》，原告按约支付了合同价款，被告应按约履行合同义务，保障原告的人身及财产的安全。

(2) 由于当地交通的客观原因，被告领队人员在取得团员同意而调整旅游行程，不属于擅自改变旅游行程，不属于违约。

由于旅游合同的特殊性，在履行过程中，调整旅游行程也比较常见，但对该合同履行的变更应取得参与旅游者的同意和认可。本案中，原告在被告调整行程之后财物被抢夺，原告认为是由被告擅自变更行程导致，但本院根据宁波市旅游局的调查结果认为该行程调整取得了包括原告在内的旅游者的理解和同意，不属于擅自改变旅游行程。

(3) 原告被抢是由于刑事犯罪，不可预见，不是被告过错。

原告按照行程安排参加了"夏宫"的旅游观光，之后遭遇抢夺，属于意外事件，由第三人的故意引起，非原告及被告所能预料。被告安排的该景区为正常景区，游览时间为景区正常开放时间，故被告对于行程安排不存在过错，原告被抢夺与行程调整之间不存在法律上的因果关系。被告在事故发生后及时进行处理，并陪同原告办理相应手续，尽到了合同约定义务，故原告要求赔偿因其财物被抢遭受的经济损失的诉讼请求无法律依据，本院不予支持。

(4) 原告因为被抢夺而未完成所有行程，要求退还部分旅游费用可以得到支持。

原、被告之间的出境旅游合同关系随着原告提前结束行程返回国内而解除，但原告确实因被抢夺的意外事件未完成所有行程，其要求被告退还相应未发生的旅游费用的诉讼请求，被告予以认可，本院予以支持。

(5) 退还部分旅游费用的金额应当合理确定，不能以发生抢夺时间点为准。

退还部分旅游费用的具体金额，原告认为按照发生抢夺的时间为计算点，并按照旅游行程天数平均计算费用的方法没有事实及法律依据。原告认为继续参加埃及行程是痛苦而不是享受，无其他证据予以证明，该意见不予采纳。旅游费用为整体费用，主要包括交通费、餐饮费、住宿费、旅游景区费用等，无法详细分清。在原告被抢夺之后，因办理证件耽误了部分行程，但住宿费及餐饮费均已实际发生，之后参加了在埃及的所有行程，未能参加赴土耳其的旅游行程返回国内，但交通费亦已产生，综合考虑，酌定退还费用为3 000元。

法院判决如下：

(1) 被告泰和国际旅行社向原告余贵兴返还旅游费用3 000元，限于本判决生效之日起3日内履行完毕。

(2) 驳回原告余贵兴的其他诉讼请求。

如果未按本判决指定的期间履行给付金钱义务，应当依照《中华人民共和国民事诉讼法》第二百二十九条之规定，加倍支付迟延履行期间的债务利息。

(案例来源：http://www.doc88.com/p-238797295696.html)

第7章 旅游出入境及出国旅游管理制度

本章小结

通过本章的学习，掌握《出境入境管理法》和《中国公民出国旅游管理办法》相关法律知识，尝试用《出境入境管理法》和《中国公民出国旅游管理办法》中的相关规定来辨析旅游活动中遇到的各种纠纷及其责任承担问题，厘清纠纷类型及其损害赔偿范围，掌握损害赔偿的计算方法，最终合理合法解决旅游纠纷，维护旅游者合法权益。

关键术语

出入境　签证　边防检查　过境免签　旅游证

习题

1. 名词解释

(1) 护照　(2) 签证　(3) 边防检查　(4) 出国旅游目的地　(5) 边境旅游

2. 填空题

(1)《出境入境管理法》第九条第一款规定：中国公民出境入境，应当依法申请办理护照或者(　　)。

(2) 外国人向我国驻外签证机关申请的签证分为(　　)、(　　)、(　　)、(　　)。

3. 简答题

(1) 简述出入中国国境"一关四检"的内容。
(2) 简述禁止外国人出入中国国境的情形。

4. 实训题

2011年5月，国家旅游局接到举报，反映抚顺A旅行社、抚顺B旅行社在《辽沈晚报》和"抚顺旅游网"刊登违规旅游广告，涉嫌无许可经营出境旅游业务。经查，抚顺A旅行社于2010年4月6日～2011年5月31日分别在《辽沈晚报》(抚顺版)上发布了13次出境旅游广告和2011年4月24日在抚顺旅游网发布了出境旅游广告；抚顺B旅行社于2010年8月24日～2011年1月18日分别在《辽沈晚报》(抚顺版)上发布了7次出境旅游广告和2011年4月24日在抚顺旅游网发布了出境旅游广告。

　　问题：(1) 抚顺A、B旅行社的上述行为是否违反规定？
　　　　　(2) 抚顺A、B旅行社应当怎样承担责任？

第8章 旅游安全与卫生管理制度

知识要点	掌握程度	相关知识
1. 旅游安全管理的基本原则	熟悉了解	旅游安全管理的基本原则
2. 各级旅游安全管理部门的工作职责	了解	国家旅游行政管理部门、县级以上地方旅游行政管理部门、旅游基层单位的安全管理工作职责
3. 旅游安全事故的处理程序	重点掌握	旅游安全事故等级划分、旅游安全事故的处理程序、外国游客在华旅游期间伤亡事故的处理程序
4. 治安与消防管理	掌握	旅游住宿业、娱乐场所、旅游饭店的治安与消防管理制度的基本内容
5. 食品卫生安全管理	重点掌握	食品生产经营的基本要求、禁止生产的食品、食品卫生安全管理制度、食品安全事故处置、违反食品安全法的法律责任
6. 游览安全管理	重点掌握	游艺机和游乐设施安全管理、客运架空索道安全管理、水上漂流安全管理

技能要点	能力要求	应用方向
1. 旅游安全事故处理程序的运用	掌握	旅游安全事故的处理
2. 食品安全管理制度的运用	重点掌握	食品安全事故的报告、处理与索赔
3. 游览安全管理制度的运用	重点掌握	游览安全事故的处理与索赔

导入案例

案例简介：

陈某购票到某水上游乐园游泳，因冠心病发作溺死，其尸检结果表明死者陈某系病理性死亡。经查明，该游乐园只配备一名救生人员，该救生员未经有关部门考核，且在出事当时，救生员因为下雨到雨棚躲雨而脱岗；游乐园凭健康证入池的制度形同虚设，将体质有病的人放进游泳池。

(案例来源：http://china.findlaw.cn/info/xiaofeiquanyi/lunwen/389655_4.html)

问题：

(1) 被告游乐园作为经营者是否违反有关规定？
(2) 被告游乐园是否有过错？
(3) 谁应当对陈某的死亡负责？

案例评析：

(1) 被告游乐园管理存在疏漏，违反有关规定。游乐园作为经营者未执行游泳池(馆)的有关规定，没有严格要求游泳者持健康证入池，配备的救生员数量不够，管理存在疏漏。

(2) 被告游乐园有过错。游乐园违反游泳池(馆)经营的有关规定，管理存在疏漏，且在死者发病时，由于救生员的脱岗、疏于对消费者保护，导致未能及时发现陈某的冠心病发作并及时采取抢救措施。因此，游乐园有过错，作为经营者应当对该消费者的死亡负责。

(3) 法院认为，经营者应当为消费者提供一个安全的消费环境，游乐园未采取有效的安全保障措施保证消费者的安全，应当对消费者陈某的死亡承担赔偿责任。当然，陈某自身也有一定的注意义务，应当确保自身游玩安全，也应当为此承担一定责任。

8.1 旅游安全管理概述

在旅游消费中，游客的安全非常重要。旅游安全是旅游业的生命线。旅游安全是旅游业可持续发展的核心要素。旅游安全管理应当贯彻"安全第一、预防为主"的工作方针，遵循"统一指导、分级管理、以基层为主"的工作原则，坚持"上下协作、部门协调"，"有法必依、执法必严、违法必究"。旅游者有安全感，是旅游业发展的基本条件。

目前，我国尚未颁布旅游安全法。1989年6月，在国务院主持召开的全国交通安全工作会议精神推动下，国家旅游局、公安部发布《关于进一步加强旅游安全保卫工作的通知》，要求各地采取切实措施，保障来华旅游者的安全。1990年2月，国家旅游局发布《旅游安全管理暂行办法》，这是我国多年来旅游安全管理工作的科学总结，从此我国旅游安全管理工作初步纳入规范化、制度化的轨道。1993年4月，国家旅游局发布《重大旅游安全事故报告制度试行办法》、《重大旅游安全事故处理程序试行办法》。1993年8月国家旅游局、公安部发布《关于加强旅游涉外饭店安全管理、严防恶性案件发生的通知》。1993年10月，公安部、国家旅游局发布《关于加强宾馆、饭店等旅游设施消防安全工作的通知》。1994年1月，国家旅游局颁布《旅游安全管理暂行办法实施细则》。2009年颁布《中华人民共和国消防法》。2009年，国家旅游局综合司牵头并委托华侨大学旅游学院郑向敏教授等主持修订《旅游安全管理暂行办法》，形成《旅游者安全保障办法(征求意见稿)》。我国旅游安全管理制度正逐渐走向系统化、全面化。旅游安全管理通常包括治安、消防、卫生、道路交通和游览安全"五大安全管理"内容。旅游经营者及辅助者对于可能出现的危险应当采取必要的安全防范措施，配备数量足够的、合格的安全保障人员。旅游景区景点应当健全各项安全管理制度，按照"谁主管、谁负责"的原则，强化旅游安全管理工作。

8.1.1 相关基础概念

旅游安全管理是指为了达到安全的目的，有意识、有计划地对旅游活动中各种安全现象进行安全教育、安全防范与安全控制活动的总称。

"安全第一"是指在旅游全过程中，无论是国家旅游行政管理部门，还是地方旅游行政管理部门，或者旅游经营单位、旅游从业人员，都必须始终把旅游安全工作放在头等重要的地位。

"预防为主"是指在旅游全过程中，国家旅游行政管理部门、地方旅游行政管理部门、旅游经营单位和旅游从业人员，要会同有关管理部门、旅游相关行业和旅游相关人员，采取积极的安全防范措施，彻底清除不安全隐患。

8.1.2 旅游行政管理部门和旅游基层单位安全管理的职责

《旅游安全管理暂行办法实施细则》规定各级旅游管理部门和基层单位的安全管理工作职责。

1. 国家旅游行政管理部门安全管理的职责

(1) 制定国家旅游安全管理规章，并组织实施。
(2) 会同国家有关部门对旅游安全实行综合治理，协调处理旅游安全事故和其他安全问题。
(3) 指导、检查和监督各级旅游行政管理部门和旅游企事业单位的旅游安全管理工作。
(4) 负责全国旅游安全管理的宣传、教育工作，组织旅游安全管理人员的培训工作。
(5) 协调重大旅游安全事故的处理工作。
(6) 负责全国旅游安全管理方面的其他有关事项。

2. 县级以上(含县级)地方旅游行政管理部门安全管理的职责

(1) 贯彻执行国家旅游安全法规。
(2) 制定本地区旅游安全管理的规章制度，并组织实施。
(3) 协同工商、公安、卫生等有关部门，对新开业的旅游企事业单位的安全管理机构、规定制度及其消防、卫生防疫等安全设施、设备进行检查，参加开业前的验收工作。
(4) 协同公安、卫生、园林等有关部门，开展对旅游安全环境的综合治理工作，防止向旅游者敲诈、勒索、围堵等不法行为的发生。
(5) 组织和实施对旅游安全管理人员的宣传、教育和培训工作。
(6) 参与旅游安全事故的处理工作。
(7) 受理本地区涉及旅游安全问题的投诉。
(8) 负责本地区旅游安全管理的其他事项。

3. 旅游基层单位安全管理的职责

旅行社、旅游饭店、旅游车船公司、旅游景区景点、旅游购物商店、旅游娱乐场所和其他经营旅游业务的企事业单位是旅游安全管理工作的基层单位。旅游基层单位的安全管理工作职责有以下几方面。

(1) 设立安全管理机构，配备安全管理人员。
(2) 建立安全规章制度，并组织实施。
(3) 建立安全管理责任制，将安全管理的责任落实到每个部门、每个岗位、每个职工。
(4) 接受当地旅游行政管理部门对旅游安全管理工作的行业管理和检查、监督。
(5) 把安全教育、职工培训制度化、经常化，培养职工的安全意识，普及安全常识，提高安全技能；对新招聘的职工，必须经过安全培训，合格后才能上岗。
(6) 新开业的旅游企事业单位，在开业前必须向当地旅游行政管理部门申请对安全设施设备、安全管理机构、安全规章制度的检查验收，检查验收不合格者，不得开业。

(7) 坚持日常的安全检查工作，重点检查安全规章制度的落实情况和安全管理漏洞，及时消除不安全隐患。

(8) 对用于接待旅游者的汽车、游船和其他设施，要定期进行维修和保养，使其始终处于良好的安全技术状况，在运营前进行全面的检查，严禁带故障运行。

(9) 对旅游者的行李要有完备的交接手续，明确责任，防止损坏或丢失。

(10) 在安排旅游团队的游览活动时，要认真考虑可能影响安全的诸项因素，制订周密的行程计划，并注意避免司机处于过度疲劳状态。

(11) 负责为旅游者投保。

(12) 直接参与处理涉及单位的旅游安全事故，包括事故处理、善后处理及赔偿事项等。

(13) 当开展登山、汽车、狩猎、探险等特殊旅游项目时，要事先制定周密的安全保护预案和急救措施，重要团队必须按规定报有关部门审批。

8.1.3 旅游安全管理的基本原则

为了加强旅游安全管理，必须确定旅游安全管理的基本原则。所谓旅游安全管理基本原则，是指在旅游安全工作和管理中必须遵循的行为规范与基本准则。根据我国有关旅游安全管理的法规制度，加强旅游安全管理必须始终坚持以下基本原则。

1. 坚持"安全第一、预防为主"的原则

为了切实保障旅游者人身、财物安全，在旅游安全工作和管理中，必须始终坚持"安全第一、预防为主"的原则。坚持"安全第一"，要求不论是旅游行政管理部门，还是旅游企业和从业人员，都必须始终把安全工作放在首位，丝毫不得有懈怠的思想和行为。坚持"预防为主"，要求各级旅游行政管理部门、旅游企业和从业人员，必须增强旅游安全责任心，提高旅游风险防范意识，执行旅游安全规章制度，对旅游活动中可能发生的安全事件，一定要做到预防在先，防患于未然。

2. 坚持"统一领导、分级管理、以基层为主"的原则

加强旅游安全管理，必须坚持"统一领导、分级管理、以基层为主"的原则，实行在国家旅游局统一领导下，各级旅游行政管理部门分级管理，旅游企事业单位为主的安全管理体制。国家旅游局在旅游安全管理上，主要制定旅游安全的大政方针，并加强对旅游安全工作的宏观领导、组织协调和检查监督等。各级旅游行政管理部门按照属地原则，结合本地旅游安全管理实际，切实加强对旅游安全工作的组织指导、协调管理和检查监督。所有旅游企事业单位，包括旅行社、旅游饭店、旅游车船公司、旅游景区景点、旅游购物商店、旅游娱乐场所等，是落实旅游安全管理工作措施的基层单位，必须认真贯彻落实旅游安全管理的有关规定，使旅游安全工作落到实处，真正为旅游者提供安全、优质的旅游服务。

3. 坚持"上下协作、部门协调"的原则

加强旅游安全管理，既是旅游全行业的工作目标和任务，也离不开相关行业的支持和

配合，因此必须坚持"上下协作、部门协调"的原则。坚持"上下协作"，要求在制定旅游安全管理法规规章时认真总结各地旅游行政管理部门、旅游企业在实践中积累的丰富经验和成果；在颁布实施各种法规规章前，广泛征求各地方和旅游企业的意见，充分反映地方和旅游企业的合理要求；在贯彻实施旅游安全管理法规规章时，要统一步骤，上下一致，并及时对贯彻落实中的问题、困难予以指导和服务。坚持"部门协调"，要求针对旅游业的服务性、综合性及涉及面广的特征，在进行旅游安全管理过程中主动加强与其他部门的协调和合作，积极争取其他部门的支持和配合，形成旅游安全管理的部门联动机制和协作机制，提高旅游安全管理的效率和效果。

4. 坚持"有法必依、执法必严、违法必究"的原则

旅游安全管理必须逐步制度化和法制化。一方面，加强旅游安全管理的法规体系建设，使旅游安全管理做到有法可依；另一方面，加大旅游安全普法教育力度，加强对旅游法规制度的贯彻落实，严格按照旅游安全管理法规制度的要求，做到执法必严、违法必究。

8.2 旅游安全事故及处理

旅游安全事故是指旅游活动的过程中凡涉及旅游者人身、财产安全的事故。旅游安全事故划分为轻微事故、一般事故、重大事故和特大事故四个等级。导游人员在带团旅游中，如果发生了旅游安全事故，导游人员应当立即向其所属旅行社和当地旅游行政管理部门报告。当地旅游行政管理部门在接到旅游安全事故报告后，要尽快向当地人民政府报告。单位负责人接到事故报告后，应当迅速采取有效措施，组织抢救，防止事故扩大，减少人员伤亡和财产损失，并按照国家有关规定立即如实报告当地负有安全生产监督管理职责的部门，不得隐瞒不报、谎报或者拖延不报，不得故意破坏事故现场、毁灭有关证据。地方旅游行政管理部门和有关旅游经营单位及人员应当保护现场和实施救援，并采取有效措施，妥善处理善后事宜。发生旅游事故，应当查明事故性质和责任，总结事故教训，提出整改措施，并对事故责任者提出处理意见。

8.2.1 相关基础概念

旅游安全事故是指在旅游活动的过程中凡涉及旅游者人身、财产安全的事故。

旅游安全特大事故是指造成特别重大人身伤亡或者巨大经济损失及性质特别严重、产生重大影响的安全事故。

8.2.2 旅游安全事故等级划分

旅游安全事故划分为轻微事故、一般事故、重大事故和特大事故 4 个等级。

1. 旅游安全轻微事故

旅游安全轻微事故是指一次事故造成旅游者轻伤，或者经济损失在 1 万元以下的旅游安全事故。

2. 旅游安全一般事故

旅游安全一般事故是指一次事故造成旅游者重伤，或者经济损失在1万元以上(含1万元)10万元以下的旅游安全事故。

3. 旅游安全重大事故

旅游安全重大事故是指一次事故造成旅游者死亡或旅游者重伤致残，或经济损失在10万元以上(含10万元)100万元以下的旅游安全事故。

4. 旅游安全特大事故

旅游安全特大事故是指一次事故造成旅游者死亡多名，或者经济损失在100万元以上，或者性质特别严重、产生重大影响的旅游安全事故。例如，公路和其他发生一次死亡30人及以上的事故，或者民航客机发生的机毁人亡(死亡40人及以上)事故，或者一次造成直接经济损失100万元及以上的事故，或者一次造成职工或居民100人及以上的急性中毒事故，或者其他性质特别严重、产生重大影响的旅游安全事故。

8.2.3 旅游安全事故的应急救援与调查处理

依照《中华人民共和国安全生产法》、《生产安全事故报告和调查处理条例》、《旅游安全管理暂行办法》、《旅游安全管理暂行办法实施细则》的规定，旅游安全事故发生单位在事故发生后应当按照以下程序处理：

1．事故报告。旅游事故发生后，现场有关人员应立即向本单位和当地旅游管理部门报告。事故发生后，事故现场有关人员应当立即向本单位负责人报告；单位负责人接到报告后，应当于1小时内向事故发生地县级以上人民政府安全生产监督管理部门和负有安全生产监督管理职责的有关部门报告。情况紧急时，事故现场有关人员可以直接向事故发生地县级以上人民政府安全生产监督管理部门和负有安全生产监督管理职责的有关部门报告。单位负责人接到事故报告后，应当迅速采取有效措施，组织抢救，防止事故扩大，减少人员伤亡和财产损失，并按照国家有关规定立即如实报告当地负有安全生产监督管理职责的部门，不得隐瞒不报、谎报或者拖延不报，不得故意破坏事故现场、毁灭有关证据。也就是说，导游人员在带团旅游中，如果发生了旅游安全事故，导游人员应当立即向其所属旅行社和当地旅游行政管理部门报告。当地旅游行政管理部门在接到旅游安全事故报告后，要尽快向当地人民政府报告。特别重大事故、重大事故逐级上报至国务院安全生产监督管理部门和负有安全生产监督管理职责的有关部门；较大事故逐级上报至省、自治区、直辖市人民政府安全生产监督管理部门和负有安全生产监督管理职责的有关部门；一般事故上报至设区的市级人民政府安全生产监督管理部门和负有安全生产监督管理职责的有关部门。每级上报的时间不得超过2小时。

2．保护现场和实施救援。旅游事故发生后，事故现场人员和有关单位严格保护现场，协同有关部门进行抢救。地方旅游行政管理部门和有关旅游经营单位及人员要积极配合公安、交通、救护等有关方面，组织对旅游者进行紧急救援，并采取有效措施，妥善处理善后事宜。任何单位和个人都应当支持、配合事故抢救，并提供一切便利条件。

3．事故调查。事故调查应当按照实事求是、尊重科学的原则，及时、准确地查清事故原因，查明事故性质和责任，总结事故教训，提出整改措施，并对事故责任者提出处理意见。经调查确定为责任事故的，除了应当查明事故单位的责任并依法予以追究外，还应当查明对安全生产的有关事项负有审查批准和监督职责的行政部门的责任，对有失职、渎职行为的，依法追究法律责任。特别重大事故由国务院或者国务院授权有关部门组织事故调查组进行调查。重大事故、较大事故、一般事故分别由事故发生地省级人民政府、设区的市级人民政府、县级人民政府负责调查。省级人民政府、设区的市级人民政府、县级人民政府可以直接组织事故调查组进行调查，也可以授权或者委托有关部门组织事故调查组进行调查。未造成人员伤亡的一般事故，县级人民政府也可以委托事故发生单位组织事故调查组进行调查。

事故调查组履行下列职责：
(1) 查明事故发生的经过、原因、人员伤亡情况及直接经济损失；
(2) 认定事故的性质和事故责任；
(3) 提出对事故责任者的处理建议；
(4) 总结事故教训，提出防范和整改措施；
(5) 提交事故调查报告。

事故调查组应当自事故发生之日起60日内提交事故调查报告；特殊情况下，经负责事故调查的人民政府批准，提交事故调查报告的期限可以适当延长，但延长的期限最长不超过60日。事故调查报告报送负责事故调查的人民政府后，事故调查工作即告结束。事故调查的有关资料应当归档保存。

4．事故处理。有关机关应当按照人民政府的批复，依照法律、行政法规规定的权限和程序，对事故发生单位和有关人员进行行政处罚，对负有事故责任的国家工作人员进行处分。事故发生单位应当按照负责事故调查的人民政府的批复，对本单位负有事故责任的人员进行处理。负有事故责任的人员涉嫌犯罪的，依法追究刑事责任。事故发生单位应当认真吸取事故教训，落实防范和整改措施，防止事故再次发生。防范和整改措施的落实情况应当接受工会和职工的监督。

案例 8.1

因车速过快游客在汽车上受伤案

案情简介：

2008年4月，一旅游团参加某旅行社组织的旅游活动，他们乘坐的大客车行驶在崎岖不平的山路上，行至一急转弯时，司机并没有放慢速度，使车碰在崖壁上，坐在车窗边的一位旅客头部被撞伤，因诊治无效，致使右脸面部神经麻痹。据查，大客车在山路行驶时，车体颠簸厉害，而车上的导游人员并未作任何警示也未采取必要的措施(如让司机减速而行)。事后，该游客向旅行社提出索赔要求。但旅行社认为此事属于意外事故，因该旅客并没购买旅游意外保险，所以不能得到赔偿。

(案例来源：http://zhidao.baidu.com/question/8963563.html)

案例评析：

(1)《旅行社条例》第三十九条规定，"旅行社对可能危及旅游者人身、财产安全的事项，应当向旅游者作出真实的说明和明确的警示，并采取防止危害发生的必要措施"。旅游客车在山上行驶，导游人员既没有提醒司机放慢车速，也没有警示游客注意安全，而且司机在转弯时也没有放慢车速。因此，导游人员和司机应对该事故负主要责任。而导游是旅行社的代表，所以这次事故属于旅行社的责任事故，不属于旅游意外事故。

(2) 旅行社应当对受伤游客进行赔偿，但该旅行社已投保了旅行社责任保险，那么这次事故的赔偿责任就应由保险公司来承担。赔偿项目应包括受伤游客因治疗支出的交通、医药费用，近亲探望需支出的交通费、住宿费用，误工补助，残疾补助费。

(3)《旅行社责任保险管理办法》第二条规定"在中华人民共和国境内依法设立的旅行社，应当依照《旅行社条例》和本办法的规定，投保旅行社责任保险"。《旅行社条例》第四十九条规定，"违反本条例的规定，旅行社不投保旅行社责任险的，由旅游行政管理部门责令改正；拒不改正的，吊销旅行社业务经营许可证"。有关部门应当加强监督检查，对拒不投保旅行社责任保险的旅行社进行行政处罚。

8.2.4 外国游客在华旅游期间重大伤亡事故的处理

当处理外国旅游者重大伤亡事故时，应当特别注意下列事项。

(1) 立即通过外事管理部门通知有关国家驻华使馆和组团单位。
(2) 为前来了解、处理事故的外国领事馆人员和组团单位及伤亡者家属提供方便。
(3) 与有关部门协调，为国际急救组织前来参与对国外投保的旅游者(团)的伤亡处理提供方便。
(4) 对在华死亡的外国旅游者严格按照中华人民共和国外交部《外国人在华死亡后的处理程序》办理。
(5) 对于外国旅游者的赔偿，按照国家有关保险规定妥善处理。

8.3 旅游治安与消防管理

旅游景区是一个服务性的单位，在向游客提供优质的服务同时，应当确保其在游乐时人身、财产的绝对安全，这样才能使景区步入良性发展之路，取得更好的经济效益与社会效益。倘若因管理的疏忽或项目的缺陷，导致游客或景区服务人员的人身、财产安全受到伤害，这对景区旅游来说将是一个毁灭性的打击。治安好，旅业兴。1987年经国务院批准，公安部发布了《旅馆业治安管理办法》，这是我国旅游住宿业治安管理的基本行政法规。开办歌舞、游艺、音乐茶座等公共娱乐服务场所的，必须遵守1999年的《公共娱乐场所消防安全管理规定》、2006年的《娱乐场所管理条例》、2009年的《中华人民共和国消防法》(以下简称《消防法》)、2005年的《中华人民共和国治安管理处罚法》(以下简称《治安管理处罚法》)等法律法规的规定。

8.3.1 相关基础概念

旅游治安管理是指公安机关依照国家法律法规，依靠群众，运用行政手段，维护旅游过程中的治安秩序，保障旅游者与旅游经营者正常进行旅游行为的行政管理活动。

娱乐场所是指向公众开放的、消费者自娱自乐的营业性歌舞、游艺等场所。

重要法条提示

《治安管理处罚法》第六十三条规定："有下列行为之一的，处警告或者二百元以下罚款；情节较重的，处五日以上十日以下拘留，并处二百元以上五百元以下罚款：(一)刻划、涂污或者以其他方式故意损坏国家保护的文物、名胜古迹的；(二)违反国家规定，在文物保护单位附近进行爆破、挖掘等活动，危及文物安全的。"

8.3.2 旅游住宿业的治安与消防管理制度

1. 旅馆业开办的治安与消防管理规定

《旅馆业治安管理办法》规定，开办旅馆，其房屋建筑、消防设备、出入口和通道等，必须符合消防法规的有关规定，未经消防安全检查或者经检查不符合消防安全要求，不得投入使用、营业。开办旅馆必须具备必要的防盗安全设施。旅游住宿企业开办应当经主管部门审查批准，经当地公安机关签署同意，向工商行政管理部门申请登记，领取营业执照后，才可以开业。经批准开业的旅馆，如有歇业、转业、合并、迁移、改变名称等情况，也应当在工商行政管理部门办理变更登记后3日内，向当地的县、市公安局、公安分局备案。

2. 旅馆业经营的治安与消防管理规定

旅馆业的经营，必须遵守国家的法律，建立治安与消防安全管理制度。

(1) 旅馆企业应当履行下列消防安全职责：建立健全消防安全责任制，制定本单位的消防安全制度、消防安全操作规程，制定灭火和应急疏散预案；按照国家标准、行业标准配置消防设施、器材，设置消防安全标志，并定期组织检验、维修，确保完好有效；对建筑消防设施每年至少进行一次全面检测，确保完好有效，检测记录应当完整准确，存档备查；保障疏散通道、安全出口、消防车通道畅通，保证防火防烟分区、防火间距符合消防技术标准；组织防火检查，及时消除火灾隐患；组织进行有针对性的消防演练；法律、法规规定的其他消防安全职责。旅馆企业的主要负责人是本单位的消防安全责任人。

(2) 旅馆企业必须设置治安保卫组织或者指定安全人员及防盗、消防设施，并确保完好有效。客房房门应当装置防盗链、应急疏散图，卫生间内应当采取有效的防滑措施。客房内应当放置服务指南、住宿须知和防火指南。有条件的应当安装客房电子门锁和公共区域安全监控系统。

(3) 住宿登记制度。为了加强治安管理，《旅馆业治安管理办法》规定，旅馆接待旅客必须登记。旅客住店登记时，旅馆必须查验旅客的身份证件，并要求旅客按规定的项目如实登记；在接待境外旅客住宿时，除了要履行上述查验身份证件、如实登记规定项目外，旅馆还应当在24小时内向当地公安机关报送住宿登记表。

(4) 旅客财物保管制度。《旅馆业治安管理办法》规定：旅馆业必须设置旅客财物保管箱、保管柜或保管室、保险柜，指定专人负责保管工作。对旅客寄存的财物，要建立严格完备的登记、领取和交接制度。旅馆对旅客遗留的物品，应当加以妥善保管，并根据旅客登记所留下的地址，设法将遗留物品归还原主；如果遗留物品的客人不明，则应当揭示招领。经招领3个月后仍然无人认领的，则应当登记造册，送当地公安机关按拾遗物品处理。对于旅客遗留物品中的违禁物品和可疑物品，旅馆应当及时报告公安机关处理。

(5) 旅客不得非法携带枪支、弹药、管制器具，或者携带爆炸性、易燃性、毒害性、放射性、腐蚀性等危险物品和传染病病原体进入旅馆。旅馆在经营中，如果发现旅客将违禁的易燃、易爆、剧毒、腐蚀性和放射性等危险物品带入旅馆，那么必须加以制止并及时报告公安机关处理，以避免安全事故的发生。如果发现旅客非法携带枪支、弹药、管制器具，应当及时报告公安机关。

(6) 旅馆内，不得酗酒滋事、大声喧哗，影响他人休息。旅客出入客房要锁门，旅客不得私自调换或转租，不得转让房间、床位，不得留宿客人，特殊情况必须报告值班服务员。

(7) 严禁在酒店、宾馆内打架斗殴、赌博、吸贩毒品、卖淫、嫖娼、传播淫秽物品、传播封建迷信等违法犯罪活动。酒店、宾馆不得向客人和客房提供赌博场地和工具及其他犯罪场所。

(8) 旅馆应当加强对楼层的治安管理，严防不法分子进入客房作案。旅馆工作人员发现游客违法行为应当及时向公安机关举报。如果发现违法犯罪分子、形迹可疑的人员和被公安机关通缉的罪犯，应当立即向公安机关报告，不得知情不报或隐瞒包庇，否则公安机关可以酌情予以处罚。

另外，旅游部门要同公安机关密切合作，各地旅游部门和旅游住宿企业要及时掌握内部及周围环境中的不安全因素，研究采取相应的对策，并主动向公安机关通报情况。公安机关要及时将当地社会治安状况和需要注意防范的问题向旅游部门和旅游住宿企业通报。

重要法条提示

《消防法》第二条规定："消防工作贯彻预防为主、防消结合的方针，按照政府统一领导、部门依法监管、单位全面负责、公民积极参与的原则，实行消防安全责任制，建立健全社会化的消防工作网络。"

案例8.2

游客贵重财物丢失要求赔偿案

案情简介：

游客庞某去大江饭店洗澡。因庞某带有人民币3 000余元现金和2 000余元债券及贵重手表等物，其要求该浴室服务员为其代为收藏保管，可该服务员借故推托。庞某无奈只好将这些财物与衣服放入更衣箱内锁好。待其洗澡完毕回到更衣室时发现自己的更衣箱门大开，衣物等均不翼而飞，于是立即与服务员和饭店负责人交涉。但该饭店以浴室服务与住宿服务不同，在保管贵重物品方面承担的义务不尽一致，特别是对非住宿外来洗澡顾客无专门保管制度为由，不同意承担赔偿责任。为此，庞某向法院起诉，要求处理。

问题：法院该如何处理这一案例？

(案例来源：http://qualitytourism.cnta.gov.cn/NewsDetail.aspx?newsID=3d82a33c-4dfc-4455-9ebb-1e7d88aacc94)

案例评析：

(1)《旅馆业治安管理办法》规定，旅游饭店应当采取措施，防止客人放置的财产被盗、灭失、毁损。由于饭店的原因造成客人财物被盗、灭失、损毁的，旅游饭店应当承担责任。旅馆业必须设置旅客财物保管箱、保管柜或保管室、保险柜，指定专人负责保管工作。对旅客寄存的财物，要建立严格完备的登记、领取和交接制度。

(2) 大江饭店应当承担赔偿责任。饭店认为浴室服务与住宿服务不同，特别是对非住宿外来洗澡顾客无专门保管制度，该理由不能得到法院的支持。

重要法条提示

《治安管理处罚法》第五十六条规定："旅馆业的工作人员对住宿的旅客不按规定登记姓名、身份证件种类和号码的，或者明知住宿的旅客将危险物质带入旅馆，不予制止的，处二百元以上五百元以下罚款。旅馆业的工作人员明知住宿的旅客是犯罪嫌疑人员或者被公安机关通缉的人员，不向公安机关报告的，处二百元以上五百元以下罚款；情节严重的，处五日以下拘留，可以并处五百元以下罚款。"

8.3.3 旅游饭店的治安与消防管理制度

1. 旅游饭店实行经理负责制

按照规定，饭店的法定代表人或者法人单位的主要负责人是本单位安全工作的第一责任人，对本单位的安全作全面负责，依法履行各项安全职责。

饭店的消防安全责任人应当依照《消防法》规定履行消防安全职责，负责检查和落实本单位防火措施、灭火预案的制定和演练，以及建筑消防设施、消防通道、电源和火源管理等。新建、改建、扩建或者变更内部装修的，其消防设计应当符合国家有关建筑消防技术标准的规定。房产所有者在与其他单位、个人发生租赁、承包等关系后，其消防安全由经营者负责。

2. 旅游饭店治安与消防管理的具体规定

(1) 旅游饭店在使用或者开业前，必须具备消防安全条件，依法向当地公安消防机构申报检查，经消防安全检查合格后，发给《消防安全检查意见书》。公安机关消防机构应当自受理申请之日起10个工作日内，根据消防技术标准和管理规定，对该场所进行消防安全检查。未经消防安全检查或者经检查不符合消防安全要求的，不得投入使用、营业。

(2) 旅游饭店宜设置在耐火等级不低于二级的建筑物内；已经核准设置在三级耐火等级建筑内的，应当符合特定的防火安全要求；不得设置在文物古建筑和博物馆、图书馆建筑内，不得毗连重要仓库或者危险物品仓库；不得在居民住宅楼内改建旅游饭店。旅游饭店与其他建筑相毗连或者附设在其他建筑物内时，应当按照独立的防火分区设置；商住楼内的旅游饭店与居民住宅的安全出口应当分开设置。

(3) 旅游饭店的内部装修设计和施工，应当符合《建筑内部装修设计防火规范》和有关建筑内部装饰装修防火管理的规定。电器产品、燃气用具的产品标准，应当符合消防安全的要求。电器产品、燃气用具的安装、使用及其线路、管路的设计、敷设、维护保养、检测，必须符合消防技术标准和管理规定。

(4) 旅游饭店应当按照《建筑灭火器配置设计规范》配置灭火器材，设置报警电话，保证消防设施、设备完好有效。负责公共消防设施维护管理的单位，应当保持消防供水、消防通信、消防车通道等公共消防设施的完好有效。

(5) 旅游饭店的安全出口数目、疏散宽度和距离，应当符合国家有关建筑设计防火规范的规定。安全出口处不得设置门槛、台阶，疏散门应向外开启，不得采用卷帘门、转门、吊门和侧拉门，门口不得设置门帘、屏风等影响疏散的遮挡物。安全出口、疏散通道和楼梯口应当设置符合标准的灯光疏散指示标志。

(6) 加强电气防火安全管理，及时消除火灾隐患。不得超负荷用电，不得擅自拉接临时电线。严禁在营业时进行设备检修、电气焊、油漆粉刷等施工、维修作业。严禁带入和存放易燃易爆物品。按照有关电气安全规程的规定，定期对电气设备、开关、线路、照明灯具、镇流器等进行检查，凡不符合安全防火要求的要及时维修和更换。经常检查用电设备是否老化、损坏、液化气是否外漏，发现问题及时解决；电视机、空调使用后一定要关闭电源开关，不得长时间处于待机状态。

(7) 饭店经常进行消防安全检查，及时发现和整改隐患。加强消防控制室的值班力量，派责任心强、懂操作、经过消防培训的人员上岗，保证自动消防系统昼夜处于监控状态。对自动报警和灭火系统，防、排烟设备，防火门、防火卷帘门和室内外消火栓，消防水泵，消防水箱，消防给水管道等设施要经常检验检修，维护保养，保证完整好用。

(8) 加强写字间、歌舞厅及仓库、汽车库、使用可燃液体和可燃气体等重点部位的检查，发现火险隐患，要坚决督促整改。配电房、火警报警总台、备用发电机和电话总机房要制定安全管理程序，实行 24 小时值班制。锅炉房、中央空调和闭路监控等部位要按照安全程序严格管理，运转时不得脱岗。易燃、易爆等危险物品仓库必须实行严格的消防安全管理。

(9) 旅游饭店应当采取措施，防止客人放置的财产被盗、灭失、毁损。由于饭店的原因造成客人财物被盗、灭失、损毁的，旅游饭店应当承担责任。

(10) 财务部、商场珠宝首饰部、行李寄存处、机要档案室和贵重物品库房等部门和部位，电源线、照明设备和防盗设施，必须按规范和要求安装使用。

(11) 现金、有价证券、珠宝首饰等贵重物品必须存入保险柜过夜。分散收款点的周转金不得超过限额。外出送取巨款必须两人以上解送或由安全保卫部派人用车护送。空白有效票证要按规定保管使用，防止丢失或被盗。

8.3.4 娱乐场所的治安与消防管理制度

2006 年 1 月国务院公布了《娱乐场所管理条例》，自 2006 年 3 月 1 日起施行，这是开办设立娱乐场所必须遵循的规定。

1. 设立娱乐场所的申请与许可

(1) 娱乐场所实行经营许可证制度。娱乐场所不得设在下列地点：①居民楼、博物馆、图书馆和被核定为文物保护单位的建筑物内；②居民住宅区和学校、医院、机关周围；③车站、机场等人群密集的场所；④建筑物地下一层以下；⑤与危险化学品仓库毗连的区域。娱乐场所的边界噪声，应当符合国家规定的环境噪声标准。

(2) 公共娱乐场所宜设置在耐火等级不低于二级的建筑物内；已经核准设置在三级耐火等级建筑内的公共娱乐场所，应当符合特定的防火安全要求。不得在居民住宅楼内改建公共娱乐场所。公共娱乐场所与其他建筑相毗连或者附设在其他建筑物内时，应当按照独立的防火分区设置；商住楼内的公共娱乐场所与居民住宅的安全出口应当分开设置。

(3) 新建、改建、扩建公共娱乐场所或者变更公共娱乐场所内部装修的，其消防设计应当符合国家有关建筑消防技术标准的规定。新建、改建、扩建公共娱乐场所或者变更公共娱乐场所内部装修的，建设或者经营单位应当依法将消防设计图纸报送当地公安消防机构审核，经审核同意方可施工；工程竣工时，必须经公安消防机构进行消防验收；未经验收或者经验收不合格的，不得投入使用。

(4) 公众聚集的娱乐场所在使用或者开业前，必须具备消防安全条件，依法向当地公安消防机构申报检查，经消防安全检查合格后，发给《消防安全检查意见书》，方可使用或者开业。公共娱乐场所的安全出口数目、疏散宽度和距离，应当符合国家有关建筑设计防火规范的规定。安全出口处不得设置门槛、台阶，疏散门应向外开启，不得采用卷帘门、转门、吊门和侧拉门，门口不得设置门帘、屏风等影响疏散的遮挡物。公共娱乐场所在营业时必须确保安全出口和疏散通道畅通无阻，严禁将安全出口上锁、阻塞。疏散通道和楼梯口应当设置符合标准的灯光疏散指示标志。指示标志应当设在门的顶部、疏散通道和转角处距地面一米以下的墙面上。设在走道上的指示标志的间距不得大于20米。公共娱乐场所内应当设置火灾事故应急照明灯，照明供电时间不得少于20分钟。

(5) 公共娱乐场所必须加强电气防火安全管理，及时消除火灾隐患。不得超负荷用电，不得擅自拉接临时电线。

2. 娱乐场所禁止从事的活动

根据《娱乐场所管理条例》规定，娱乐场所内的娱乐活动包含下列内容，应予以禁止。
(1) 违反宪法确定的基本原则的。
(2) 危害国家统一、主权或者领土完整的。
(3) 危害国家安全，或者损害国家荣誉、利益的。
(4) 煽动民族仇恨、民族歧视，伤害民族感情或者侵害民族风俗、习惯，破坏民族团结的。
(5) 违反国家宗教政策，宣扬邪教、迷信的。
(6) 宣扬淫秽、赌博、暴力及与毒品有关的违法犯罪活动，或者教唆犯罪的。
(7) 违背社会公德或者民族优秀文化传统的。
(8) 侮辱、诽谤他人，侵害他人合法权益的。

(9) 法律、行政法规禁止的其他内容。

3. 娱乐场所及其从业人员禁止实施的行为

娱乐场所及其从业人员不得实施下列行为，不得为进入娱乐场所的人员实施下列行为提供条件。

(1) 贩卖、提供毒品，或者组织、强迫、教唆、引诱、欺骗、容留他人吸食、注射毒品。
(2) 组织、强迫、引诱、容留、介绍他人卖淫、嫖娼。
(3) 制作、贩卖、传播淫秽物品。
(4) 提供或者从事以盈利为目的的陪侍。
(5) 赌博。
(6) 从事邪教、迷信活动。
(7) 其他违法犯罪行为。

4. 娱乐场所经营的治安与消防安全管理制度

(1) 娱乐场所的法定代表人或者主要负责人应当对娱乐场所的消防安全和其他安全负责。
(2) 娱乐场所应当确保其建筑、设施符合国家安全标准和消防技术规范，定期检查消防设施状况，并及时维护、更新。娱乐场所应当制定安全工作方案和应急疏散预案。营业期间，娱乐场所应当保证疏散通道和安全出口畅通，不得封堵、锁闭疏散通道和安全出口，不得在疏散通道和安全出口设置栅栏等影响疏散的障碍物。娱乐场所应当在疏散通道和安全出口设置明显指示标志，不得遮挡、覆盖指示标志。
(3) 娱乐场所应当配备专业保安人员，与保安服务企业签订保安服务合同，不得聘用其他人员从事保安工作。
(4) 游艺娱乐场所不得设置具有赌博功能的电子游戏机机型、机种、电路板等游戏设施设备，不得以现金或者有价证券作为奖品，不得回购奖品。
(5) 任何人不得非法携带枪支、弹药、管制器具或者携带爆炸性、易燃性、毒害性、放射性、腐蚀性等危险物品和传染病病原体进入娱乐场所。迪斯科舞厅应当配备安全检查设备，对进入营业场所的人员进行安全检查。
(6) 娱乐场所提供娱乐服务项目和出售商品，应当明码标价，并向消费者出示价目表；不得强迫、欺骗消费者接受服务、购买商品。
(7) 每日凌晨 2 时至上午 8 时，娱乐场所不得营业。歌舞娱乐场所应当在营业场所的出入口、主要通道安装闭路电视监控设备，并保证闭路电视监控设备在营业期间正常运行，不得中断。闭路电视监控录像资料应当留存 30 日备查，不得删改或者挪作他用。
(8) 歌舞娱乐场所不得接纳未成年人。除国家法定节假日外，游艺娱乐场所设置的电子游戏机不得向未成年人提供。娱乐场所不得招用未成年人；招用外国人的，应当按照国家有关规定为其办理外国人就业许可证。
(9) 娱乐场所应当在营业场所的大厅、包厢、包间内的显著位置悬挂含有禁毒、禁赌、禁止卖淫嫖娼等内容的警示标志、未成年人禁入或者限入标志。标志应当注明公安部门、文化主管部门的举报电话。

重要法条提示

《治安管理处罚法》第三十二条规定:"非法携带枪支、弹药或者弩、匕首等国家规定的管制器具的,处五日以下拘留,可以并处五百元以下罚款;情节较轻的,处警告或者二百元以下罚款;非法携带枪支、弹药或者弩、匕首等国家规定的管制器具进入公共场所或者公共交通工具的,处五日以上十日以下拘留,可以并处五百元以下罚款。"

8.4 旅游安全与卫生管理

旅游景区作为整个旅游产业链的重要组成部分,是游客旅游的最终目的地和重要集散地。目前我国共有各种类型的旅游景区 2 万多家,已经占据旅游企业的半壁河山。面临的环境相对复杂,要确保游客和景区员工的人身与财物安全,确保景区能够持续稳定地发展,安全管理是不容忽视的一个重要环节。根据景区实际情况,做好日常安全管理工作,消除存在的各种安全隐患,对危及游人安全的道路、桥梁、护坡、特种设备等方面要优先治理好,防范意外事故的发生,并对突发事件发生后迅速启动应急机制,并进行妥善处理。食物安全直接关系人的生命和健康。从事旅游饭店业的,应当遵守《中华人民共和国食品安全法》(以下简称《食品安全法》)和《中华人民共和国食品安全法实施条例》的规定。从事旅游业的景区、景点、饭店、旅馆、购物商店等应当根据《中华人民共和国安全生产法》、《中华人民共和国消防法》、《中华人民共和国文物保护法》、《风景名胜区条例》、《自然保护区条例》、《风景名胜区安全管理标准》、《游乐园管理规定》、《特种设备质量监督与安全监察规定》等法律、法规,按照"谁主管,谁负责"的原则,加强安全与卫生管理。

8.4.1 相关基础概念

食品安全是指食品无毒、无害,符合应当有的营养要求,对人体健康不造成任何急性、亚急性或者慢性危害。

食品卫生管理是指控制食品生产、加工、储藏、运输等食品生产经营过程中可能存在的有害因素,从而采取保障食品对食用者无害的一切措施。

漂流旅游是指漂流经营企业组织旅游者在特定的水域,乘坐船只、木筏、竹排、橡皮艇等漂流工具进行的各种旅游活动。

8.4.2 旅游景区安全管理制度

(1) 安全信息发布制度。旅游景区应当建立安全信息发布制度,及时向游客提供准确规范的安全信息。通过有线广播、安全须知、宣传手册等形式,及时发布地质灾害、天气变化、洪涝汛情、交通路况、治安形势、流行疫情预防等安全警示信息及游览安全提示信息。

(2) 根据消防、用电及道路交通等有关法律、法规的规定,在景区内设置明显的警示标志,并采取安全措施;完善景区的解说系统,在有条件的区域建设无障碍游览通道;景区内的施工现场应当设置易于识别的安全提示标志;非游泳区、非滑冰区、防火区、禁烟区等区域应当设置明显的禁止标志。

(3) 加强交通管理。旅游景区应当建立交通安全管理制度。游览线路的规划应当符合国家规定的道路交通条件；运营中的游览工具必须符合国家相关质量标准，游览工具的驾驶员应当经过专业技能培训；景区内夜间游览区域应当配备数量充足、功能有效的照明设备。

(4) 加强治安管理。严厉打击违法犯罪活动。景区护园队等安保人员要加强景区内巡视，禁止游商尾随游客兜售商品，保证景区内良好的游览秩序。

(5) 加强游览安全管理。建立游览安全制度，指导工作人员规范操作；在景区内重点部位和危险地域加强安全防护措施；在节假日、黄金周等重点时期设立景区游客安全疏导缓冲区；禁止游客在未开发或无安全保障的地域开展旅游活动。

(6) 特种设备安全管理制度。旅游景区应当建立特种设备安全管理制度，严格执行《特种设备质量监督与安全监察规定》及相关法律、法规的规定，保障特种设备的安全运行和游览活动的有序进行，防止不安全事件发生。

景区应对游乐项目进行定期的检查维修，使项目时时处于安全状态，才能保证游客的人身安全。对景区的游乐项目，应专人负责检查。如果旅游景区能在软件上(安全意识)与硬件上(游乐项目)进行有效的控制，使景区内的项目与人员时时保持最佳的状态，那么也能杜绝事故的发生。

(7) 加强消防管理。旅游景区应当建立消防安全管理制度，保障景区的消防安全。旅游景区应当建立安全用电管理制度，严禁违章用电。

(8) 加强食品安全监管管理。旅游景区应当建立食品安全监管制度。景区内生产和销售食品，应当严格执行《食品安全法》的规定。

(9) 按照有关规定和景区规划容量的测算，将游客数量控制在最佳接待容量之内。风景名胜区要健全制度，定时检查游览道路、安全设施和危险地段，及时维护，排除隐患。对游人集中、情况复杂的地段，要采取措施，积极疏导，并应同铁道、交通等部门密切配合，加强游览活动的组织和计划，使游人量与风景区的合理容量和接待条件相适应。

(10) 旅游景区应当建立大型活动风险管理制度。坚持"谁主办、谁负责"的原则，制定大型活动的安全工作方案和应急预案，防止安全事故发生。

(11) 旅游景区应当建立应急预案制度，根据各类预案配备必要的应急救援物资。意外事件突发后，救援人员能够按照景区应急预案在第一时间启动救援机制，有效开展救援行动。旅游景区应设立预警机制，充分利用人力、财力，使区域内的安全得到体制上的保障。预警机制的建立，能让景区时时保持警惕，并与当地医疗、消防、警察等政府职能部门建立紧密的关系，当景区的安全事故发生时，能在第一时间得到专业人员的支援。

(12) 成立安全小组，培训安全人员。旅游景区应成立安全小组，设立专门的机构，专人领导、专人负责。景区应组织人员定期进行安全训练的实际操作，以培养人员的应变能力及危机处理能力，使景区在处理危机事故时，人员各司其职，保持冷静的心态，沉着应对。即使安全事故发生也能把伤害降到最低。例如，游泳场馆应当在池边设置救生人员，且配备的救生员经过培训合格，持证上岗；对电梯操作人员要进行培训、考核，实行持证上岗制度。

案例 8.3

肇庆砚洲岛游客溺水死亡事故案

案情简介：

2008 年国庆节前夕，广东省职工国际旅行社(以下简称旅行社)接受郑州优德伟业科技发展有限公司广州办事处(以下简称公司)委托，组织该公司 101 名员工前往肇庆西江边的砚洲岛开展为期两天的拓展旅游活动。双方签订的旅游合同特别约定，旅游者不得擅自到西江游泳。开展活动前，旅行社团体部经理与公司负责人勘察了拓展旅游地，该区域有禁止游泳的警示牌。双方在签订旅游合同的基础上，又增加了旅游行程、活动安排、注意事项、有关要求等合同附件。拓展旅游活动按照合同的约定进展顺利。10 月 4 日上午，在游览鼎湖区砚洲岛、用完午餐后，公司负责人与随团导游员协商，给予旅游者 1 小时时间整理行李、稍事休息，下午 4 时集中乘车返回广州。导游员随即宣布自由活动，在告知集合时间的同时，提醒大家不要下西江玩水、游泳。当日下午约 14 时 30 分，七八名旅游者擅自到沙滩戏水。约 14 时 40 分，3 名游客走到水深处突然溺水，大呼"救命"，一名游客获救，两名游客失踪。旅游者拨打 110 报警电话。公安部门接报后，及时赶赴现场，会同海事部门、当地村镇人员搜救。10 月 6 日上午 8 时许，在当地公安、海事、旅游及所在镇政府、村委会等有关单位努力下，于事发现场下游 2 公里处找到两名失踪者遗体。经法医鉴定和公司领导现场确认，死者为该公司委托旅行社组织的赴肇庆旅游的团队成员。

(案例来源：http://travel.people.com.cn/GB/10679691.html)

案例评析：

(1) 事故发生后，肇庆市委、市政府和省旅游局高度重视事件的处理。肇庆市旅游局及时启动旅游突发事件应急预案，主要领导等有关人员，赶赴事发地点，协调相关部门。事发地鼎湖区政府组成了由公安、海事、旅游及所在镇政府村委会等单位参加的工作小组，研究部署事故的善后处理工作。在当地政府及旅游、公安、海事等有关部门和组团社、组团单位的共同努力下，经过与死者家属友好协商，由组团单位代表旅行社、砚洲村委会与死者家属签订协议，每位死者获得经济补偿 10 万元、旅行社为旅游团购买的旅游意外保险 8 万元。死者家属随后返回原籍，事故善后处理结束。

(2) 旅游安全需求是旅游活动的内在要求，决定旅游目的的实现与否。安全保障权是旅游者最基本、最重要的权利。本案旅行社组织的拓展旅游属于依托涉水场所的特种旅游，案发前曾降暴雨，江水泛滥；加之旅游者对水道又不熟悉，虽然设立了严禁下水游泳的警示牌，却没有相应的障碍物阻止游客下水；显然旅行社选择的区域存在安全隐患；自由活动期间，没有安排专人巡视并及时阻止要下水的旅游者。本案中旅游业者和旅游者均缺乏必要的安全意识，是事故发生的不容忽视的原因。

8.4.3 食品卫生安全管理制度

1. 食品生产经营的基本要求

《食品安全法》第二十七条规定，旅游饭店的食品生产经营应当符合食品安全标准，并符合下列要求。

(1) 具有与生产经营的食品品种、数量相适应的食品原料处理和食品加工、包装、储存等场所，保持该场所环境整洁，并与有毒、有害场所及其他污染源保持规定的距离。

(2) 具有与生产经营的食品品种、数量相适应的生产经营设备或者设施，有相应的消毒、更衣、盥洗、采光、照明、通风、防腐、防尘、防蝇、防鼠、防虫、洗涤及处理废水、存放垃圾和废弃物的设备或者设施。

(3) 有食品安全专业技术人员、管理人员和保证食品安全的规章制度。

(4) 具有合理的设备布局和工艺流程，防止待加工食品与直接入口食品、原料与成品交叉污染，避免食品接触有毒物、不洁物。

(5) 餐具、饮具和盛放直接入口食品的容器，使用前应当洗净、消毒，炊具、用具用后应当洗净，保持清洁。

(6) 储存、运输和装卸食品的容器、工具和设备应当安全、无害，保持清洁，防止食品污染，并符合保证食品安全所需的温度等特殊要求，不得将食品与有毒、有害物品一同运输。

(7) 直接入口的食品应当有小包装或者使用无毒、清洁的包装材料、餐具。

(8) 食品生产经营人员应当保持个人卫生，生产经营食品时，应当将手洗净，穿戴清洁的工作衣、帽；销售无包装的直接入口食品时，应当使用无毒、清洁的售货工具。

(9) 用水应当符合国家规定的生活饮用水卫生标准。

(10) 使用的洗涤剂、消毒剂应当对人体安全、无害。

(11) 法律、法规规定的其他要求。

2. 禁止生产的食品

根据《食品安全法》，旅游饭店禁止生产经营下列食品。

(1) 用非食品原料生产的食品或者添加食品添加剂以外的化学物质和其他可能危害人体健康物质的食品，或者用回收食品作为原料生产的食品。

(2) 致病性微生物、农药残留、兽药残留、重金属、污染物质及其他危害人体健康的物质含量超过食品安全标准限量的食品。

(3) 营养成分不符合食品安全标准的专供婴幼儿和其他特定人群的主辅食品。

(4) 腐败变质、油脂酸败、霉变生虫、污秽不洁、混有异物、掺假掺杂或者感官性状异常的食品。

(5) 病死、毒死或者死因不明的禽、畜、兽、水产动物肉类及其制品。

(6) 未经动物卫生监督机构检疫或者检疫不合格的肉类，或者未经检验或者检验不合格的肉类制品。

(7) 被包装材料、容器、运输工具等污染的食品。

(8) 超过保质期的食品。

(9) 无标签的预包装食品。

(10) 国家为防病等特殊需要明令禁止生产经营的食品。

(11) 其他不符合食品安全标准或者要求的食品。

3. 食品卫生安全的具体管理制度

1) 食品卫生管理内控制度

饭店从事食品生产、食品流通、餐饮服务，应当健全本单位的食品安全管理制度，加强对职工食品安全知识的培训，配备专职或兼职食品安全管理人员，做好对所生产经营食品的检验工作，依法从事食品生产经营活动。饭店从事食品生产、食品流通、餐饮服务，应当制定食品安全事故处置方案，定期检查本企业各项食品安全防范措施的落实情况，及时消除食品安全事故隐患。

2) 食品生产经营许可制度

国家对食品生产经营实行许可制度。旅游饭店从事食品生产、食品流通、餐饮服务，应当依法取得食品生产许可、食品流通许可、餐饮服务许可。取得食品生产许可的饭店在其生产场所销售其生产的食品，不需要取得食品流通的许可；取得餐饮服务许可的饭店在其餐饮服务场所出售其制作加工的食品，不需要取得食品生产和流通的许可。

3) 食品生产从业人员健康管理制度

饭店应当建立并执行从业人员健康管理制度。患有痢疾、伤寒、病毒性肝炎等消化道传染病的人员，以及患有活动性肺结核、化脓性或者渗出性皮肤病等有碍食品安全的疾病的人员，不得从事接触直接入口食品的工作。饭店内从事食品生产经营的工作人员每年应当进行健康检查，取得健康证明后方可参加工作。

4) 食品标识管理制度

食品经营者储存散装食品，应当在储存位置标明食品的名称、生产日期、保质期、生产者名称及联系方式等内容；食品经营者销售散装食品，应当在散装食品的容器、外包装上标明食品的名称、生产日期、保质期、生产经营者名称及联系方式等内容。

预包装食品的包装上应当有标签。标签应当标明下列事项：①名称、规格、净含量、生产日期；②成分或者配料表；③生产者的名称、地址、联系方式；④保质期；⑤产品标准代号；⑥储存条件；⑦所使用的食品添加剂在国家标准中的通用名称；⑧生产许可证编号；⑨法律、法规或者食品安全标准规定必须标明的其他事项。

专供婴幼儿和其他特定人群的主辅食品，其标签还应当标明主要营养成分及其含量。

5) 饭店的食品原材料采购和储存管理制度

(1) 食品生产者应当依照食品安全标准关于食品添加剂的品种、使用范围、用量的规定使用食品添加剂；不得在食品生产中使用食品添加剂以外的化学物质和其他可能危害人体健康的物质。

(2) 饭店采购食品原料、食品添加剂、食品相关产品，应当查验供货者的许可证和产品合格证明文件；对无法提供合格证明文件的食品原料，应当依照食品安全标准进行检验；不得采购或者使用不符合食品安全标准的食品原料、食品添加剂、食品相关产品。

(3) 饭店应当建立食品原料、食品添加剂、食品相关产品进货查验记录制度，如实记录食品原料，食品添加剂，食品相关产品的名称、规格、数量，供货者名称及联系方式，进货日期等内容。食品原料、食品添加剂、食品相关产品进货查验记录应当真实，保存期限不得少于两年。

(4) 饭店采购食品，应当查验供货者的许可证和食品合格的证明文件。饭店应当建立食品进货查验记录制度，如实记录食品的名称、规格、数量、生产批号、保质期、供货者名称及联系方式、进货日期等内容。食品进货查验记录应当真实，保存期限不得少于两年。

(5) 饭店应当按照保证食品安全的要求储存食品，定期检查库存食品，及时清理变质或者超过保质期的食品。

(6) 餐饮服务提供者应当制定并实施原料采购控制要求，确保所购原料符合食品安全标准；餐饮服务提供者在制作加工过程中应当检查待加工的食品及原料，发现有腐败变质或者其他感官性状异常的，不得加工或者使用。

(7) 餐饮服务提供企业应当定期维护食品加工、储存、陈列等设施、设备；定期清洗、校验保温设施及冷藏、冷冻设施。餐饮服务提供者应当按照要求对餐具、饮具进行清洗、消毒，不得使用未经清洗和消毒的餐具、饮具。

6) 食品卫生监督制度

我国《食品安全法》规定：国家实行食品卫生监督制度，国家鼓励和保护社会团体和个人对食品卫生的社会监督，对于违反本法的行为，任何人都有权检举和控告。

7) 食品召回制度

《食品安全法》第五十三条规定："国家建立食品召回制度。食品生产者发现其生产的食品不符合食品安全标准，应当立即停止生产，召回已经上市销售的食品，通知相关生产经营者和消费者，并记录召回和通知情况。食品经营者发现其经营的食品不符合食品安全标准，应当立即停止经营，通知相关生产经营者和消费者，并记录停止经营和通知情况。食品生产者认为应当召回的，应当立即召回。食品生产者应当对召回的食品采取补救、无害化处理、销毁等措施，并将食品召回和处理情况向县级以上质量监督部门报告，食品生产经营者未依照本条规定召回或者停止经营不符合食品安全标准的食品的，县级以上质量监督、工商行政管理、食品药品监督管理部门可以责令其召回或者停止经营。"

4. 食品安全事故调查与处理

(1) 食品生产经营企业应当制定食品安全事故处置方案，定期检查本企业各项食品安全防范措施的落实情况，及时消除食品安全事故隐患。

(2) 食品安全事故的报告制度。发生食品安全事故的饭店应当立即予以处置，防止事故扩大。事故发生单位和接收病人进行治疗的单位应当及时向事故发生地县级卫生行政部门报告。履行食物中毒报告是当事人和接收病人的单位的义务，不报告就是违反法定义务，应负法律责任。农业行政、质量监督、工商行政管理、食品药品监督管理部门在日常监督管理中发现食品安全事故，或者接到有关食品安全事故的举报，应当立即向卫生行政部门通报。发生重大食品安全事故的，接到报告的县级卫生行政部门应当按照规定向本级人民政府和上级人民政府卫生行政部门报告。县级人民政府和上级人民政府卫生行政部门应当按照规定上报。

(3) 任何单位或者个人不得对食品安全事故隐瞒、谎报、缓报，不得毁灭有关证据。县级以上卫生行政部门接到食品安全事故的报告后，应当立即会同有关农业行政、质量监督、工商行政管理、食品药品监督管理部门进行调查处理，并采取下列措施，防止或者减轻社会危害。

① 开展应急救援工作，对因食品安全事故导致人身伤害的人员，卫生行政部门应当立即组织救治。

② 封存可能导致食品安全事故的食品及其原料，并立即进行检验；对确认属于被污染的食品及其原料，责令食品生产经营者依照本法第五十三条的规定予以召回、停止经营并销毁。

③ 封存被污染的食品用工具及用具，并责令进行清洗消毒。

④ 做好信息发布工作，依法对食品安全事故及其处理情况进行发布，并对可能产生的危害加以解释、说明。

案例8.4

游客食物中毒要求赔偿案

案情简介：

某学校34位教师利用假期参加旅游活动，某旅行社安排该教师旅游团入住甲宾馆。第三天，有一位游客在晚餐后呕吐并伴有腹泻，腹部疼痛难忍，导游员及时将其送到医院。随后，除两名游客因在外独自用餐无恙外，另外31名游客均有不同程度的呕吐、腹泻现象，经医院确诊为食物中毒。旅游团投诉到当地卫生防疫部门，经过检验，认定引起游客患病的根源为餐厅提供的食品不符合卫生标准，细菌严重超标。为此，旅游团的行程被迫推迟。事后，甲宾馆负责人承认这次事故是由于其工作失误所致，同意承担游客的经济损失和医疗费用。但是，在旅游结束后很长时间，甲宾馆一直未兑现赔偿承诺。游客遂向旅行社所在地的旅游行政管理部门进行投诉，要求该旅行社赔偿游客的损失。旅行社则辩称，造成游客集体食物中毒的原因是由于甲宾馆工作失误造成的，旅行社也是受害者，不应对游客进行赔偿。

(案例来源：http://www.shangxueba.com/exam/xt-new-26800-1.html)

案例评析：

(1) 旅游者与旅行社签订有合法有效的旅游合同，合同明确规定了旅游团队的用餐标准和用餐质量要求，双方应严格遵守合同约定。因是旅行社所安排的宾馆的饭菜造成旅游者急性肠炎，进而影响了旅游行程，故旅行社应当承担直接责任，赔偿由于食物不洁造成的损失。《旅游法》第七十条规定，"旅行社不履行包价旅游合同义务或者履行合同义务不符合约定的，应当依法承担继续履行、采取补救措施或者赔偿损失等违约责任；造成旅游者人身损害、财产损失的，应当依法承担赔偿责任"。如果在旅游过程中发生质量问题，组团社应先行赔偿旅游者的损失。因旅行社安排的宾馆食品变质造成游客食物中毒，并因此影响了旅游行程，所以旅行社应当承担直接责任，先行向旅游者作出赔偿，包括游客医疗费用、旅游团因集体食物中毒而延迟行程所发生的食宿费用以及延迟行程所造成的其他经济损失。

第8章 旅游安全与卫生管理制度

(2) 旅行社与甲宾馆存在合同关系。在本案中，甲宾馆作为旅游团队的接待单位，不注重食品卫生和饭菜质量是造成此次事故的主要原因，应当承担主要责任，所以旅行社由此造成的损失，应该向甲宾馆进行追偿。甲宾馆除了承担全部赔偿费用外，还要接受当地旅游行政管理部门与卫生管理部门的行政处罚。

8.4.4 道路交通安全管理的要求

(1) 严格执行交通法规，严格制定景区安全通行制度。

(2) 认真抓好车辆管理，景区内各种机动车辆有保养、检修制度。

(3) 景区内的道路符合规定标准，及时维修，按道路交通管理的有关规定设置标志，保障进路畅通，确保进入风景名胜区的车辆安全行驶。

(4) 游船、缆车、索道、码头等交通游览设施安全管理制度健全，保证运行安全，不发生死亡和重大伤害事故。

(5) 游览设施安全管理制度健全，有专人负责管理，严格遵守操作规程，定期检查。

(6) 在游览危险地段及水域或猛兽出没、有害动植物生长地段，安全防护措施完善，有专人负责，设有必要的提示、警告标志。

(7) 无超容量接待游人现象，无游人挤踩伤亡事故，应急安全救助措施完备。

案例 8.5

强行超车导致西藏 30 名游客伤亡的重大旅游安全事故案

案情简介：

2007 年 7 月 13 日中午，在西藏 318 国道曲水段桃花村境内发生了一起重大旅游交通事故。一辆西藏博达旅游客运公司的金龙牌 37 座旅游大巴(内乘游客 28 人、司机 1 人、导游 1 人)在前往日喀则的途中，行驶至拉萨市曲水县境内，因司机强行超车，导致车辆坠入离路面 80 米的雅鲁藏布江，事故造成包括司机、导游在内的 15 人死亡，两人失踪，13 人受伤。经拉萨市公安局交警支队鉴定，此次事故系江苏籍驾驶员范晓东超速行驶、在超车过程中临危采取措施不当所造成的，驾驶员负全部责任。此次事故是自 1980 年西藏对外开放旅游以来，发生的第一起重大旅游道路交通事故。发生事故的旅游团是一个"拉萨—日喀则 2 日游"散客拼团，游客分别来自四川、河北、陕西、广东、内蒙古、江苏、河南等地，由西藏青年旅行社、西藏中国旅行社、西藏高原散客接待中心及西藏天友交通国际旅行社 4 家旅行社的门市部分别收客，交给西藏赛康旅行社接待，由其负责安排旅游团的两天行程。

案例评析：

(1) 该事故产生重大影响，属于旅游安全重大事故。事故发生后，西藏自治区旅游局迅速启动应急预案，成立了"7.13 事故善后处理领导小组"，积极协调相关部门，妥善处理遇难者家属的接待、重伤员的就地治疗和后期转院、轻伤员治疗后返回原籍、遇难者保险金的赔偿和支付等善后事宜。经过多次协商，涉及事故的旅行社与遇难者家属达成赔付协议，每位遇难者家属获赔 25 万元。轻伤员在拉萨治疗期间的费用和重伤员转往内地治疗的交通费和医疗费及遇难者赔偿金由西藏人保财险支付。2007 年 8 月 20 日，伤员全部陆续出院、转院回内地，遇难者家属领取赔偿后全部返回内地，事故善后处理圆满结束。

(2) 经调查，死亡的司机和导游都是去年上半年进藏的内地人，司机没有达到在西藏驾车 5 年以上才可经营旅游客运的规定，导游也没有办理正式的手续；涉及此次事故的四家旅行社，都是由非法挂靠承包的门市部收的散客拼团而成；旅行社购买责任保险，而旅游者无一购买旅游意外保险；西藏自治区道路险恶，之前西藏的交管部门对司机超时超速驾驶甚至酒后驾车没有严格的监管；此次重大事故是由于司机超速行驶、疲劳驾车、弯道不减速等违规行为而导致的旅游交通事故。旅游交通事故一直是我国旅游安全事故的主要类型，旅游者、旅行社、有关部门应当吸取教训，积极加强监管，避免安全事故发生。

8.4.5 游览安全管理制度

1994 年发布《游艺机和游乐设施安全监督管理规定》；2000 年有关部门制定了《游艺机和游乐设施安全》(GB 8408—2000)；2008 年 8 月 1 日正式实施《游乐设施安全规范》(GB 8408—2008)。针对各种游乐设施的不同特点，还分别制定了国家强制性标准，如《滑道安全规范》(GB 18879—2008)和技术要求、《水上游乐设施通用技术条件》(GB/T 18168—2008)、《蹦极安全技术要求》，涵盖了大型游乐设施设计与制造、操作、检测、维护和术语等多方面内容。2001 年 4 月实施《游乐园管理规定》。为了保证游客及工作人员的安全，促进客运索道事业的健康发展，国家有关部门专门制定了《客运架空索道安全运营与监察规定》。2003 年 6 月 1 日起施行《特种设备安全监察条例》。

1. 游艺机和游乐设施安全管理

游艺机、游乐设施属于特种设备范畴。游艺机和游乐设施的设计和生产，必须符合《游艺机和游乐设施安全》标准及有关安全要求。游艺机、游乐设施安装完毕后，经调试、负荷试验，运转正常，由运营单位的主管部门会同当地公安、劳动、技术监督部门对各项准备工作检查验收后，方可投入运营。游艺机、游乐设施投入使用前应当向地、市级以上质量技术监督行政部门登记。游乐园经营单位应当对游艺机和游乐设施，按照特种设备质量监督和安全监察的有关规定，进行安全运行检查。游乐园(场)等运营单位必须建立完整的单机档案和人员培训档案。游乐园经营单位应当建立游艺机和游乐设施的技术档案和运行状况档案。严禁使用检修或者检验不合格及超过使用期限的游艺机和游乐设施。严禁设备带故障运行。

游乐园筹建单位应当在质量技术监督行政部门对其游艺机、游乐设施登记后，到城市人民政府园林行政主管部门进行游乐园登记。

2. 水上漂流安全管理

漂流旅游是指漂流经营企业组织旅游者在特定的水域,乘坐船只、木筏、竹排、橡皮艇等漂流工具进行的各种旅游活动。

经过规划与管理的漂流是一种有惊无险、参与性强的户外运动型旅游活动,它所具有的惊险刺激而又安全的特点符合现代旅游者,特别是中青年旅游者寻求刺激富于冒险的心理需求。1986年5月湖南省张家界茅岩河首创景区观光性质的漂流专项旅游活动,从此漂流活动在我国得到迅速发展。漂流旅游属特种旅游活动,应当加强漂流旅游安全管理,以保障旅游者人身及财产安全为原则,实行"安全第一、预防为主"的方针。

3. 客运架空索道安全管理

各客运索道站(公司)负责客运索道的安全管理工作。索道站站长(经理)必须持有索道安全管理资格证书,具备该单位客运索道的专业知识和一定的工作经验,对保障索道的安全运营全面负责。索道站必须具有根据安全规范所制定的设备操作规程、各种保障安全运行的有关规定及各类人员的岗位责任制度。

小测试

根据《食品安全法》,发生食品安全事故的饭店应当立即予以处置,防止事故扩大。事故发生单位和接收病人进行治疗的单位应当及时向事故发生地县级(　　)报告。

A. 工商行政管理部门　　　　B. 人民政府
C. 卫生行政部门　　　　　　D. 公安部门

模拟法庭

刘湘渺诉某省德豪旅行社旅游合同纠纷案

案情简介:

2007年9月21日,原告刘湘渺等19人组团参加被告德豪旅行社组织的雁荡山三日游活动,旅游费每人630元。9月22日下午,原告刘湘渺在参加仙溪皮筏漂流过程中,所乘坐的皮筏被激流打翻,随即被卷入深壑中随激流冲击,致原告右手臂受伤,经鉴定构成九级伤残。此后,原、被告双方就赔偿问题协商不成,故原告诉至法院,要求被告德豪旅行社承担违约责任,赔偿原告医疗费35 382元、第二次手术费8 000元、输血费880元、鉴定费700元、误工费23 620元、护理费4 545元、住院伙食补助费440元、交通费197元、营养费2 400元、伤残赔偿金74 720元、旅游费630元,合计151 514元。

本案中诉讼角色:

原告:刘湘渺

被告:某省德豪旅行社

庭审图示：

法官

原告诉称1：旅游合同有效……
原告诉称2：被告应承担违约赔偿责任……
原告诉称3：赔偿 151 514……

被告辩称1：原告伤害是第三人造成……
被告辩称2：被告对原告伤害无过错……
被告辩称3：原告以第三人侵权事实主张被告违约缺乏事实和法律依据……

原告诉称1：旅游合同有效。

原告诉称2：被告应承担违约赔偿责任。

原告诉称3：赔偿金额为医疗费35 382元、第二次手术费8 000元、输血费880元、鉴定费700元、误工费23 620元、护理费4 545元、住院伙食补助费440元、交通费197元、营养费2 400元、伤残赔偿金74 720元、旅游费630元，合计151 514元。

被告辩称1：原被告之间存在合同关系，但原告伤害是第三人造成。

原被告之间存在有效合同关系，原告依约支付旅游费用，被告对原告在仙溪皮筏漂流中受伤，但是造成原告损伤的是浙江省乐清市仙溪双仙漂流公司，故原告人身受到伤害的赔偿责任应当由漂流公司承担。

被告辩称2：被告对原告伤害无过错，不应承担责任。

被告对原告伤害无过错，被告旅行社不应为第三人造成原告的侵害承担赔偿责任。

被告辩称3：原告以第三人侵权事实主张被告违约缺乏事实和法律依据。

原告选择合同之诉，原被告双方的责任承担应当按照合同约定确定。但是，原告对于其损失的罗列均基于《侵权责任法》规定。原告基于第三人侵权事实来主张被告承担违约责任缺乏事实和法律依据，故请求法院驳回原告诉讼请求。

法院审理查明：

法院经审理查明：2007年9月21日，原告等人与被告签订《江苏省国内旅游合同》一份，约定被告组织原告等一行19人参加雁荡山三日游活动，旅游费为每人630元，并约定被告赠送原告个人意外保险一份。同年9月22日，原告在仙溪旅游景点参加皮筏漂流活动中，因乘坐皮筏被激流打翻，导致原告受伤。事发后，原告被送至浙江省温州市第一人民医院救治，被诊断为右臂肱骨近端骨折。后因该医院有利条件受限，原告于9月23日凌晨回宁入住江苏省人民医院治疗，于9月29日行右肱骨近端骨折切开复位LCP内固定术，后于同年10月12日出院，出院诊断：术后1个月门诊复查；继续石膏外固定，三角巾悬吊；休假3个月。原告在温州发生的医药费已由当地旅行社支付，在江苏省人民医院发生医药费35 300元(含护理费174.4元)，其中基本医疗保险统筹基金支付19 458元，原告实际支付15 842元。原告在宁住院期间，被告向原告支付5 000元。2008年9月23日，南京医科大学司法鉴定所接受江苏中山明镜律师事务所的委托，对原告的伤残等级进行鉴定，结论为"刘湘渺右肩关节功能丧失50%以上构成九级伤残"，原告支付鉴定费700元。2008年12月30日，原告以被告提供的旅游产品造成其人身损害为由向本院起诉，要求被告承担违约责任，赔偿各项损失151 514.29元。被告旅行社已依法投保旅行社责任保险(国内游客最高赔偿限额8万元)，并赠送原告个人旅游意外险(最高赔偿10万元)，原、被告至今未办理上述保险理赔事宜。

法院裁判理由：

法院认为：

(1) 原、被告之间有旅游服务合同关系存在。原、被告间是旅游合同关系，根据双方签订的旅游合同，被告作为旅游经营者，保障游客人身、财物的安全，防止危害的发生是旅行社应承担的合同义务。刘湘渺在旅游过程中受到人身损害，可以按照旅游服务合同追究合同相对方的违约责任。如果基于侵权关系与合同关系而产生请求权的竞合，那么权利人有权做出选择。

(2) 旅游服务提供者应当为旅游者提供符合保障人身、财产安全需要的服务，对有可能危及旅游者人身、财物安全的旅游项目，应当事先向旅游者作出说明和警示。旅游服务提供者未履行告知、警示义务给旅游者造成人身财产损失的，应依据其过错程度，承担赔偿责任。真实的说明和明确的安全警示是旅行社的强制义务，没有履行该义务肯定要承担责任。被告旅行社在溪水较深的情形下，未向游客做出真实的说明和明确的安全警示，也未能给游客配齐相应安全设备，安排原告一人独自参与漂流，客观上导致原告在漂流过程中发生意外的风险增加，故其在履行旅游合同中未完全尽到保障游客人身安全的合同义务。

(3) 原告系完全民事行为能力人，具有一定人生阅历和经验，对在旅游过程中可能出现的危险应当具有一定认知，其在明知被告安排其独自一人漂流且配套设施不齐备的情况下仍选择参与该旅游项目，疏于对自身安全利益的注意，故对损害结果的发生也应承担部分责任。原告明知单数、水涨、没有配备安全帽等危险隐患不是跟导游联系或者跟漂流公司协商解决而是坚持上船参加漂流,原告有重大过错。原告应当承担的违约责任的赔偿范围应为原告人身损害所受损失的50%为宜。

(4) 原告本次所受的损失包括医疗费、护理费、住院伙食补助费、交通费、鉴定费、误工费,而营养费不予赔偿。另原告被评定为九级伤残,其因此事故受到的人身伤害对其生活造成了一定影响,故残疾赔偿金也应包括在原告所受损失赔偿范围之内。原告主张的各项损失费用按照天数与标准合计为104 770.23元,被告应赔偿原告52 385.12元,被告已付的5 000元应从中扣除,被告仍需赔偿原告各项损失47 385.12元。

法院判决如下:

(1) 被告南京某某旅行社有限公司于本判决生效之日起15日内赔偿原告52 385.12元,扣除被告南京某某旅行社有限公司已付的5 000元,仍需赔偿原告刘某某47 385.12元。如果被告迟延支付赔偿金额,则应当支付迟延利息。

(2) 本案受理费3 154元,由原告刘某某承担1 577元,被告南京某某旅行社有限公司负担1 577元。

(案例来源:http://www.17u.net/news/newsinfo_230753.html,有改动)

本章小结

通过本章的学习,了解熟悉旅游安全管理的基本原则、各级旅游行政管理部门及基层旅游安全组织的安全管理职责、旅游安全事故的级别及处理程序。尝试用旅游食品安全管理制度和游览安全管理制度的相关规定来辨析旅游活动中的安全问题及其责任承担问题,区分安全级别、处理程序及处理结果,最大限度维护国内外旅游者的合法权益。

关键术语

旅游安全事故　重大责任事故　旅游食品卫生安全　漂流安全

习题

1. 名词解释

(1) 食品卫生管理　(2) 娱乐场所　(3) 旅游安全事故　(4) 旅游安全重大事故　(5) 漂流旅游

2. 单选题

(1) 某旅行社组团到一个风景区旅游,组织多名游客乘坐景区的游艇游玩,由于天气突变,突降暴雨致使游艇沉没,造成5人死亡、多人受伤的严重后果,这个属于(　　)。

　　A. 一般事故　　B. 重大事故　　C. 轻微事故　　D. 特大事故

(2) 《旅游安全管理暂行办法》规定,旅游安全管理应当贯彻的方针是(　　)。

　　A. 安全为了生产、生产必须安全

B. 统一指导、分级管理、以基层为主
C. 安全第一、预防为主
D. 预防第一、安全为主

(3) "受理本地区涉及旅游安全问题的投诉"是( )的安全管理工作职责。
A. 国家旅游行政管理部门　　　　　B. 县级以上地方旅游行政管理部门
C. 旅游安全管理工作的基层单位　　D. 省市旅游行政管理部门

(4) "负责为旅游者投保"是( )的安全管理工作职责。
A. 国家旅游行政管理部门　　　　　B. 县级以上地方旅游行政管理部门
C. 旅游安全管理工作的基层单位　　D. 省市旅游行政管理部门

(5) 旅游安全轻微事故是指一次事故造成旅游者轻伤，或者经济损失在( )元以下者。
A. 1万　　　　B. 5万　　　　C. 1 000　　　　D. 10万

(6) 旅游安全一般事故是指一次事故造成旅游者重伤，或者经济损失在( )元者。
A. 1万至10万(含1万)　　　　　B. 1万至10万(含10万)
C. 1万至5万(含1万)　　　　　　D. 1 000元至1万

(7) 旅游安全重大事故是指一次事故造成旅游者死亡或旅游者重伤致残，或经济损失在( )元者。
A. 1万至10万(含1万)　　　　　B. 1万至10万(含10万)
C. 10万至100万(含10万)　　　　D. 10万至100万(含100万)

(8) 旅游安全特大事故是指一次事故造成旅游者死亡多名，或者经济损失在( )元以上，或者性质特别严重、产生重大影响者。
A. 10万　　　　B. 50万　　　　C. 100万　　　　D. 1 000万

3. 多选题

旅游基层单位所指的企事业单位有( )。
A. 旅行社和旅游饭店　　　　　B. 旅游汽车和游船公司
C. 旅游购物商店　　　　　　　D. 旅游局

4. 实训题

2009年6月，陈先生随旅游团到A市旅游，在定点餐厅用餐时，由于餐厅地板有水滑倒，当时只感到脚部轻微疼痛，并未在意，继续随团旅游。但是，不久陈先生觉得伤势加重，不能行走，遂要求餐厅赔偿。

问题：
(1) 餐厅是否应当对程先生的损害进行赔偿？
(2) 程先生要求餐厅赔偿有何法律依据？

第9章 旅游资源保护与管理制度

知识要点	掌握程度	相关知识
1. 旅游资源	了解	旅游资源的概念及分类；旅游资源开发的一般原则；旅游景区等级划分
2. 文物保护与管理制度	熟悉掌握	文物的级别；文物的所有权；文物受保护的范围；文物保护与管理措施；违反文物保护法的法律责任
3. 历史文化名城名镇名村保护制度	熟悉掌握	历史文化名城、名镇、名村保护的相关规定
4. 自然保护区的保护与管理制度	重点掌握	自然保护区的概念、区域划分；自然保护区保护与管理的具体措施
5. 风景名胜区的保护与管理制度	重点掌握	风景名胜区的概念、级别划分；风景名胜区保护与管理的具体规定
6. 世界文化遗产的保护	熟悉了解	世界文化遗产保护的具体规定

技能要点	能力要求	应用方向
1. 文物保护与管理	熟悉掌握	运用文物保护与管理规定解决实际问题
2. 历史文化名城名镇名村保护	熟悉掌握	运用历史文化名城名镇名村保护规定解决实际问题
3. 自然旅游资源保护与管理	重点掌握	运用自然保护区、风景名胜区的保护与管理规定解决实际问题

导入案例

案情简介：

"深山藏古寺，碧溪锁少林"。作为"天下第一名刹"的少林寺是"禅宗祖庭"和"少林武术发源地"，历来备受关注，电影《少林寺》，更使这里成为国内外游客重要的旅游目的地之一。2007年嵩山少林景区被正式批准为"国家5A级旅游景区"。2010年8月1日，包括少林寺、中岳庙、会善寺等在内的登封"天地之中"历史建筑群，正式被联合国教科文组织列为世界文化遗产。2009年年底香港中旅国际投资有限公司(下称港中旅)正式入主嵩山景区(包括少林景区、嵩阳景区和中岳景区)，负责嵩山景区的管理和经营。2011年10月，全国旅游景区质量等级评定委员会对景区进行暗访，发现曾经风光的少林寺呈现一片乱象，距离5A级旅游景区标准差别较大，接着下达"整改通知"，如果2012年3月底以前整改仍不合格就有可能被摘掉5A景区的牌子。

少林寺周边景区的开发主体很多，负责嵩山景区的管理和经营的港中旅公司被指责只顾着赚钱，过度商业开发，导致少林寺景区的脏乱差，伤害了"少林"品牌。据悉，少林寺对面的"十方禅院"是郑州市盐业公司和登封市商业局合资兴建的，后来"改制"给了个人，原本是一个免费景点，但里面却有很多诱人花钱的项目，比如数罗汉、算命；位于嵩山景区西南方的"三皇寨禅院",属于少林寺的下院,不久前还开山炸石、毁树建房;全国重点文物保护单位"嵩阳书院"对面,一个大面积的违章建筑目前已经停工;全国重点文物保护单位"会善寺"内的部分房间被租给其他人员使用;登封市大禹路与环山路交叉口,一个豪华别墅区"嵩山一号"已经建成,但此处属于嵩山景区保护范围之内……

"天下第一名刹"少林寺,失去的显然不只是清净。当然,少林景区的问题绝不是个例,可以说,过度商业开发也是国内许多景区的通病。

(案例来源:http://finance.cnr.cn/dujia/201201/t20120131_509109029.shtml)

问题:

(1) 何为世界文化遗产?
(2) 何为5A级景区?
(3) 嵩山少林寺景区内占地建房未经过审批是否符合规定?

案例评析:

(1) 世界文化遗产是指具有历史学、美学、考古学、科学、民族学或人类学价值的纪念地、建筑群和遗址。具体包括以下3类:①文物。从历史、艺术和科学角度看,具有突出的普遍价值的建筑物、碑雕和碑画,具有考古意义的成分或结构,铭文、窟洞及联合体。②建筑群。从历史、艺术或科学角度看,在建筑式样、分布均匀或与环境景色结合方面具有突出的普遍价值的单立或连接的建筑群。③遗址。从历史、审美、人种学或人类学角度看,具有突出的普遍价值的人类工程或自然与人联合工程及考古地址等地方。

(2) 根据旅游景区质量等级划分条件确定旅游景区质量等级并划分为五级,从高到低依次为5A、4A、3A、2A、1A级旅游区(点)。5A级景区是旅游景区质量的最高级别。5A级旅游景区由省级旅游景区质量等级评定委员会推荐,全国旅游景区质量等级评定委员会组织评定。按照《服务质量与环境质量评分细则》、《景观质量评分细则》的评价得分,并结合《游客意见评分细则》的得分综合评定旅游景区质量等级。经评定合格的各质量等级旅游景区,由全国旅游景区质量等级评定机构向社会统一公布。

(3) 嵩山少林寺景区内占地建房未经过审批不符合规定。旅游业具有文化性,并不纯粹是一个经济型产业。景区过度商业化,无序经营,忽视管理,必然影响景区的信誉。作为景区的经营管理者,应该认识到旅游者满意度提升才是景区发展的基础,注重景区整体发展规划,加强景区环境保护与管理是长远发展之计。国家风景名胜区内严禁私挖乱建,三皇寨禅院及豪华别墅区"嵩山一号"位于国家级风景名胜区内,其占地建房,包括恢复性建设都必须报经住房和城乡建设部批准。

9.1 旅游资源保护与管理的概述

旅游资源是旅游活动的客体,是旅游业发展的前提和基础,是现代旅游业不可或缺的三大要素之一。广义地说,凡是可以吸引旅游者的一切资源,都可以纳入旅游资源的范畴,包括人文资源和自然资源。《旅游资源分类、调查与评价》(GB/T 18972—2003)和《旅游区(点)质量等级的划分与评定》(GB/T 17775—2003)对旅游资源的定义:旅游资源是指自然界和人类社会凡能对旅游者产生吸引力,可以为旅游业开发利用,并可产生经济效益、社会效益和环境效益的各种事物和因素。旅游资源是自然与人文景观的实体,有自然旅游资源和人文旅游资源之分。在旅游过程中旅游者通过游览、考察、参观可以获得知识,开阔眼界,赏心悦目,陶冶情操,并得到美感享受和精神乐趣。旅游资源法律法规是国家对旅游资源保护、开发和利用的各种法律、法规和规章的总称。2013年4月25日颁布《旅游法》。另外,旅游开发方面,还有《旅游规划通则》(GB/T 18971—2003)、《风景名胜区规划规范》(GB 50298—1999);自然资源保护方面,还有《中华人民共和国环境保护法》(1989年)、《中华人民共和国森林法》(1998年,以下简称《森林法》)、《中华人民共和国森林法实施条例》(2011年)、《中华人民共和国草原法》(2002年)、《中华人民共和国野生动物保护法》(2004年)、《旅游景区质量等级评定管理办法》(2005年)、《旅游景区质量等级管理办法》(2012年)、《风景名胜区条例》(2006年)、《中华人民共和国自然保护区条例》(2011年,以下简称《自然保护区条例》);人文资源保护方面,还有《文物保护法》(2007年);《中华人民共和国文物保护法实施条例》(2003年)、《历史文化名城名镇名村保护条例》(2008年)、《关于加强和改善文物工作的通知》(1997年)、《关于加强文化遗产保护工作的通知》(2005年)等。

9.1.1 相关基础概念

旅游资源是指自然界和人类社会之中凡能对旅游者产生吸引力,可以为旅游业开发利用,并可产生经济效益、社会效益和环境效益的各种事物和因素。旅游资源具有多样性、综合性、区域性、持续性、不可再生性、社会性的特征。

旅游资源开发是指发挥、提高和改善旅游资源对游客的吸引力,使潜在的旅游资源优势转化为现实的经济优势,并使旅游活动得以实现的技术经济活动。

旅游景区是指具有参观游览、休闲度假、康乐健身等功能,具备相应旅游服务设施并提供相应旅游服务的独立管理区。该管理区应有统一的经营管理机构和明确的地域范围。包括风景区、文博院馆、寺庙观堂、旅游度假区、自然保护区、主题公园、森林公园、地质公园、游乐园、动物园、植物园及工业、农业、经贸、科教、军事、体育、文化艺术等各类旅游景区。

9.1.2 旅游资源的类型

依据旅游资源的性状,即现存状况、形态、特性、特征,可将其分为两大类型。
(1) 自然资源。包括地文景观、水域风光、生物景观和天象与气候景观四大主类。
(2) 人文资源。包括建筑与设施、旅游商品和人文活动三大主类。

9.1.3 旅游资源开发的一般原则

为了取得良好的经济效益、环境效益和社会效益,旅游资源开发应当遵循以下原则。

1. 因地制宜的原则

旅游资源总是分布于一定的地理空间,其形成受特定区域的地理环境各要素的制约,又反过来反映着区域环境的特色。旅游者付出一定的金钱所购买的只是一种美的感受或印象,而不是旅游资源本身。有个性、有特色的旅游地容易在旅游者或潜在旅游者心目中留下深刻印象，而旅游资源的千差万别是形成旅游地特色的基础。为了突出特色，旅游开发要对旅游资源进行提炼和典型再现，以及对特定环境的妙用。对名山、胜水、奇洞、园林、名胜等风光美丽奇特之处，宜开发为风景旅游地；对文化遗址、历史名城、文物古迹比较集中的地方，宜开发成度假旅游地；对温泉、矿泉、海滨沙滩、山地森林及阳光和煦、冬暖夏凉的地方，宜开发成度假旅游地；对理想的登山山峰、划船湖面、冲浪海湾、滑雪场地，宜开发为体育旅游地；对寺庙、教堂、宗教圣地，宜开发为宗教旅游地；对旅游资源丰富多彩的地方，宜开发为综合性旅游地。

2．市场导向的原则

旅游资源的开发应以旅游市场的需求变化为依据，以最大限度地满足旅游者的需求为标准。由于旅游者的旅游动机与市场需求经常变化，旅游资源在市场竞争中面临着过时或扩大的问题，因此旅游资源的开发，应注重旅游市场的调查和预测，随着市场的变化而选择开发重点，减少开发的盲目性。

3．讲究效益的原则

旅游资源的开发需要一定的投资，用于布置环境，整理文物，添置设备，修建道路，供水供电，建设宾馆、餐厅、邮政通信等。旅游投资注意提高它的使用价值和吸引力，以较少的投资和较短的建设周期产生较大的经济效益。为提高经济效益，应做好旅游地的选址工作，并进行精心设计，做到布局合理，充分利用现有的资源，提高其利用率。

4．综合开发的原则

旅游地往往是多种旅游资源组合的地方，为了提高其吸引力，就必须进行综合开发，使吸引力各异的不同旅游资源结合成一个群体，使游客能从多方面发现其价值，从而提高旅游地的市场竞争力。同时，在开发中还要考虑旅游者的吃、住、行、游、娱、购等多方面的需求，做好相关配套设施的供应。

5．注重保护的原则

从理论上讲，旅游资源可以长期甚至永远地重复使用下去。但是，绝大多数旅游资源，比如文化遗产，一旦遭到破坏就难以再生，因此，通过一定的经济、法律、规划等手段，切实加强旅游资源的保护和管理是必不可少的。旅游开发本身会对旅游资源产生不利的影响，因此，遵循"在保护中开发，在开发中保护"的原则，强化对资源本身和资源所依托的环境进行保护。如果在开发中不注意保护环境和资源，破坏性地开发利用，轻则会使旅游资源质量下降，重则会使旅游资源毁于一旦，甚至不复存在。

9.1.4 旅游景区质量等级、划分依据及评定

1．旅游景区质量等级及划分依据

(1) 质量等级。旅游景区质量等级划分为五级，从高到低依次为5A、4A、3A、2A、

1A 级旅游区(点)。旅游景区质量等级的标志、标牌、证书由国家旅游行政主管部门统一规定。

(2) 划分依据。根据《旅游区(点)质量等级的划分与评定》(GB/T 17775—2003)规定的旅游区(点)质量等级划分条件确定旅游区(点)质量等级，具体按照《服务质量与环境质量评分细则》、《景观质量评分细则》的评价得分，并结合《游客意见评分细则》的得分综合进行。经评定合格的各质量等级旅游景区，由全国旅游景区质量等级评定机构向社会统一公布。

2．旅游景区质量等级的评定

依据《旅游景区质量等级评定管理办法》的规定：凡在中华人民共和国境内，正式开业从事旅游经营业务一年以上的旅游景区，包括风景区、文博院馆、寺庙观堂、旅游度假区、自然保护区、主题公园、森林公园、地质公园、游乐园、动物园、植物园及工业、农业、经贸、科教、军事、体育、文化艺术等旅游景区，均可申请参加质量等级评定。同时规定"所评定的景区应从具有独立管理和服务机构的旅游景区进行评定，对园中园、景中景等内部旅游点，不进行单独评定"。

各级旅游景区质量等级评定机构对所评旅游景区要进行监督检查和复核。监督检查采取重点抽查、定期明察和不定期暗访，以及社会调查、听取游客意见反馈等方式进行。全面复核至少每3年进行一次。等级复核工作主要由省级质量等级评定委员会组织和实施。

9.2 人文旅游资源的保护与管理制度

人文旅游资源是在自然环境基础上的人类活动的积极产物，与自然旅游资源相比，人文旅游资源更具有强烈的吸引力和感染力，更富有绚丽多彩的人性和人格内容。人文旅游资源广阔地展示人类历史的文明进程，集中反映了民族风貌、民族特色和文化精神的民族取向，主要表现为历史遗址、古代建筑、古代陵墓、古典园林、宗教文化、社会风情、古今城镇等形态。文物是国家的历史文化遗产，在人文旅游资源中占有重要的地位，是国家发展"文化旅游"的重要资源。文物是区别于一般商品的特殊商品，从总体上说，文物的价值是它本身固有的历史、艺术、科学价值而不是经济价值。文物以其直观形象性、历史真实性、社会典型性和不可再生性的基本特征及其所具有的历史价值、艺术价值和科学价值强烈吸引着旅游者。从2006年起，每年6月的第二个星期六为我国的"文化遗产日"。保护文物是促进旅游发展的重要条件。现行《文物保护法》明确文物工作贯彻"保护为主、抢救第一、合理利用、加强管理"的方针(第四条)。文物工作是文化现象，不是经济现象，是属于精神文明建设范畴，不是属于物质文明建设的范畴。只有一小部分文物在国家法律和政策允许下才能进入流通领域。《文物保护法》第六章专门对文物进境与出境进行详细规定。历史文化名城、名镇、名村是宝贵的不可再生的文化资源，是我国文化遗产的重要组成部分。《文物保护法》和《历史文化名城名镇名村保护条例》对此做了详细规定。

9.2.1 相关基础概念

人文旅游资源是指由于历史发展所产生的各种有形或无形的事物或文化传统，包括古代建筑、历史遗迹和民族风情等。

文化遗产是指具有历史学、美学、考古学、科学、民族学或人类学价值的纪念地、建筑群和遗址，包括文物、建筑群、遗址。除具有物质实体的文化遗产外，还有非物质文化遗产，即被各群体、团体或有时为个人视为其文化遗产的各种实践、表演、表现形式、知识和技能及有关的工具、实物、工艺品和文化场所。

文物是指具有历史、艺术、科学价值的，人类社会历史发展过程中遗留下来的，由人类创造或与人类、活动有关的一切有价值的物质遗产。

历史文化名城是指保存文物特别丰富、具有重大历史价值和革命意义的城市。历史文化名城由国家文化行政管理部门会同国家建设行政管理部门报国务院核定后，由国务院公布。

历史建筑是指经城市、县人民政府确定公布的具有一定保护价值，能够反映历史风貌和地方特色，未公布为文物保护单位，也未登记为不可移动文物的建筑物、构筑物。

历史文化街区是指经省、自治区、直辖市人民政府核定公布的保存文物特别丰富、历史建筑集中成片、能够较完整和真实地体现传统格局和历史风貌，并具有一定规模的区域。

9.2.2 文物的保护与管理制度

1. 受保护的文物范围

《文物保护法》第二条规定，在中华人民共和国境内，下列文物受国家保护：

(1) 具有历史、艺术、科学价值的古文化遗址、古墓葬、古建筑、石窟寺和石刻、壁画。

(2) 与重大历史事件、革命运动或者著名人物有关的及具有重要纪念意义、教育意义或者史料价值的近代现代重要史迹、实物、代表性建筑。

(3) 历史上各时代珍贵的艺术品、工艺美术品。

(4) 历史上各时代重要的文献资料及具有历史、艺术、科学价值的手稿和图书资料等。

(5) 反映历史上各时代、各民族社会制度、社会生产、社会生活的代表性实物。

另外，具有科学价值的古脊椎动物化石和古人类化石同文物一样受国家保护。

2. 文物的所有权

《文物保护法》第五条规定：中华人民共和国境内地下、内水和领海中遗存的一切文物，属于国家所有。古文化遗址、古墓葬、石窟寺属于国家所有。国家指定保护的纪念建筑物、古建筑、石刻、壁画、近代现代代表性建筑等不可移动文物，除国家另有规定的以外，属于国家所有。国有不可移动文物的所有权不因其所依附的土地所有权或者使用权的改变而改变。下列可移动文物，属于国家所有：

(1) 中国境内出土的文物，国家另有规定的除外。

(2) 国有文物收藏单位以及其他国家机关、部队和国有企业、事业组织等收藏、保管的文物。

(3) 国家征集、购买的文物。

(4) 公民、法人和其他组织捐赠给国家的文物。

(5) 法律规定属于国家所有的其他文物。

属于国家所有的可移动文物的所有权不因其保管、收藏单位的终止或者变更而改变。

《文物保护法》第六条规定：属于集体所有和私人所有的纪念建筑物、古建筑和祖传文物及依法取得的其他文物，其所有权受法律保护。文物的所有者必须遵守国家有关文物保护的法律、法规的规定。

资料卡

"功能城市"与"文化城市"并不对立。文化遗产可以作为城镇特色和城镇形象的基础，是城市持续发展的动力。《关于加强文化遗产保护工作的通知》(2005年)授予文物部门一项审批权：因特殊需要而必须在文物保护单位、文物保护区或地下文物丰富的地段选点时，必须事先征得文物部门和城乡建设规划部门的同意。

3. 文物级别

1) 不可移动文物的级别

根据《文物保护法》的规定，古文化遗址、古墓葬、古建筑、石窟寺、石刻、壁画、近代现代重要史迹和代表性建筑等不可移动文物，根据它们的历史、艺术、科学价值，可以分别确定为不同等级的文物保护单位。据此，我国的文物保护单位分为3个级别。

(1) 全国重点文物保护单位：国务院文物行政部门在省级、市、县级文物保护单位中，选择具有重大历史、艺术、科学价值的确定为全国重点文物保护单位，或者直接确定为全国重点文物保护单位，报国务院核定公布。

(2) 省级文物保护单位：由省、自治区、直辖市人民政府核定公布，并报国务院备案。

(3) 市级和县级文物保护单位：分别由设区的市、自治州和县级人民政府核定公布，并报省、自治区、直辖市人民政府备案。

2) 可移动文物的级别

对于历史上各时代重要实物、艺术品、文献、手稿、图书资料、代表性实物等可移动文物，分为珍贵文物和一般文物。珍贵文物又分为一级文物、二级文物、三级文物。

4. 文物保护与管理的具体规定

资料卡

1997年国务院《关于加强和改善文物工作的通知》强调各地政府对文物工作要做到"五纳入"，即纳入地方经济和社会发展计划、纳入城乡建设规划、纳入财政预算、纳入体制改革、纳入各项领导责任制。现行《文物保护法》强化文物保护经费的来源保障，明确规定：国家发展文物保护事业，县级以上人民政府应当将文物保护事业纳入本级国民经济和社会发展规划，所需经费列入本级财政预算；国家用于文物保护的财政拨款随着财政收入的增长同步增长；国有博物馆、纪念馆、文物保护单位等的事业性收入必须专门用于文物保护，任何单位和个人不得侵占、挪用；国家鼓励通过捐赠等方式设立文物保护社会基金，专门用于文物保护，任何单位或者个人不得侵占、挪用(《文物保护法》第十条)。

(1) 各级人民政府制定城乡建设规划，应当根据文物保护的需要，事先由城乡建设规划部门会同文物行政部门商定对本行政区域内各级文物保护单位的保护措施，并纳入规划。

(2) 工程施工管理。文物保护单位的保护范围内不得进行其他建设工程或者爆破、钻探、挖掘等作业。但是，因特殊情况需要在文物保护单位的保护范围内进行其他建设工程或者爆破、钻探、挖掘等作业的，必须保证文物保护单位的安全，并经核定公布该文物保护单位的人民政府批准，在批准前应当征得上一级人民政府文物行政部门同意。在全国重点文物保护单位的保护范围内进行其他建设工程或者爆破、钻探、挖掘等作业的，必须经省、自治区、直辖市人民政府批准，在批准前应当征得国务院文物行政部门同意。

(3) 周边环境管理。在文物保护单位的建设控制地带内进行建设工程，不得破坏文物保护单位的历史风貌；工程设计方案应当根据文物保护单位的级别，经相应的文物行政部门同意后，报城乡建设规划部门批准。在文物保护单位的保护范围和建设控制地带内，不得建设污染文物保护单位及其环境的设施，不得进行可能影响文物保护单位安全及其环境的活动。对已有的污染文物保护单位及其环境的设施，应当限期治理。

(4) 设施使用管理。核定为文物保护单位的属于国家所有的纪念建筑物或者古建筑，除可以建立博物馆、保管所或者辟为参观游览场所外，如果必须作其他用途的，应当经核定公布该文物保护单位的人民政府文物行政部门征得上一级文物行政部门同意后，报核定公布该文物保护单位的人民政府批准；全国重点文物保护单位作其他用途的，应当由省、自治区、直辖市人民政府报国务院批准。国有未核定为文物保护单位的不可移动文物作其他用途的，应当报告县级人民政府文物行政部门。

(5) 考古发掘管理。地下埋藏的文物，任何单位或者个人都不得私自发掘。进行大型基本建设工程，建设单位应当事先报请省、自治区、直辖市人民政府文物行政部门组织从事考古发掘的单位在工程范围内有可能埋藏文物的地方进行考古调查、勘探。在进行建设工程或者在农业生产中，任何单位或者个人发现文物，应当保护现场，立即报告当地文物行政部门，文物行政部门接到报告后，如无特殊情况，应当在24小时内赶赴现场，并在7日内提出处理意见。文物行政部门可以报请当地人民政府通知公安机关协助保护现场；发现重要文物的，应当立即上报国务院文物行政部门，国务院文物行政部门应当在接到报告后15日内提出处理意见。考古发掘的文物，应当登记造册，妥善保管。

(6) 文物的收藏管理。我国的文物收藏基本可分为两大类：一是馆藏文物；二是民间收藏文物。文物收藏单位以外的公民、法人和其他组织可以收藏通过下列方式取得的文物：依法继承或者接受赠与；从文物商店购买；从经营文物拍卖的拍卖企业购买；公民个人合法所有的文物相互交换或者依法转让；国家规定的其他合法方式。

重要法条提示

《文物管理法》第五十条规定："文物收藏单位以外的公民、法人和其他组织可以收藏通过下列方式取得的文物：(一)依法继承或者接受赠与；(二)从文物商店购买；(三)从经营文物拍卖的拍卖企业购买；(四)公民个人合法所有的文物相互交换或依法转让；(五)国家规定的其他合法方式等。"

(7) 文物的流通管理。文物收藏单位以外的公民、法人和其他组织收藏的前款文物可以依法流通。公民、法人和其他组织不得买卖下列文物：

① 国有文物，但是国家允许的除外。

② 非国有馆藏珍贵文物。

③ 国有不可移动文物中的壁画、雕塑、建筑构件等，但是依法拆除的国有不可移动文物中的壁画、雕塑、建筑构件等不属于本法第二十条第四款规定的应由文物收藏单位收藏的除外。

④ 文物所有者以非法渠道取得的文物。

此外，国家禁止出境的文物，不得转让、出租、质押给外国人。

(8) 文物的出入境管理。《文物保护法》第六章专章规定文物进境与出境：国有文物、非国有文物中的珍贵文物和国家规定禁止出境的其他文物，不得出境，但是依照本法规定出境展览或者因特殊需要经国务院批准出境的除外。文物出境，应当经国务院文物行政部门指定的文物进出境审核机构审核。经审核允许出境的文物，由国务院文物行政部门发给文物出境许可证，从国务院文物行政部门指定的口岸出境。一级文物中的孤品和易损品，禁止出境展览。出境展览的文物出境，由文物进出境审核机构审核、登记。任何单位或者个人运送、邮寄、携带文物出境，应当向海关申报；海关凭文物出境许可证放行。海关凭国务院文物行政部门或者国务院的批准文件放行。

5. 违反《文物保护法》的法律责任

1) 刑事责任

现行《文物保护法》第六十四条规定，违反本法规定，有下列行为之一，构成犯罪的，依法追究刑事责任：

(1) 盗掘古文化遗址、古墓葬的。

(2) 故意或者过失损毁国家保护的珍贵文物的。

(3) 擅自将国有馆藏文物出售或者私自送给非国有单位或者个人的。

(4) 将国家禁止出境的珍贵文物私自出售或者送给外国人的。

(5) 以牟利为目的倒卖国家禁止经营的文物的。

(6) 走私文物的。

(7) 盗窃、哄抢、私分或者非法侵占国有文物的。

(8) 应当追究刑事责任的其他妨害文物管理行为。

现行《文物保护法》第七十六条规定，文物行政部门、文物收藏单位、文物商店、经营文物拍卖的拍卖企业的工作人员，有下列行为之一的，依法给予行政处分，情节严重的，依法开除公职或者吊销其从业资格；构成犯罪的，依法追究刑事责任：

(1) 文物行政部门的工作人员违反本法规定，滥用审批权限、不履行职责或者发现违法行为不予查处，造成严重后果的。

(2) 文物行政部门和国有文物收藏单位的工作人员借用或者非法侵占国有文物的。

(3) 文物行政部门的工作人员举办或者参与举办文物商店或者经营文物拍卖的拍卖企业的。

(4) 因不负责任造成文物保护单位珍贵文物损毁或者流失的。

(5) 贪污、挪用文物保护经费的。前款被开除公职或者被吊销从业资格的人员，自被开除公职或者被吊销从业资格之日起10年内不得担任文物管理人员或者从事文物经营活动。

2) 民事责任

现行《文物保护法》第六十五条第一款规定：违反本法规定，造成文物灭失、损毁的，依法承担民事责任。

3) 行政责任

现行《文物保护法》第七章集中规定文物保护与管理上的行政责任，由公安机关、海关、文物管理部门、环境部门、工商行政管理部门对违反《文物保护法》的行为进行处罚。

案例9.1

张某、毛某涉嫌盗掘古墓葬案

案情简介：

奉化市白杜乡古墓葬群系奉化市重点文物保护单位。张某、毛某听说古墓葬群里有文物，便想盗掘以供自家室内摆设。当天，两人策划并窥视了作案地点，携带锄头、铁锹等作案工具，对事先选定的一座古墓进行挖掘，共掘得宋代银盒1只，大观通宝等钱币6枚半。案发后，赃物已全部退回。两人为偶犯，并对所犯罪行坦白交代，认罪态度较好。经文物鉴定委员会和文物鉴定小组鉴定：被盗掘的古墓为宋墓，银盒为三级文物，钱币为一般文物。奉化市人民检察院以被告张某、毛某犯盗掘古墓葬罪，向奉化市人民法院提起公诉。

(案例来源：http://china.findlaw.cn/susong/xingshianli/xsalfx/1305.html)

案例评析：

(1) 挖坟盗墓与打击盗掘犯罪，自古共生共存，成为中国传统文化的一部分。时至今日，更已成为保护民族根本利益的大事。盗掘古遗址、古墓葬等文物犯罪活动由来久远，延续不断。之前一直以盗窃罪论处。现行《文物管理法》第六十四条规定：盗掘古文化遗址、古墓葬，构成犯罪的，依法追究刑事责任。现行《中华人民共和国刑法》第三百二十八条规定："盗掘具有历史、艺术、科学价值的古文化遗址、古墓葬的，处三年以上十年以下有期徒刑，并处罚金；情节较轻的，处三年以下有期徒刑、拘役或者管制，并处罚金；有下列情形之一的，处十年以上有期徒刑或者无期徒刑，并处罚金或者没收财产：(一)盗掘确定为全国重点文物保护单位和省级文物保护单位的古文化遗址、古墓葬的；(二)盗掘古文化遗址、古墓葬集团的首要分子；(三)多次盗掘古文化遗址、古墓葬的；(四)盗掘古文化遗址、古墓葬，并盗窃珍贵文物或者造成珍贵文物严重破坏的。盗掘国家保护的具有科学价值的古人类化石和古脊椎动物化石的，依照前款的规定处罚。"

(2) 本案被告张某、毛某私自盗掘具有历史价值的宋代古墓葬，从中窃取文物，奉化市人民检察院以涉嫌盗掘古墓葬犯罪向人民法院提起公诉完全正确。奉化市人民法院以盗掘古墓葬罪对他们定罪判刑，完全正确。

案例 9.2

周红涛擅自在文物保护单位取土案

案情简介：

2007年6月22日，原告周红涛与河南省尉氏县洧川镇裴寨村第四村民小组签订协议：第四村民小组把该组老寨(马旺寨)的南边位置，大约平均高度8米，总土方约180 000立方米所有的土方以16万元的价格卖给周红涛所有。同年7月1日起，周红涛开始在约定位置取土。接到举报，被告县文物保护管理所于7月2日即向周红涛送达了"裴寨马旺寨任何人不得取土，否则将依法给予处罚"的尉文物通字(2007)第5号通知。7月4日，县文物保护管理委员会作出尉文管字(2007)第02号通知，确认洧川镇裴寨村南的马旺寨具有数百年的历史，具有一定的历史艺术和科学价值，依照法律规定将马旺寨(含寨内古墓)公布为县文物保护单位。7月6日，县文化局为此作出尉文公字(2007)第2号公告，该公告将"马旺寨(含寨内古墓)核定为不可移动文物"并随即向社会予以公布。7月25日，县文物保护管理所的执法人员会同洧川镇派出所的干警一同向周红涛送达了马旺寨已被确定为文物保护单位的有关文件，并责令周红涛立即停止在马旺寨取土的通知。但是周红涛并没有停止取土行为。9月13日，县文物保护管理所向周红涛作出并送达了尉文物听告字(2007)第10号行政处罚告知书，10月23日在县文化局召开了行政处罚听证会，11月22日，县文物保护管理所对周红涛作出了尉文物罚字(2007)第8号行政处罚决定书，处罚决定书认定原告破坏了文物单位马旺寨的南城墙，毁坏严重，故作出决定：一、责令原告立即停止取土；二、对原告罚款10万元；三、赔偿文物损失10万元。周红涛不服县文物保护管理所的处罚决定，以县文物保护管理所不是文物核定单位，不具备处罚主体资格，其作出的处罚决定认定事实不清，适用法律错误，依法应予撤销为由，向法院提起行政诉讼。

(案例来源：http://www.110.com/ziliao/article-133210.html)

案例评析：

(1) 法院经审理认为：依照《文物保护法》第八条之规定，县文物保护管理所属"县级文物保护工作的管理部门"，是法律、法规授权的组织，依法享有对本辖区内的文物实施保护管理监督和对行政违法案件的处理权，具备独立的主体资格，对原告认为被告不享有独立的处罚主体资格的主张不予支持；2007年7月25日起至9月7日的这段时间内，原告周红涛在马旺寨文物保护单位区域内挖掘取土的事实及对文物古迹毁坏严重的事实有多个证据予以证实，故对行政处罚决定书认定的事实予以确认。被告所作出的被诉的具体行政行为，符合法定程序，对此应予以确认。

(2) 法院认为，原告周红涛在马旺寨挖掘取土，其行为依法应当给予行政处罚并责令其停止取土行为，但不符合赔偿损失的法定要件，因此，被告在处罚决定中要求原告赔偿10万元的主张因无法律依据不予支持。行政处罚决定书中的其他两项处罚内容，法院予以确认，维持尉氏县文物保护管理所作出的"责令立即停止取土"和"罚款10万元"两项行政处罚决定；撤销尉氏县文物保护管理所作出的"赔偿文物损失10万元"的行政处罚决定。宣判后，双方当事人均未上诉，判决已发生法律效力。

9.2.3 历史文化名城、街区、村镇的保护与管理

1. 财政支持

国家对历史文化名城、名镇、名村的保护给予必要的资金支持。历史文化名城、名镇、名村所在地的县级以上地方人民政府，根据本地实际情况安排保护资金，列入本级财政预算。

2. 规划管理

《文物保护法》规定："历史文化名城和历史文化街区、村镇所在地的县级以上地方人民政府应当组织编制专门的历史文化名城和历史文化街区、村镇保护规划，并纳入城市总体规划"。历史文化名城批准公布后，历史文化名城人民政府应当组织编制历史文化名城保护规划。历史文化名镇、名村批准公布后，所在地县级人民政府应当组织编制历史文化名镇、名村保护规划。

3. 整体外形保护

历史文化名城、名镇、名村应当整体保护，保持传统格局、历史风貌和空间尺度，不得改变与其相互依存的自然景观和环境。历史文化名城、名镇、名村所在地县级以上地方人民政府应当根据当地经济社会发展水平，按照保护规划，控制历史文化名城、名镇、名村的人口数量，改善历史文化名城、名镇、名村的基础设施、公共服务设施和居住环境。对历史文化街区、名镇、名村核心保护范围内的建筑物、构筑物，应当区分不同情况，采取相应措施，实行分类保护。历史文化街区、名镇、名村核心保护范围内的历史建筑，应当保持原有的高度、体量、外观形象及色彩等。

4. 建设管理

在历史文化街区、名镇、名村核心保护范围内，不得进行新建、扩建活动，但是，新建、扩建必要的基础设施和公共服务设施除外。在历史文化名城、名镇、名村保护范围内从事建设活动，应当符合保护规划的要求，不得损害历史文化遗产的真实性和完整性，不得对其传统格局和历史风貌构成破坏性影响。建设工程选址，应当尽可能避开历史建筑；因特殊情况不能避开的，应当尽可能实施原址保护。在历史文化街区、名镇、名村核心保护范围内，拆除历史建筑以外的建筑物、构筑物或者其他设施的，应当经城市、县人民政府城乡规划主管部门会同同级文物主管部门批准。

5. 修缮管理

历史建筑的所有权人应当按照保护规划的要求，负责历史建筑的维护和修缮。县级以上地方人民政府可以从保护资金中对历史建筑的维护和修缮给予补助。历史建筑有损毁危险，所有权人不具备维护和修缮能力的，当地人民政府应当采取措施进行保护。任何单位或者个人不得损坏或者擅自迁移、拆除历史建筑。对历史建筑进行外部修缮装饰、添加设施，以及改变历史建筑的结构或者使用性质的，应当经城市、县人民政府城乡规划主管部门会同同级文物主管部门批准，并依照有关法律、法规的规定办理相关手续。

6. 周边环境管理

在历史文化名城、名镇、名村保护范围内禁止进行下列活动：一是开山、采石、开矿等破坏传统格局和历史风貌的活动；二是占用保护规划确定保留的园林绿地、河湖水系、道路等；三是修建生产、储存爆炸性、易燃性、放射性、毒害性、腐蚀性物品的工厂、仓库等；四是在历史建筑上刻画、涂污。历史文化街区、名镇、名村建设控制地带内的新建建筑物、构筑物，应当符合保护规划确定的建设控制要求。

7. 标识管理

城市、县人民政府应当在历史文化街区、名镇、名村的核心保护范围的主要出入口设置标志牌。任何单位和个人不得擅自设置、移动、涂改或者损毁标志牌。

案例 9.3

张再发诉张谷英村民俗文化建设指挥部案

案情简介：

2008年4月中旬，湖南省南部张谷英村村民张再发，发现自家房子的山墙由于年久失修，严重破损，于是就自己动手拆除并维修了这面山墙，避免了倒塌危险。但是，早在2005年6月张谷英村的古民居建筑群就以其严格按照封建伦理观念修建的整体建筑风格被确定为"全国重点文物保护单位"，修建时必须在文物部门的指导下依照维持原貌的原则保持整体建筑风格。张再发修墙之前便和村委会说明，可是村委会告诉张再发，因为整个村子属于国家重点保护文物，村委会无权批准维修房屋，指点张再发去找设在村里的张谷英村民俗文化建设指挥部，该建设指挥部是当地政府为开发保护张谷英村而设立的综合办事机构，其主要职能之一就是监管张谷英村的修建工作。张再发认为，房屋既然是文物，不能随意变更外观进行修理，而修墙如果修成原样肯定会花较多钱，于是请求指挥部给自己修墙一些修缮补贴，但是指挥部拒绝了，指挥部认为，文物管理部门下发的国家经费主要是对环境整治、大面积公益设施的维修费用，没有对个人房屋进行维修的计划。对于指挥部不补贴任何费用却要求张再发将房屋修缮为原来的样貌的做法，张再发自然不满意，认为房屋虽然是国宝，但毕竟是自己的房屋，不能看着房屋倒塌，为了自身的财产和人身安全，自己动手维修墙体。结果，张谷英村民俗文化建设指挥部告知，张再发必须推倒重修，恢复原状。

(案例来源：李海峰. 旅游政策与法规. 北京：科学出版社，2010)

案例评析：

(1) 张再发私自拆除房子山墙的做法不对。《文物保护法》第六条规定，属于集体所有和私人所有的纪念建筑物、古建筑和祖传文物及依法取得的其他文物，其所有权受法律保护。但是，文物的所有者必须遵守国家有关文物保护的法律、法规的规定。对文物保护单位进行修缮，应当根据文物保护单位的级别报相应的文物行政部门批准。文物保护单位的修缮、迁移、重建，由取得文物保护工程资质证书的单位承担。因此，张再发擅自拆除山墙违反《文物保护法》的规定。

(2) 民俗文化建设指挥部对房屋修缮不予资助的做法不对。《文物保护法》规定，对不可移动文物进行修缮、保养、迁移，必须遵守不改变文物原状的原则。非国有不可移动文物由所有人负责修缮、保养。非国有不可移动文物有损毁危险，所有人不具备修缮能力的，当地人民政府应当给予帮助；所有人具备修缮能力而拒不依法履行修缮义务的，县级以上人民政府可以给予抢救修缮，所需费用由所有人负担。

9.3 自然旅游资源保护与管理制度

划出一定的范围来保护珍贵的动、植物及其栖息地成为世界各国惯常做法。国际上，一般把 1872 年经美国政府批准建立的第一个国家公园——黄石公园看做是世界最早的自然保护区。1956 年，我国在广东肇庆建立了保护亚热带雨林为主的第一个自然保护区——鼎湖山自然保护区。1994 年我国颁布实施《自然保护区条例》，标志着我国对自然保护区的建设和管理走上了法制化的道路，《森林法》第二十四条规定："国务院林业主管部门和省、自治区、直辖市人民政府，应当在不同自然地带的典型森林生态地区、珍贵动物和植物生长繁殖的林区、天然热带雨林和具有特殊保护价值的其他天然林区，划定自然保护区，加强保护管理。自然保护区的管理办法，由国务院林业主管部门制定，报国务院批准施行. 对自然保护区以外的珍贵树木和林区内具有特殊价值的植物资源，应当认真保护；未经省、自治区、直辖市林业主管部门批准，不得采伐和采集。" 2006 年国务院颁布实施《风景名胜区条例》。

9.3.1 相关基础概念

风景名胜区是指具有观赏、文化或者科学价值，自然景观、人文景观比较集中，环境优美，可供人们游览或者进行科学、文化活动的区域。

自然保护区是指对有代表性的自然生态系统、珍稀濒危野生动植物物种的天然集中分布区、有特殊意义的自然遗迹等保护对象所在的陆地、陆地水体或者海域，依法划出一定面积予以特殊保护和管理的区域。

9.3.2 自然保护区的管理与保护制度

1. 自然保护区的类型划分

由于建立的目的、要求和本身所具备的条件不同，自然保护区有多种类型。按照保护的主要对象来划分，自然保护区可以分为生态系统类型保护区、生物物种保护区和自然遗迹保护区 3 类；按照保护区的性质来划分，自然保护区可以分为科研保护区、国家公园(即风景名胜区)、管理区和资源管理保护区 4 类。根据我国《自然保护区条例》的规定，凡具有下列条件之一的，应当建立自然保护区：

(1) 典型的自然地理区域、有代表性的自然生态系统区域及已经遭受破坏但经保护能够恢复的同类自然生态系统区域。

(2) 珍稀、濒危野生动植物物种的天然集中分布区域。

（3）具有特殊保护价值的海域、海岸、岛屿、湿地、内陆水域、森林、草原和荒漠。

（4）具有重大科学文化价值的地质构造、著名溶洞、化石分布区、冰川、火山、温泉等自然遗迹。

（5）经国务院或者省、自治区、直辖市人民政府批准，需要予以特殊保护的其他自然区域。

2. 自然保护区的区域划分

1）国家级自然保护区和地方级自然保护区

（1）国家级自然保护区指在国内外有典型意义、在科学上有重大国际影响或者有特殊科学研究价值的自然保护区。

（2）地方级自然保护区指国家级自然保护区以外，其他具有典型意义或者重要科学研究价值的自然保护区。

2）核心区、缓冲区和实验区

为了对自然保护区内不同级别的资源进行有针对性的实施保护和管理，自然保护区可以分为核心区、缓冲区和实验区，在不同的区域内实行不同的保护手段。

（1）核心区是指自然保护区内保存完好的天然状态的生态系统及珍稀、濒危动植物的集中分布地，应当划为核心区。除经省级以上人民政府有关自然保护区行政管理部门批准外，禁止任何单位和个人进入，也不允许进入从事科学研究活动。

（2）缓冲区是指核心区外围可以划定一定面积的缓冲区。该区域内只准进入从事科学研究观测活动。

（3）缓冲区外围划为实验区，可以进入从事科学试验、教学实习、参观考察、旅游，以及驯化、繁殖珍稀、濒危野生动植物等活动。

原批准建立自然保护区的人民政府认为必要时，可以在自然保护区的外围划定一定面积的外围保护地带。

3. 自然保护区的管理机构及其职责

1）自然保护区的管理机构

我国对自然保护区实行综合管理和部门管理相结合的管理体制。

（1）国务院环境保护行政主管部门负责全国自然保护区的综合管理。国务院林业、农业、地质矿产、水利、海洋等有关行政主管部门在各自的职责范围内，主管有关的自然保护区。全国自然保护区管理的技术规范和标准，由国务院环境保护行政主管部门组织国务院有关自然保护区行政主管部门制定。国务院有关自然保护区行政主管部门可以按照职责分工，制定有关类型自然保护区管理的技术规范，报国务院环境保护行政主管部门备案。

（2）国家级自然保护区，由其所在地的省、自治区、直辖市人民政府有关自然保护区行政主管部门或者国务院有关自然保护区行政主管部门管理。地方级自然保护区，由其所在地的县级以上地方人民政府有关自然保护区行政主管部门管理。有关自然保护区行政主管部门应当在自然保护区内设立专门的管理机构，配备专业技术人员，负责自然保护区的具体管理工作。

(3) 县级以上地方人民政府负责自然保护区管理的部门的设置和职责，由省、自治区、直辖市人民政府根据当地具体情况确定。县级以上人民政府环境保护行政主管部门有权对本行政区域内各类自然保护区的管理进行监督检查。县级以上人民政府有关自然保护区行政主管部门有权对其主管的自然保护区的管理进行监督检查。

2) 自然保护区管理机构的职责

(1) 贯彻执行国家有关自然保护的法律、法规和方针、政策。

(2) 制定自然保护区的各项管理制度，统一管理自然保护区。

(3) 调查自然资源并建立档案，组织环境监测，保护自然保护区内的自然环境和自然资源。

(4) 组织或者协助有关部门开展自然保护区的科学研究工作。

(5) 进行自然保护的宣传教育。

(6) 在不影响保护自然保护区的自然环境和自然资源的前提下，组织开展参观、旅游等活动。

4．自然保护区的保护与管理规定

凡在中华人民共和国领域和中华人民共和国管辖的其他海域内建设和管理自然保护区，必须遵守《自然保护区条例》。该条例关于自然保护区保护和管理的内容主要涉及以下3个方面。

(1) 自然保护区发展规划的管理。国务院环境保护行政主管部门应当会同国务院有关自然保护区行政主管部门，在对全国自然环境和自然资源状况进行调查和评价的基础上，拟定国家自然保护区发展规划，经国务院计划部门综合平衡后，报国务院批准实施。自然保护区管理机构或者该自然保护区行政主管部门应当组织编制自然保护区的建设规划，按照规定的程序纳入国家的、地方的或者部门的投资计划，并组织实施。

(2) 自然保护区人员活动的管理。在自然保护区内的单位、居民和经批准进入自然保护区的人员，必须遵守自然保护区的各项管理制度，接受自然保护区管理机构的管理。禁止任何人进入自然保护区的核心区。因科学研究的需要，必须进入核心区从事科学研究观测、调查活动的，应当事先向自然保护区管理机构提交申请和活动计划，并经省级以上人民政府有关自然保护区行政主管部门批准；其中，进入国家级自然保护区核心区的，必须经国务院有关自然保护区行政主管部门批准。外国人进入地方级自然保护区的，接待单位应当事先报经省、自治区、直辖市人民政府有关自然保护区行政主管部门批准；进入国家级自然保护区的，接待单位应当报经国务院有关自然保护区行政主管部门批准。进入自然保护区的外国人，应当遵守有关自然保护区的法律、法规和规定。禁止在自然保护区的缓冲区开展旅游和生产经营活动。因教学科研的目的，需要进入自然保护区的缓冲区从事非破坏性的科学研究、教学实习和标本采集活动的，应当事先向自然保护区管理机构提交申请和活动计划，再经自然保护区管理机构的批准。

(3) 自然保护区的环境管理。在自然保护区的核心区和缓冲区内，不得建设任何生产设施。在自然保护区的实验区内，不得建设污染环境、破坏资源或者景观的生产设施；建设其他项目，其污染物排放不得超过国家和地方规定的污染物排放标准。在自然保护区的实验区内已经建成的设施，其污染物排放超过国家和地方规定的排放标准的，应当限期治理；造成损害的，必须采取补救措施。在自然保护区的外围保护地带建设的项目，不得损害自然保护区内的环境质量；已造成损害的，应当限期治理。

案例 9.4

"无极"剧组破坏碧沽天池生态植被案

案情简介：

云南省香格里拉县"碧沽天池"地处海拔 4 000 多米的高山，池水清澈澄明，池畔遍布罕见的杜鹃花，周边覆盖着茂密的原始森林和草地。2004 年 5~6 月，电影《无极》剧组进入碧沽天池进行外景拍摄，搭建临时工棚及"海棠金舍"，铺设沙石路，修建栈道，剧组砍伐数十平方米的杜鹃花丛，毁坏并占用高山草甸及灌木林地 500 平方米。天池里还被打了一百多个桩，一座破败木桥将天池劈成了两半。据当地老百姓反映，剧组没有请示当地环保部门，而这些惨遭不幸的高山杜鹃，都有着上百年的树龄。

2005 年 8 月，《南风窗》曝光《无极》剧组污染和破坏"碧沽天池"事件，剧组才正式委托迪庆藏族自治州委宣传部拍卖处理剩余物资和清理场地。直至 2006 年 4 月，当地政府才克服困难彻底拆除了拍摄设施，进行碧沽天池的景观恢复，但被毁坏的杜鹃花丛还需要 3~5 年才能部分或完全恢复。2006 年 5 月 9 日，建设部(今住房与城乡建设部)批评"电影《无极》剧组在云南香格里拉碧沽天池拍摄，对当地自然景观造成破坏"。国家环保总局也称，《无极》剧组在当地拍摄确实造成了对环境的影响和破坏，建造"海棠金舍"、铺设沙石路和砍伐数十平方米的杜鹃花丛等项目并未向环保部门申报，可能存在违法问题。

2006 年 5 月 10 日，《无极》发表正式申明，表明《无极》剧组不存在破坏香格里拉环境的用意，而且完全本着宣传香格里拉的精神进行拍摄；《无极》剧组在云南香格里拉的拍摄得到了当地政府的法律文书的批准，已经与当地政府达成协议并做出拍摄后的环境恢复的相应安排，并在拍摄后留下器材和资金等用于拆除有关景地恢复当地自然景观；但由于天气等原因，当地有关部门未能及时进行拆除，而《无极》方面还几次专门向云南省委报告有关事宜，并得到云南省委省政府的高度重视。

(案例来源：http://www.cnr.cn/fortune/news/200605/t20060517_504208002.html)

案例评析：

(1) 影视剧组在利用风景区和自然保护区作为外景地拍摄，却造成当地自然生态环境遭破坏的消息时有见诸报端，九寨沟、神农架、圆明园都遭此厄运。按法律规定，即使剧组解散了，还可以追诉《无极》的投资人和受益者。按照《城市古树名木保护管理办法》第二条的规定，古树是指树龄在一百年以上的树木。而被《无极》剧组砍伐的杜鹃树都有着百年的历史。按照规定，风景名胜区的古树、名木，严禁砍伐。所有古树、古木都是挂牌的，任何单位、个人在移植、搬迁时，都需要上级部门的审批。更不用说是砍伐、破坏。根据《森林法》规定，在自然保护区内的林木，不得擅自采伐和采集。如果违反相关规定，非法采伐、毁坏珍贵树木的，将依法追究刑事责任。

(2) 从地方政府和景区的角度考虑，为发展经济大打"影视旅游牌"，似可理解，但应该对剧组拍摄对景区自然景观将产生何种影响或者破坏有一个科学的评估,并据此制定有效的管理办法。因影视拍摄而破坏环境的实质,是一种发展上的短视性、实利性和局部性,它企图以破坏生态来换取经济的暂时获益、以不顾后代人的需求来换取小部分人的需求,以牺牲长期发展来换取一时好处。2006年8月,《无极》剧组因拍摄过程中对香格里拉生态环境造成破坏,被处以9万元罚款,香格里拉县分管副县长因负有领导责任被免职。迪庆藏族自治州、香格里拉县建设局作为风景名胜区主管部门,在此事件中监管不力,负有不可推卸的责任。2006年12月1日国务院修订颁布的《风景名胜区条例》正式施行。诸如《无极》之类的事件,最高可罚到100万。对严重破坏风景区、构成犯罪的还要依法追究刑事责任。

9.3.3 风景名胜区的保护与管理制度

1. 风景名胜区的等级划分

景物的观赏、文化、科学价值,以及环境质量、规模大小、游览条件是划分风景名胜区等级的依据。通常情况下,风景名胜区都是环境优美,具有一定的规模和范围,可供人们休息和进行科学、文化活动的区域。环境特别优美,规模和范围特别宏大,能为人们提供特别优越的游览条件的风景区,才能被评为国家重点风景名胜区。风景名胜区划分为以下两个等级。

(1) 国家级风景名胜区。自然景观和人文景观能够反映重要自然变化过程和重大历史文化发展过程,基本处于自然状态或者保持历史原貌,具有国家代表性的,可以申请设立国家级风景名胜区。设立国家级风景名胜区,由省、自治区、直辖市人民政府提出申请,国务院建设主管部门会同国务院环境保护主管部门、林业主管部门、文物主管部门等有关部门组织论证,提出审查意见,报国务院批准公布。

(2) 省级风景名胜区。具有区域代表性的,可以申请设立省级风景名胜区。设立省级风景名胜区,由县级人民政府提出申请,省、自治区人民政府建设主管部门或者直辖市人民政府风景名胜区主管部门,会同其他有关部门组织论证,提出审查意见,报省、自治区、直辖市人民政府批准公布。

2. 风景名胜区的保护规定

国家对风景名胜区实行科学规划、统一管理、严格保护、永续利用的原则。保护与开发风景名胜区旅游资源的目的就是更好地利用,充分利用风景名胜区旅游资源的特点,开展健康有益的游览活动,产生可观的经济效益和社会效益。

风景名胜区所在地县级以上地方人民政府设置的风景名胜区管理机构,负责风景名胜区的保护、利用和统一管理工作。国务院建设主管部门负责全国风景名胜区的监督管理工作。国务院其他有关部门按照国务院规定的职责分工,负责风景名胜区的有关监督管理工作。省、自治区人民政府建设主管部门和直辖市人民政府风景名胜区主管部门,负责本行政区域内风景名胜区的监督管理工作。省、自治区、直辖市人民政府其他有关部门按照规定的职责分工,负责风景名胜区的有关监督管理工作。风景名胜区管理机构应当对风景名胜区内的重要景观进行调查、鉴定，并制定相应的保护措施。任何单位和个人都有保护风景名胜资源的义务，并有权制止、检举破坏风景名胜资源的行为。

(1) 风景名胜区内的单位和个人应当遵守经批准的风景名胜区规划，服从规划管理。经批准的风景名胜区规划不得擅自修改。确需对风景名胜区总体规划中的风景名胜区范围、性质、保护目标、生态资源保护措施、重大建设项目布局、开发利用强度及风景名胜区的功能结构、空间布局、游客容量进行修改的，应当报原审批机关批准；对其他内容进行修改的，应当报原审批机关备案。风景名胜区详细规划确需修改的，应当报原审批机关批准。风景名胜区规划未经批准的，不得在风景名胜区内进行各类建设活动。

(2) 在风景名胜区内禁止进行下列活动：开山、采石、开矿、开荒、修坟立碑等破坏景观、植被和地形地貌的活动；修建储存爆炸性、易燃性、放射性、毒害性、腐蚀性物品的设施；在景物或者设施上刻画、涂污；乱扔垃圾。

(3) 禁止违反风景名胜区规划，在风景名胜区内设立各类开发区和在核心景区内建设宾馆、招待所、培训中心、疗养院及与风景名胜资源保护无关的其他建筑物；已经建设的，应当按照风景名胜区规划，逐步迁出。

(4) 在风景名胜区内从事上述禁止范围以外的建设活动，应当经风景名胜区管理机构审核后，依照有关法律、法规的规定办理审批手续。在国家级风景名胜区内修建缆车、索道等重大建设工程，项目的选址方案应当报国务院建设主管部门核准。

(5) 风景名胜区内的景观和自然环境，应当根据可持续发展的原则，严格保护，不得破坏或者随意改变。风景名胜区管理机构应当建立健全风景名胜资源保护的各项管理制度。风景名胜区内的居民和游览者应当保护风景名胜区的景物、水体、林草植被、野生动物和各项设施。

(6) 在风景名胜区内进行下列活动，应当经风景名胜区管理机构审核后，依照有关法律、法规的规定报有关主管部门批准：设置、张贴商业广告；举办大型游乐等活动；改变水资源、水环境自然状态的活动；其他影响生态和景观的活动。

3. 风景名胜区的管理规定

(1) 风景名胜区管理机构应当根据风景名胜区的特点，保护民族民间传统文化，开展健康有益的游览观光和文化娱乐活动，普及历史文化和科学知识。

(2) 风景名胜区管理机构应当根据风景名胜区规划，合理利用风景名胜资源，改善交通、服务设施和游览条件。风景名胜区管理机构应当在风景名胜区内设置风景名胜区标志和路标、安全警示等标牌。

(3) 风景名胜区内宗教活动场所的管理，依照国家有关宗教活动场所管理的规定执行。风景名胜区内涉及自然资源保护、利用、管理和文物保护及自然保护区管理的，还应当执行国家有关法律、法规的规定。

(4) 国务院建设主管部门应当对国家级风景名胜区的规划实施情况、资源保护状况进行监督检查和评估。对发现的问题，应当及时纠正、处理。

(5) 风景名胜区管理机构应当建立健全安全保障制度，加强安全管理，保障游览安全，并督促风景名胜区内的经营单位接受有关部门依据法律、法规进行的监督检查。禁止超过允许容量接纳游客和在没有安全保障的区域开展游览活动。

(6) 进入风景名胜区的门票,由风景名胜区管理机构负责出售。门票价格依照有关价格的法律、法规的规定执行。风景名胜区内的交通、服务等项目,应当由风景名胜区管理机构依照有关法律、法规和风景名胜区规划,采用招标等公平竞争的方式确定经营者。风景名胜区管理机构应当与经营者签订合同,依法确定各自的权利、义务。经营者应当缴纳风景名胜资源有偿使用费。

(7) 风景名胜区的门票收入和风景名胜资源有偿使用费,实行收支两条线管理。风景名胜区的门票收入和风景名胜资源有偿使用费应当专门用于风景名胜资源的保护和管理,以及风景名胜区内财产的所有权人、使用权人损失的补偿。具体管理办法,由国务院财政部门、价格主管部门会同国务院建设主管部门等有关部门制定。

(8) 风景名胜区管理机构不得从事以盈利为目的的经营活动,不得将规划、管理和监督等行政管理职能委托给企业或者个人行使。风景名胜区管理机构的工作人员,不得在风景名胜区内的企业兼职。

(9) 国家建立风景名胜区管理信息系统,对风景名胜区规划实施和资源保护情况进行动态监测。国家级风景名胜区所在地的风景名胜区管理机构应当每年向国务院建设主管部门报送风景名胜区规划实施和土地、森林等自然资源保护的情况;国务院建设主管部门应当将土地、森林等自然资源保护的情况,及时抄送国务院有关部门。

4. 违反风景名胜区保护与管理规定的法律责任

(1) 有下列行为之一的,由风景名胜区管理机构责令停止违法行为、恢复原状或者限期拆除,没收违法所得,并处 50 万元以上 100 万元以下的罚款:

① 在风景名胜区内进行开山、采石、开矿等破坏景观、植被、地形地貌的活动的。
② 在风景名胜区内修建储存爆炸性、易燃性、放射性、毒害性、腐蚀性物品的设施。
③ 在核心景区内建设宾馆、招待所、培训中心、疗养院,以及与风景名胜资源保护无关的其他建筑物的。县级以上地方人民政府及其有关主管部门批准实施本条第一款规定的行为的,对直接负责的主管人员和其他直接责任人员依法给予降级或者撤职的处分;构成犯罪的,依法追究刑事责任。

(2) 在风景名胜区内从事禁止范围以外的建设活动,未经风景名胜区管理机构审核的,由风景名胜区管理机构责令停止建设、限期拆除,对个人处 2 万元以上 5 万元以下的罚款,对单位处 20 万元以上 50 万元以下的罚款。

(3) 在国家级风景名胜区内修建缆车、索道等重大建设工程,项目的选址方案未经国务院建设主管部门核准,县级以上地方人民政府有关部门核发选址意见书的,对直接负责的主管人员和其他直接责任人员依法给予处分;构成犯罪的,依法追究刑事责任。

(4) 个人在风景名胜区内进行开荒、修坟立碑等破坏景观、植被、地形地貌的活动的,由风景名胜区管理机构责令停止违法行为、限期恢复原状或者采取其他补救措施,没收违法所得,并处 1 千元以上 1 万元以下的罚款。

(5) 在景物、设施上刻画、涂污或者在风景名胜区内乱扔垃圾的,由风景名胜区管理机构责令恢复原状或者采取其他补救措施,处 50 元的罚款;刻画、涂污或者以其他方式故意损坏国家保护的文物、名胜古迹的,按照治安管理处罚法的有关规定予以处罚;构成犯罪的,依法追究刑事责任。

(6) 未经风景名胜区管理机构审核,在风景名胜区内进行下列活动的,由风景名胜区管理机构责令停止违法行为、限期恢复原状或者采取其他补救措施,没收违法所得,并处5万元以上10万元以下的罚款;情节严重的,并处10万元以上20万元以下的罚款:

① 设置、张贴商业广告的。
② 举办大型游乐等活动的。
③ 改变水资源、水环境自然状态的活动的。
④ 其他影响生态和景观的活动。

(7) 施工单位在施工过程中,对周围景物、水体、林草植被、野生动物资源和地形地貌造成破坏的,由风景名胜区管理机构责令停止违法行为、限期恢复原状或者采取其他补救措施,并处2万元以上10万元以下的罚款;逾期未恢复原状或者采取有效措施的,由风景名胜区管理机构责令停止施工。

(8) 国务院建设主管部门、县级以上地方人民政府及其有关主管部门有下列行为之一的,对直接负责的主管人员和其他直接责任人员依法给予处分;构成犯罪的,依法追究刑事责任:

① 违反风景名胜区规划在风景名胜区内设立各类开发区的。
② 风景名胜区自设立之日起未在2年内编制完成风景名胜区总体规划的。
③ 选择不具有相应资质等级的单位编制风景名胜区规划的。
④ 风景名胜区规划批准前批准在风景名胜区内进行建设活动的。
⑤ 擅自修改风景名胜区规划的。
⑥ 不依法履行监督管理职责的其他行为。

(9) 风景名胜区管理机构有下列行为之一的,由设立该风景名胜区管理机构的县级以上地方人民政府责令改正;情节严重的,对直接负责的主管人员和其他直接责任人员给予降级或者撤职的处分;构成犯罪的,依法追究刑事责任:

① 超过允许容量接纳游客或者在没有安全保障的区域开展游览活动的。
② 未设置风景名胜区标志和路标、安全警示等标牌的。
③ 从事以盈利为目的的经营活动的。
④ 将规划、管理和监督等行政管理职能委托给企业或者个人行使的。
⑤ 允许风景名胜区管理机构的工作人员在风景名胜区内的企业兼职的。
⑥ 审核同意在风景名胜区内进行不符合风景名胜区规划的建设活动的。
⑦ 发现违法行为不予查处的。

(10) 依照本条例的规定,责令限期拆除在风景名胜区内违法建设的建筑物、构筑物或者其他设施的,有关单位或者个人必须立即停止建设活动,自行拆除;对继续进行建设的,做出责令限期拆除决定的机关有权制止。有关单位或者个人对责令限期拆除决定不服的,可以在接到责令限期拆除决定之日起15日内,向人民法院起诉;期满不起诉又不自行拆除的,由做出责令限期拆除决定的机关依法申请人民法院强制执行,费用由违法者承担。

案例 9.5

肇庆"奥威斯酒店项目"侵占景区土地违反规划案

案情简介：

2004年，通过招商引资引进首家五星级酒店——奥威斯酒店项目，肇庆市政府极其重视，把它当做重点项目来抓，为开发商提供了一切尽可能的优惠条件。奥威斯酒店看中了有山有水的七星岩景区，将酒店选址在星湖景区的仙女湖旁边。由于酒店毗邻星湖，开发商与当地政府商定，将隔在酒店与星湖之间的景区围墙拆掉，将原属景区范围的一段长500米，面积10 000多平方米的环湖专用游道划给酒店使用，然后从酒店后面划出同等面积划归景区使用。另外，酒店开发商还要求将位于仙女湖皎杯石对面的码头划为酒店专用码头，开设游艇旅游项目，当地规划部门和国土等部门迅速地给开发商颁发了土地使用证和建设许可证。但是，这个规划引发了星湖景区管理局多数老干部的反对："这些土地属景区的核心保护区范围，按国务院《风景名胜区管理暂行条例》(已废止)，对国家重点名胜区土地的征用必须经过省建设厅和国家建设部等相关部门的审批，市政府怎么自己就做主给'卖'出去了？"2005年8月，当地政府派出一名分管规划建设的副市长及相关部门的领导，召集老干部们开了一场解释会。会上，中国风景园林学会资深会员陈老先生表示："你们要是再敢砍掉景区里的一棵树，你们就先砍我的头！"会议不欢而散。老同志将酒店违规占用景区的资料和自发拍下的照片发往建设部和广东省建设厅。

(案例来源：http://www.51766.com/xinwen/11011/1101112599.html)

案例评析：

(1) 省建设厅对奥威斯酒店项目进行调查后通报，该项目违反了《风景名胜区管理暂行条例》、《风景名胜区建设管理规定》和《广东省风景名胜区条例》等规定，已责成肇庆市立即进行整改。酒店的建设应退缩在环湖游道外围，把环湖游道归还给风景名胜区，并恢复原有的使用功能和修复已被破坏的设施。拟建的码头不能作为酒店专用码头，应当由星湖风景名胜区管理局根据发展规划统筹建设和管理。对酒店的建筑设计方案、建筑密度和高度按城市总体规划指标要求重新做出调整。

(2) 国家建设部办公厅向省建设厅发来文件，提出3点意见：重点风景区招商引资不能以牺牲景区资源为代价，切实处理好景区保护与开发的关系；要求省建设厅就肇庆奥威斯酒店的选址、设计等审批权限进行核对和梳理，提出明确意见，并督促肇庆市有关部门及项目建设单位将项目报送有关权限部门，依法履行程序；最后要求省建设厅及时将处理结果报送建设部(今住房和城乡建设部)，同时将其通报全省。

9.4 世界遗产的保护

1972年10月17日至11月21日在巴黎举行的第十七届"保护世界文化和自然遗产公约"会议注意到文化遗产和自然遗产越来越受到破坏和威胁，国家一级保护工作往往不是很完善，考虑到部分文化或自然遗产具有突出的重要性，需要作为全人类世界遗产的一部分加以保护，整个国际社会有责任通过提供集体性援助来参与保护具有突出的普遍价值的文化和自然遗产，这种援助尽管不能代替有关国家采取的行动，但将成为它的有效补充。世界遗产概念的提出是人类文明发展到一定阶段的标志，它代表了对自然的尊重，对人类创造的总结和礼赞。中国于 1985 年加入《保护世界文化和自然遗产公约》，1999 年成为世界遗产委员会成员。1976 年，世界遗产委员会成立，同时建立《世界遗产名录》，将认为具有世界意义和突出价值而需要全人类共同承担保护责任的遗产编入其中。列入目录的世界遗产由国际社会提供援助并安排保护、恢复等工作。截至 2014 年 6 月 22 日，中国已有 47 项文化遗产和自然景观列入《世界遗产名录》，其中，世界文化遗产 30 项，世界自然遗产 10 项，世界自然遗产和文化遗产混合体 4 项，世界文化景观遗产 3 项。

9.4.1 相关基础概念

世界遗产是指前代所遗留的，对人类生存和发展具有特殊价值而为国际社会特别加以保护的自然和文化遗产。

自然遗产是指具有突出价值的自然生物学和地质学形态，濒危动植物物种栖息地，以及具有科学、美学和保护价值的地区。

物质文化遗产是具有历史、艺术和科学价值的文物，包括古遗址、古墓葬、古建筑、石窟寺、石刻、壁画、近代现代重要史迹及代表性建筑等不可移动文物，历史上各时代的重要实物、艺术品、文献、手稿、图书资料等可移动文物；以及在建筑式样、分布均匀或与环境景色结合方面具有突出普遍价值的历史文化名城(街区、村镇)。

非物质文化遗产是指被各群体、团体或有时为个人视为其文化遗产的各种实践、表演、表现形式、知识和技能及有关的工具、实物、工艺品和文化场所，又称无形文化遗产。包括口头传说和表述；包括作为非物质文化遗产媒介的语言，表演艺术，社会风俗，礼仪，节庆；有关自然界和宇宙的知识及实践；传统的手工艺技能。

9.4.2 世界遗产的分类

世界遗产包括自然遗产、文化遗产和自然文化复合遗产 3 类。

1) 自然遗产

自然遗产是指具有突出价值的自然生物学和地质学形态，濒危动植物物种栖息地，以及具有科学、美学和保护价值的地区。具体包括以下 3 类。

(1) 从审美或科学角度看，具有突出的普遍价值的由物质和生物结构或这类结构群组成的自然面貌。

(2) 从科学或保护角度看，具有突出的普遍价值的地质和自然地理结构，以及明确划为受威胁的动物和植物栖息地。

(3) 从科学、保护或自然美角度看，具有突出的普遍价值的天然名胜或明确划分的自然区域。

凡提名列入《世界遗产名录》的自然遗产项目，必须符合下列一项或几项标准方可获得批准：代表地球演化历史中重要阶段的突出例证；代表进行中的重要地质过程、生物演化过程及人类与自然环境相互关系的突出例证；独特、稀有或绝妙的自然现象、地貌或具有罕见自然美地域；尚存的珍稀或濒危动植物栖息地。

2) 文化遗产

文化遗产是指具有历史学、美学、考古学、科学、民族学或人类学价值的纪念地、建筑群和遗址，含文化景观。具体包括以下3类。

(1) 文物。从历史、艺术和科学角度看，具有突出的普遍价值的建筑物、碑雕和碑画、具有考古性质成分或结构、铭文、窟洞及联合体。

(2) 建筑群。从历史、艺术或科学角度看，在建筑式样、分布均匀或与环境景色结合方面具有突出的普遍价值的单立或连接的建筑群。

(3) 遗址。从历史、审美、人种学或人类学角度看，具有突出的普遍价值的人类工程或自然与人类联合工程及考古地址等地方。

3) 自然遗产与文化遗产混合体

自然遗产与文化遗产混合体是指含有文化与自然两方面因素的世界遗产。

4) 文化景观

文化景观是人类活动所造成的景观，它反映文化体系的特征和一个地区的地理特征。文化景观的形成是个长期过程，每一历史时代人类都按照其文化标准对自然环境施加影响，并把它们改变成文化景观。文化景观的内容除一些具体事物外，还有一种可以感觉到而难以表达出来的"气氛"，它往往与宗教教义、社会观念和政治制度等因素有关，是一种抽象的观感。

9.4.3 世界遗产的保护

对于世界遗产的保护，《保护世界文化和自然遗产公约》规定：保护世界遗产主要是有关国家的责任，在尊重遗产所在国的主权，不使所在国规定的财产权受到损失的前提下，承认它是世界遗产的一部分，整个国际社会有责任合作予以保护；缔约国应为承认并保证本国各类世界遗产的确定、保护、保存、展出和遗传后代，主要是有关国家的责任；该国将为此目的竭尽全力，最大限度地利用本国资源，必要时利用所能获得的国际援助和合作，特别是财政、艺术、科学及技术方面的援助和合作。

小测试

人文旅游资源主要类别有(   )。
A. 地址遗迹　　　　　　　　B. 建筑与设施
C. 旅游商品　　　　　　　　D. 人文活动

模拟法庭

德国游客诉北京文杰文化中心出售假画案

案情简介：

德国游客马瑞向法院起诉称，2001年5月左右至2002年3月间自己先后3次从位于北京徐悲鸿纪念馆的文杰文化中心购买画作9幅，并携带出境，后经相关专家鉴定均为仿制品。马瑞认为，文杰文化中心的法定代表人高峰有意提供虚假、错误的信息，作出了使人误解的虚假宣传，欺诈游客，请求撤销与文杰文化中心之间签订的买卖合同，要求文杰文化中心向其双倍返还购画款人民币 18 万元，赔偿因索赔而支付的交通费、住宿费等共计人民币 14 394 元，文杰文化中心承担本案诉讼费用。被告文杰文化中心辩称，原告购买画作时已明知所购买的不是文物(真迹)，而是文物的仿制品、赝品，因为作品真迹均属国家禁止出境的文物，非经国家批准不得买卖，更不得卖给外国人；况且从销售价格上合同标的与真迹相差甚远，原告应当十分清楚。买卖合同是双方的自愿行为，并不存在误解，更不存在欺诈，请求法院驳回原告的诉讼请求，并反诉要求原告返还取走未还的拿去进行价值鉴定的 3 幅画。

本案中诉讼角色：
原告：马瑞
被告：北京文杰文化中心
庭审图示：

法官

原告诉称 1：合同效力有瑕疵……
原告诉称 2：被告有意提供虚假、错误的信息，作出使人误解的虚假宣传……
原告诉称 3：被告以假充真，欺诈游客，应当双倍返还……

被告辩称 1：合同完全有效……
被告辩称 2：原告明知仿制品、赝品……
被告辩称 3：原告自愿购买，无误解，无欺诈……
被告诉称（反诉）：原告返还取走未还的 3 幅画……

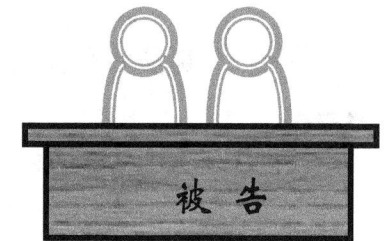

原告诉称1：合同效力有瑕疵。合同主体资格必须合法，意思表示必须真实，合同内容不得违反法律强制性规定，不得违反社会公共利益，否则合同效力有瑕疵。原告要求购买的是真画，而被告提供仿制品，原告意思表示不真实，合同效力有瑕疵。

原告诉称2：被告有意提供虚假、错误的信息，作出使人误解的虚假宣传，导致原告作出购买画作的不真实意思表示。该合同属于可变更、撤销合同。

原告诉称3：原告作为误解方和被欺诈方，有权请求撤销合同效力，并将财产关系恢复到合同签订之前。被告应当返还货款9万元。

原告诉称4：被告故意以假充真、欺诈游客，应当"损一赔一"，赔偿原告损失9万元。

原告诉称5：由于被告过错导致合同撤销，被告应当赔偿因原告索赔而支付的交通费、住宿费等共计人民币14 394元。

原告诉称6：被告应当承担本案诉讼费用。

被告辩称1：合同完全有效。合同完全符合有效要件，即主体资格合法，意思表示真实，而且合同内容不违法。

被告辩称2：原告明知仿制品、赝品而购买。原告购买画作时已经明知所购买的不是文物(真迹)，而是文物的仿制品、赝品，因为作品真迹均属国家禁止出境的文物，非经国家批准不得买卖，更不得卖给外国人；况且从销售价格上该合同标的与真迹相差甚远，原告应当十分清楚。

被告辩称3：原告自愿购买。买卖合同是双方的自愿行为，并不存在误解，更不存在欺诈。

被告辩称4：原告无权撤销合同效力，无权请求退还画款，无权请求赔偿。法院应当驳回原告的诉讼请求。

被告辩称5：原告应当承担诉讼费用。

被告诉称(反诉)：原告应当返还取走未还的3幅画。

法院审理查明：

法院经审理查明：2001年12月原告马瑞在徐悲鸿纪念馆文杰中心以13 000元的价格购买了两幅画。文杰中心的法定代表人高峰在给马瑞开具的收条上注明：清、乾隆，并加盖了徐悲鸿纪念馆的艺术章。2002年3月，马瑞在徐悲鸿纪念馆以10万元买走了共5幅画。高峰在给马瑞开具的收条上注明：10 000元袁江山水、10 000元陈少梅山水人物、60 000元徐悲鸿花鸟、10 000元马晋马、10 000元刘奎龄马，并注明了画家的生卒年代等，加盖了"悲鸿纪念馆艺术画廊"章。后马瑞回国，得知自己买的画中有假画。2002年12月，马瑞带着其中鉴定为假画的四幅画(10 000元袁江山水、10 000元陈少梅山水人物、60 000元徐悲鸿花鸟、10 000元刘奎龄马)再次来到徐悲鸿纪念馆，要求退款。高峰不予退款，但答应换几幅其他的画，双方签订协议：马瑞取走陆俨少山水两幅、齐白石虾蟹一幅，将已付款的4幅画一起带走，如果鉴定结果表明上述3幅画与已付款的四幅画价值等同，则退回所换的4幅画，否则，3幅作品退回。马瑞将这3幅画拿到北京文博研究鉴定咨询中心，经鉴定这3幅画仍是假画。随后，马瑞与高峰协商退款未果，诉至法院，请求撤销与文杰中心的买卖合同，判令文杰中心双倍返还购画款共计人民币18万元，支付因索赔而发生的费用。法院还查明，马瑞因该案而支付的交通费、住宿费、鉴定费等共计人民币12 612元；马瑞拿走文杰中心3幅画去做鉴定。

法院裁判理由：

(1) 原、被告之间的买卖合同成立，具有法律效力。

根据规定，肖像、影像、画像、风俗画、战功图、纪事图、行乐图等中国画及书法(1949年以前的)禁止出境。《文物保护法》第五十二条第三款规定："国家禁止出境的文物，不得转让、出租、质押给外国人。"《合同法》第五十四条规定，下列合同，当事人一方有权请求人民法院或者仲裁机构变更或者撤销：①因重大误解订立的；②在订立合同时显失公平的。③一方以欺诈、胁迫的手段或者乘人之危，使对方在违背真实意思的情况下订立的合同，受损害方有权请求人民法院或者仲裁机构变更或者撤销。《合同法》第五十六条规定，无效的合同或者被撤销的合同自始没有法律约束力。

(2) 原告马瑞作为消费者，有知悉其购买商品真实情况的权利。《消费者权益保护法》第八条第一款的规定，原告马瑞作为消费者，有知悉其购买商品真实情况的权利。被告文杰中心在为其开具的收款凭证上未注明其出售的商品为仿制品，未履行经营者的法定义务，属于故意隐瞒真实情况，消极的不作为的欺诈行为。

(3) 文杰中心没有证据证明马瑞应当知道所买画作是仿制品。文杰中心认为，如果是真迹是不能带出境外的，马瑞应当知道所买画作是仿制品，且马瑞应当知道这个价格是不可能买到真迹的，此辩称无相关证据佐证，法院不予采信。

(4) 文杰中心对马瑞应当"损一赔一"。《消费者权益保护法》第四十九条规定，经营者提供商品或者服务有欺诈行为的，应当按照消费者的要求增加赔偿其受到的损失，增加赔偿的金额为消费者购买商品的价款或者接受服务的费用的一倍。

法院判决如下：

(1) 撤销马瑞与北京文杰文化中心的买卖合同。

(2) 北京文杰文化中心于本判决生效后10日内退还马瑞购画款人民币9万元。

(3) 北京文杰文化中心于本判决生效后10日内赔偿马瑞人民币9万元。

(4) 北京文杰文化中心于本判决生效后10日内赔偿马瑞因索赔而发生的交通费、住宿费、公证费、鉴定费共计人民币12 612元。

(5) 马瑞于本判决生效后10日内退还从北京文杰文化艺术服务中心取走的3幅画：陆俨少山水两幅、齐白石虾蟹一幅。

(6) 北京文杰服务中心承担本案诉讼费用。

(案例来源：http://www.110.com/ziliao/article-58121.html)

本章小结

通过本章的学习，掌握我国《文物保护法》、《风景名胜区条例》、《自然保护区条例》、《历史文化名城名镇名村保护条例》等关于旅游资源保护与管理的知识内容，尝试利用相关规定来辨析旅游资源开发与利用过程中遇到的各种纠纷及其责任承担问题，厘清纠纷类型及其责任方式，既发挥旅游资源的经济效益和观赏价值，又恰当地保护旅游资源，实现旅游业可持续发展。

第9章 旅游资源保护与管理制度

关键术语

旅游资源　自然保护区　风景名胜区　世界遗产名录

习题

1. 名词解释

(1) 旅游资源　(2) 自然保护区　(3) 风景名胜区　(4) 文物　(5) 历史文化名城　(6) 世界遗产

2. 单项选择题

(1) 我国风景名胜区的等级划分为(　　)。
  A. 国家级风景名胜区和省级风景名胜区
  B. 国家级重点风景名胜区和省级风景名胜区
  C. 国家级风景名胜区、省级风景名胜区和市县级风景名胜区
  D. 国家级风景名胜区和地方级风景名胜区

(2) 自然保护区内可进行科学实验、教学实习、参观考察、旅游等活动的区域是(　　)。
  A. 核心区　　B. 缓冲区　　C. 实验区　　D. 游览区

(3) 属于集体所有的(　　),其所有权受国家保护。
  A. 纪念建筑物、古墓葬和传世祖传文物
  B. 纪念建筑物、古建筑和祖传文物
  C. 纪念建筑物、古文化遗址和祖传文物
  D. 纪念建筑物、古窟寺和传世祖传文物

(4) 文物保护管理工作应遵循(　　)方针。
  A. 保护、利用、开发并举
  B. 保护为主,抢救第一,合理利用,加强管理
  C. 不得破坏文物保护单位的环境风貌
  D. 保护第一,抢救为主,修旧如旧

(5) 根据《文物保护法》规定,文物出口或个人携带文物出境,都必须向(　　)申报。
  A. 边防检查站　　B. 国家旅游局　　C. 海关　　D. 国家文物局

3. 实训题

2006年山西临汾市民康制药厂修建1、2号宿舍楼,但未经过批准,不符合规划,使用挖掘机强行破坏位于临汾市西北的古城墙(文物保护单位)。据临汾市文物局的勘测:1号楼的楼基西侧已进入保护范围之内,2号楼的楼基北侧距城墙仅2.7米,也处于建设控制地带之内,西边北侧挖掉城墙本体,损坏城墙20余米,1、2号楼修建导致城墙遭破坏足有百余平方米,挖毁体积达千余立方米。

问题:民康制药厂应当承担什么责任?

第10章 旅游税收管理法律制度

知识要点	掌握程度	相关知识
1. 我国现行税法体系	了解熟悉	税法体系概念、税收实体法、税收征管程序法
2. 税法的概念	掌握	税收
3. 税法的构成要素	重点掌握	纳税主体、课税客体、税率、纳税环节、纳税期限、纳税地点、税收优惠、法律责任
4. 旅游税收的概念	掌握	旅游税收的作用
5. 旅游业经营中的税收规定	重点掌握	增值税、消费税、营业税、关税、所得税
6. 我国税法主要法律制度	重点掌握	税收征收管理法律制度、税务代理法律制度、税法责任法律制度

技能要点	能力要求	应用方向
1. 我国旅游业缴纳的主要税种	掌握	确定税负的负担
2. 我国旅游业缴纳的主要税种应纳税额的计算	重点掌握	确定税款的缴纳
3. 我国税法主要法律制度	重点掌握	确定税务的办理及法律责任的承担

导入案例

案情简介：

某旅游有限责任公司2012年5月实际应纳营业税50万元，由于资金周转困难，该公司决定向主管地税机关申报缴纳30万元税款。同年10月，税务部门在检查中发现了此问题。

问题：

(1) 该旅游有限责任公司的行为属于何种性质的税收违法行为，请简要说明理由。

(2) 根据有关法律对该旅游有限责任公司及相关当事人应如何处理？

案例评析：

(1) 该旅游有限责任公司的行为属于偷税行为。因为该旅游有限责任公司采取虚假的纳税申报手续，少缴税款20万元，《中华人民共和国税收征收管理法》(以下简称《税收征收管理法》)第六十三条规定："……纳税人伪造、变造、隐匿、擅自销毁账簿、记账凭证，或者在账簿上多列支出或者不列、少列收入，或者经税务机关通知申报而拒不申报或者进行虚假的纳税申报，不缴或者少缴应纳税款的，是偷税。"

(2) 根据《税收征收管理法》第六十三条规定，对该旅游有限责任公司的行为，税务机关应追缴税款、滞纳金。由于该旅游有限责任公司偷税数额达20万元，且占应纳税款的40%，已构成犯罪。税务机关应将该案移送司法机关依法追究其刑事责任。

第10章 旅游税收管理法律制度

10.1 税收制度概述

税收不是从来就有的,它是人类社会发展到一定历史条件下的产物。税收体现了国家机关的征税权力,是社会发展到一定阶段的产物,伴随着国家的产生而产生,旨在维护庞大的国家机器的正常运转,发挥职能。税收是指国家为了满足一般的社会共同需要,凭借政治权力,按照国家法律规定的标准,强制地、无偿地取得财政收入的一种分配关系。税法是国家制定、认可和解释的,并由国家强制力保证实施的调整税收关系的法律规范的总称。任何国家的税收法律制度都有其固定的结构,国家每开征一种税,都要制定相应的基本法规,以便依法征税。一般地说,税法的构成要素包括纳税主体、课税客体、税率、纳税环节、纳税期限、纳税地点、税收优惠、法律责任等内容。但并不是每个税法都要具备这些内容,其中纳税主体、课税客体和税率则是税法中最基本的要素,每个税法都必须具备这3项内容,否则,就不称其为税法。税法是实体内容与征管程序相统一的法,即税法体系包括税收实体法和税收征管程序法。

10.1.1 相关基础概念

税法是国家制定、认可和解释的,并由国家强制力保证实施的调整税收关系的法律规范的总称。

纳税主体又称纳税人,是指税法规定的直接负有纳税义务的单位和个人,是纳税义务的主要承担者。纳税人包括自然人、法人和其他社会组织,某个自然人、法人或其他社会组织可能需要缴纳几种税,成为几种税的纳税人。

课税客体又称征税对象,即纳税主体所指向的对象,是指税法明确规定的产生纳税义务的标的或依据。课税客体包括标的物和行为。前者如商品、劳务、财产、资源等,后者如证券交易、领受凭证、车辆购置等。

税率是指税法规定的每一纳税人的应纳税额与课税客体数额之间的比例,它是法定的计算税额的尺度。税率的高低直接关系到国家财政收入的多少和纳税人的负担水平。税率与纳税主体、课税客体是税法构成要素最基本的内容,每部税法都必须具有这3个要素。目前,各国税法规定的法定税率的基本形式主要有比例税率、累进税率、定额税率3种形式。

纳税环节是指商品生产和流转过程中应当缴纳税款的环节。例如,关税中的进口关税是在进口报关环节征收。

纳税期限是指纳税单位和个人缴纳税款的期限。税法明确规定每种税的纳税期限,是为了保证税收的稳定性和及时性。纳税人按纳税期限缴纳税款,是税法规定的纳税人必须履行的义务。纳税人如不按期缴纳税款,将受到加收滞纳金等处罚。例如,所得税的纳税期限为1年。

纳税地点是指纳税人申报、缴纳税款的场所。不同税种的纳税地点不完全相同,就我国现行税法规定来看,纳税地点大致可分为以下几种情形:①固定业户向其机构所在地主管税务机关申报纳税;②固定业户到外县(市)经营的,应根据具体情况向固定业户所在地申报纳税,或向经营地主管税务机关申报纳税;③非固定业户或临时经营户者,向经营地主管税务机关申报纳税;④进口货物向报关地海关纳税。

税收优惠是指国家为了体现鼓励和扶持政策,在税收方面采取的鼓励和照顾措施。税收优惠在形式上包括减税、免税、退税、投资抵免、快速折旧、亏损结转抵补和延期纳税等。

法律责任是指税法规定的纳税人和征税人员违反税法规定应当承担的法律后果及制裁措施。如我国《税收征收管理法》第五章关于法律责任的规定就是对纳税人和征税工作人员违反税法的行为规定的处罚措施。

10.1.2 我国现行税法体系

税法体系是指一国现行全部税收法律规范组成的有机联系的整体。税法是实体内容和征管程序相统一的法,即税法体系包括税收实体法和税收征管程序法。

1. 税收实体法

我国税收实体法,亦称实体税法,是指主要规定国家征税和纳税主体纳税的实体权利和义务的法律规范的总称。内容包括流转税法、所得税法、财产税法、行为税法与特定目的税法、资源税法和其他实体税法。

2. 税收征管程序法

税收征管程序法,即税收征管法,是指以保证税法主体的权利和义务得以实施或者职权和职责得以履行的有关程序为主的法律,主要规定征税机关的税收征管程序和纳税人的纳税程序等内容。税收征管程序法调整税收征管关系。我国现行主要的税收征管程序法是《税收征收管理法》,与之配套的行政法规是《税收征收管理法实施细则》。《税收征收管理法》的主要内容包括税务登记、纳税鉴定、纳税申报、税款征收、账务和票证管理、税务检查、违章处理等。此外,我国还针对某些税种单独制定了程序性的法规。

10.1.3 我国税法主要法律制度

我国税法中规定的法律制度主要有税收征收管理法律制度、税务代理法律制度和税法责任法律制度。

1. 税收征收管理法律制度

税收征收管理法律制度是指国家税务机关进行税收征收管理和纳税人纳税程序方面的法律法规的总称,其内容包括税务登记、纳税鉴定、纳税申报、税款征收、财务和票证管理、税务检查及法律责任等。《税收征收管理法》对以上内容作出了明确规定。

2. 税务代理法律制度

税务代理法律制度是指实行会计师事务所、律师事务所、税务咨询机构等社会中介机构代理纳税人办税的制度,它是现代市场经济社会中税收征管体系的重要环节。

根据我国《税收征收管理法》的规定,国家税务总局制定了《税务代理试行办法》,标志着我国税务代理制度的正式产生。税务代理制度适应了市场经济的需要,为保护纳税人的合法权益提供了保障。

3. 税法责任法律制度

税法责任是指纳税主体因其违法行为所应当承担的法律后果。法律责任可以分为纳税主体的法律责任和征税主体的法律责任。具体包括纳税人违反税法行为的法律责任、扣缴义务人违反税法行为的法律责任、税务人员违反税法行为的法律责任、税务代理人违反税法行为的法律责任等。

案例 10.1

向阳旅游公司因为税款补缴提起行政诉讼案

案情简介：

某税务机关在其辖区内企业——向阳旅游公司缴纳 2012 年 5 月税款后，发现其少缴税款 36 270 元，即通知该企业补缴。该企业接到补缴税款通知书后，又一次进行核算，认为税务机关审核有误，公司根本未少缴税款，于是拒绝补缴，并向上级税务机关申请复议，要求纠正错误。上级税务机关未受理该公司的复议申请。公司认为，上级税务机关有错不纠，侵犯了它的合法权益，便以其为被告向人民法院提起行政诉讼。

(案例来源：孙子文. 旅游法规教程. 2 版. 大连：东北财经大学出版社，2002：225.)

案例评析：

本案的关键在于应搞清楚纳税人与征税机关发生争议后，应以什么法定程序进行处理。根据我国税法规定，纳税人与税务机关在纳税问题上发生争议时，必须先依法纳税，然后在接到税务机关填发的缴款凭证之日起 60 日内向上一级税务机关申请复议，如对复议决定不服，还可以依法向人民法院提起诉讼。本案向阳旅游公司违反法律规定拒绝先补缴税款，在未取得缴款凭证的情况下，复议机关自然依法不受理他的复议申请，其指控复议机关侵犯其合法权益，显然不能胜诉。

重要法条提示

《税收征收管理法》第十五条规定："企业，企业在外地设立的分支机构和从事生产、经营的场所，个体工商户和从事生产、经营的事业单位(以下统称从事生产、经营的纳税人)自领取营业执照之日起三十日内，持有关证件，向税务机关申报办理税务登记。税务机关应当自收到申报之日起三十日内审核并发给税务登记证件。"

《税收征收管理法》第二十四条规定："从事生产、经营的纳税人、扣缴义务人必须按照国务院财政、税务主管部门规定的保管期限保管账簿、记账凭证、完税凭证及其他有关资料。账簿、记账凭证、完税凭证及其他有关资料不得伪造、变造或者擅自损毁。"

10.2 旅游税收制度概述

税收是国家机器的财政来源，是国家以其政治权力强制实施的。税收制度是一项涉及贸易、金融、投资、旅游等多种经济活动甚至非经济活动的范围广泛的制度。税收既是国家获取财政收入的最重要的方式,又是调节经济运行、实现经济政策的最有效的机制。国家依据税收方面的法律或法规,对旅游领域中的收入进行强制性再分配,以此来保证国家在旅游业中所需的财政来源,也以此调节旅游业的发展方向、发展规模、发展速度及旅游事业各方参加者的经济利益。旅游业中的税收大致可以分为两类:一类是普通意义上的税收,即与其他经济领域无区别的都要开征的税收,另一类是针对旅游业中特定行为的税收。旅游免税业是国际旅游业的重要支柱。它主要是向出入境旅客销售免除关税、进口环节税的进口商品和免除国内税收的国产商品。免税商品销售业务作为旅游购物的一部分,在许多国家是旅游创汇的重要组成部分。

10.2.1 相关基础概念

旅游税收是指国家权力机关或经其授权的行政机关,通过制定税收法律或法规,由政府专门机构对纳税人的有关旅游领域的收入进行强制性再分配的一种行为。

旅游免税是指出入境旅客购买免除关税、进口环节税的进口商品时,不再承担缴纳关税和进口环节税纳税义务的税收优惠。

10.2.2 旅游业经营中的税收规定

旅游业中的税收大致可以分为两类:一类是普通意义上的税收,即与其他经济领域无区别的都要开征的税收,如营业税、增值税、所得税、关税;另一类是针对旅游业中特定行为的税收,如对本国旅游者或外国旅游者征收的旅游税、机场建设税、道路税、专门适用于旅游业的增值税等。税收在政府管理旅游业的过程中发挥了重要的作用。第一类税收我国有比较完备的法律法规规定,第二类税收我国目前还没有进行相应的立法规定。我国旅游业经营中的主要税收如下。

1. 增值税

增值税是对在我国境内销售货物或者提供加工、修理修配劳务及进出口货物单位和个人就其增值额征收的一个税种。

1) 增值税的纳税主体

在我国境内销售货物或者提供加工、修理修配劳务及进口货物的单位和个人,为增值税纳税主体。我国把增值税的纳税人分为一般纳税人与小规模纳税人两类。

2) 增值税的征税范围

我国的增值税的征税范围为销售货物、进口货物和提供加工、修理修配劳务。

3) 增值税的税率

我国现行增值税法对一般纳税人和小规模纳税人适用不同的计税方法和税率。对一般纳税人设置了基本税率和低税率,除部分货物适用低税率13%外,纳税人销售、进口货物或者提供加工、修理修配劳务,税率为基本税率17%。纳税人出口货物,除国务院有特别规定外,税率为零。对小规模纳税人则实行3%的征收率。

4) 增值税应纳税额的计算

(1) 一般纳税人应纳税额的计算:

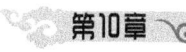

$$应纳税额＝当期销项税额－当期进项税额$$
$$销项税额＝当期销售额×适用税率$$

(2) 小规模纳税人应纳税额的计算：
$$应纳税额＝销售额×征收率$$

(3) 一般纳税人进口应税货物：
$$应纳税额＝组成计税价格×税率$$
$$＝(关税完税价格＋关税＋消费税)×税率$$

2．消费税

消费税是对在我国境内生产、委托加工和进出口应税消费品的单位和个人就其销售收入额征收的一种税。

1) 消费税的纳税主体

我国消费税法所规定的纳税主体是在我国境内生产、委托加工和进口、销售应税消费品的单位和个人。

2) 消费税的征税范围

我国消费税法规定的征税范围是在我国境内生产、委托加工和进口法定的应税消费品。应税消费品包括烟、酒及酒精、化妆品、贵重首饰及珠宝玉石、鞭炮和焰火、成品油、汽车轮胎、摩托车、小汽车、高尔夫球及球具、高档手表、游艇、木制一次性筷子和实木地板等。

3) 消费税的税率

消费税采用比例税率和定额税率，14类应税消费品的税率有高有低。烟类中甲类卷烟，税率为45%，是应税消费品中税率最高的。汽车轮胎的税率最低，只有3%。

4) 消费税的应纳税额的计算

(1) 消费税的一般计税方法：
$$实行从价定率办法计算的应纳税额＝销售额×比例税率$$
$$实行从量定额办法计算的应纳税额＝销售数量×定额税率$$
$$实行复合计税办法计算的应纳税额＝销售额×比例税率＋销售数量×定额税率$$

(2) 自产自用应税消费品的计税方法：
$$实行从价定率办法计算的应纳税额＝组成计税价格×比例税率$$
$$＝[(成本＋利润)÷(1－比例税率)]×比例税率$$
$$实行复合计税办法计算的应纳税额＝组成计税价格×比例税率$$
$$＝[(成本＋利润＋自产自用数量×定额税率)÷(1－比例税率)]×比例税率$$

(3) 委托加工应税消费品的计税方法：
$$应纳税额＝组成计税价格×比例税率$$
$$＝[(材料成本＋加工费)÷(1－比例税率)]×比例税率$$

(4) 进口应税消费品的计税方法：
$$应纳税额＝组成计税价格×比例税率$$
$$＝[(关税完税价格＋关税)÷(1－比例税率)]×比例税率$$

3. 营业税

营业税是对我国境内提供应税劳务，转让无形财产或者销售不动产的单位和个人就其营业额征收的一种流转税。应税劳务指属于交通运输业、建筑业、金融保险业、邮电通信业、文化体育业、娱乐业、服务业税目征收范围的劳务。

1) 营业税的纳税主体

我国营业税法规定的纳税主体是指在我国境内提供应税劳务、转让无形资产或者销售不动产的单位和个人。

2) 营业税的征税范围

我国营业税法规定的征税范围是在我国境内有偿提供应税劳务、有偿转让无形资产或者销售不动产。

3) 营业税的税率

我国现行营业税法规定了9类税目，实行3档比例税率。其中交通运输业、建筑业、邮电通信业、文化体育业税率为3%；金融保险业、服务业、转让无形资产、销售不动产税率为5%；娱乐业税率为5%～20%。

4) 营业税的应纳税额的计算

$$应纳税额＝营业额×税率$$

4. 关税

关税是指由海关对进出国境或关境的货物或物品的流转额为课税对象所征收的一种税。中国海关按照有关法律、法规征收关税。准许进出口的货物和进出境的物品必须在缴清关税税款或提供担保后，海关才能放行。

1) 关税的纳税主体

关税的纳税主体是进口货物的收货人、出口货物的发货人、进出境物品的所有人(持有人)和进口邮件的收件人。

2) 关税的征税对象

关税的征税对象是海关依照关税条例审定的完税价格。其中，进口关税的征税对象是海关审定的以成交价格为基础的到岸价格，包括货价、加上货物运抵我国境内输入地点起卸前的包装费、运费、保险费和其他劳务费用等。出口关税的征税对象是海关审定的货物售予境外的离岸价格和除关税后的余额。

3) 关税的税率

关税的税率为比例税率。进口货物的税率分为进口税率和出口税率。进口税率又分为普通税率和优惠税率。优惠税率适用于与我国签订关税互惠协议的国家或者地区的进口货物，普通税率适用于未签订关税互惠协议的国家或者地区的进口货物。为鼓励出口，只对部分商品征收出口税。

4) 关税的应纳税额的计算

$$从价计征的应纳税额＝完税价格×关税税率$$
$$从量计征的应纳税额＝货物数量×单位税额$$

5．所得税

所得税是旅游业经营中的一个重要税种。所得税又称收益税，是指以纳税人的所得额为征税对象的税。旅游经营者及其职工从经营或受雇中取得的收入必须按国家税法缴纳所得税。

1) 企业所得税

企业所得税是对设在我国境内的内资企业，就其来自境内、外所得征收的一种税。

(1) 企业所得税的纳税主体是设在我国境内，实行独立经济核算的内资企业和组织。包括国有企业、集体企业、私营企业、联营企业、股份制企业和有生产经营所得和其他所得的其他组织。

(2) 企业所得税的征税对象是纳税人的应纳税所得额。即纳税人每一纳税年度的收入总额减去准予扣除与纳税人取得收入有关的成本、费用和损失后的余额。纳税人收入的总额包括：生产、经营收入；财产转让收入；利息收入；租赁收入；特许权使用费收入；股息收入；其他收入。准予扣除项目主要有借款利息、工资、工会费、福利费、职工教育费、捐赠款项等。

(3) 企业所得税采用比例税率，即25%。

(4) 企业所得税的应纳税额的计算：

$$应纳税额＝应纳税所得额\times 税率$$
$$＝(收入总额－准予扣除项目金额)\times 税率$$

2) 个人所得税

个人所得税是对个人(自然人)取得的各项应税所得征收的一种所得税。

(1) 个人所得税的纳税主体为在我国境内有住所，或者无住所而在境内居住满一年，有从中国境内和境外取得收入的个人和在我国境内无住所又不居住或无住所而在我国境内居住不满一年，有从我国境内取得收入的个人，其中包括中国人和外国人。

(2) 个人所得税的征税对象为规定的各项个人所得扣除有关费用后的应纳税所得额：工资薪金所得，以每月收入额减去费用3 500元后的余额；个体工商户的生产、经营所得，以每一纳税年度的收入总额，减去成本、费用及损失后的余额；对企事业单位承包经营、承租经营所得，以每一纳税年度的收入总额，减去必要费用后的余额；劳务报酬所得、稿酬所得、特许权使用费所得、财产租赁所得，每次收入不超过4 000元的，减去费用800元，超过4 000元的，减去20%的费用后的余额；财产转让所得，以收入额减去财产原值和合理费用后的余额；利息、股息、红利所得、偶然所得和其他所得的每次收入额。上述收入额对教育事业和其他公益事业捐赠的部分，可按规定扣除。

(3) 对不同性质的收入实行不同税率：工资薪金所得，适用3%～45%七级超额累进税率；个体工商户的生产、经营所得和对企事业单位的承包经营、承租经营所得，适用5%～35%的五级超额累进税率；稿酬所得，适用比例税率，税率为20%，并按应纳税额减征30%；劳务报酬所得，适用比例税率，税率为20%，对劳务报酬所得一次收入畸高的，可以实行加成征收；特许权使用费所得、利息、股息、红利所得、财产租赁所得、财产转让所得、偶然所得和其他所得，适用比例税率20%。

(4) 个人所得税应纳税额的计算。

① 工资薪金所得的应纳税额的计算：

$$应纳税额＝应纳税所得额\times 税率－速算扣除数$$
$$＝(每月收入额－3\,500)\times 税率－速算扣除数$$

② 个体工商户、个人独资企业和合伙企业投资者生产、经营所得的应纳税额的计算：
$$应纳税额=应纳税所得额×税率-速算扣除数$$
$$=(收入总额-成本-费用-损失等)×税率-速算扣除数$$

③ 对企事业单位的承包经营、承租经营所得的应纳税额的计算：
$$应纳税额=应纳税所得额×税率-速算扣除数$$
$$=(收入总额-必要费用等)×税率-速算扣除数$$

④ 劳务报酬所得的应纳税额的计算：

每次收入不超过 4 000 元的：
$$应纳税额=应纳税所得额×税率$$
$$=(每次收入额-800)×20\%$$

每次收入超过 4 000 元的：
$$应纳税额=应纳税所得额×税率$$
$$=每次收入额×(1-20\%)×20\%$$

⑤ 稿酬所得的应纳税额计算：

每次收入不超过 4 000 元的：
$$应纳税额=应纳税所得额×税率$$
$$=(每次收入额-800)×20\%×(1-30\%)$$

每次收入超过 4 000 元的：
$$应纳税额=应纳税所得额×税率$$
$$=每次收入额×(1-20\%)×20\%×(1-30\%)$$

⑥ 特许权使用费所得、财产租赁所得的应纳税额的计算：

每次收入不超过 4 000 元的：
$$应纳税额=应纳税所得额×税率$$
$$=(每次收入额-800)×20\%$$

每次收入超过 4 000 元的：
$$应纳税额=应纳税所得额×税率$$
$$=每次收入额×(1-20\%)×20\%$$

⑦ 财产转让所得的应纳税额的计算：
$$应纳税额=应纳税所得额×税率$$
$$=(财产转让收入-财产原值-合理费用)×20\%$$

⑧ 利息、股息、红利所得、偶然所得和其他所得的应纳税额的计算：
$$应纳税额=应纳税所得额×税率$$
$$=每次收入额×20\%$$

案例 10.2

某旅游开发有限公司缴纳营业税款案

案例简介：

某旅游开发有限公司 2012 年 8 月发生有关业务及收入如下：

(1) 旅游景点门票收入 650 万元；

(2) 景区索道客运收入 380 万元;

(3) 民俗文化村项目表演收入 120 万元;

(4) 与甲企业签订合作经营协议:以景区内价值 2 000 万元的房产使用权与甲企业合作经营景区酒店(房屋产权仍属公司所有),按照约定旅游公司每月收取 20 万元的固定收入。

(5) 与乙公司签订协议,准予其生产的旅游产品进入公司非独立核算的商店(增值税小规模纳税人)销售,一次性收取进场费 10 万元,当月该产品销售收入 30 万元,开具旅游公司普通发票。

根据上述资料,回答下列问题。

(1) 计算门票收入应缴纳的营业税;

(2) 计算索道客运收入应缴纳的营业税;

(3) 计算民俗文化村表演收入应缴纳的营业税;

(4) 计算合作经营酒店收入应缴纳的营业税;

(5) 计算商店应缴纳的营业税;

(6) 计算商店应缴纳的增值税。

(案例来源:李凤荣,张小静. 税法. 北京:北京理工大学出版社,2011:108.)

案例评析:

(1) 门票收入应纳营业税税额=营业额×税率=650×3%=19.5(万元)(文化业)

(2) 索道收入应纳营业税税额=营业额×税率=380×5%=19(万元)(服务业)

(3) 表演收入应纳营业税税额=营业额×税率=120×3%=3.6(万元)(文化业)

(4) 合作经营酒店应纳营业税税额=营业额×税率=20×5%=1(万元)(服务业—租赁)

(5) 商店应纳营业税税额=营业额×税率=10×5%=0.5(万元)(服务业—租赁)

(6) 商店应纳增值税税额=销售额×征收率

=[含税的销售额÷(1+征收率)]×征收率

=[30÷(1+3%)]×3%=0.87(万元)

该旅游开发有限公司门票收入应缴纳的营业税是 19.5 万元,索道客运收入应缴纳的营业税是 19 万元,民俗文化村表演收入应缴纳的营业税是 3.6 万元,合作经营酒店收入应缴纳的营业税是 1 万元,商店应缴纳的营业税是 0.5 万元,商店应缴纳的增值税是 0.87 万元。

重要法条提示

《税收征收管理法》第八十八条规定:"纳税人、扣缴义务人、纳税担保人同税务机关在纳税上发生争议时,必须先依照税务机关的纳税决定缴纳或者解缴税款及滞纳金或者提供相应的担保,然后可以依法申请行政复议;对行政复议决定不服的,可以依法向人民法院起诉。当事人对税务机关的处罚决定、强制执行措施或者税收保全措施不服的,可以依法申请行政复议,也可以依法向人民法院起诉。当事人对税务机关的处罚决定逾期不申请行政复议也不向人民法院起诉、又不履行的,作出处罚决定的税务机关可以采取本法第四十条规定的强制执行措施,或者申请人民法院强制执行。"

案例 10.3

北京某旅游公司缴纳营业税款案

案情简介：

北京某旅游公司接法国一个旅游团，该团到中国、缅甸、新加坡旅游，公司全部旅游收入为 20 万欧元，折合人民币 166 万元，在中国支付有关单位食宿费 30 万元，交通费 4 万元；而后，该旅游团由广州一家公司接团，赴缅甸旅游，支付给广州旅游公司旅游费 6 万欧元，折合人民币 48 万元，该旅游公司应纳多少营业税？

(案例来源：严振生．税法．北京：中国政法大学出版社，2007：64．)

案例评析：

根据营业税法的有关规定，旅游公司组织旅客在境外旅游，改由其他旅游公司接团的，以全程旅游费减去付给承接团的旅游公司旅游费后的余额为营业额。

$$应纳税额 = 营业额 \times 税率 = (166 - 30 - 4 - 48) \times 5\%$$
$$= 84 \times 5\%$$
$$= 4.2(万元)$$

该旅游公司应纳营业税额为 4.2 万元。

资料卡

《个人所得税法》规定的个人所得税税率见表 10-1。

表 10-1 个人所得税税率表(工资、薪金所得适用)

级数	全月应纳税所得额		税率(%)	速算扣除数
	含税级距	不含税级距		
1	不超过 1 500 元的	不超过 1 455 元的	3	0
2	超过 1 500 元至 4 500 元的部分	超过 1 455 元至 4 155 元的部分	10	105
3	超过 4 500 元至 9 000 元的部分	超过 4 155 元至 7 755 元的部分	20	555
4	超过 9 000 元至 35 000 元的部分	超过 7 755 元至 27 255 元的部分	25	1 005
5	超过 35 000 元至 55 000 元的部分	超过 27 255 元至 41 255 元的部分	30	2 755
6	超过 55 000 元至 80 000 元的部分	超过 41 255 元至 57 505 元的部分	35	5 505
7	超过 80 000 元的部分	超过 57 505 元的部分	45	13 505

注：本表所称全月应纳税所得额是指依照本法第六条的规定，以每月收入额减除费用 3500 元及附加减除费用后的余额。

案例 10.4

旅游公司员工王某缴纳个人所得税案

案情简介：

王某 2012 年 8 月领取工资 3 800 元，当月其所在旅游公司发给王某奖金 2 500 元，请分析并计算王某 8 月应纳多少个人所得税？

案例评析：

根据个人所得税法，应将王某的两项所得加起来，因为按照法律规定，所在公司发放的奖金是不能免税的，因此王某8月份的工资、薪金收入为：3 800＋2 500＝6 300(元)

应纳税额＝应纳税所得额×税率－速算扣除数
　　　　＝(每月收入额－3 500)×税率－速算扣除数
　　　　＝(3 800＋2 500－3 500)×10％－105
　　　　＝2 800×10％－105
　　　　＝280－105
　　　　＝175(元)

王某8月份应缴纳175元的个人所得税。

重要法条提示

《个人所得税法》第四条规定："下列各项个人所得，免纳个人所得税：一、省级人民政府、国务院部委和中国人民解放军军以上单位，以及外国组织、国际组织颁发的科学、教育、技术、文化、卫生、体育、环境保护等方面的奖金；二、国债和国家发行的金融债券利息；三、按照国家统一规定发给的补贴、津贴；四、福利费、抚恤金、救济金；五、保险赔款；六、军人的转业费、复员费；七、按照国家统一规定发给干部、职工的安家费、退职费、退休工资、离休工资、离休生活补助费；八、依照我国有关法律规定应予免税的各国驻华使馆、领事馆的外交代表、领事官员和其他人员的所得；九、中国政府参加的国际公约、签订的协议中规定免税的所得；十、经国务院财政部门批准免税的所得。

10.2.3 关于旅游免税问题

1. 旅游免税的产生和发展

免税的概念，最早产生于国家不能够征税的海上。大约在1840年，随着世界航海业的迅速发展，杂货零售商开始向航海船只和船员供应烟、酒等商品，这些商品是免关税的，但只获准在该国领海外销售，而且所有免税品必须在海上销售。

1947年，爱尔兰的香侬机场的一家机场免税店成为世界上最早的免税店，这标志着现代免税业的诞生。此后，免税品销售业务成为世界各国普遍开展的一项业务，在开放的国家里，外国游客和过境者能够在当地的免税店买到免税产品，已经成为一种国际惯例。

从1978年开始，境外人士到中国进行考察、投资、观光、旅游、经商的不断增加。为了让这些国际旅客像在别的国家一样能够享受到免税购物的权利，同时增加国家的创汇渠道。1979年11月，中国参照和借鉴国际上通行做法和模式开始了销售免税品业务。1984年，中国免税品(集团)总公司经国务院批准正式成立，成为国家授权的负责经营和管理全国免税业务的专营公司。

免税商品免掉的是关税、进口环节增值税、增值税等中央税收，而且免税业务涉及免税商品的监管、核销、国家税收的征缴、外汇管理等方面的问题。免税商品销售业务作为旅游购物的一部分，在许多国家是旅游创汇的重要组成部分。

国际上各类免税店和免税点销售的商品大致可以划分为四大类：酒类，包括果酒、烈性酒和软饮料；烟草，包括香烟、雪茄；女士和男士香水、化妆品；综合类商品，主要有日用电子产品、食品糖果、珠宝首饰、服装、服饰、工艺品、旅游纪念品和书籍画册等。从为国际旅游者服务着眼，免税店的经营范围往往超出免税品的范畴，既有各类免税品，也有不少已纳税商品。

免税品的销售主要通过 4 种分销渠道：国际机场免税店；航空公司；游船公司；其他免税店，包括市中心免税店、机场外的机场免税店分店、边境免税店等。

许多国家的免税业务涵盖了出境店、进境店、购物退税、离岛免税购物及市内店购物等多种免税业态。美国、加拿大、欧洲大部分国家、澳大利亚、加拿大、中国台湾、韩国等许多国家或地区拥有全部免税消费业态，国际旅客在行程的各个阶段均有免退税购物的机会。

免税业是国际旅游业的重要支柱。它主要是向出入境旅客销售免除关税、进口环节税的进口商品和免除国内税收的国产商品。对于旅游者，享受免税购物是不可或缺的宝贵体验，对于旅游业，免税购物是难以割舍的丰厚利润来源。

2. 海南的离境退税政策

在财政部发布《关于在海南开展境外旅客购物离境退税政策试点的公告》以后，海南省开展境外旅客购物离境退税政策于 2011 年 1 月 1 日试点执行，离境退税税种为增值税，退税率统一为 11%。离境退税政策的出台为我国旅游业的政策创新带来了一个良好开端。为提高海南旅游的影响力和竞争力，国务院于 2011 年 5 月 1 日正式实施了面向国内游客的"离岛免税"政策，在海南推行该政策是对我国旅游业发展政策的创新，也是推动我国退免税制度与国际接轨的尝试。

"离境退税"制度于 20 世纪 80 年代初起源于瑞典，目前包括欧盟主要成员国、日本、澳大利亚、新加坡、韩国等在内的多个国家和地区都在实行购物退税制度。该制度在各国贸易发展过程中逐步得到完善，已形成一项国际惯例，并取得一些共同经验。

(1) 退税基本条件。实行购物退税的国家均规定一定的限制条件，主要有：退税对象限定为非本国居民，且在本国连续居住不超过 6 个月(超过 6 个月的，则对其离境前 3 个月内所购商品予以退税)；商品在本国境内不得使用；商品为家庭或个人使用； 一天购物或在一个商店一次购物须超过起退点；须经海关验货盖章。

(2) 退税商品限制和购物最低限额。实行购物退税制度的国家一般都有购物最低限额的要求，并且大多数国家原则上对凡是在本国征收了增值税和消费税的商品均予以退税，加拿大还对游客的旅馆住宿费、当地旅行社旅游套餐旅费也予以退税。但也有些国家规定部分商品不予退税。

(3) 退税方式和主要类型。退税方式主要有 3 种：一是即购即退。即在购买商品时，填好退税单，到收款台结账时出示购物者护照或其他有效证件并作登记，则可退回一定比例的现金。二是邮寄退税。购物时由商店开出退税单，拿到海关盖章后再交给商店，由商店将退税款寄回给购物者。三是出境前到海关窗口退税。由海关办理退税。

退税类型主要有 3 类：一是专业公司代理主导型。即由政府授权专业代理公司办理购物退税业务，专业代理公司垫付退税款，并凭有关单据向政府有关部门申报退税。目前，世界上实施购物退税制度的国家大多采用此种方式。二是零售主导型。政府授权零售店直接办理购物退税。目前实施该种退税制度的国家只有法国等少数国家。三是政府与专业代理公司结合型。由政府税务部门和专业代理公司共同办理购物退税业务。目前实施此种退税方式的国家只有加拿大。

完善购物退免税制度有4个方面的积极意义：一是吸引更多游客前往海南，激发其购物热情，进而增加创汇，促进当地经济发展和国际旅游岛建设，提高海南岛的国际影响力。二是可以提高我国的对外开放程度，加快与国际接轨的步伐，增强我国产品的国际影响力和我国旅游业的国际竞争力。三是促进我国旅游消费市场的完善，推动产业结构调整，创造新的经济和税收增长点。四是积累宝贵的实践经验，借助海南国际旅游岛建设的契机不断完善相关环节，为今后再试点工作奠定基础。

小测试

下列属于税法构成要素中最基本的要素是(　　)。
A. 纳税主体　　　　B. 课税客体　　　　C. 纳税环节
D. 税率　　　　　　E. 税收优惠

模拟法庭

红叶旅游有限公司诉H市国税局旅游税收纠纷案

案情简介：

红叶旅游有限公司于2007年度取得进项专用发票47张，进项税额累计为797 536.69元。红叶公司仅于当年11月向主管税务机关申报纳税一次，缴纳增值税59 231.07元，并抵扣4张进项发票，抵扣额为37 251.85元。2008年6月1日，红叶公司就其2007年1月至2008年4月间增值税额向原国税二分局递交逾期申报报告，请求确认其2007年末留抵税额。红叶公司请求留抵的依据是一份2008年3月的增值税纳税申报表。在该表"抵扣审核情况"栏中，签有"留抵人民币252 512.19元"及审核人"廖"字样，并盖有"H市地方税务局(47)征税专用章"，但未注明审签日期。据此，原国税二分局准允红叶公司2007年末留抵税额为252 521.19元。红叶公司2008年度总销售收入(含一般销售收入和地产地销售收入)为21 578 558.62元(已剔除2009年4月已申报纳税的398 498元)。红叶公司在本年度共开出6张普通发票、收到货款1 291 980元。红叶公司将此列入等预收账款科目未在当时申报纳税。2009年6月12日，H市国家税务局第三稽查分局对红叶公司2007年度和2008年度纳税情况进行稽查，并于同年8月13日作出H市国税三立〔2009〕094号《关于对红叶旅游有限公司税务稽查的处理决定》认定红叶公司2007及2008年度有瞒报销售收入和调减地产地销产品销售收入，增加一般销售收入违反税收征管的行为，为此依据《税收征收管理法》第二十条、第三十九条的规定，决定追缴税款874 428元，加收滞纳金82 415.29元，并处罚款10 000元，共计966 843.29元。红叶公司不服，向H市国家税务局申请复议。

2009年12月31日，H市国家税务局作出H市国税发〔2009〕763号《复议决定书》，认定红叶公司2007年度逾期申报纳税、2008年度有调增地产地销、减少一般销售及将销售收入挂"预收账款"不申报纳税的行为，依据《H税发〔2007〕514号通知》和《H税联发〔2007〕25号通知》及《税收征收管理法》第三十九条和第四十条规定，对红叶公司作出决定：①对红叶公司2007年度未经审核的进项发票不予抵扣，追缴增值税款346 124.87元，并对不按期申报纳税行为处以2 000元罚款；②红叶公司2008年度应补缴税款

491 955.56元,并对调增地产地销、减少一般销售行为和将销售收入挂"预收账款"不申报纳税的偷税行为处以偷税额0.2倍罚款即98 391.10元;③取消原处理决定中对红叶公司收取滞纳金82 415.29元的决定;④红叶公司2007年和2008年共应补缴税款838 080.43元,罚款100 391.10元,总计938 471.53元,已入库966 843.29元,应退还给该公司28 371.76元;⑤红叶公司在收到本复议决定之日起,径向第三稽查分局和福田征收分局办理退库手续。红叶公司不服向H市中级人民法院提起诉讼。

本案中诉讼角色:

原告:红叶旅游有限公司(以下简称红叶公司)。

被告:H市国家税务局

庭审图示:

法官

原告诉称1:2007年度未依法申报……

原告诉称2:原告2008年开出的6张普通发票中,除1张……

原告诉称3:请求撤销被告复议决定……

被告辩称1:对原告2007年度未经审核的进项发票不予抵扣。

被告辩称2:原告2008年度应补缴税款491 955.56元……

原告诉称1:2007年度未依法申报增值税是事实,但在经办逾期申报过程中,是依税务部门的要求进行的。被告在复议时,对2007年原告取得的43张发票的进项税额不准再报再审,没有法律依据,剥夺了纳税人办理逾期申报和抵扣进项的合法权利。

原告诉称2:原告2008年开出的6张普通发票中,除1张价款为4 500元的发票当时应作销售收入处理而误作预收贷款处理、未依法报税外,其余5张均为带有预收订金性质的预收货款。

原告诉称3:撤销被告复议决定第一、三项,变更第二、四项,并赔偿原告资金占用利息损失18 126.28元。

被告辩称1:对原告2007年度未经审核的进项发票不予抵扣,追缴增值税款346 124.87元。原告请求留抵的依据是一份2008年3月的增值税纳税申报表。在该表"抵扣审核情况"栏中,签有"留抵人民币252 512.19元"及审核人"廖"字样,并盖有"H市地方税务局(47)征税专用章",但未注明审签日期。原地税四分局和原国税二分局在原告逾期申报2007年度税项,且进项发票未经审核的情况下给予抵扣,严重违反国家税务机关有关规定,必须予以纠正。依照H市税务部门的有关规定,未经审核并已超过抵扣期限的43张进项发票不能抵扣,所以应该追缴增值税款346 124.87元。

被告辩称2:原告2008年度应补缴税款491 955.56元,并对调增地产地销、减少一般销售行为和将销售收入挂"预收账款"不申报纳税的偷税行为处以偷税额0.2倍罚款即98 391.10元。

知识链接

偷税是指纳税人以不缴或者少缴税款为目的,采取伪造、变造、隐匿、擅自销毁账簿、记账凭证,在账簿上多列支出或者不列、少列收入,或采取各种不公开的手段,或者进行虚假的纳税申报的手段,隐瞒真实情况,不缴或少缴税款,欺骗税务机关的行为。

法院审理查明:

法院经审理查明:2007年度原告未依法申报增值税的事实清楚。被告除对原告罚款2 000元外,又对原告2007年度43张进项发票以未经审核并已超过抵扣期限为由不予抵扣。被告在复议决定中适用的《H税发(2007)514号通知》、《H税联发(2007)25号通知》分别是由H市税务局向市国税局、地税局及各分局、稽查大队发出的关于《转发国家税务总局关于开展增值税专用发票稽核检查工作的通知》及《转发H省国家税务局关于印发〈H省增值税专用发票计算机稽核办法〉的通知》。上述两《通知》并未向社会公布。被告认定原告将2008年度开出的6张普通发票挂入"预收账款"未如实申报纳税。其中1张发票已在复议期间被准予列入2009年4月申报纳税;另1张20万元的发票收入因原告遗失有关缴税资料,复议期间被告对其申报不予认定。被告的复议决定将原处理决定收取滞纳金改为罚款处理,罚款数额达10万余元,但并未告知原告有听证的权利。国家税务总局制定的《税务行政处罚听证程序实施办法》第三条规定,对法人作出一万元以上罚款处罚之前,应根据《中华人民共和国行政处罚法》第四十二条的规定,告知当事人有要求举行听证的权利。

法院裁判理由:
法院认为:
(1) 原告应当依法申报纳税。

2007年度原告未依法申报增值税的事实清楚。依照《中华人民共和国税收征收管理法》第六十二条 纳税人未按照规定的期限办理纳税申报和报送纳税资料的，或者扣缴义务人未按照规定的期限向税务机关报送代扣代缴、代收代缴税款报告表和有关资料的，由税务机关责令限期改正，可以处二千元以下的罚款；情节严重的，可以处二千元以上一万元以下的罚款。被告除对原告罚款二千元外，又对原告 2007 年度 43 张进项发票以未经审核并已超过抵扣期限为由不予抵扣。其不予抵扣的决定适用的法律依据是《H 税发(2007)514 号通知》及《H 税联发(2007)25 号通知》属税务机关内部文件，不具有法律效力，依法应予撤销。

(2) 原告 2008 年度应补缴税款 491 955.56 元，并对调增地产地销、减少一般销售行为和将销售收入挂"预收账款"不申报纳税的偷税行为处以偷税额 0.2 倍罚款即 98 391.10 元。

经查证原告 2008 年度一张 200 000 元发票收入应税额，已于 2009 年 2 月纳税入库，被告复议决定第二项认定原告应补缴税款 491 955.56 元与事实不符，应予撤销。被告复议决定第四项中对原告科处罚款共计 100 391.10 元，数额较大，未依照《行政处罚法》第四十二条及国家税务总局《税务行政处罚听证程序实施办法》第三条的规定，告知原告有要求举行听证的权利，违反法定程序，应予撤销。鉴于被告复议决定第三项和第五项基于以上 3 项作出，应予一并撤销。

(3) 原告请求判令赔偿资金占用利息于法无据，本院不予支持。

法院判决如下：

(1) 撤销被告 H 市国家税务局 2009 年 12 月 31 日作出的 H 市国税发〔2009〕763 号复议决定。

(2) 由被告对原告 2007 年度和 2008 年度纳税情况查证核实后，依法重新作出具体行政行为。

(3) 驳回原告请求判令赔偿资金占用利息的请求。

(案例来源：根据 http://www.110.com/ziliao/article-38047.html[110 法律咨询网]，有改动)

本章小结

通过本章的学习，了解熟悉我国的旅游税收管理制度。掌握我国税法中相关法律知识，如税法的概念、税法的构成要素、我国现行税法体系、我国税法的主要法律制度、旅游税收的概念及作用及旅游业经营中的税收规定等内容，尝试用税法中的相关规定来分析税收的相关问题，掌握增值税、营业税、消费税、关税和个人所得税的计算方法，从而能够自觉履行依法纳税的义务。

关键术语

税法　税法体系　旅游税收　增值税　营业税　消费税

第10章 旅游税收管理法律制度

习题

1. 名词解释

(1) 税法 (2) 纳税主体 (3) 课税客体 (4) 旅游税收 (5) 营业税

2. 填空题

(1) 税法是国家制定、认可和解释的,并由国家强制力保证实施的调整( )的法律规范的总称。

(2) 税率是指税法规定的每一纳税人的( )与课税客体数额之间的比例,它是法定的计算税额的尺度。

(3) 税法责任是指纳税主体因其( )所应当承担的法律后果。

3. 简答题

(1) 税法的构成要素有哪些?
(2) 我国旅游业经营中的税收主要有哪些?

4. 思考题

(1) 营业税的征税范围有哪些?
(2) 工资薪金的应纳税额如何计算?

5. 实训题

1) 2012年6月,王璐在青龙县工商局办理了临时营业执照从事服装经营,但未向税务机关申请办理税务登记。10月,被青龙县税务所查处,核定应缴纳税款800元,限其于次日缴清税款。王璐在限期内未缴纳税款,对核定的税款提出异议,税务所不听其申辩,直接扣押了其价值1 000元的一件服装。扣押后仍未缴纳税款,税务所将服装以800元的价格销售给内部职工,用以抵缴税款。

问题:
(1) 对王璐的行为应如何处理?
(2) 请分析青龙县税务所的执法行为有无不妥?

2) 某旅游公司导游王某2012年的收入情况如下:
(1) 每月工资收入为6 500元。
(2) 外出带团获得劳务费6 500元。
(3) 为某旅游景点进行旅游线路设计,取得报酬5 000元。
(4) 在某学校举办旅游讲座,取得收入3 000元。
(5) 因汽车失窃,获得保险公司赔款6万元。
(6) 购买福利彩票,获取奖金48 000元。

问题:根据上述资料计算该导游王某2012年应缴纳多少个人所得税?

第 11 章 旅游合同法律制度

知识要点	掌握程度	相关知识
1. 合同和旅游合同	了解熟悉	合同概念、旅游合同概念、旅游合同的法律适用
2. 合同的订立、成立与效力	重点掌握	合同订立的程序、合同成立的时间和地点、合同的生效条件、合同无效情形及法律后果、合同撤销与效力待定的情形
3. 合同的变更与解除	掌握	合同变更的原因、合同解除的种类、合同解除的法律后果
4. 违约责任	重点掌握	违约责任的构成要件和责任方式
5. 旅游合同法律规定	重点掌握	旅游合同订立的形式和内容、旅游合同的委托和转让、不可抗力、意外事件与旅游合同违约责任
6. 旅游保险合同	掌握	旅游保险合同的构成要素、形式、索赔与理赔

技能要点	能力要求	应用方向
1. 旅游合同成立与效力	重点掌握	确定旅游合同当事人的权利义务
2. 旅游合同履行与不可抗力、意外事件	重点掌握	确定旅游合同履行、不可抗力与意外事件的处理
3. 旅游合同违约责任	重点掌握	确定旅游违约责任构成要件和违约责任承担方式

导入案例

案情简介：

某私营企业老板郑某因要到外地洽谈一笔生意，委托新桥旅行社预订往返机票 5 张及当地四星级饭店 3 间房。新桥旅行社根据郑某的要求立即进行操作，报价出来后与郑某联系，偏巧郑某有事外出，于是就和秘书林小姐商量并确定，林小姐发传真表示价格没有问题，并约定取票时付款。新桥旅行社收到传真后马上确定机票和饭店住房。谁知到了取票时间，旅行社迟迟不见郑某派人前来付款取票。旅行社又打电话去询问，但得到的答复是他们已经找到价格更便宜的机票和住房，并且和他人签订了旅行合同，因此原来的订票订房业务就算取消。以后，新桥旅行社多次派人与郑某协商，但始终没有结果。在这种情况下，旅行社将郑某告上法庭，要求郑某承担旅行社由此产生的经济损失和精神损失。

（案例来源：参见 http://www.doc88.com/p-671126429270.html）

问题：

(1) 郑某是否可以取消在新桥旅行社的订票订房业务？为什么？

(2) 旅行社是否可以要求郑某赔偿由此造成的经济损失？为什么？

(3) 旅行社提起的精神损害赔偿请求法院是否应当给予支持？

案例评析：

(1) 郑某不可以取消在新桥旅行社的订票订房业务。因为根据《合同法》规定，当事人订立合同有书面形式、口头形式和其他形式；当事人一方向另一方发出要约，另一方对要约的内容表示同意，即承诺，达成合意，双方合同即告成立。在该案例中，新桥旅行社以电话"要约"，郑某一方以传真表示"承诺"，郑某与旅行社之间关于订票、订房的合同即告成立。因此，郑某不可以取消在新桥旅行社的订票订房业务。

(2) 旅行社可以要求郑某赔偿由此造成的经济损失。因为根据《合同法》规定，依法成立的合同，自成立时生效，也就是合同一经生效就产生了法律上的约束力，合同当事人就应当按照约定全面履行自己的义务，如果当事人一方不履行合同义务，就应该赔偿给另一方由此造成的损失。所以，旅行社可以要求郑某赔偿由此造成的经济损失。

(3) 旅行社不可以要求郑某赔偿由此造成的精神损失。因为根据《合同法》规定，旅行社可以要求郑某承担违约赔偿的范围不包含精神损害。根据《最高人民法院关于审理旅游纠纷案件适用法律若干问题的规定》，旅游者提起违约之诉，主张精神损害赔偿的，人民法院应告知其变更为侵权之诉；旅游者仍坚持提起违约之诉的，对于其精神损害赔偿的主张，人民法院不予支持。

11.1 合同法律制度概述

商品经济是直接以交换为目的的经济形式，包括商品生产和商品交换。商品生产是为交换而进行的生产，商品交换是商品所有者让渡各自的产品。合同制度是商品交换的基本法律形式。合同法是指调整平等主体之间交易关系的法律规范的总和。在我国，合同法不是一个独立的法律部门，而是民法的重要组成部分，是市场经济的基本法律制度。旅游业是当今世界最大的产业，也是我国重要的支柱产业和新的经济增长点。在旅游业中，合同制度是联系吃、住、行、游、购、娱六大旅游要素的纽带。旅游者与旅行社签订旅游合同，意味着双方在《合同法》框架下所确立的各自的权利和义务，受到法律保护。我国1997年5月14日公布的《中华人民共和国合同法(征求意见稿)》第三百二十五条至第三百三十三条对旅游合同的形式、具体条款、变更、违约责任等内容进行规定，但1999年3月15日公布(同年10月1日施行)的《合同法》并没有"旅游合同"一章，因此，在我国，旅游合同属于无名合同，适用《合同法》中总则部分的规定。调整旅游合同法律关系的一般"法律"还有1999年施行的《最高人民法院关于适用〈中华人民共和国合同法〉若干问题的解释(一)》、2009年施行的《最高人民法院关于适用〈中华人民共和国合同法〉若干问题的解释(二)》和2010年施行的《最高人民法院关于审理旅游纠纷案件适用法律若干问题的规定》。最高人民法院的司法解释是司法机关裁判法律纠纷的直接依据，尽管不是法律意义上的立法活动，但它在规范我国社会生活中实际起到"法律"的作用，由于涉及社会生活更细致的方方面面，因此有时其影响力还大于法律。

11.1.1 基础概念

合同又称契约，是指平等主体的自然人、法人和其他组织之间设立、变更、终止民事权利义务关系的协议。合同是合同法律制度中最重要的基础性概念。

合同法是指调整合同关系的法律规范的总称。

11.1.2 合同的成立

1. 合同的订立程序

合同的订立是指当事人按照要约和承诺的程序达成协议的行为和过程。它包括要约和承诺两个阶段。

1) 要约

要约是一方当事人向他人做出的希望以一定条件订立合同的意思表示。发出要约的人被称为要约人，接受要约的人被称为受要约人。

要约邀请是指行为人邀请他人向自己发出要约的行为。要约邀请不是合同订立的必经程序。要约与要约邀请的主要区别在于以下三方面。

(1) 要约以缔结合同为目的，要约邀请的目的是引诱对方向自己发出要约。

(2) 要约必须包含合同的主要内容，要约邀请无须包含合同的主要内容。

(3) 要约有一定的法律约束力，要约人要受其约束，要约邀请无法律约束力。

2) 承诺

承诺是指受要约人在要约的有效期间内同意要约内容的意思表示。

要约与承诺的法律要求见表11-1。

表 11-1　要约与承诺的法律要求

项目	构成要件	效力表现	生效时间	撤销与撤回
要约	1. 要约必须是特定人(又称要约人)向相对人发出的意思表示。要约的相对人可以是特定的人，也可以是不特定的人，但一般是特定人。 2. 要约必须是要约人以订立合同为目的的意思表示。 3. 要约的内容必须是明确、具体和肯定	一旦相对人(又称受要约人)承诺，要约内容对要约人和受要约人均产生法律约束力	要约到达受要约人时生效	1. 要约可以撤回，但撤回的通知应当在要约到达受要约人之前或者与要约同时到达受要约人。 2. 要约可以撤销，但通知应当在受要约人发出承诺通知之前到达受要约人。 有下列情形之一的，要约不得撤销：要约人确定了承诺期限或者以其他形式明示要约不可撤销；受要约人有理由认为要约是不可撤销的，并已经为履行合同做了准备工作
承诺	1. 承诺必须由受要约人或其合法代理人向要约人做出同意或接受的意思表示。 2. 承诺必须与要约的内容一致。 3. 承诺必须在要约的有效期限内做出	承诺生效时合同成立	承诺到达要约人时生效	1. 承诺可以撤回。撤回承诺的通知应当在承诺通知到达要约人之前或者与承诺通知同时到达要约人。 2. 承诺不可以撤销

2. 合同的主体、内容和形式

1) 合同的主体

合同的主体是指参与合同关系并享受合同权利、承担合同义务的当事人。合同的主体

必须具有合同主体资格。合同当事人的主体资格体现为民事权利能力和民事行为能力两方面。我国《合同法》第九条规定:"当事人订立合同,应当具有相应的民事权利能力和民事行为能力。当事人依法可以委托代理人订立合同。"

(1) 民事权利能力:指民事主体依法享有民事权利和承担民事义务的资格。民事权利能力是整个民事能力制度的基础,包括行为能力、意思能力、责任能力。

① 公民的民事权利能力:始于出生,终于死亡。

② 法人的民事权利能力:始于成立,终于消灭。

③ 组织的民事权利能力:始于成立,终于消灭。

(2) 民事行为能力:指民事主体以自己的行为取得民事权利和设定民事义务的资格。

① 公民的民事行为能力分为3种。

完全民事行为能力:18岁为完全民事行为能力人,达到16~18岁且以自己收入作为主要生活来源的被视为完全民事行为能力人。

限制民事行为能力:10岁以上和不能完全辨认自己行为的精神病人。

无民事行为能力:不满10岁和完全不能辨认自己行为的精神病人

② 法人和其他组织的民事行为能力与其民事权利能力相一致。

合同主体可以亲自签订,也可以委托他人代理签订合同。代理包括委托代理、法定代理、指定代理。委托代理人代订合同有以下特征:代理人以被代理人的名义做出;代理人向第三人做出;在委托授权范围内做出。

代理人签订合同必须具有权利能力,如法人代表、负责人签订合同,职务代理签订合同,持授权委托书签订合同,持加盖公章的空白合同书签订合同,持合同专用章签订合同,持介绍信签订。代理人签订合同必须提供被代理人的代理证明书,以被代理人的名义签订。

2) 合同的内容

《合同法》规定,合同的内容由当事人约定,一般包括以下条款:①当事人的名称或者姓名和住所;②标的;③数量;④质量;⑤价款或者报酬;⑥履行期限、地点和方式;⑦违约责任;⑧解决争议的方法。

3) 合同的形式

(1) 书面形式是指合同书、信件和数据电文(包括电报、电传、传真、电子数据交换和电子邮件)等可以有形地表现所载合同内容的合同形式。法律、行政法规规定和当事人约定采用书面形式的,应当采用书面形式。常见类型有以下几种:表格合同;合同凭证(车票、保险单、购物凭证等);合同确认书;定式合同(公证、签证、登记、审批等)。

(2) 口头形式是指以谈话或口头表述方式表现所载合同内容的合同形式,包括面谈、电话联系等。口头形式简便易行,适合于即时清结的合同。

(3) 合同的其他形式包括推定形式和默示形式。推定形式是指当事人不直接用书面或者口头方式进行意思表示,而是通过实施某种行为来做意思表示。默示形式是指当事人采用沉默方式进行意思表示,即以默认方式对合同内容表示认可。

3. 合同成立的时间和地点

合同成立是指合同当事人意思表示一致而达成协议。合同成立与否是一个事实判断问题,着眼于"有没有某一个合同存在"。

1) 合同成立的时间

承诺生效时合同成立。根据《合同法》的规定,当事人采用合同书形式订立合同的,自双方当事人签字或者盖章时合同成立;当事人采用信件、数据电文等形式订立合同的,要求签订确认书,签订确认书时合同成立。法律、行政法规规定或者当事人约定采用书面形式订立合同,当事人未采用书面形式;或者采用合同书形式订立合同,当事人未签字、盖章,但当事人一方已经履行主要义务,对方接受的,合同成立。

2) 合同成立的地点

承诺生效的地点为合同成立的地点。

资料卡

格式条款是指当事人为了重复使用而预先拟定并在订立合同时未与对方协商的条款。格式条款提供者应当遵循公平原则确定当事人之间的权利和义务,有向相对方提示或者说明合同条款真正含义的义务。对格式条款的理解发生争议的,应当按照通常理解予以解释。对格式条款有两种解释的,应当做出不利于提供格式条款一方的解释。如果格式条款和非格式条款对同一问题规定不一致的,应当适用非格式条款规定。

11.1.3 合同的效力

合同的效力是指已成立的合同具有的法律约束力。合同的有效是指已经成立的合同符合有效要件的效力状态。与合同成立不同,合同有效与否是一个法律价值判断问题,着眼于"某一合同是否符合法律的精神和规定,因而能否取得法律所认许的效力"。

《合同法》对合同的效力状态规定了4种情况:①有效合同;②无效合同;③可变更、撤销合同;④效力待定合同。

1. 有效合同

有效合同是指符合法律规定的生效要件并产生法律效力的合同。

合同有效是合同生效的前提。合同的生效是指已经成立的合同符合法定生效条件时能够产生合同当事人所预期的法律后果并受到法律保护。依法成立的合同,自成立时生效。法律、行政法规规定应当办理批准、登记等手续生效的,依照其规定。当事人对合同的效力可以约定附条件或附期限。附生效条件的合同,自条件成就时生效。附始期的合同在始期到来时生效。

2. 无效合同

无效合同是指因违反法律、法规要求,国家不予承认和保护的,不发生法律效力的合同。根据《合同法》的规定,下列合同无效。

(1) 一方以欺诈、胁迫的手段订立合同,损害国家利益。

(2) 恶意串通,损害国家、集体或者第三人利益。

(3) 以合法形式掩盖非法目的。

(4) 损害社会公共利益。
(5) 违反法律、行政法规的强制性规定。

合同无效的确认机构只能由人民法院、仲裁机构担当。

无效合同自始没有法律约束力。合同部分无效，不影响其他部分效力的，其他部分仍然有效。

合同无效后，因合同取得的财产，应当予以返还；不能返还或者没有必要返还的，应当折价补偿。有过错的一方应当赔偿对方因此受到的损失，双方都有过错的，应当各自承担相应的责任。当事人恶意串通，损害国家、集体或者第三人利益的，因此取得的财产收归国家所有或者返还集体、第三人。

3．可变更、撤销合同

可变更、撤销合同是指合同当事人订立合同时意思表示不真实，通过有变更、撤销权的当事人行使变更、撤销权，使已经生效的合同变更或归于无效的合同。

根据《合同法》的规定，可撤销合同主要有以下几种。

(1) 对合同内容存在重大误解的合同。重大误解包括对合同性质、标的物品种、标的物质量、标的物的数量等的误解。
(2) 显失公平的合同。
(3) 一方以欺诈、胁迫手段或乘人之危订立的合同。

对于因重大误解订立的合同和显失公平的合同，当事人任何一方均有权请求变更或者撤销合同，主要是误解方或者受害方行使请求权；对于一方以欺诈、胁迫手段或者乘人之危，使对方在违背真实意思的情况下订立的合同，只有受损害方当事人才可以行使请求权。被撤销的合同，同无效合同一样，自始没有法律约束力。对于因该合同取得的财产，当事人应承担返还财产、折价补偿、赔偿损失等民事责任。

4．效力待定合同

效力待定合同是指合同虽然已经成立，但因其主体资格欠缺，其有效或无效尚需有第三人行使形成权予以确定的合同。效力待定合同有以下几种类型。

1) 限制民事行为能力人订立的合同

限制民事行为能力人订立的合同，经法定代理人追认后，该合同有效。但纯获利益的合同或者与其年龄、智力、精神健康状况相适应而订立的合同，不必经法定代理人追认。相对人可以催告法定代理人在1个月内追认。法定代理人未作表示的，视为拒绝追认。

2) 无代理权人以他人名义订立的合同

行为人没有代理权，超越代理权或者代理权终止后以被代理人名义订立的合同，未经被代理人追认，对被代理人不发生效力，由行为人承担责任。但相对人有理由相信行为人有代理权的则应认定行为人与该单位之间代理关系有效。

相对人可以催告被代理人在1个月内予以追认。被代理人未作表示的，视为拒绝追认。

3) 无处分权人处分他人财产的合同

无处分权的人处分他人财产，经权利人追认或者无处分权的人订立合同后取得处分权的，该合同有效。

资料卡

合同的一般生效要件包含以下几部分：①当事人缔约时有相应的缔约能力；②意思表示真实；③不违反强制性法律规范及公序良俗。如果合同欠缺生效要件，可能导致的法律后果有无效、可变更或撤销、效力待定 3 种情形。《合同法》列举无效合同、可变更或撤销合同、效力待定合同的情形，规定无效合同、可变更或撤销合同的法律后果，规定效力待定合同的效力补正。

11.1.4 合同的变更和解除

依法订立的合同，具有法律约束力，受法律保护，当事人必须全面履行合同规定的义务，任何一方都不得擅自变更或者解除。但是，在合同的履行过程中，由于主客观情况的变化，使原合同的履行已经不可能或者不必要时，当事人可以变更或者解除合同。

1．合同的变更

合同变更通常是指依法成立的合同尚未履行或未完全履行之前，当事人就其内容进行修改和补充而达成的协议。其可能表现为标的数量和质量的变更，也可能表现为履行的期限、地点和方式的变更，还可能表现为价款或酬金的变更等。根据《合同法》第七十七条的规定，当事人协商一致，可以变更合同。双方当事人协商达不成协议的，不发生合同变更的法律效力。当事人对合同变更的内容约定不明确的，推定为未变更。

2．合同的解除

合同的解除是指合同有效成立以后，因当事人一方的意思表示或者双方协议，使基于合同发生的债权债务关系归于消灭的行为。

1) 合同解除的分类

合同的约定解除(广义)分为两种情况：一是协商解除，即当事人协商一致，可以解除合同。也就是说，当事人未在合同中约定解除条件，但在合同履行完毕前，经双方协商一致而解除合同。二是约定解除，即在合同中约定解除合同的事项或条件，待约定的事由出现或约定的条件成就时，解除权人可以解除合同。合同的约定解除(狭义)仅指第二种情况，即约定解除权。我国《合同法》第九十三条规定："当事人可以约定解除合同的条件，解除合同的条件成就时，解除权人可以解除合同。"在合同约定的解除合同的条件成就或事由出现时，享有解除权的一方当事人作出解除合同的意思表示后，合同的权利义务即告终止，无须取得另一方当事人的同意。

合同的法定解除，是由法律直接规定解除的条件，当此种条件具备时，当事人就可以解除合同。根据《合同法》第九十四条的规定，有下列情形之一的，当事人可以解除合同。

(1) 因不可抗力致使不能实现合同目的。"不可抗力"是指不能预见、不能避免、不能克服的情况。它包括自然现象，如地震、洪水等；也包括某些社会现象，如战争、动乱等。

(2) 在履行期限届满之前，当事人一方明确表示或者以自己的行为表明不履行主要债务。

(3) 当事人一方迟延履行主要债务，经催告后在合理期限内仍未履行。

(4) 当事人一方迟延履行债务或者有其他违约行为致使不能实现合同目的。

(5) 法律规定的其他情形。

2) 合同解除的法律后果

《合同法》第九十七条规定:"合同解除后,尚未履行的,终止履行;已经履行的,根据履行情况和合同性质,当事人可以要求恢复原状、采取其他补救措施。"合同解除后,不影响合同约定的争议处理条款的效力,也不影响当事人要求赔偿损失的权利。因此,合同解除后使一方遭受损失的,除依法或依约可以免除责任外,应由有过错的一方承担责任。

11.1.5 违约责任

违约责任是指违反合同的民事责任,是指合同当事人一方不履行合同义务或履行合同义务不符合约定时,依照法律规定或者合同约定所承担的法律责任。

1. 违约责任的特征

违约责任区别于其他民事责任的特征如下。

(1) 违约责任是当事人不履行合同债务时所生成的民事责任。

(2) 违约责任可以由当事人在法定范围内约定。违约责任具有一定的任意性,法律允许当事人在一定范围内约定违约责任。当事人既可以约定承担责任的范围,也可以约定承担责任的方式;既可以约定违约金的金额,也可以约定赔偿损失的计算方法。但是,当事人对违约责任的约定不得违反法律的规定,不得损害对方当事人的合法权益。

(3) 违约责任具有相对性。违约责任只能存在于合同当事人之间,具有相对性,是违反合同义务的一方当事人向对方当事人承担的民事责任,合同关系以外的人不承担违约责任,违约方也不对合同关系以外的第三人承担违约责任。

(4) 违约责任具有补偿和惩罚双重作用。

(5) 违约责任是一种财产责任。违约责任是违反合同的民事责任,合同内容通常具有财产价值而可以用金钱来衡量,因而违约责任通常表现为财产责任。

2. 违约责任的构成要件

违约责任的构成要件是指合同当事人承担违约责任所必须具备的各种条件。只有在具备违约责任的构成要件时,才能追究当事人的违约责任。违约责任的构成要件如下。

(1) 违约行为。当事人有违约行为,这是违约责任的客观要件。违约行为指当事人不履行或者不适当履行合同义务的客观事实。违约行为有各种表现形式,常见的有不履行、履行迟延、不适当履行、预期违约。

(2) 损害事实是违约责任承担的另一个条件。损害事实既包括直接损失,也包括间接损失。

(3) 违约行为与损害结果之间有因果关系。这是违约责任承担的条件。如果损害事实不是由于违约行为造成的,则不存在违约责任的问题。

3. 违约责任的承担方式

1) 继续履行

继续履行又称实际履行,是指当事人一方不履行合同义务或者履行义务不符合约定时,另一方当事人有权请求人民法院或者仲裁机关强制对方履行合同义务。

继续履行分为金钱债务的继续履行和非金钱债务的继续履行。《合同法》第一百零九条、一百一十条直接规定:"当事人一方未支付价款或者报酬的,对方可以要求其支付价款或者报酬。""当事人一方不履行非金钱债务或者履行非金钱债务不符合约定的,对方可以要求履行,但有下列情形之一的除外:(一)法律上或者事实上不能履行;(二)债务的标的不适于强制履行或者履行费用过高;(三)债权人在合理期限内未要求履行。"

2) 赔偿损失

赔偿损失又称损害赔偿,是指合同当事人不履行合同义务或履行合同义务不符合约定时,依法赔偿对方当事人所受损失的违约责任方式。赔偿损失是违约责任中最重要的责任方式。赔偿损失的范围可由法律直接规定,也可由当事人双方自行约定,在法律没有特别规定或者当事人没有另行约定的情况下,应按完全赔偿原则赔偿全部损失。但是,违约方支付的赔偿金应相当于违约造成的损失,包括合同履行后可以获得的利益,但不得违反合同一方订立合同时应当预见到的因违反合同可能造成的损失。另外,当事人一方违约后,对方应当采取适当措施防止损失的扩大;没有采取适当措施致使损失扩大的,不得就扩大的损失要求赔偿。当事人因防止损失扩大而支出的合理费用,由违约方承担。

3) 支付违约金

违约金是指合同当事人一方由于不履行合同或者履行合同不符合约定时,按照合同的约定,向对方支付一定数额的货币。违约金是对不能履行或者不能完全履行合同行为的一种带有惩罚性质的经济补偿手段,不论违约的当事人是否已给对方造成损失,都应当支付。根据《合同法》的规定,约定的违约金低于造成的损失的,当事人可以请求人民法院或者仲裁机构予以增加;约定的违约金过分高于造成的损失的,当事人可以请求人民法院或者仲裁机构予以适当减少。规定违约金增减制度,体现了合同法的公平原则,有利于防止当事人滥用约定违约金的权利。

4) 适用定金罚则

当事人可以根据《中华人民共和国担保法》的规定,约定一方向对方给付定金作为债权的担保。债务人履行债务后,定金应当抵作价款或者收回。给付定金的一方不履行约定的债务的,无权要求返还定金;收受定金的一方不履行约定的债务的,应当双倍返还定金。当事人既约定违约金,又约定定金的,一方违约时,对方可以选择适用违约金或者定金条款,二者不可并用。

5) 采取补救措施

补救措施主要是指矫正或者修补履行不当(质量不合格)中的一些缺陷、使缺陷得以消除的一种措施。《合同法》第一百一十一条对补救措施做出具体规定:质量不符合约定的,应当按照当事人的约定承担违约责任;对违约方没有约定或者约定不明确的,则由当事人协议补充;如达不成补充协议的,则按合同的有关条款或者交易习惯确定;如仍不能确定的,则受害方有权根据标的的性质及损失的大小,合理地选择要求对方承担修理、更换、重作、退货、减少价款或者报酬等违约责任。修理、更换、重作、退货、减少价款或者报酬是典型的补救措施。

4. 违约责任的免除

当事人有法定或约定的免责事由时不承担违约责任。约定免责事由属于当事人意思自治范畴，但不得违反《合同法》第五十三条的规定。法定免责事由包括以下内容。

1) 不可抗力

不可抗力是当事人不能预见、不能避免并且不能克服的客观情况。简言之，不可抗力是当事人不可抗拒的外来力量，是不受当事人意志左右、支配的自然现象和社会现象。《合同法》第一百一十七条规定："因不可抗力不能履行合同的，根据不可抗力的影响，部分或者全部免除责任，但法律另有规定的除外。当事人迟延履行后发生不可抗力的，不能免除责任。本法所称不可抗力，是指不能预见、不能避免并不能克服的客观情况。"不可抗力导致合同全部不能履行的，全部免责；导致合同部分不能履行的，就该部分不能履行免责；导致合同不能如期履行的，就迟延免责。

案例 11.1

因预定航班被取消滞留西双版纳案

案情简介：

2008年2月6~11日，李某等18名旅游者参加某旅行社组织的"云南4飞6日游"。按合同约定应于2月10日乘飞机从西双版纳返回昆明。但由于大雾和雷电天气，预定航班被取消。旅行社为了确保2月11日准时乘上昆明至北京的航班，拟改乘大巴赶回昆明。经与旅游者协商未达成一致，旅游者坚持按原约定乘机返昆明，由此滞留西双版纳4天，直到2月15日旅行社设法买到机票后才返程。李某等旅游者为此投诉旅行社，要求旅行社承担违约责任，并支付他们滞留西双版纳期间的食宿费用及误工费。

(案例来源：http://www.kao8.cc/daoyou/shiti/163477.html)

案例评析：

本案旅游合同约定旅游者应当乘飞机返回昆明，旅行社的行为属违约，但是旅行社违约是由于大雾和雷电天气(属于不可抗力)，航班被取消所致，依据有关法律、法规，应当免除旅行社违约责任。旅游者投诉要求不合理，旅游者滞留西双版纳属于其自身过错，由此造成的损失应由其自行承担。

2) 相对人过错

相对人有过错是指相对人对损害的发生有故意或者过失。《合同法》第三百零二条规定："承运人应当对运输过程中旅客的伤亡承担损害赔偿责任，但伤亡是旅客自身健康原因造成的或者承运人证明伤亡是旅客故意、重大过失造成的除外。"

相对人有过错，未履行义务的一方，可以免责。另外，还有一种情况：违约人应当承担违约责任，但是可以因为相对人的过错而减轻责任。这种规则被称为"过错相抵"。《中华人民共和国民法通则》第一百三十一条规定："受害人对于损害的发生也有过错的，可以减轻侵害人的民事责任。"该条规定不仅适用于侵权责任，也适用于违约责任。

3) 自然损耗

《合同法》第三百一十一条规定，承运人对运输过程中货物的毁损、灭失承担损害赔偿责任，但承运人证明货物的毁损、灭失是因不可抗力、货物本身的自然性质或者合理损耗以及托运人、收货人的过错造成的，不承担损害赔偿责任。

知识链接

定金与预付款都属于预先支付货币的形式。二者相比的不同点表现在以下方面。
(1) 功能不同：定金有担保功能，预付款不具担保功能。
(2) 金额不同：支付货币的计算方法不同，定金按照一定比例，法定在 20% 以下；预付款可以超过、少于、或者等于合同标的额。
(3) 罚则不同：定金有制裁；预付款没有。
注意：合同中没有明确的，视为预付款。

11.2 旅游合同法律制度

合同关系是旅游过程中重要的法律关系，旅游合同又有特定的行业要求，所以必须对旅游合同进行专门立法，以规范旅游合同关系。旅游合同是规范旅游当事人权利义务、切实保障旅游各方合法权益的重要手段。从世界立法来看，有些国家将旅游合同作为有名合同，专门进行立法，如德国民法典专门设置"旅游合同"作为合同的一个类别，对旅游合同的订立、费用、转让、终止、担保和赔偿进行明确规定。日本专门颁布标准格式的旅游合同范本。为了统一各国的规定，1970 年布鲁塞尔《旅行契约国际公约》专门规定旅游合同的概念和旅行组织者、实施者的一般义务。为了规范旅游业的执业人员的行为，切实保障旅游者的合法权益，我国于 2010 年 11 月施行《最高人民法院关于审理旅游纠纷案件适用法律若干问题的规定》。2013 年 4 月颁布的《旅游法》的第五章专门规范"旅游服务合同"，明确旅游合同关系的确立和旅游各方的旅游合同法律后果及责任。

11.2.1 相关基础概念

旅游合同是指旅游者与旅行社之间为实现旅行游览目的设立、变更、终止旅游权利义务关系的协议。

包价旅游合同是指旅游营业人以盈利为目的与旅游者签订的提供综合性旅游服务，旅游者支付总价金的合同。

代办旅游合同是指旅行社根据旅游者要求，提供安排旅游行程、代订交通、住宿、餐饮、游览、娱乐等旅游服务的合同。

11.2.2 旅游合同的概念、特征与种类

1. 旅游合同的概念

旅游合同有广义和狭义之分。狭义旅游合同仅指旅游者与旅行社所订旅行游览契约；

广义旅游合同则包括狭义旅游契约，并将一些与现代旅游业关系紧密的合同如涉及旅游的食宿合同、运输合同、保险合同、买卖合同等包括在内，其界定过于宽泛，没有反映旅游业和旅游合同的内在规定性。本书采用狭义说。

旅游合同是指旅游营业人为旅游者安排旅游计划或路线并提供约定的旅游综合服务并由旅游者支付约定总价金，或者旅游营业人接受旅游者委托代理其办理旅游所需门票、食宿或手续等并接受报酬的合同。

2．旅游合同的特征

1）旅游合同主体的特定性

旅游活动涉及的范围较广，参与的主体较多，很多行为主体都会通过合同来约定双方的权利义务关系，从而围绕着旅游活动形成众多形式的合同，但这中间只有旅行社与旅游者签订的合同被认定为旅游合同，即旅游合同强调其合同签订的双方一方是旅行社，另一方是旅游者。旅行社与旅游者以外的行为主体或者旅游者与旅行社以外的行为主体签订的合同都不能被称为旅游合同。

2）旅游合同的标的是旅行社提供的旅游服务

标的是合同当事人权利义务所指向的对象。旅游合同的标的就是旅行社所提供的，可满足旅游者各项旅游需求的相关服务。

3）旅游合同是双务合同

根据双方当事人是否互负义务，合同可分为单务合同和双务合同。双务合同是合同当事人互负对等给付义务的合同。在旅游合同中，旅行社依照旅游合同的约定向旅游者提供相关旅游服务，旅游者向旅行社支付合同约定的费用，双方互相履行义务符合双务合同的条件。

4）旅游合同多为格式合同

《合同法》第三十九条第二款规定："格式条款是当事人为了重复使用而预先拟定，并在订立合同时未与对方协商的条款。"据此，以格式条款为基础而订立的合同即为格式合同。与非格式化合同相对，格式合同的最大特征是条款的不可协商性。

3．旅游合同的种类

1970年布鲁塞尔《旅行契约国际公约》第一条第一项规定："旅行契约系指有组织的旅行之契约或中间人承办之契约。"根据该公约立法例，旅游营业人提供的服务，有综合性服务与居间媒介服务之别。提供综合性旅游服务的合同，为包办旅游合同；提供居间媒介性旅游服务的合同，为代办旅游合同。

1）包价旅游合同

(1) 包价旅游的主要形式包括观光团队包价旅游、度假休闲团队包价旅游、教育培训包价旅游、进香朝拜包价旅游、会议奖励团队旅游等。

(2) 包价旅游合同的法律性质是一个没有明确定论的难题，因为它决定了包价旅游合同的内容及当事人双方的责任。包价旅游合同的法律性质对于确定合同的内容、当事人双方的权利义务，解决组团社以及解决与其他服务提供人之间的责任分配问题十分重要。

(3) 包价旅游合同的特点如下。

① 在当事人方面，一方是旅游者，另一方是旅游组织者。在我国，旅游业者一般指根

据我国《旅行社管理条例》的有关规定取得旅行社经营资格的旅行社。但是应当指出的是，旅游组织者不以法人为限，也不以行政资格的取得者为限，没有取得旅行社经营许可证的其他单位及个人经营旅行社业务，只要其提供的产品符合包办旅游的特点，仍不影响其作为包办旅游合同一方当事人的法律地位。

② 合同的标的是旅行社提供的全部给付。在包价旅游合同中，旅游组织者提供的服务应该是综合性的服务。实践中的旅游包办合同，内容比想象的要复杂，形式也更为灵活，如"半包"形式的旅游，是否属于包价旅游的范围，应该结合具体情况予以判断。例如，旅游业者为旅游者只安排住宿于各处的野营地，其余的均由旅游者自理的旅游合同是否可以认为是包价旅游合同。包价旅游合同的给付必须整体提出。旅游组织者事先设计好旅程，旅游者支付所有价金后参加旅游。旅游组织者所提出的给付并非各个个别给付的松散堆砌，而是按旅程依次序合理妥当地结合在一起。从实际来看，一个旅游合同里包括了多种给付，但是如果旅游者未能善加组合，诸如名为三峡之旅的包价旅游对于三峡旅游时间安排不合理，经过三峡的主要景点瞿塘峡的时间竟然在午夜，旅游者参加此次旅游的目的在很大程度上受到了减损。

③ 旅游组织者应该负责给付的提出。在包价旅游合同中，旅游组织者负责提出合同约定的给付。这是与代办旅游合同的不同之处。当然所谓的负责提出给付，并不是指一定要旅游组织者亲自履行所有义务。事实上，旅游组织者不可能事必躬亲。他们通常是委托给付提供人诸如航空公司或宾馆履行有关义务，而这些提供人不是包价旅游合同的当事人，而只是作为旅游组织者的履行辅助人出现。旅游组织者对其故意或过失，应该与自己的故意或过失承担相同责任。

④ 旅游者支付的价金为总价金。此费用包含了代办交通、膳宿、导游等必要的费用及必要的其他费用、旅游组织者的报酬及合理利润。也就是说，在旅游者支付的价金中，分不出来哪些为运输，哪些为餐饮，但是发生纠纷后，仍应根据各有关部分的给付的价值并结合其对整体旅行的影响进行赔偿。

2) 代办旅游合同

代办旅游合同根据《旅行契约国际公约》第一条第二项规定"代办旅游合同"(Intermediary Travel Contract，又译为"中间人承办的旅行合同")，具有居间性质。

代办旅游合同的特征如下。

(1) 作为代办人为他方安排旅行的有关给付。代办的一方为旅游代办人，其义务是代旅游者安排与旅行有关的给付，可以是预订宾馆客房、预订机票、火车票甚至预订包价旅游，也可以是代办签证等旅游必需的手续等。旅游代办人承担的是事务的处理，负责寻觅定约机会，负责选择恰当的签约人签订旅游者要求的合同，而不是负责提出有关给付。这是它与包价旅游合同的本质不同之处。

旅游代办人的法律地位，视业务的不同而有区别。其中，以旅游者的名义代购机票、代办签证、代订包价旅游，应该认为具有直接代理的特征；旅游代办人以自己的名义为旅游者代购火车票则具有间接代理或行纪的性质；代旅游者预订宾馆，又有居间人的地位。但是总的来说，代办人本身并不介入旅游者与第三人之间订立的合同。与第三人之间合同的权利义务应该由第三人和旅游者承担。对代办的给付，代办人并不负责提出，但是应当对代办事务时的故意或过失承担责任。

(2) 代办的目的在于使他方得以旅行或住宿。《旅行契约国际公约》和日本标准旅游定型化契约条款均规定，代办的目的在于使旅游者得以旅行或接受相关服务。这就说明旅游代办合同的目的，并不是仅仅报告缔约机会或仅仅作为媒介，而是更进一步，要使旅游者能够旅行，亦即应为旅客处理有关旅行的事宜。

(3) 代办旅游合同是有偿合同。旅游营业人办理代办事务，当然是为了盈利。代办事务处理成功，才可以领取约定的报酬。如果代办人代旅游者预订宾馆和其他订位时，即使没有收取报酬，却由提供服务的人向他支付佣金，也应该判断属于有报酬。

11.2.3 旅游合同的订立

订立合同的主体的民事权利能力和民事行为能力合格，订立合同的主体的意思表示一致，订约人必须就合同条款至少是主要条款达成合意，旅游合同才成立。

1．旅游合同的主体

旅游合同是旅游者与旅行社之间设立、变更、终止旅游权利义务关系的协议，旅游者和旅行社是旅游合同的双方当事人，是旅游合同的主体。订立旅游合同的主体必须具有相应的订约资格，即旅游者是具有相应民事权利能力和民事行为能力，旅行社是具有法定资格并在法定范围内经营的旅行社。根据《旅行社条例》的规定，旅行社必须具有的设立条件包括：有固定的经营场所；有必要的营业设施；有不少于30万元的注册资本。申请设立旅行社，必须持旅游行政主管部门核发的业务经营许可证向工商行政管理机关申请设立登记。经营出境旅游业务的，还必须向旅游行政主管部门申请出境业务经营许可。

根据《旅游法》第六十条规定："旅行社委托其他旅行社代理销售包价旅游产品并与旅游者订立包价旅游合同的，应当在包价旅游合同中载明委托社和代理社的基本信息。"

案例 11.2

香港导游"阿珍"辱骂游客案

案情简介：

2010年1月，安徽省宣城市某电器公司开展有奖促销活动，获奖顾客可获得"港澳双卧六日游"大奖。电器公司委托宣城A旅行社承办此项旅游活动，A旅行社与没有出境游资质的宣城B旅行社合作，其后B旅行社又与深圳C旅行社签订了赴港澳游的委托协议。参加"港澳双卧六日游"的游客与B旅行社签订了出境旅游合同。2010年3月24日，51人的港澳旅游团从安徽出发，香港接待社为D旅行社。该团在港旅游期间，香港接待社所派导游李巧珍多次胁迫游客购物，并进行人身侮辱。该团游客将导游李巧珍在旅游大巴上谩骂游客的言行暗录下来，回内地后将录像传至互联网上，引起社会广泛关注。网友戏称导游为"恶女阿珍"。

(案例来源：http://www.chinanews.com/fz/2011/04-11/2964382_2.shtml)

案例评析：

A旅行社和B旅行社均无出境游业务经营权，其行为违反了《旅行社条例》第四十六条第一项规定,即未取得相应的旅行社业务经营许可经营出境旅游业务。B 旅行社与 C 旅行社之间的委托不符合有关出境游委托招徕游客的规定,为此宣城市旅游局对 A 旅行社处以责令改正,没收违法所得 1 960 元,并处 10 万元罚款;对 B 旅行社处以责令改正,并处 10 万元罚款。香港接待社及导游李巧珍违反了《导游作业守则》的相关规定,严重损害了香港旅游业的形象和声誉,施以暂停李巧珍导游证 6 个月的处罚,如果再次违反有关规例,将永久吊销导游证;对指派她接待旅行团的 D 旅行社处以 4.75 万港元罚款。

2. 旅游合同的订立程序

要约、承诺是合同成立的基本规则,也是旅游合同成立必须经过的两个阶段。如果没有经过承诺,旅游合同只停留在要约阶段,则旅游合同未成立。

3. 旅游合同的形式和内容

根据《旅游法》第五十八条规定,包价旅游合同应当采用书面形式,包括下列内容。
(1) 旅行社、旅游者的基本信息。
(2) 旅游行程安排。
(3) 旅游团成团的最低人数。
(4) 交通、住宿、餐饮等旅游服务安排和标准。
(5) 浏览、娱乐等项目的具体内容和时间。
(6) 自由活动时间安排。
(7) 旅游费用及其交纳的期限和方式。
(8) 违约责任和解决纠纷的方式。
(9) 法律、法规规定和双方约定的其他事项。
在订立包价旅游合同的同时,旅行社应当向旅游者详细说明前述(1)~(8)项所载内容。

案例 11.3

江西某旅行社旅游合同违规案

案情简介:

2010 年,江西省旅游行政管理部门以某旅行社未与旅游者签订合同,违反《旅行社条例》第二十八条的规定,对该旅行社给予了罚款 2 万元的行政处罚。2009 年 6~7 月间,江西省旅游质监所连续接到游客对江西某旅行社的多起投诉。经查,发现该旅行社与游客签订的旅游合同,游客所持合同未加盖旅行社印章,该旅行社所持合同加盖的是组团部印章而非法人印章,进一步调查发现该旅行社以往所签合同大多如此。

(案例来源:http://www.gov.cn/gzdt/2011-04/11/content_1841538_2.htm)

案例评析:

江西省旅游局就旅游合同印章的认定问题请示国家旅游局,国家旅游局批复明确指出:"旅行社给游客的旅游合同不加盖印章,或者旅行社在旅游合同上加盖部门、门市部等其他非法人印章，均应认定为旅行社未与游客签订合同"。据此，按照《旅行社条例》第二十八条、第五十五条的规定，江西省旅游局对该旅行社处以 2 万元罚款的行政处罚。听证后该旅行社不服，提起行政诉讼，一审判决旅行社败诉。

《旅游法》第十五条规定："旅游者购买、接受旅游服务时应当向旅游经营者如实告知与旅游活动相关的个人健康信息，遵守旅游活动中的安全警示规定。"《旅游法》第六十二条规定："在订立包价旅游合同的同时，旅行社应当向旅游者告知下列事项：一是旅游者不适合参加旅游活动的情形；二是旅游活动中的安全注意事项；三是旅行社依法可以减免责任的信息；四是旅游者应当注意的旅游目的地相关法律、法规和风俗习惯、宗教禁忌，依照中国法律不宜参加的活动等；五是法律、法规规定的其他应当告知的事项。"

根据《旅游法》(草案)第六十四条规定："旅行社根据旅游者要求，安排旅游行程、代订交通、住宿、餐饮、游览、娱乐等旅游服务，应当以书面形式订立旅游安排合同。"但《旅游法》第七十四条规定，"旅行社接受旅游者委托，为其代订交通、住宿、餐饮、游览、娱乐等旅游服务，收取代办费用的，应当亲自处理委托事务"，并不要求代办旅游合同采用书面形式，亦未明确规定合同主要条款。

需要说明的是，旅游合同签订过程中除了要按照《旅游法》的专门性规定，参考《合同法》的一般性规定之外，还应当参考行业管理规范的具体要求，包括旅游行程(乘坐交通工具、游览景点、住宿标准、餐饮标准、娱乐标准、购物次数等)安排、旅游价格、违约责任等，对旅游产品"六要素"所含细节进一步约定。例如，对于交通工具的约定，不仅应明确交通工具的类型，是火车还是飞机，还要明确交通工具的具体档次，即如果是火车，是硬座还是卧铺；如果是飞机，是经济舱还是公务舱。这样详细约定，可以尽量避免争议的产生，保证旅游合同的顺利履行。我国《旅行社条例》第二十八条规定，旅行社为旅游者提供服务，应当与旅游者签订旅游合同并载明下列事项。

(1) 旅行社的名称及其经营范围、地址、联系电话和旅行社业务经营许可证编号。
(2) 旅行社经办人的姓名、联系电话。
(3) 签约地点和日期。
(4) 旅游行程的出发地、途经地和目的地。
(5) 旅游行程中交通、住宿、餐饮服务安排及其标准。
(6) 旅行社统一安排的游览项目的具体内容及时间。
(7) 旅游者自由活动的时间和次数。
(8) 旅游者应当交纳的旅游费用及交纳方式。
(9) 旅行社安排的购物次数、停留时间及购物场所的名称。
(10) 需要旅游者另行付费的游览项目及价格。
(11) 解除或者变更合同的和提前通知的期限。
(12) 违反合同的纠纷解决机制及应当承担的责任。
(13) 旅游服务监督、投诉电话。
(14) 双方协商一致的其他内容。

案例 11.4

浙江某旅行社港澳专列团游客要求退款案

案情简介:

2010年5月4日,大量游客同时前往浙江省旅游局、杭州市政府、杭州市旅委上访,投诉浙江某旅行社不予退赔货款。经查,2009年10月,浙江某旅行社组织港澳六日火车专列团,报价为796元/人(参团游客可获价值100元的《钱江晚报》1年赠阅,旅游费用实际为696元/人)。超低价吸引了大批游客参团,截至2010年1月,该旅行社共组织了3趟港澳游专列,游客总人数为2 947人。在游览期间,旅行社安排多次购物活动,诱导、强迫游客在珠海、香港、澳门等地购物。游客回到内地后发现,所购买商品存在质量问题,要求旅行社退赔,但因该旅行社对退货事件处置不当,没有先行赔付,引发大量游客集体上访的群体事件,经媒体报道后产生了非常恶劣的影响。

(案例来源:http://www.gov.cn/gzolt/2011-04/11/content_1841538.htm)

案例评析:

旅行社安排多次购物活动,诱导、强迫游客在珠海、香港、澳门等地购物,所购买商品存在质量问题,旅行社应当先行赔付。经有关部门积极协调,通过采取4种方式,即港澳购物店退还、划拨该旅行社的质量保证金(77万元)、旅行社总社垫付(50万元)以及业务操作人员支付,到2010年7月9日基本处理完毕,共计退货1 565人次,退还货款313万余元,其中退现金233余万元,退信用卡62余万元及价值18余万元的货物。杭州市旅委举一反三,建立并推广大型团队活动报备制度,即无论以包机、专列、包船等形式组织或地接100人以上的团队旅游,都必须报旅游行政管理部门备案,以加大监督力度,防止类似事件再次发生。

11.2.4 旅游合同的解除

1. 旅游合同的约定解除

旅游合同约定解除分为两种情况:一是协议解除;二是约定解除条件。

2. 旅游合同的法定解除

旅游合同法定解除是由法律直接规定解除的条件,当此种条件具备时,当事人就可以解除旅游合同。

(1) 依照《合同法》第九十四条的规定,有下列情形之一的,当事人可以解除合同。

① 因不可抗力致使不能实现合同目的。"不可抗力"是指不能预见、不能避免、不能克服的情况。它包括自然现象,如地震、洪水等;也包括某些社会现象,如战争、动乱等。

② 在履行期限届满之前,当事人一方明确表示或者以自己的行为表明不履行主要债务。

③ 当事人一方迟延履行主要债务,经催告后在合理期限内仍未履行。

④ 当事人一方迟延履行债务或者有其他违约行为致使不能实现合同目的。

⑤ 法律规定的其他情形。

(2) 依照《旅游法》第六十七条的规定，因不可抗力或者旅行社、履行辅助人已尽合理注意义务仍不能避免的事件，影响旅游行程的，按照下列情形处理。

① 合同不能继续履行的，旅行社和旅游者均可以解除合同。合同不能完全履行的，旅行社经向旅游者做出说明，可以在合理范围内变更合同；旅游者不同意变更的，可以解除合同。

② 合同解除的，组团社应当在扣除已向地接社或者履行辅助人支付且不可退还的费用后，将余款退还旅游者；合同变更的，因此增加的费用由旅游者承担，减少的费用退还旅游者。

③ 危及旅游者人身、财产安全的，旅行社应当采取相应的安全措施，因此支出的费用，由旅行社与旅游者分担。

④ 造成旅游者滞留的，旅行社应当采取相应的安置措施。因此增加的食宿费用，由旅游者承担；增加的返程费用，由旅行社与旅游者分担。

(3) 依照《旅游法》第六十三条、六十六条的规定，旅行社可以单方解除旅游合同的情形如下。

① 未成团情形下旅行社可以解除合同。旅行社招揽旅游者组团旅游，因未达到约定人数不能出团的，组团社可以解除合同。但是，境内旅游应当至少提前 7 日通知旅游者，出境旅游应当至少提前 30 日通知旅游者。因未达到约定人数不能出团的，组团社征得旅游者书面同意，可以委托其他旅行社履行合同。组团社对旅游者承担责任，受委托的旅行社对组团社承担责任。旅游者不同意的，可以解除合同。因未达到约定的成团人数解除合同的，组团社应当向旅游者退还已收取的全部费用。

② 旅游者有下列情形之一的，旅行社可以解除合同：一是患有传染病等疾病，可能危害其他旅游者健康和安全的；二是携带危害公共安全的物品且不同意交有关部门处理的；三是从事违法或者违反社会公德的活动的；四是从事严重影响其他旅游者权益的活动，且不听劝阻、不能制止的；五是法律规定的其他情形。因前款规定情形解除合同的，组团社应当在扣除必要的费用后，将余款退还旅游者；给旅行社造成损失的，旅游者应当依法承担赔偿责任。

(4) 依照《旅游法》第六十五条的规定，旅游行程结束前，旅游者解除合同的，组团社应当在扣除必要的费用后，将余款退还给旅游者。

11.2.5　旅游合同的转让和委托

《旅游法》第六十三条规定，旅行社招揽旅游者组团旅游，因未达到约定人数不能出团的，组团社征得旅游者书面同意，可以委托其他旅行社履行合同。组团社对旅游者承担责任，受委托的旅行社对组团社承担责任。

《旅游法》第六十九条规定，旅行社应当按照包价旅游合同的约定履行义务，不得擅自变更旅游行程安排。经旅游者同意，旅行社将包价旅游合同中的接待业务委托给其他具有相应资质的地接社履行的，应当与地接社订立书面委托合同，约定双方的权利和义务，向地接社提供与旅游者订立的包价旅游合同的副本，并向地接社支付不低于接待和服务成本的费用。地接社应当按照包价旅游合同和委托合同提供服务。

《旅游法》第六十四条规定，旅游行程开始前，旅游者可以将包价旅游合同中自身的权利义务转让给第三人，旅行社没有正当理由的不得拒绝，因此增加的费用由旅游者和第三人承担。

案例 11.5

成都某旅行社擅自委托旅游业务案

案情简介：

游客李某等 3 人与成都某旅行社签订了 2011 年 2 月 1～5 日海南三亚五日游的旅游合同。期间，该社要求 3 名游客购买航空保险费，并在未告知游客知晓的情况下，擅自更改航班时间，遂引发游客不满并向旅游部门投诉。

(案例来源：http://news.163.com/12/0412/15/TUTBG89O00014AEE.html)

案例评析：

经查，成都某旅行社存在强迫游客购买航空保险及擅自更改航班时间等问题，游客所反映的情况基本属实。据此，成都市旅游局要求该社立即退还游客航班延误费、航空保险费共计 720 元。成都市旅游局在调查 3 名游客投诉的过程中，发现该社与游客所签订的旅游合同中未载明旅行社的经营范围、旅行社业务经营许可证编号和签约地点等事项，且在未取得游客同意的情况下，擅自将旅游业务委托给其他旅行社。上述行为违反了《旅行社条例》第二十八条和第三十六条的规定，依据《旅行社条例》第五十五条的规定，决定对该社作出责令改正并罚款 2 万元的行政处罚。

11.2.6 旅游合同违约责任

1. 旅行社或履行辅助人的违约责任

(1) 旅行社不履行包价旅游合同义务或者履行合同义务不符合约定的，应当依法承担继续履行、采取补救措施或者赔偿损失等违约责任；造成旅游者人身损害、财产损失的，应当依法承担赔偿责任。旅行社具备履行条件，经旅游者要求仍拒绝履行合同，造成旅游者人身损害、滞留等严重后果的，旅游者还可以要求旅行社支付旅游费用一倍以上三倍以下的赔偿金。在旅游者自行安排活动期间，旅行社未尽到安全提示、救助义务的，应当对旅游者的人身损害、财产损失承担相应责任。

(2) 由于地接社、履行辅助人的原因导致违约的，由组团社承担责任；组团社承担责任后可以向地接社、履行辅助人追偿。由于地接社、履行辅助人的原因造成旅游者人身损害、财产损失的，旅游者可以要求地接社、履行辅助人承担赔偿责任，也可以要求组团社承担赔偿责任；组团社承担责任后可以向地接社、履行辅助人追偿。但是，由于公共交通经营者的原因造成旅游者人身损害、财产损失的，由公共交通经营者依法承担赔偿责任，旅行社应当协助旅游者向公共交通经营者索赔。

(3) 旅行社接受旅游者的委托，为其代订交通、住宿、餐饮、游览、娱乐等旅游服务，收取代办费用的，应当亲自处理委托事务。因旅行社的过错给旅游者造成损失的，旅行社应当承担赔偿责任。旅行社接受旅游者的委托，为其提供旅游行程设计、旅游信息咨询等服务的，应当保证设计合理、可行，信息及时、准确。

(4) 住宿经营者应当按照旅游服务合同的约定为团队旅游者提供住宿服务。住宿经营者未能按照旅游服务合同提供服务的，应当为旅游者提供不低于原定标准的住宿服务，因此增加的费用由住宿经营者承担；但由于不可抗力、政府因公共利益需要采取措施造成不能提供服务的，住宿经营者应当协助安排旅游者住宿。

由于旅游者自身原因导致包价旅游合同不能履行或者不能按照约定履行，或者造成旅游者人身损害、财产损失的，旅行社不承担责任。

案例 11.6

旅行社忘记通知游客出行时间案

案情简介：

吴女士与某旅行社签订了 8 月 9 日北京五天游合同。出发当天仍未接到旅行社出团通知，事后才得知因工作人员工作疏忽，将吴女士出团的时间安排改在 8 月 11 日。为此，旅行社提出两个解决方案，一是按合同退团处理办法的约定赔偿 15%违约金；二是安排吴女士 8 月 11 日出团。吴女士选择了继续出团。行程结束后，吴女士要求旅行社对违反合同行为做出违约赔偿。旅行社认为吴女士同意更改出团时间即双方已自愿变更了合同，不存在违约，拒绝赔偿。

(案例来源：http://news.163.com/10/0310/10/61DHA5BS000146BD.html)

案例评析：

按双方签订的合同约定，更改行程或更改出团日期，更改方应与对方协商，协商不成按取消行程处理，并赔偿相应违约金。双方更改出团日期，即为合同的变更，应做出书面确认，并对原合同的履行情况进行说明。不管是变更或重新签订合同，都应做出书面确认，这样才能避免不必要的纠纷。在本案中，旅行社违反旅游合同的约定，忘记通知游客吴某出行时间，经旅游质监所协调，旅行社赔偿吴某 15%违约金。

2. 旅游者的违约责任

(1) 旅游者在旅游活动中或者在解决纠纷时，损害旅行社、履行辅助人、旅游从业人员或者其他旅游者的合法权益的，依法承担赔偿责任。

(2) 旅行社根据旅游者的具体要求安排旅游行程，与旅游者订立包价旅游合同的，旅游者请求变更旅游行程安排，因此增加的费用由旅游者承担，减少的费用应退还旅游者。

以上为《旅游法》所规定的旅游合同违约责任。旅游合同的违约行为及责任，《旅游法》未做规定的，适用《合同法》的规定。

案例 11.7

旅游者拒绝返回导致返程火车票作废案

案情简介：

春节期间，王先生等 35 名旅游者参加了 B 旅行社组织的桂林旅游的活动。由于外出旅游的人数激增，铁路运力紧张，旅行社原已预订了到桂林的 K5 次列车，但临出团时火车站告知票已售完。旅行社经过努力，将火车票车次变更为 163 次，由于车次的变更，王先生等 35 名旅游者的旅游时间比合同约定的时间少了半天，他们对此很不满意，提出顺延一天返回的要求。但是，桂林地接社已按照原定计划购买了回程火车票。旅行社与王先生等旅游者协商，提出可赔偿少旅游半天的损失，但是双方没能达成一致，王先生等旅游者拒绝返回，致使35张返程火车票作废，造成直接经济损失13 048元。王先生等35名旅游者在桂林滞留期间，经旅游局等多方做工作，桂林地接社又支付了旅游者的回程费用，35名旅游者才离开桂林返程。王先生等35名旅游者以B旅行社违约为由，向旅游质量监督部门申诉，要求该旅行社赔偿他们减少半天游览的损失和在桂林滞留期间的食宿费用等。

(案例来源：http://www.shangxueba.com/exam/xt-new-26800-1.html)

案例评析：

（1）《合同法》规定，依法成立的合同，自成立时生效，并产生法律上的约束力，合同当事人应当按照约定全面履行自己的义务。该案中双方合同约定乘坐K5次车前往桂林，但旅行社实际安排旅游者乘坐163次列车前往，违反了合同约定，旅行社应该承担违约责任。旅行社应该赔偿由此造成的火车票价格差额及游客减少半天游览的损失。

（2）根据有关法律规定，当事人一方因另一方违反合同受到损失的，应当及时采取措施，防止损失的扩大。没有及时采取措施防止损失扩大的，无权就扩大的损失要求赔偿。在该案例中，旅游者以旅行社违约为由，不顾旅行社愿意赔偿的表示，强行滞留于桂林，造成返程火车票作废及食宿费用增加，旅游者应当承担由此造成的扩大损失。因返程火车票作废，再次购买火车票的费用是由旅行社垫付，垫付的款额高于应该赔偿给游客的款额，故旅行社不再赔偿旅游者。因此，旅游者就扩大的损失不能得到赔偿。

11.2.7 旅游合同责任的减轻与免除

旅游合同责任的减轻与免除是指有责任的一方在一定条件下可予以减轻或免除合同责任。旅游合同责任的减轻与免除主要包括两种情况：一是债权人放弃追究债务人的责任；二是存在减轻或免除责任的事由。免除事由是指免除责任的原因和理由，具体包括约定免责事由和法定免责事由。

1. 约定免责事由

约定免责事由是指当事人约定可以免除责任的事由，包括免责条款和当事人约定的不可抗力条款。所谓免责条款，是指当事人双方在合同中预先约定的，旨在限制或免除其未来责任的条款。免责条款必须是合法的，否则无效。

2. 法定免责事由

法定免责事由是法律规定的免除责任的事由，主要指不可抗力和意外事件。

1) 不可抗力

不可抗力是指不能预见、不能避免并不能克服的客观情况。不能预见是指合同当事人在订立合同时，受当时主客观条件限制，对合同履行过程中可能发生的不利的客观情况无法预见；不能避免是指合同当事人对于可能出现的意外情况尽管采取了及时合理的措施，但是在客观上仍无法避免其发生；不能克服是指当事人没有能力克服，但是当事人延迟履行后发生不可抗力则不能免除责任。因不可抗力不能履行合同的，根据不可抗力的影响，部分或者全部免除责任,但法律另有规定的除外。当事人延迟履行后发生不可抗力的,不能免除责任。遭遇不可抗力的一方当事人承担及时通知义务和提供证明义务。

案例 11.8

旅行社延迟履约发生不可抗力案

案情简介:

北京某旅行社接待一澳门旅游团,在未征得旅游团同意的情况下,擅自将2月11日游长城改为2月14日。不料2月13日下大雪,游览长城未果。旅游团全体旅客诉至质监所,要求赔偿,旅行社以发生不可抗力为由拒绝赔偿。

(案例来源:http://www.17u.net/news/newsinfo_202416.html)

案例评析:

旅行社不能以不可抗力为由拒绝赔偿。《合同法》第一百一十八条规定:"当事人一方因不可抗力不能履行合同的,应当及时通知对方,以减轻可能对对方造成的损失,并应当在合理期限内提供证明。否则,不能部分或者全部免除违约责任"。最高人民法院发布的《最高人民法院关于审理旅游纠纷适用法律若干问题的规定》规定:因不可抗力等不可归责于旅游经营者、旅游辅助服务者的客观原因变更旅游行程,在征得旅游者同意后,旅游经营者请求旅游者分担,因此增加的旅游费用或旅游者请求旅游经营者退还,因此减少的旅游费用的人民法院应当予以支持。但是,如果当事人迟延履行后发生不可抗力的,不能免除责任。本案中不可抗力是旅行社延迟履行之后发生,旅行社不能因此免除违约责任。

2) 意外事件

旅行社、履行辅助人已尽合理注意义务仍不能避免的事件,影响旅游行程,合同不能继续履行的,旅行社和旅游者均可以解除合同。合同不能完全履行的,旅行社经向旅游者做出说明,可以在合理范围内变更合同;旅游者不同意变更的,可以解除合同。合同解除的,组团社应当在扣除已向地接社或者履行辅助人支付且不可退还的费用后,将余款退还旅游者;合同变更的,因此增加的费用由旅游者承担,减少的费用退还旅游者。危及旅游者人身、财产安全的,旅行社应当采取相应的安全措施,因此支出的费用,由旅行社与旅游者分担。造成旅游者滞留的,旅行社应当采取相应的安置措施。因此增加的食宿费用,由旅游者承担;增加的返程费用,由旅行社与旅游者分担。

资料卡

2005年10月30日,国家旅游局下发了试行的《国内旅游组团合同范本》,共有24条,7页,从旅游内容、服务标准、旅游费用、项目费用、非项目费用、出发时间地点、人数约定、甲方退团、乙方取消、合同转让、甲方义务、乙方义务、合同变更、擅自变更合同、旅游行程延误、弃团、中途离团、不可抗力、扩大损失、委托招揽、其他的争议解决、合同效力、合同生效等,可谓完全、细致。2012年,国家旅游局会同国家工商行政管理总局推出了新版旅游合同,提高了出境旅行社未经旅游者同意,擅自将旅游者转团、拼团的赔付比例,如果旅游者在出发当日或者出发后得知被转团、拼团,则出境旅行社应当按总额的25%支付。而在2007年的合同范本中规定的赔付比例是20%。

知识链接

调整旅游合同的法律法规包括：①《旅游法》第五章，专门适用于旅游合同；②《合同法》的总则规定，完全适用于旅游合同；③参照适用《合同法》分则中承揽合同、买卖合同、运输合同、保管合同、委托合同的相关规定，因为旅游合同是一种综合性合同，包括吃、住、行、游、购、娱等一系列服务内容；④旅游合同还常常涉及其他众多的法律、司法解释和规范性文件等，如《民法通则》、《消费者权益保护法》、《最高人民法院关于适用〈中华人民共和国合同法〉若干问题的解释(一)》、《最高人民法院关于适用〈中华人民共和国合同法〉若干问题的解释(二)》、《最高人民法院关于审理旅游纠纷案件适用法律若干问题的规定》、《旅行社条例》、《旅游投诉处理办法》等。

11.3 旅游保险合同

旅游业是一个综合性的服务行业，其提供的旅游产品或服务涉及旅游者的吃、住、行、游、购、娱等诸多方面。旅游期间由于种种原因可能发生各种意外财产损失和人身伤害事故，具有较强的风险性。旅游保险是保险的一种，即保险人对被保险人在旅游过程中发生保险合同约定事故而造成人身伤亡或财产损失时承担赔偿保险金的商业保险行为。出游时购买一份旅游保险，是游客转嫁风险的有效途径，可以最大地减少旅游者的人身和经济损失。目前市场上的旅游保险主要分为两大类，一类是旅游主管部门要求旅行社必须购买的旅行社责任险，属于强制险，由旅行社为旅游者购买；另一类是游客可以自行购买各种旅游保险产品，主要包括旅游人身意外伤害险、旅客意外伤害险、住宿游客人身险、旅游救助险4类。目前，规范旅游保险的法律、法规、政策包括2009年10月修订的《中华人民共和国保险法》(以下简称《保险法》)、《关于进一步做好保险工作的意见》、《旅行社投保旅行社责任保险规定》、《旅行社责任保险管理办法》、《旅行社条例》等。

11.3.1 相关基础概念

旅游保险合同是保险合同的一种，是指旅游者或旅游经营者(投保人)根据合同约定，向保险人支付保险费，保险人对于合同约定可能发生的旅游事故因其发生所造成的各种人身和财产损失承担赔偿保险金责任。

旅行社责任保险是指旅行社根据保险合同的约定，向保险公司支付保险费，保险公司针对旅行社在从事旅游业务经营活动中致使旅游者人身、财产遭受损害并应当由旅行社承担的责任承担保险金赔偿责任。

11.3.2 旅游保险合同的特征与种类

1. 旅游保险合同的特征

根据《保险法》的规定，保险是指投保人根据合同约定，向保险人支付保险费，保险人对于合同约定的可能发生的事故因其发生所造成的财产损失承担赔偿保险金责任，或者当被保险人死亡、伤残、疾病或者达到合同约定的年龄、期限时承担给付保险金责任的商业保险行为。旅游保险合同具有以下特征。

(1) 保证性：指保险人对被保险人在旅游全过程中的人身和财产安全负责。保险人向旅游者保证在其遭受自然灾害或意外事故时，给予经济赔偿。

(2) 补偿性：指被保险人所得到的补偿费，具有补助救济的性质。它包括以下两层含义。一是被保险人财产和人身在旅游中完好无损，就不能得到赔偿；若其财产或人身虽有损伤，但不是自然灾害或意外事故造成的，仍不能获得赔偿。二是这种补偿是以保险金额来确定的，其最高赔偿只能以保险金额为限度，超过部分保险人不承担赔偿责任。

(3) 短期性：指与其他保险相比，旅游保险的有效性是比较短的。其中有的以旅行的旅程计算，如乘坐交通工具旅行的，一般以检票上车(船、飞机)开始计算，到达目的地下车(船、飞机)为止；有的以游览景点或游览次数计算，如游览泰山、黄山、华山，就是以检票上山开始计算，到游完下山为止；有的以旅行社接待计算等。综上看出，旅游保险的有效期都比较短。

2．旅游保险合同的种类

依据不同的标准可以把旅游保险合同划分为不同的类型。

(1) 以旅游保险定义的范围分类。按照旅游保险一词的定义范围，可分为狭义的旅游保险和广义的旅游保险。狭义的旅游保险指旅游者进行游览观光活动中的保险。广义的旅游保险包括以下内容：游客游览观光保险、游客铁路旅行保险、旅客航空旅行保险、旅客公路旅行保险、游客水上旅行保险等。

(2) 以旅游保险成立的形式分类。其具体可分为旅游强制保险和旅游自愿保险。凡是以国家法律强制性规定为依据必须投保的，称为强制保险，它对投保人、保险人的行为具有强制性的约束力，如对于我国旅游的海外旅游者，法律规定必须实行强制保险。凡是由双方自愿通过合同确定的保险，称为自愿保险。

(3) 以旅游保险的标的分类。以旅游保险对象为根据，可以分为旅游人身保险和旅游财产保险。前者是以旅游者的生命和人身健康作为标的进行的保险；后者是以旅游者携带的财产作为标的进行的保险。

(4) 以旅游保险中被保险人的国籍分类。以参加旅游保险的被保险人的国籍身份为标准，可以分为国内旅游保险和涉外旅游保险。凡是中国公民在国内旅游的保险，统称为国内旅游保险；凡外国人、无国籍人来我国旅游的保险及华侨归国旅游保险，都属涉外旅游保险。

(5) 以旅游保险业务范围分类。以保险业务范围为依据，可分为全程旅游保险和单项旅游保险。后者是对某一个旅游项目所进行的保险，如"索道意外保险"、"游船意外保险"等。

(6) 以旅游保险责任分类。以保险责任为标准，可以分为旅游意外事故保险和旅游责任保险。保险人承担自然灾害和意外事故的保险，称为旅游意外事故保险。这类保险一般由个人投保，也可以由旅游者所在单位或旅游团体投保。保险人承担旅游服务部门服务的责任保险，称为旅游责任保险。这类保险一般由旅游服务部门投保。

11.3.3 旅游保险合同的主体、客体和内容

旅游保险合同必须具备保险合同主体、客体和内容。

1. 旅游保险合同的主体

保险合同的主体是指保险合同的参加者或当事人。没有主体，就没有保险合同。保险合同的主体一般包括投保人、保险人、被保险人和受益人。

投保人是指与保险人订立旅游保险合同，并按照旅游保险合同负有支付保险费义务的人。投保人可以是旅游企业、旅游者个人或旅游团组。

保险人是指与投保人订立旅游保险合同，并承担赔偿或者给付保险金责任的保险公司。按照《旅行社办理旅游意外保险暂行规定》，旅行社办理旅游意外保险，必须在境内保险公司办理，即旅游意外保险合同的保险人是我国境内的各类保险公司。

被保险人是指其财产或者人身受保险合同保障，享有保险金请求权的人，投保人可以为被保险人。旅游意外保险合同的被保险人是旅游者、导游、领队人员。《旅行社办理旅游意外保险暂行规定》第十五条规定：旅行社应当为其派出的向旅游者提供服务的导游、领队人员办理旅游意外保险。

受益人是指人身保险合同中由被保险人或者投保人指定的享有保险金请求权的人，投保人、被保险人可以为受益人。旅游意外保险合同的受益人可以是被保险人——旅游者、导游、领队人员，也可以是他们指定的第三人。如果旅游者、导游、领队人员没有指定受益人，则旅游者、导游、领队人员的法定继承人是受益人。

2. 旅游保险合同的客体

旅游保险合同的客体是指旅游保险合同的对象，即保险对象，包括人身利益或财产利益。《保险法》规定，保险标的是指作为保险对象的财产及其有关利益或者人的寿命和身体。保险标的是指合同双方当事人权利和义务指向的对象。保险标的是保险合同的核心，也是确定保险条件、保险金额、计算保险费率和赔偿标准的依据。保险标的有两种：①财产及其有关利益，它包括动产与不动产、有形物和无形物，以此为客体构成财产保险；②人的寿命和身体，具体指已经出生且具有生命的自然人，以此为客体构成人寿保险。

3. 旅游保险合同的内容

旅游保险合同的内容即保险合同双方当事人的权利和义务。由于保险合同一般都是依照约定预先拟定的保险条款订立的，因此在保险合同成立后，双方当事人的权利和义务就主要体现在这些条款上。依据《保险法》规定，旅游保险合同的主要条款一般应当包括下列事项。

(1) 保险人名称和住所。

(2) 投保人、被保险人名称和住所，以及人身保险的受益人的名称和住所。

(3) 保险标的。

(4) 保险责任和责任免除。

(5) 保险期间和保险责任开始时间。

(6) 保险价值。保险标的的保险价值，可以由投保人和保险人约定并在合同中载明，也可以按照保险事故发生时保险标的的实际价值确定。

(7) 保险金额。保险金额是指保险人承担赔偿或者给付保险金责任的最高限额。旅行社为旅游者办理的旅游意外保险金额不得低于以下基本标准。入境旅游：每位旅游者30万元人民币；出境旅游：每位旅游者30万元人民币；国内旅游：每位旅游者10万元人民币；一日游(含入境旅游、出境旅游与国内旅游)：每位旅游者3万元人民币。旅行社开展登山、狩猎、漂流、汽车及摩托车拉力赛等特种旅游项目，可在以上旅游意外保险金额基本标准之上，按照该项目的风险程度，与保险公司商定保险金额。

(8) 保险费及支付办法。

(9) 保险金赔偿或者给付办法。

(10) 违约责任和争议处理。

(11) 订立合同的年、月、日。

11.3.4 旅游保险合同的形式

合同一般分为口头和书面两种形式，旅游保险合同应采用书面的形式。而在旅游保险业务实践中，旅游保险书面合同主要有3种形式。

(1) 保险协议形式，即双方必须共同签订旅游保险协议，并在保险协议上签名盖章，保险协议才能生效。

(2) 保险单形式，即由投保人提交旅游保险申请书，由保险人即保险公司签发保险单，形成旅游保险合同。其特点是，协议双方当事人必须在同一张保险合同单上签名盖章后才生效。保险单上的条款由三部分组成：一是事先印制的既定条款，其为基础条款；二是附贴的条款，即在原保险单上用粘贴的方法附加的条款；三是书写的条款，即在原保险单上用书写或打字的方法附加的条款。这3种类型的条款都有同样的效力。但是，当这些条款出现矛盾时，首先要依据书写的附加条款，其次依据打字的附加条款，最后依据基本条款。

(3) 保险凭证，指一种简化的保险单。目前其主要应用于旅游交通运输保险和其他旅行游览保险，如火车站出售的火车票、民航局出售的飞机票及航运公司出售的轮船票等，既是旅客乘车乘船乘机的凭证，又是旅客参加旅行保险的凭证，而旅游景点的游览票也可以兼作旅游保险凭证。

11.3.5 索赔与理赔

1. 索赔

索赔是指旅游保险中的被保险人因自然灾害或意外事故而致人身伤亡和财物损失时，由被保险人或受益人要求索赔必须履行下列手续。

(1) 将保险事故发生的情况尽快通知保险人，并提出索赔要求。索赔要求要在保险合同中规定的索赔时效内提出，逾期未提出索赔请求的，视为自动放弃权益。

(2) 被保险人或受益人会同投保人提供保险凭证、事故证明、医疗诊断书、医疗费收据或死亡证明书、给付保险金的请求书。

(3) 协助保险人做必要的审核工作。

2．理赔

理赔是指保险人处理被保险人或者受益人的索赔请求，处理有关保险赔偿责任的程序及工作。凡是旅游保险合同规定的被保险人或受益人均为合法的理赔申请人。旅游保险合同未规定受益人的或以票据形式参加旅游保险的落难者，以其直系亲属或法定继承人为合法的理赔申请人。理赔工作涉及被保险职能作用的发挥，保险人应及时履行赔偿责任。

11.3.6　旅行社责任保险的基本规定

旅行社责任保险，是指以旅行社依法应当承担的、因其组织旅游活动给旅游者和受其委派并为旅游者提供服务的导游或者领队人员造成损害而产生的赔偿责任为保险标的的保险。

根据《旅行社责任保险管理办法》规定，旅行社从事旅游业务经营活动，必须投保旅行社责任保险。旅行社责任保险，由于被保险人是旅行社，保险标的是责任，而旅游行程中，组团社和地接社都可能存在意外事故而发生责任风险，因此无论是组团社还是地接社都必须投保旅行社责任保险。

1．旅行社责任保险的投保范围

旅行社责任保险的保险责任，应当包括旅行社在组织旅游活动中依法对旅游者的人身伤亡、财产损失承担的赔偿责任；旅行社依法对受旅行社委派并为旅游者提供服务的导游或者领队人员的人身伤亡承担的赔偿责任。

具体包括下列情形：

(1) 因旅行社疏忽或过失应当承担赔偿责任的；

(2) 因发生意外事故旅行社应当承担赔偿责任的；

(3) 国家旅游局会同中国保险监督管理委员会规定的其他情形。

2．旅行社责任保险的保险期限和保险金额

(1) 旅行社责任保险的保险期限为一年。旅行社应当在保险合同期满前及时续保。

(2) 旅行社在组织旅游活动中发生投保范围内的情形，保险公司依法根据保险合同约定，在旅行社责任保险责任限额内予以赔偿。责任限额可以根据旅行社业务经营范围、经营规模、风险管控能力、当地经济社会发展水平和旅行社自身需要，由旅行社与保险公司协商确定，但每人人身伤亡责任限额不得低于20万元人民币。

3．旅行社责任保险合同的成立、变更与解除

(1) 旅行社与保险公司订立保险合同时，双方应当依照《中华人民共和国保险法》的有关规定履行告知和说明义务。

(2) 旅行社投保旅行社责任保险的，应当与保险公司依法订立书面旅行社责任保险合同。

(3) 旅行社的名称、法定代表人或者业务经营范围等重要事项变更时，应当及时通知保险公司。必要时应当依法办理保险合同变更手续。

(4) 保险合同成立后，双方不得擅自解除保险合同。旅行社要解除保险合同的，应当同时订立新的保险合同，并书面通知所在地县级以上旅游行政管理部门，但因旅行社业务经营许可证被依法吊销或注销而解除合同的除外。保险合同解除的，保险公司应当收回保险单，并书面通知旅行社所在地县级以上旅游行政管理部门。

4．旅行社责任保险的赔偿与追偿

(1) 保险事故发生后，旅行社按照保险合同请求保险公司赔偿保险金时，应当向保险公司提供其所能提供的与确认保险事故的性质、原因、损失程度等有关的证明和资料。保险公司按照保险合同的约定，认为有关的证明和资料不完整的，应当及时一次性通知旅行社补充提供。

旅行社对旅游者、导游或者领队人员应负的赔偿责任确定的，根据旅行社的请求，保险公司应当直接向受害的旅游者、导游或者领队人员赔偿保险金。旅行社怠于请求的，受害的旅游者、导游或者领队人员有权就其应获赔偿部分直接向保险公司请求赔偿保险金。

(2) 保险公司收到赔偿保险金的请求和相关证明、资料后，应当及时做出核定；情形复杂的，应当在30日内作出核定，但合同另有约定的除外。保险公司应当将核定结果通知旅行社以及受害的旅游者、导游、领队人员；对属于保险责任的，在与旅行社达成赔偿保险金的协议后10日内，履行赔偿保险金义务。

(3) 因抢救受伤人员需要保险公司先行赔偿保险金用于支付抢救费用的，保险公司在接到旅行社或者受害的旅游者、导游、领队人员通知后，经核对属于保险责任的，可以在责任限额内先向医疗机构支付必要的费用。

(4) 因第三者损害而造成保险事故的，保险公司自直接赔偿保险金或者先行支付抢救费用之日起，在赔偿、支付金额范围内代位行使对第三者请求赔偿的权利。旅行社以及受害的旅游者、导游或者领队人员应当向保险公司提供必要的文件和所知道的有关情况。

案例11.9

旅游保险合同纠纷案

案情简介：

2009年5月，游客李某等3人参加了某旅行社组织的"一日游"。上车前，该社导游人员王某与平安保险公司推销员赵某向各位游客推销人身财产保险。李某等3人各购买了一份保险。在返程中，车辆突然发生剧烈颠簸，致使坐在最后一排座位上的李某被震起撞向车厢顶棚后跌坐在地致伤，经送医院诊断为第一腰椎压缩性骨折。李某为治疗花费人民币2000余元及其他护理费和营养费用。此后，李某多次与旅行社交涉要求赔偿，旅行社则认为此属于旅游意外事故，李某已购买了保险，应由保险公司负责赔偿。后平安保险公司于2010年1月赔付李某人民币4060元。但李某认为保险赔偿系其购买保险

所获，与旅行社无关，故仍要求旅行社赔偿医药费、护理费和营养费等费用共计人民币21 033元。

(案例来源：http://www.shangxueba.com/exam/xt-new-26798-1.html)

案例评析：

游客李某的索赔要求合理，旅行社应赔偿李某的经济损失。游客李某购买的平安保险属于个人行为，与旅行社无关。在该人身财产保险关系中，投保人、被保险人均是李某，保险人是平安保险公司。根据《旅行社责任保险管理办法》规定，旅行社从事旅游业务经营活动，必须投保旅行社责任保险。在该旅行社责任保险关系中，投保人、被保险人均是旅行社，保险人是承保的保险公司。对旅游经营者疏忽或过失行为造成旅游者人身伤害的，旅游者可以要求旅游经营者承担赔偿责任；而该赔偿责任属于旅行社责任保险的投保范围且不超过保险责任限额的，则由保险公司承担保险赔偿责任。本案中，旅行社的交通用车导致游客李某受到伤害，属于旅行社责任保险的投保范围，保险公司应当承担赔偿李某经济损失的保险赔偿责任。

小测试

违约责任的承担方式是(   )。
A. 继续履行　　　　　　　　B. 适用定金罚则
C. 支付违约金　　　　　　　D. 支付赔偿金

模拟法庭

高强诉蓝天旅行社关于行李物品丢失赔偿案

案情简介：

原告高强与蓝天旅行社于2011年12月16日签订了一份出境旅行合同。按该合同约定，支付旅游费9 760元；旅游路线是从乌鲁木齐至泰国、新加坡、马来西亚、中国香港、中国澳门豪华十二日游。原告在马来西亚乘坐民航航班时，依照旅客乘坐航班的规定，将行李箱随团集体办理了托运，至曼谷机场领取行李箱时发现丢失。原告按规定向机场管理部门提供了一份丢失物品清单，并由随团导游在清单上写了"以上情况属实，特此证明，务请查实为感"等字样。2012年3月2日，被告通知原告到乌鲁木齐机场接行李箱。原告在接行李箱时，发现其行李箱被撬，箱内部分物品丢失，遂要求被告合理解决赔偿问题，但遭到了拒绝。原告起诉到法院，要求被告赔偿经济损失20 000元(其中包含现金和首饰共价值12 000元、其他行李物品损失8 000元)、精神抚慰金5 000元和退还旅游费3 000元，并要求被告向原告赔礼道歉，承担本案的诉讼费用。

本案中诉讼角色：

原告：高强

被告：蓝天旅行社

第11章 旅游合同法律制度

庭审图示：

法官

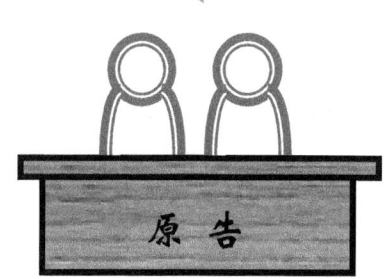

原告诉称1：旅游合同合法有效，被告应当保证原告旅游行程中人身、财产安全。

原告诉称2：被告应当对行李物品丢失风险承担违约责任。

原告诉称3：被告应当赔偿经济损失20 000元、精神抚慰金5 000元和退还旅游费3 000元，合计28 000元。

被告辩称1：被告已经按约定路线完成对原告旅游行程的服务。

被告辩称2：被告对原告丢失行李物品无任何过错。

被告辩称3：原告把现金首饰等贵重物品托运自身存在过错。被告旅行社"注意事项"中已明确告知旅游者"对现金首饰等重要物品一定要随身携带"，但原告未按此要求行事，将现金、首饰等贵重物品放在行李中托运。

被告辩称4：被告已尽提示义务，原告不听从指示，产生丢失行李物品的风险损失，被告无责任。

被告辩称 5：原告丢失行李物品的损失是由于航空托运造成，应当由航空公司进行赔偿。

被告辩称 6：随团导游在原告丢失物品清单上写了"以上情况属实，特此证明，务请查实为感"等字样，被告已经履行协助义务。

法院审理查明：

法院经审理查明，2011 年 12 月 16 日，原告高强与蓝天旅行社签订了一份出境旅行合同。按该合同约定，支付旅游费 9 760 元；旅游路线是从乌鲁木齐至泰国、新加坡、马来西亚、中国香港、中国澳门豪华十二日游。被告旅行社在旅行及托运"注意事项"中已明确告知旅游者"现金、首饰等重要物品一定要随身携带"。原告在马来西亚乘坐马民航航班时，未听从旅行社提示，将现金、首饰及其他行李物品装箱随团集体办理了托运，至曼谷机场领取行李箱时发现丢失。原告按规定向机场管理部门提供了一份丢失物品清单，并由随团导游在清单上写了"以上情况属实，特此证明，务请查实为感"等字样。2012 年 3 月 2 日，被告通知原告到乌鲁木齐机场接行李箱。原告在接行李箱时，发现其行李箱被撬，箱内部分物品丢失，造成现金、首饰损失 12 000 元，其他行李物品损失 8 000 元，总共行李物品损失 20 000 元。另外，被告旅行社未为原告办理旅游意外保险，原告行李物品丢失无法向保险公司索赔。

由于被告旅行社在其"注意事项"中已明确告知旅游者对"现金、首饰等重要物品一定要随身携带"，但原告未按此要求行事，将现金、首饰等贵重物品放在行李中托运，其丢失是其自身过错造成的，对该部分损失，本院不予支持。关于价值约 8 000 元的其他行李物品的损失，应当由被告旅行社予以赔偿。

本法院裁判理由：

法院认为：

(1) 原、被告之间有旅游服务合同关系存在。

原被告签订了出境旅行合同，已经建立了旅游服务合同关系，旅游路线是从乌鲁木齐至泰国、新加坡、马来西亚、中国香港、中国澳门豪华十二日游。原告支付旅游费 9 760 元；被告应当全面履行合同义务，保障原告的人身及财产的安全。

(2) 被告应当承担违约赔偿责任。

根据国务院《旅行社管理条例》的规定，旅游意外保险是强制保险，旅行社必须为旅游者代办。但被告旅行社未按规定为原告办理包含旅游者携带的行李物品丢失、损坏等情形所需赔偿的旅游意外险，导致原告行李丢失后无法向保险公司索赔，对此被告旅行社应当承担违约赔偿责任。

(3) 原告不听从旅行社提示，应当承担部分责任。

旅行社在旅行及托运"注意事项"中已明确告知旅游者"现金、首饰等重要物品一定要随身携带"，但原告不听从旅行社提示，将现金、首饰及其他行李物品装箱随团集体办理了托运，存在过错，应当承担部分责任。

(4) 原被告之间的旅游合同合法有效，原告走完该合同约定路线，双方已经自愿履行完毕，被告的旅游服务已经完成，原告对支付的旅游费无权要求退还。

(5) 原告提起旅游合同纠纷，请求精神损害赔偿没有法律依据。

法院判决如下：

(1) 被告赔偿原告除现金、首饰以外的其他行李物品损失 8 000 元，并在判决生效后 15 日内付清。

(2) 原告要求被告退回旅游费用 3 000 元和赔偿现金、首饰损失 12 000 元的诉讼请求，本院不予支持。

(3) 驳回原告要求精神损害赔偿 5 000 元的诉讼请求。

(4) 诉讼费用由原被告双方分担。

(案例来源：http://vip.chinalawinfo.com/newlaw2002/slc/slc.asp?gid=117486057，有改动)

本章小结

通过本章的学习，了解我国于 2013 年 4 月 25 日通过并于同年 10 月 1 日施行的《旅游法》、1999 年 10 月 1 日颁布施行的《合同法》、2010 年 11 月 1 日颁布实施的《关于审理旅游纠纷案件适用法律若干问题的规定》、《旅游法草案》、旅游合同示范文本的内容。掌握合同法律知识，包括合同成立与生效、合同变更与解除、合同履行及违约责任，掌握旅游服务合同、旅游保险合同相关知识，尝试用《合同法》、《旅游法》的相关规定来辨析旅游活动中遇到的各种合同纠纷及其责任承担问题，最大限度地维护合同当事人合法权益。

关键术语

要约邀请　效力待定　违约赔偿　定金制裁　不可抗力

习题

1. 名词解释

(1) 要约　(2) 可变更、撤销合同　(3) 违约责任　(4) 旅游合同

2. 填空题

(1) 《合同法》规定，当事人订立合同，应当具有相应的(　　)和(　　)。

(2) 《合同法》规定，对格式条款的理解发生争议的，应当按照(　　)予以解释。对格式条款有两种解释的，应当做出不利于(　　)的解释。

3. 简答题

(1) 无效合同包括哪些？

(2) 违约责任的构成要件主要有哪些？

4. 思考题

怎样认定"不可抗力"？

5. 实训题

1) 某旅行社与甲酒店签订一份住宿合同，合同规定由甲酒店向某旅行社提供 10 天 50 张床位，并负责三餐饮食，食宿费总计 5 万元。合同还约定某旅行社付给甲酒店定金 2 000 元。在合同履行过程中发生纠纷，某旅行社向人民法院提起诉讼。经查：甲酒店未取得公安机关批准发给的特种行业营业许可证，也未经工商行政管理部门核准登记，领取营业执照。

问题：

(1) 某旅行社与甲酒店签订的合同是否有效？为什么？

(2) 如果法院判决甲酒店双倍返还旅行社的定金，你认为法院判决是否正确？为什么？

2) 刘先生在"五一"假期前向某旅行社报名参加三天游，行程表与报名单上均注明"九龙峡漂流"一天，刘先生全款支付旅游费用。但在实际旅行中旅行社临时改变漂流地点和方式，且没有任何提示、解释和告知，刘先生拒绝参与漂流，并向某旅行社提出违约赔偿。

问题：

(1) 旅游合同开始履行后，旅行社在何种情况下可以变更游览项目？

(2) 本案中旅行社的行为是否构成违约？刘先生应当怎么办？

第 12 章 侵权责任法律制度

知识要点	掌握程度	相关知识
1. 侵权行为	了解熟悉	侵权行为概念、一般侵权行为与特殊侵权行为、作为的侵权行为与不作为的侵权行为、单独侵权行为与共同侵权行为
2. 侵权责任归责原则	掌握	过错责任原则、过错推定原则、无过错责任原则
3. 侵权责任构成要件	重点掌握	一般侵权责任构成要件 特殊侵权责任构成要件
4. 侵权责任承担方式	掌握	承担侵权责任的8种方式
5. 侵权损害赔偿范围	重点掌握	人身伤害的损害赔偿、财产损害赔偿、精神损害赔偿、惩罚性损害赔偿
6. 责任竞合	重点掌握	责任竞合、旅游违约责任与旅游侵权责任的竞合、请求权竞合及其选择

技能要点	能力要求	应用方向
1. 《侵权责任法》	熟悉、掌握	维护合法权益
2. 归责原则运用	掌握	确定法律责任的承担
3. 侵权损害赔偿范围及金额计算	重点掌握	索赔
4. 案由选择	重点掌握	民事诉讼(俗称"打官司")

导入案例

案情简介：

明天物业管理公司为组织员工旅游，与一日旅行社签订协议，由一日旅行社安排至浙江两日游。团队到达天台山琼台仙谷景区，就在景区停车场等候购票时，公司员工吴女士突然被景区外围山体上滚落的石块砸中头部，当场昏迷倒地。经当地医院诊治，诊断为前额软组织挫裂伤伴缺损、外伤性蛛网膜下腔出血、脑震荡。在住院治疗两个月期间，景区管理单位琼台仙谷旅游公司垫付了部分医疗费；一日旅行社则垫付了1万元医疗费。事后，吴女士因赔偿事宜多次与两家旅游公司交涉未果，遂提起人身损害侵权之诉，将所在单位和两家旅游公司一并告上了法庭。审理中，经原告申请法医临床司法鉴定，吴女士的伤情构成十级伤残，留有头晕、头痛、记忆力减退、反应稍缓慢等后遗症。吴女士诉称，三被告的侵权行为给她造成了巨大的经济损失和精神伤害，请求法院判令三被告连带赔偿残疾赔偿金、误工费、医疗费等经济损失及精神损害抚慰金共计84 591元。法官认为，本案被告琼台仙谷旅游公司作为天台山景区的管理人，对其管理区域内可能存在的危险隐患未注意防范，以致景区山体的落石砸伤原告，对此被告琼台仙谷旅游公司负有不可推卸的过错责任，应对原告的人身伤害损失依法做出赔偿。现有证据不能证明一日旅行社和明天公司对该事故发生存在过错，故原告要求两被告承担连带赔偿责任，缺乏事实及法律依据。据此，依照《民法通则》之规定，判决被告琼台仙谷旅游公司赔偿原告残疾赔偿金、误工费、医疗费等经济损失 65 861 元；赔偿原告精神损害抚慰金 5 000 元；偿还被告上海一日旅行社 1 万元。

(案例来源：http://news.xinhuanet.com/travel/2011-05/25/c_121455681.htm)

问题：
(1) 被告琼台仙谷旅游公司承担的赔偿责任性质是什么？
(2) 为什么一日旅行社和明天物业管理公司两被告不承担连带赔偿责任？
(3) 为什么原告提起的精神损害赔偿法院给予了支持？

案例评析：
(1) 被告琼台仙谷旅游公司承担的赔偿责任性质是违反安全保障义务的侵权责任。

琼台仙谷旅游公司是天台山景区的管理人，理应对景区场所的实际情况及可能发生的危险和损害有一定预见，并应采取必要的防范措施，对景区的自然环境危险控制有法定义务，并对进入景区的游客负有安全保障义务。本案中琼台仙谷旅游公司未能举证证明其采取了必要防范措施，正是因为防范措施不到位而导致游客在景区遭遇滑落的山石砸伤，应属未尽安全保障义务。因此，应适用过错推定归责原则。

被告琼台仙谷旅游公司主观上有过错，客观上有不作为之侵权行为表现，并有损害事实发生，不作为之侵权行为与损害事实之间有法律上的因果关系。故被告琼台仙谷旅游公司对原告构成侵权责任，理应赔偿。

(2) 一日旅行社和明天物业管理公司两被告因未有与被告琼台仙谷旅游公司形成共同侵权，所以，不承担连带赔偿责任。

因一日旅行社和明天物业管理公司两被告均不应承担对景区的自然环境危险控制义务，因此，也不承担相应的安全保障义务。即两被告主观上无过错，应免责，不构成侵权责任。

(3) 原告提起的精神损害赔偿法院能给予支持，是因为原告提起的是侵权之诉。

根据相关法律规定，侵权之诉可提起精神损害赔偿，而违约之诉则不能提起精神损害赔偿。原告在选择诉讼案由时应特别注意这一点，不论选择哪种诉都要注意使其利益最大化。

12.1 侵权责任法概述

2009 年 12 月 26 日《侵权责任法》正式通过，并于 2010 年 7 月 1 日起施行。它是我国民事立法活动中一项极为重要的成果，它对保护自然人、法人和其他社会组织的合法权益，明确侵权责任，预防和制裁侵权行为，化解矛盾，减少纠纷，实现社会公平正义具有重要意义。在旅游活动中，常有侵权行为发生，如何运用侵权责任法律来规制，维护自己的合法权益，解决纠纷，就要对《侵权责任法》的内容有所了解和掌握。本节对《侵权责任法》中基本原理内容作了简明扼要的讲解，包括一般侵权责任的构成要件、特殊侵权责任构成要件、侵权行为种类、侵权责任承担方式和侵权损害赔偿适用范围等，为掌握运用《侵权责任法》打下基础。

12.1.1 相关基础概念

侵权行为是指行为人由于过错,或者在法律特别规定的场合不问过错,违反法律规定的义务,以作为或不作为的方式,侵害他人人身权利和财产权利及利益,依法应当承担损害赔偿等法律后果的行为(杨立新,2010年)。侵权行为是《侵权责任法》中最重要的概念。

侵权责任法是指有关侵权行为的定义和种类及对侵权行为如何制裁,对侵权损害后果如何补救的民事法律规范的总称(王利明,杨立新,1996年)。

侵权责任是指行为人由于过错,或者在法律特别规定的场合不问过错,违反法定义务,侵害他人人身和财产权益时,应对受害人承担的民事责任。

归责原则是指确定行为人承担侵权责任的一般法律准则。我国《侵权责任法》规定的归责原则体系包括过错责任原则、过错责任推定原则、无过错责任原则。

免责事由是指被告针对原告的诉讼主张而提出的证明原告诉讼主张不成立或不完全成立的事实,又称抗辩事由,被告据此主张侵权责任不构成或虽构成但应当免除或减轻其侵权责任。

12.1.2 一般侵权责任的构成要件

我国《侵权责任法》关于一般民事侵权责任的构成要件为"四要件说",即构成侵权责任必须符合4个要件。

(1) 侵权行为的发生。即任何一般侵权责任的构成,当事人应该实施了侵权行为,且这一行为侵犯了当事人的合法权益。

(2) 损害结果的发生。所谓"无损害,无侵权",当事人虽然实施了侵权行为,侵犯了权利人的合法权益,但是必须要有实际的损害结果发生,方能构成侵权责任。

(3) 侵权行为与损害后果之间有因果关系。虽然有侵权行为、损害后果,但是如果侵权行为与损害后果之间并没有法律上的因果关系,也不能构成侵权责任。换言之,只有侵权行为导致了损害后果的发生,才有侵权责任的产生。

(4) 行为人需要有过错。承担一般侵权责任,要求行为人有过错,即"无过错、无侵权"。

以上4个要件必须同时具备,方可构成一般民事侵权,承担民事侵权责任。

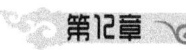

导游伤害游客案

案情简介:

2000年5月1日,李某,男,60岁,与某旅行社签订《青岛、威海旅游协议》。李某支付团费4 000元。在旅游过程中,导游张某与游客李某因旅行社安排的团餐问题发生争执,导游张某将游客李某打伤。李某旅游结束后,遂将某旅行社起诉到法院,主张侵权之诉,要求某旅行社给予侵权赔偿,即要求其承担医疗费用等,并赔偿其精神损害。一审法院认为,某旅行社导游张某在旅游过程中未按照旅游合同约定的团餐标准配餐导致争议发生,又因导游张某的过错造成李某身体受到伤害,且导游张某是某旅行社派出执行工作任务的人员,在执行工作任务时对旅游者李某造成了损害结果,因此,某旅行社是侵权责任主体。法院还审理查明,在双方争执过程中,李某本身无过错,无须分摊任何责任。因此,法院判决某旅行社赔偿李某医疗费、住院伙食补助费、交通费、误工费等共计1万元,精神损害赔偿5 000元。

案例评析：

本案属于一般侵权案件。符合一般侵权责任构成四要件：一是有侵权行为发生。导游张某对游客李某实施了侵害其人身权利的行为。二是有损害结果发生。导游张某给游客李某造成了伤害的结果。三是侵权行为与损害后果之间有因果关系。李某的伤害结果是由导游张某侵害行为造成的。四是行为人主观上有过错。导游张某有故意伤害游客李某的主观过错。加之，导游张某是接受某旅行社指派执行导游工作任务，履行旅游合同中旅行社应履行的合同义务，因此，侵权责任主体应该是某旅行社，由某旅行社承担侵权赔偿责任，即适用"雇主侵权责任"原则。当然，某旅行社承担侵权赔偿责任后可向导游张某追偿。

12.1.3 特殊侵权责任的构成要件

特殊民事侵权责任是指依照法律的特别规定，在某些情况下，不考虑行为人主观上有无过错，只要存在损害事实，就应当承担侵权责任，此时适用无过错责任原则或过错责任推定原则。

因此，特殊民事侵权责任的构成要件也为四要件说，即侵权行为的发生、损害结果的发生、侵权行为与损害后果之间有因果关系和不存在法定的不承担责任的情形。例如，产品责任、机动车交通事故责任、医疗损害责任、环境污染责任、高度危险责任、动物致人损害责任、物件致人损害责任等。

案例12.2

马路积水未设路障致外地自驾游车主死亡案

案情简介：

在东北某地B市，暴雨之后，一个立交桥底层交叉路口积水2米多深，路政管理机构派人用水泵排除积水，但是没有派专人看管，也没有设置路障和警示标志。一外地自驾游车主自行驾驶轿车偕夫人一起从A市到B市游玩，路过B市该地时，陷入水中，未及时逃难，淹死在车内。其近亲属向法院起诉，请求路政管理机构承担赔偿责任。

(案例来源：杨立新. 侵权责任法原理与案例教程. 北京：中国人民大学出版社，2008：131，137. 改编.)

案例评析：

本案中的这种侵权行为属于特殊侵权行为，属人工构筑物致害行为，即物件致害责任，适用过错责任推定原则。物件致人损害的侵权行为有两种责任形式：一种是构筑物的管理缺陷责任，由管理人和所有人承担责任。另一种是构筑物的设置缺陷责任，由管理人、所有人、设计人、制造人承担连带责任。本案中造成损害的物件是公路，属于人工构筑物，管理人管理不当造成损害，应当承担侵权赔偿责任。

12.1.4 免责事由的成立与分类

1. 免责事由的成立

免责事由作为侵权责任构成条件体系的要素之一，其要有效成立必须具备下列3个属性。

(1) 具有对抗性。免责事由的对抗性属性是指它能够对抗侵权责任构成的具体要件，使原告主张的侵权责任归于不能成立，从而导致原告的诉讼请求在法律上不成立。如果被告提出的主张不具有对抗性，仅能证明自己具有可谅解性，则不能成为免责事由。

(2) 具有客观性。免责事由必须是客观事实，具有客观属性，而且应该是已经发生了的事实，不是尚未发生的客观情况或主观臆断。

(3) 具有法定性。免责事由必须是由法律直接规定或者间接认可的特定事由，一种方式是由法律直接列举一些主要的免责事由，如我国《侵权责任法》规定的不可抗力、紧急避险、受害人故意等。另一种方式是法律间接认可某些抗辩事由，如有些条件下的受害人同意等，对这种情况司法实践中须慎重对待。

2．免责事由的分类

在我国《侵权责任法》中列举的免责事由有正当防卫、紧急避险、职务授权行为、受害人同意、自助行为、受害人故意(过错)，第三人过错、不可抗力和意外事件等。从法律是否规定为划分标准，可将免责事由分为法定免责事由和非法定免责事由。

法定免责事由包括受害人故意(过错)、第三人过错、不可抗力、正当防卫、紧急避险。

非法定免责事由包括职务授权行为、受害人同意、自助行为、意外事件。

根据我国《侵权责任法》第二十七条规定："损害是因受害人故意造成的，行为人不承担责任。"即受害人故意是免责事由。在适用过错责任原则与过错推定原则的情况下，受害人具有故意并且故意是造成自己损害的全部原因的，构成免责事由。如在无过错责任原则的情况下，受害人故意引起损害，则为免责事由。

需说明：按照传统侵权法规则和民法理论，受害人过错是免责事由，其中的过错包括故意或过失。而我国《侵权责任法》中规定的是受害人故意是免责事由，尚嫌内容偏窄，未涵盖受害人过错全部情形。因此，在司法实践中，构成受害人故意的，按照本条规定免责。

案例 12.3

夜间擅闯公园猴岛被猴伤害索赔终审被驳回案

案情简介：

福建省闽西某公园的湖心岛放养野生猴子，游人可以上岛与猴子嬉戏。受害人苟某夜间潜入公园，偷出游船上岛游玩，使猴子受到惊吓，使其遭受猴子的攻击，造成伤害，遂向法院起诉，请求公园依照《民法通则》第一百二十七条规定承担无过错责任，赔偿其人身损害造成的损失。一审法院判决支持受害人的请求，二审法院终审判决驳回其诉讼请求。

案例评析：

本案中的原告受到动物的伤害，确实是饲养动物致以损害。根据《侵权责任法》第八十一条规定，适用过错推定原则确定责任。但本案中受害人自己有过错，损害是受害人自己故意引起的，动物园一方无过错，因此，不承担侵权责任。在本案中，受害人苟某夜间擅自闯入公园，驾船游玩，惊扰猴子，结果造成了自己的人身损害，公园不承担侵权责任。因此，二审法院终审判决公园不承担侵权责任是完全正确的。

(案例来源：杨立新．侵权责任法原理与案例教程．北京：中国人民大学出版社，2008：188，200．)

12.1.5 侵权行为种类

作为侵权行为是指以行为外观易被识别的积极举止侵害他人权益的行为，如损坏他人财物、以语言侮辱他人等。

不作为侵权行为是指以消极的静态举止侵害他人权益的行为，如在公共通道上进行施工但未设置安全屏障或安装警示标志。

单独侵权行为是指侵权主体仅为一人的侵权行为。

共同侵权行为是指两个以上的主体共同实施致使他人权益损害的侵权行为。包括共同危险行为；教唆和帮助等共同侵害他人权益的行为。

12.1.6 侵权责任承担方式和侵权损害的赔偿范围

1．侵权责任承担的方式

侵权责任承担的方式是指按照法律的规定由行为人承担民事法律责任的方式。

根据我国《侵权责任法》的规定，承担侵权责任的方式主要有：①停止侵害；②排除妨碍；③消除危险；④返还财产；⑤恢复原状；⑥赔偿损失；⑦赔礼道歉；⑧消除影响、恢复名誉。

2．损害赔偿的概念及范围

1) 损害赔偿的概念

损害赔偿是指侵权责任的承担者依据法律规定赔偿受害人所遭受损失的民事责任承担方式。通过损害赔偿来补救受害人遭受的损失。包括物质上的损失和精神上的损失。

2) 损害赔偿的范围

关于损害赔偿，我国《民法通则》的第一百一十七条至第一百二十条作了规定。我国的《侵权责任法》第十六条至第十八条规定了人身损害赔偿，第十九条至第二十条规定了财产损害赔偿，第二十二条规定了精神损害赔偿，第四十七条规定了惩罚性赔偿。除此外，还有《最高人民法院关于贯彻执行〈中华人民共和国民法通则〉若干问题的意见(试行)》、《人身损害赔偿司法解释》、《精神损害赔偿司法解释》等规定了损害赔偿的司法适用。

1) 人身损害赔偿

人身损害赔偿是指自然人的生命权、身体权、健康权受到不法侵害，造成致伤、致残、致死的后果及其他损害(包括人体受损后产生的财产上的不利益和精神上的痛苦和创伤)，要求侵权人以财产赔偿等方式进行补救的侵权法律制度。

人身损害的常规赔偿范围如下。

(1) 一般人身损害赔偿，应当赔偿包括医疗费、误工费、护理费、交通费、住宿费、住院伙食补助费、营养费和其他合理费用等。

(2) 伤残人身损害赔偿，包括一般人身损害赔偿费用+(残疾赔偿金、残疾辅助器具费、被扶养人的生活费、后续的治疗费用)。

(3) 死亡人身损害赔偿，包括一般人身损害赔偿费用+(丧葬费、被扶养人的生活费、死亡赔偿金、受害人亲属办理丧葬事宜支出的交通费住宿费和误工损失)。

2) 财产损害赔偿

财产损害赔偿是指财产权人认为其合法所有的财产遭受不法侵害并造成损失,请求获得赔偿的法律制度。由于财产损失能够相对精确地计算,因此,财产损害赔偿以全部赔偿为原则,即财产损失多少赔多少。

3) 精神损害赔偿

精神损害赔偿是指民事主体因其人身权利受到不法侵害,使其人格利益和身份利益受到损害或遭受精神痛苦等无形损害,要求侵权人通过财产形式的赔偿等方法,进行救济和保护的民事法律制度(杨立新,2010年)。

精神损害赔偿是侵权法的有机组成部分,它与人身损害赔偿和财产损害赔偿共同构成侵权责任的基本形式。

精神损害最终表现为精神痛苦和精神利益的减损或丧失,它其实无法像物质损失那样精确计算,因此,精神损害赔偿只是精神抚慰金,属于补偿性质的赔偿。

精神损害赔偿责任方式有两种:一是独立适用。对于精神性人格权和身份权侵害的救济可独立适用精神损害赔偿。二是参与适用。对于进行人身损害赔偿和财产损害赔偿时可参与适用精神损害赔偿。

4) 惩罚性赔偿

惩罚性赔偿是指侵权人的特定行为而使受害人合法权益受损,法律规定应该由侵权人向受害人支付的受害人实际损失之外的赔偿。

我国《侵权责任法》第四十七条规定:"明知产品存在缺陷仍然生产、销售,造成他人死亡或者健康严重损害的,被侵权人有权请求相应的惩罚性赔偿。"

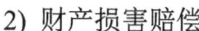

《侵权责任法》第六条规定:"行为人因过错侵害他人民事权益,应当承担侵权责任。根据法律规定推定行为人有过错,行为人不能证明自己没有过错的,应当承担侵权责任。"即过错责任原则和过错推定原则。

第七条规定:"行为人损害他人民事权益,不论行为人有无过错,法律规定应当承担侵权责任的,依照其规定。"即无过错责任原则。

12.2 旅游侵权责任概述

旅游侵权责任与侵权责任性质上并无不同,都属于民事侵权责任,只是旅游侵权行为发生在旅游活动中。在旅游活动中常出现旅游合同违约,同时又侵害了旅游者的人身权利和财产权利的情况,即旅游违约责任与旅游侵权责任竞合,旅游经营者与旅游者之间纷争较多,这类纠纷的解决也横跨了合同法律制度和侵权法律制度两大领域。本节简明扼要地讲解了违约责任与侵权责任竞合的相关内容,并对司法实践中违约之诉或侵权之诉的案由选择作了适当阐述。

12.2.1 旅游侵权责任概念

旅游侵权责任是指在旅游活动中发生的民事侵权行为所应承担的民事法律责任,它与上述民事侵权责任是相同性质的,并无二致。只是这种侵权行为发生在旅游活动中。

12.2.2 旅游违约责任与旅游侵权责任的竞合

1. 责任竞合

责任竞合是指因为同一行为违反了数个法条的规定,符合多种责任构成要件,导致了多种责任并存和冲突。例如,民事责任与民事责任的竞合(如违约责任与侵权责任的竞合);侵权责任与刑事责任的竞合;侵权责任与行政责任的竞合。本章主要讲的是民事责任之间的竞合。

2. (旅游)违约责任与(旅游)侵权责任的竞合

违约责任是违反合同约定义务的法律后果,侵权责任是违反法定义务的法律后果,违约责任与侵权责任一般不发生竞合问题。但因现实生活的复杂性,有时一个违反民事义务的行为,因符合合同法和侵权法中不同的责任构成要件,从而产生了责任竞合的问题。

在旅游活动中,常因旅游经营者的违约行为而导致对旅游者的合法权益的侵害,从而产生旅游违约责任与旅游侵权责任的竞合。

3. 请求权竞合与案由选择

请求权竞合是指同一个法律事实符合两种法律构成要件时,必然产生两个请求权,谓之请求权竞合。责任竞合导致请求权竞合。对于责任竞合的处理,我国主要采用选择请求权来解决,即受害人可以选择违约之诉提起诉讼,也可选择侵权之诉提起诉讼,但两者不能同时选择以获得双重赔偿,只能择其一而为之。即当原告的任何一项请求权(违约责任请求权或侵权责任请求权)得以满足后,另一项请求权得以消失。但当事人的任何一项请求权未能实现的(败诉或诉讼时效已过等),当事人仍可基于另一项请求权提起诉讼。需强调的是,请求权的选择具有自主性。

在旅游活动中,旅游者常常因旅游经营者的违约行为,导致人身损害、财产损失,此时,旅游经营者的违约行为,同时又符合侵权行为的构成要件而构成侵权行为。旅游者既可依据《合同法》的规定向旅游经营者主张违约责任,也可依据《侵权责任法》的规定主张侵权责任。《合同法》第二十二条规定:"因当事人一方的违约行为,侵害对方人身、财产权益的,受损害方有权选择依照本法要求其承担违约责任或者依照其他法律要求其承担侵权责任。"这就在法律层面上规定了当违约责任与侵权责任竞合时,赋予受损害方请求选择权。

最高人民法院《关于审理旅游纠纷案件适用法律若干问题的规定》第三条规定:"因旅游经营者方面的同一原因造成旅游者人身损害、财产损失,旅游者选择要求旅游经营者承担违约责任或者侵权责任的,人民法院应当根据当事人选择的案由进行审理。"在旅游活动中出现旅游合同违约行为时,可依据《合同法》提起合同违约之诉,也可依据《侵权责任法》提起侵权之诉,这将产生完全不同的法律后果。简言之,两种诉的赔偿范围不同,即合同违约之诉的赔偿范围主要是财产损失赔偿,不包括对人身伤害的赔偿和精神损害赔偿。而侵权之诉的赔偿范围,不仅包括财产损失赔偿,还包括人身伤害赔偿和精神损害赔偿,赔偿范围既有直接损失,也有间接损失。

第12章 侵权责任法律制度

资料卡

民事案件案由是民事案件名称的重要组成部分，反映案件所涉及的民事法律关系性质，是将诉讼争议所包含的法律关系进行的概括，是人民法院进行民事案件管理的重要手段，它也方便了当事人进行民事诉讼。2008年2月4日最高人民法院发布《民事案件案由规定》，2011年2月18日发布最高人民法院关于修改《民事案件案由规定》的决定(法【2011】41号)，自2011年4月1日起施行。如侵权责任纠纷；违反安全保障义务责任纠纷等。

案例12.4

老人甲诉旅行社违反合同约定要求其赔偿案

案情简介：

2000年1月12日，老人甲与某旅行社签订《出境旅游协议书》，合同中约定旅行社应当派随队医生。甲支付团费11 600元。在境外游过程中，导游与老人甲发生争执，导致老人受伤，旅行社并未派随队医生，导致伤情恶化。老人甲起诉至法院，主张旅行社违反合同约定，要求其承担医疗费用，并赔偿其精神损害。一审法院认为，旅行社在组团工作中有明显失误，未派随队医生，甲在精神上受到一定伤害。判决：①旅行社退还甲团款并赔偿利息；②旅行社判决生效后7日内赔偿甲精神损害赔偿金2万元。二审法院认为一审判决旅行社退还原告旅游费用、赔偿利息及精神抚慰金的处理并无不当，但所确定的精神抚慰金数额偏高，判决旅行社赔偿甲精神抚慰金5 000元。最高人民法院民事审判第一庭经研究认为，当事人以违约之诉，主张精神损害赔偿时，法官应行使释明权。对于当事人仍坚持提起违约之诉，主张精神损害赔偿的，人民法院不予支持。

(案例来源：奚晓明. 最高人民法院审理旅游纠纷案件司法解释理解与适用.
北京：人民法院出版社，2010：53.)

案例评析：

本案是在旅游过程中发生合同违约，同时侵害到游客的人身权利，导致违约责任与侵权责任的竞合。原告选择以合同违约之诉提起诉讼，既提起了医疗费用赔偿，也提起了精神损害赔偿，一审、二审法院均尊重当事人案由选择，对诉讼请求均予以支持。但按照法律的一般规则而言，合同违约的损害赔偿责任主要是财产损失的赔偿，不包括对人身伤害的赔偿和精神损害赔偿，而侵权责任来说，损害赔偿不仅包括财产损失的赔偿，也包括人身损害赔偿和精神损害赔偿。最高人民法院认为当事人以违约之诉，主张精神损害赔偿时，法官应当行使释明权，以救济当事人因辩论能力上的不足或缺陷，帮助当事人澄清所主张的某些事实，引导和协助当事人就案件事实和相关证据问题进行充分的辩论，使当事人充分表明自己意见，对自己的案件作出比较理性的判断。如果经过法院行使释明权后，当事人仍坚持提起违约之诉，主张精神损害赔偿的，则法院不予支持；如果经过法院行使释明权后，当事人提起侵权之诉，主张精神损害赔偿的，则法院予以支持。

小测试

一般侵权责任的构成要件是( )。

A. 有侵权行为　　　　　　　　　　B. 有损害后果

C. 侵权行为与损害后果之间有因果关系　　D. 主观上无过错
E. 主观上有过错

模拟法庭

**焦健君泰国游遭车祸，境外旅游辅助服务者侵权，
视同国内旅行社侵权赔偿案**

案情简介：

2008年12月15日，南京女游客焦健君与江苏省中山国际旅行社(以下简称中山国旅)签订了《江苏省出境旅游合同》，报名参加了该旅行社组织的"新马泰"11日游。

2008年12月26日晚11时许，在泰国境内的公路上发生车祸，导致1人死亡，18人受伤。其中，受伤人员中伤情最重的是南京女游客焦健君，脾脏因被撞碎而切除，左侧肋骨撞断4根，肩胛骨撞断2根，腰椎被撞断3根。

泰国当地交警部门认定，大巴驾驶员疏于观察，负此次交通事故的全部责任。

焦健君在泰国住院期间，虽然得到了救治，但在医疗费用上，泰国方与旅行社相互推诿，最后，因在泰国医院的救治费用已用完，旅行社又不帮她续费，最后泰国方将她强行撵出医院。回国后，焦女士入住江苏省中医院完成后续的治疗。

出院后，焦健君在家人的陪同下，到中山国旅讨要说法时才知道自己被"卖了"。原来，中山国旅与她签订出境旅游合同后，因报名人数不足，无法独立组团，于是就把她转让给了中国康辉南京国际旅行社(以下简称康辉旅行社)，由康辉旅行社组团出境旅游。而且，她虽然通过中山国旅购买了旅游意外险，但旅行社因操作失误造成保险公司没有收到保单，导致她的出境游保险合同无效，无法向保险公司索赔。

当焦健君提出赔偿要求时，中山国旅让她向康辉旅行社索赔，而康辉旅行社认为她的损害系泰方车队的行为造成，又叫她向肇事大巴司机索赔。被推来推去的焦健君，无奈之下，来到旅行社的主管部门旅游局上访，请求其帮助解决，但旅游局也显得十分为难，因为旅游局无权强令旅行社予以赔偿。

2009年12月4日，南京金陵司法鉴定所对焦健君的伤残等级出具鉴定意见：脾切除构成八级伤残，腰椎体三分之一以上压缩性骨折构成十级伤残，肋骨骨折构成十级伤残，左上肢功能部分丧失构成十级伤残。

拿到鉴定意见书后，焦健君准备状告两家旅行社。是告其侵权，还是告其违约？她一时拿不定主意，因为此次旅游车祸，她的身体和心灵均受到了严重的创伤，苦不堪言，如果单告违约，由于我国法律规定，违约责任的赔偿范围只限于财产损失，并不赔偿精神损失，这意味着自己的精神损失难以得到赔付；而侵权责任的赔偿范围不仅包括直接财产损失，还包括精神损失。

2011年6月21日，焦健君决定以侵权为由将签约旅行社中山国旅列为被告，将受让旅行社康辉旅行社列为第三人一并诉到南京市鼓楼区法院，提出含精神损失费在内的总标的额为52万余元的赔偿请求。

本案中诉讼角色：

原告：焦健君

被告：江苏省中山国际旅行社

第三人：中国康辉南京国际旅行社

知识链接

第三人是民事诉讼中的概念，它是指对原、被告之间争议的诉讼标的享有独立的请求权，或者与案件的处理结果有法律上的利害关系，而参加到原、被告之间正在进行的诉讼中去，以维护自己合法权益的人。它分为有独立请求权的第三人和无独立请求权的第三人。本案中的第三人属于无独立请求权的第三人，与本案的处理结果有法律上的因果关系，他(们)既可申请参加诉讼，也可经法院通知参加诉讼。法院判决承担民事责任的第三人，有当事人的诉讼权利和义务。

庭审图示：

法官

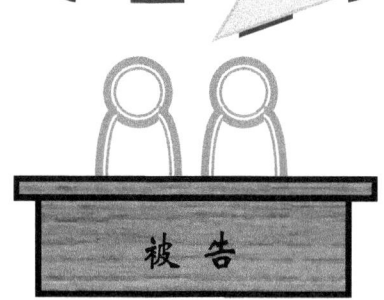

原告诉称 1：被告未经原告同意擅自转让旅游合同给第三人，因第三人过错导致原告受伤，被告应承担侵权责任，第三人承担连带责任。

原告诉称 2：赔偿金额为医疗费、住院伙食补助费、交通费、物损费、通讯费、资料翻译费、残疾赔偿金，精神损失费等合计 52 万余元。

被告辩称 1：即使存在擅自转让旅游业务，只是一种违约行为，而非侵权行为。旅游业务是否转让与交通事故及损害后果的产生并无必然因果关系。

被告辩称 2：康辉旅行社选择的旅游辅助服务者泰国车队具有合法运营资质，发生交通事故是驾驶员的过错所致，焦健君的损失应由泰国车队承担赔偿责任。中山国旅没有侵权行为，主观上也没有过错。

第三人辩称 1：案由确定为旅游侵权纠纷不当，受害人可以选择合同违约也可以选择侵权之诉的前提是合同和侵权的相对方都是旅行社，实际上到了外地或者外国，都是由当地旅行社进行接待，康辉旅行社不是侵权人。

知识链接

旅游侵权责任纠纷的处理，除了《侵权责任法》之外，常常涉及其他众多的法律和司法解释等，如《民法通则》、《消费者权益保护法》、《合同法》、《最高人民法院关于审理人身损害赔偿案件适用法律若干问题的解释》、《最高人民法院关于确定民事侵权精神损害赔偿责任若干问题的解释》、《最高人民法院关于审理旅游纠纷案件适用法律若干问题的规定》、《民事诉讼法》、《最高人民法院关于民事诉讼证据的若干规定》等。

法院审理查明：

经质证庭审，中山国旅擅自将包括焦健君在内的一批签约游客转让给康辉旅行社。康辉旅行社在具体落实焦健君等人的具体行程中，因车辆意外事故致包括焦健君在内的多人受伤。焦健君本身无任何过错。

法院确定赔偿范围为：医疗费、住院伙食补助费、交通费、物损费、通讯费、资料翻译费、残疾赔偿金，总额为 21 万余元。对于精神抚慰金，法院综合考虑残疾等级、侵权情节、处理经过等因素，酌定为 3 万元。法院认定，应纳入赔偿范围的赔偿总额为 24.8 万余元，应扣除被告和第三人之前预付的 2.1 万元。

法院裁判理由：

(1) 中山国旅未经焦健君同意将旅游业务转让给第三人康辉旅行社，该转让行为属于共同侵权行为，康辉旅行社应与中山国旅承担共同侵权责任。

(2)《最高人民法院关于审理旅游纠纷案件适用法律若干问题的规定》第七条还规定："旅游经营者、旅游辅助服务者未尽到安全保障义务，造成旅游者人身损害、财产损失，旅游者请求旅游经营者、旅游辅助服务者承担责任的，人民法院应予支持。"第十条规定："旅游经营者擅自将其旅游业务转让给其他旅游经营者，旅游者在旅游过程中遭受损害，请求与其签订旅游合同的旅游经营者和实际提供旅游服务的旅游经营者承担连带责任的，人民法院应予支持。"本案中，焦健君与中山国旅签订出境旅游合同，双方形成旅游服务合同关系，中山国旅所提供的服务应当符合保障旅游者人身、财产安全的要求。中山国旅未经旅游者同意擅自将旅游业务转让给他人系违约行为，其所负有的安全保障义务不发生转移的效力。

(3) 康辉旅行社作为实际提供旅游服务的旅游经营者，所提供的食宿、交通运输等服务亦应当符合保障旅游者人身、财产安全的要求，同时应受中山国旅与焦健君签订的旅游服务合同的约束；泰方车队属于受康辉旅行社委托，协助康辉旅行社履行旅游合同义务的旅游辅助服务者，与旅游者之间并未直接形成旅游服务合同关系，其为旅游者提供的交通服务是康辉旅行社履行旅游服务合同义务的延续，应认定为是代表康辉旅行社的行为。泰方车队在代表康辉旅行社为旅游者提供交通服务的过程中未能安全驾驶造成车辆侧翻，致焦健君的身体受到损害，康辉旅行社应承担相应民事赔偿责任，中山国旅作为旅游服务合同的相对方，未经旅游者同意擅自将旅游业务转让给康辉旅行社，依照《最高人民法院关于审理旅游纠纷案件适用法律若干问题的规定》的规定，其对旅游者在旅游过程中遭受的损害，应当与康辉旅行社承担连带赔偿责任。

(4) 依据《合同法》第一百二十二条规定："因当事人一方的违约行为，侵犯对方人身、财产权益的，受损害方有权选择本法要求其承担违约责任或者依照其他法律要求其承担侵权责任。"《最高人民法院关于审理旅游纠纷案件适用法律若干问题的规定》第三条规定："因旅游经营者方面的同一原因造成旅游者人身损害、财产损失，旅游者选择要求旅游经营者承担违约责任或者侵权责任的，人民法院应当根据当事人选择的案由进行审理。"因此，焦健君选择侵权之诉并无不当。

(5) 焦健君的损害虽系泰方车队的侵权行为造成，而泰方车队系受原审第三人康辉旅行社委托，代表康辉旅行社为旅游者提供交通服务，是康辉旅行社履行旅游合同的延续，其提供交通服务的行为应视为康辉旅行社履行旅游服务行为，据此，泰方车队的侵权行为可直接认定为康辉旅行社的侵权行为，焦健君在旅游过程中遭受人身损害后，选择要求康辉旅行社承担侵权责任，符合法律规定，应予支持。中山国旅虽非本案直接侵权人，但《最高人民法院关于审理旅游纠纷案件适用法律若干问题的规定》第十条已明确在擅自转让的情形下，其应当与实际提供旅游服务的旅游经营者承担连带责任，这里的连带责任既可以是违约责任，也可以是侵权责任的连带，现行法律及其司法解释并未对连带责任的性质作出限制，故在焦健君依法选择要求康辉旅行社承担侵权责任的同时，要求中山国旅承担连带责任，并不违反法律规定。

一审法院判决如下：

被告中山国旅与第三人康辉旅行社在判决生效后 10 日内应向焦健君连带赔偿 22.7 万余元。

一审判决后，中山国旅不服判决，向南京市中级人民法院提起上诉，请求依法改判上诉人不承担赔偿责任。

南京市中级人民法院经二审审理后作出终审判决"驳回上诉，维持原判。"

(案例来源：http://www.mzyfz.com/cms/minzhuyufazhizazhi/shehuiyujingji/html/704/2013-03-07/content-681438.html)

本章小结

通过本章的学习，了解熟悉《侵权责任法》。掌握《侵权责任法》中相关法律知识，如民事权益、侵权行为及责任、侵权责任构成要件、归责原则、责任承担方式和侵权赔偿等内容，尝试用《侵权责任法》中的相关规定来辨析旅游活动中遇到的各种侵权纠纷及其责任承担问题，厘清纠纷类型及其损害赔偿范围，掌握损害赔偿的计算方法，最终合理合法解决旅游侵权纠纷，最大限度维护自身合法权益。

关键术语

侵权责任法　侵权责任纠纷　侵权行为　侵权责任　侵权赔偿

习题

1. 名词解释

(1) 侵权行为　(2) 侵权责任　(3) 侵权责任法　(4) 归责原则

2. 填空题

(1) 二人以上共同实施侵权行为，造成他人损害的，应当承担(　　)责任。
(2) 侵害他人人身权益，造成他人严重精神损害的，被侵权人可以请求(　　)。

3. 简答题

(1) 《侵权责任法》中的民事权益包括哪些？
(2) 承担侵权责任的方式主要有哪些？

4. 思考题

(1) 当旅游违约责任与旅游侵权责任竞合时如何选择案由？
(2) 人身损害赔偿如何计算？

5. 实训题

徐甲购买了一套商品房，与妻子周某和女儿徐乙共同居住。业主与物业签订有关物业管理的"公共契约"，约定物业公司承担安全保护等物业管理义务。小区的监控设施没有经过有关部门验收而未正常使用，小区业主要求安装防护铁窗物业也予以拒绝。2001年3月5日凌晨1时许，两名罪犯借小区一扇通往垃圾场的小铁门没有上锁一直敞开着的机会，闯入徐家，将徐乙奸淫后杀害。其中一名罪犯被抓获归案，判处了刑罚。徐甲依据"公共契约"的约定，向法院提起民事诉讼，请求物业公司承担违约损害赔偿责任，同时提起精神损害赔偿5万元。

问题：法院将如何判决？为什么？

第13章 旅游消费者权益保护法律制度

知识要点	掌握程度	相关知识
1. 旅游消费者、旅游经营者	了解	旅游消费者的概念、旅游经营者的概念
2. 消费者权益保护法	了解	消费者权益保护法的概念、适用对象
3. 旅游消费者的权利	熟悉掌握	安全保障权、真情知悉权、自主选择权、公平交易权、依法求偿权、依法结社权、获取知识权、维护尊严权、批评监督权
4. 旅游经营者的义务	熟悉掌握	旅游经营者保障旅游消费者权益的各种法定义务
5. 旅游经营者的法律责任	重点掌握	旅游经营者的民事责任、行政责任和刑事责任
6. 旅游消费者权益争议解决途径	重点掌握	旅游消费者权益争议解决的途径

技能要点	能力要求	应用方向
1. 旅游消费者权利、旅游经营者义务	熟悉掌握	确定经营者是否承担法律责任
2. 责任主体的认定	重点掌握	确定单一责任主体、选择责任主体或者连带责任主体

导入案例

案情简介：

高某到北京旅游，在某购书中心购买《去向法庭》一书，回到酒店发现该书第216~249页严重缺失，遂专门坐公交车前往退书并要求购书中心赔偿往返乘车所花费的一元钱交通费。购书中心营业员称"退书可以，但要求赔偿车钱，我们这里没这个规矩"。协商未果，高某以购书中心为被告起诉至人民法院，法院判决购书中心应当退还高某书款19.6元，同时应当赔偿高某因退书所遭受的交通费损失"1元钱"交通费，以及诉讼期间高某所支付的住宿费、交通费807元。被告不服，向上级人民法院提起上诉，理由是《消费者权益保护法》第四十五条明确规定，对包修、包换、包退的大件商品，消费者要求修理、更换、退货而发生的运输等合理费用由经营者或生产者承担，一本书显然不属于大件商品，所以，原审法院认定事实不清，运用法律不当。

(案例来源：《生活时报》1998年11月27日)

问题：
(1) 购书中心营业员的说法是否符合法律规定？
(2) 一审法院的判决是否正确？
(3) 本案的判决给我们什么启示？

案例评析：
(1) 购书中心营业员的说法不符合法律规定。

从法学理论上看，由于生产者或销售者的原因而使消费者受到损失，消费者理应得到赔偿。《民法通则》第一百二十二条明确规定："因产品质量造成消费者损失，经营者、生产者应承担民事责任。"《消费者权益保护法》第四十五条(2013年10月修订时并入第二十四条)规定，"对包修、包换、包退的大件商品，消费者要求经营者修理、更换、退货的，经营者应当承担运输等合理费用"。根据《北京市实施〈中华人民共和国消费者权益保护法〉办法》对大件商品的认定标准，书籍显然不属于大件商品的范围。但是，不能因此认为小件商品质量问题所发生的必要费用就不予赔偿，否则《消费者权益保护法》就与《民法通则》相应条款的本质精神相矛盾。《北京市实施〈中华人民共和国消费者权益保护法〉办法》第九条还规定："经营者提供的商品或者服务存在质量问题，消费者因修理、更换、退货以及解决纠纷耽误时间的，经营者应当给予赔偿。"

(2) 一审法院判决依据充分，判决正确。

《民法通则》第一百二十二条明确规定"因产品质量造成消费者损失，生产者或销售者应当承担责任"。本案中高某坚持索要1元钱交通费的赔偿应当得到法院支持。《消费者权益保护法》之所以明文规定"对包修、包换、包退的大件商品，消费者要求经营者修理、更换、退货的，经营者应当承担运输等合理费用"，是因为大件商品在交通费问题上比较突出，但这并不意味着经营者或生产者就可以不赔偿消费者退换小件商品的交通费。

(3) 本案不仅涉及当事人双方切身利益，而且涉及《消费者权益保护法》的立法完善。

从法理和立法完善的角度看，消费者因购物而受到的损失，包括购货款、因修理、更换、退货而产生的交通费、误工费等，经营者必须赔偿。2013年10月25日修订的《消费者权益保护法》第二十四条规定："经营者提供的商品或者服务不符合质量要求的，消费者可以依照国家规定、当事人约定退货，或者要求经营者履行更换、修理等义务。没有国家规定和当事人约定的，消费者可以自收到商品之日起七日内退货；七日后符合法定解除合同条件的，消费者可以及时退货，不符合法定解除合同条件的，可以要求经营者履行更换、修理等义务。依照前款规定进行退货、更换、修理的，经营者应当承担运输等必要费用"。本案中的消费者高某的交通费当然属于必要费用的范围，因此，购书中心拒绝赔偿高某交通费的做法违反现行《消费者权益保护法》的明确规定。

13.1 旅游消费者权益保护法律制度概述

在经济学上，消费者是经济运行中同政府、企业并列的三大主体之一；在法学上，消费者是《消费者权益保护法》最重要的权利主体。消费可以分为生产消费和生活消费。生活消费是指个人对衣、食、住、行等生活必需品消费，也包括为满足精神文化生活所需要的服务消费。旅游消费通常包含吃、住、行、游、购、娱6个方面。旅游消费者是指通过购买旅游产品、接受旅游服务，从而满足其旅游需求的个人。消费者权益保护法是调整国家、经营者、消费者在保护消费者权益过程中发生的社会关系的法律规范的总称。一般来说，消费者权益保护法都从单方面规定了消费者的权利，并相应地单方面规定经营者的义务。1993年10月31日，第八届全国人民代表大会常务委员会第四次会议通过了《消费者权益保护法》，并于1994年1月1日起施行，并根据2009年8月27日第十一届全国人民代表大会常务委员会第十次会议《关于修改部分法律的决定》进行第一次修正。2013年10月25日第十二届全国人民代表大会常务委员会第五次会议通过《关于修改〈中华人民共和国消费者权益保护法〉的决定》，进行第二次修正，此次修订于 2014 年 3 月 15 日生效。除了《消费者权益保护法》外，我国还制定了许多具有保护消费者权益内容的法律，如《旅游法》、《食品安全法》、《中华人民共和国药品管理法》、《中华人民共和国产品质量法》、《中华人民共和国计量法》、《中华人民共和国标准化法》、《中华人民共和国价格法》、《中华人民共和国反不正当竞争法》、《欺诈消费者行为处罚办法》等，这些法律法规与《消费者权益保护法》相辅相成，构成了我国消费者权益保护法律体系。

13.1.1 相关基础概念

消费者是指为满足生活需要而购买、使用商品或接受服务的个人。

消费者权益是指消费者依法享有的权利及该权利受到保护时给消费者带来的利益。其中，消费者的权利是核心，消费者的利益是结果和归宿。

经营者是指为消费者提供其生产、销售的商品或者提供服务的人，包括生产者、销售者和服务提供者。

旅游经营者是指通过从事旅游商品的销售和营业性服务，为旅游消费者提供旅游服务的单位和个人。主要指旅行社、旅游景区(点)、饭店、商店等。

旅游消费者是指通过购买旅游产品、接受旅游服务，从而满足其旅游需求的个人。

13.1.2 消费者权益保护法的适用对象

把消费者限于个体社会成员是国际上通行做法。我国《消费者权益保护法》对"消费者"未作直接、明确的界定，仅第二条笼统规定"消费者为生活需要购买、使用商品或者接受服务，其权益受本法保护"。2013 年 10 月 25 日修订的《消费者权益保护法》旗帜鲜明地向消费者适度倾斜，扩大适用于物质型的消费、精神型的消费，适用于生存型消费、发展型消费、享受型消费，首次在第二十五条规定无理由退货制度："经营者采用网络、电视、电话、邮购等方式销售商品，消费者有权自收到商品之日起七日内退货，且无需说明理由，但下列商品除外：(一)消费者定做的；(二)鲜活易腐的；(三)在线下载或者消费者拆封的音像制品、计算机软件等数字化商品；(四)交付的报纸、期刊。除前款所列商品外，其他根据商品性质并经消费者在购买时确认不宜退货的商品，不适用无理由退货。消费者退货的商品应当完好。经营者应当自收到退回商品之日起七日内返还消费者支付的商品价款。退回商品的运费由消费者承担；经营者和消费者另有约定的，按照约定"。

考虑到商品和服务最终由个人进行消费，而且消费者权益保护法的主要立法目的在于保护作为弱者的个人消费者，因此，将"消费者"界定为个人或个体社会成员较为妥当。至于单位购买生活资料或生产资料时所享有的权利或权益，完全可以通过《合同法》等其他法律、法规加以保护。

13.2 旅游消费者的权利与旅游经营者的义务

消费者权利是保护消费者的核心问题，最早由美国前总统约翰·肯尼迪于 1962 年 3 月 15 日在向国会所提交的《关于保护消费者利益的总统特别国情咨文》所倡导，概括指出消费者享有 4 项权利：获得商品安全保障的权利；获得正确的商品信息资料的权利；自由选择商品的权利；提出消费意见的权利。鉴于该项咨文的历史意义，3月15日被确定为"国际消费者权益日"，消费者权利逐渐为世界各国公认并在实践中进一步发展。我国《消费者权益保护法》专章规定消费者的9项法定权利。2013年4月25日公布《旅游法》专门规定旅游消费者的权利和义务。2013年4月28日公布的《消费者权益保护法修正案(草案)》扩大消费者的权利范围和种类，如后悔权、个人信息保护权。旅游经营者义务与旅游消费者权利相对应，某种程度上旅游消费者权利是通过旅游经营者履行义务实现。旅游经营者义务分为法定义务和约定义务两种类型。法定义务是法律规定的旅游经营者必须履行的义务；约定义务是旅游经营者与旅游消费者约定的必须履行的义务。约定义务不能违背法律、法规的规定，否则就会因违法而无效。根据《消费者权益保护法》第十六条至第二十九条规定，经营者有10项必须履行的义务。《旅游法》对旅游经营者某些义务做了细化规定。

13.2.1 相关基础概念

旅游消费者权利是指由国家法律所确认的，在旅游消费领域旅游消费者作出或者不作出一定行为，或要求旅游经营者相应作出或者不作出一定行为的资格和自由。

旅游经营者义务是指法律规定或者旅游消费者与旅游经营者约定的，在旅游消费过程中旅游经营者必须对旅游消费者作出一定行为或者不作出一定行为的约束。

13.2.2 旅游消费者的权利

基于消费者特定身份的消费者权利，具有法律的规定性和仅针对处于弱者地位的消费者，是国家对消费者进行保护的前提和基础。《消费者权益保护法》第七条至第十五条集中规定消费者的9项权利。《旅游法》对旅游消费者某些权利做了细化规定。

1. 安全保障权

安全保障权即消费者在购买、使用商品或接受服务时享有人身、财产安全不受到损害的权利。消费者有权要求经营者提供的商品和服务符合保障人身、财产安全的要求。

安全保障权是消费者享有的一项最重要的权利。《消费者权益保护法》第十八条规定："经营者应当保证其提供的商品或者服务符合保障人身、财产安全的要求。对可能危及人身、财产安全的商品和服务，应当向消费者作出真实的说明和明确的警示，并说明和标明正确使用商品或者接受服务的方法以及防止危害发生的方法。宾馆、商场、餐馆、银行、机场、车站、港口、影剧院等经营场所的经营者，应当对消费者尽到安全保障义务。"

《旅游法》第五十条规定："旅游经营者应当保证其提供的商品和服务符合保障人身、财产安全的要求。"第十二条规定："旅游者在人身、财产安全遇有危险时，有请求救助和保护的权利。旅游者人身、财产受到侵害的，有依法获得赔偿的权利。"

旅游消费者安全保障权受侵害案

案情简介：

游客李某到某景区游览时，因不慎在景区的一个冰洞摔断腿，遂与景区就赔偿责任发

第13章 旅游消费者权益保护法律制度

生纠纷。景区认为自己不应承担责任,其理由是:景区已在冰洞门口处放置了一个提示牌,上面有"小心路滑、注意安全"的警示,因此景区已经尽到告知义务,况且李某是个成年人,自己应该知道冰洞的危险性,所以不应承担责任。李某则辩称,虽然冰洞门口确实有一个提示牌,但是牌子太小且放在暗处,一般游客很难注意到,并且,这种提示概括非常笼统,并没有明确地说明冰洞路面有冰,不宜穿高跟鞋等,所以自己摔断腿的责任,主要应由景区负责。双方各持己见,互不相让。后经法院调查,李某的陈述是真实的。

(案例来源:http://www.wenkudaquan.com/txt.asp?id=wk299fe97d168884868762d68e01.)

案例评析:

(1)《消费者权益保护法》第十八条规定:"经营者应当保证其提供的商品或者服务符合保障人身、财产安全的要求,对可能危及人身财产安全的商品和服务,应当向消费者作出真实的说明和明确的警示,并说明和标明正确使用商品或接受服务的方法以及防止危害发生的方法。"景区确知冰洞路滑会对旅客造成危害,并且设置了提示牌,但是并未安放在引人注意的位置,另外,其提示语过于空泛不够明确,也没有提供具体防止危害的方法,所以景区应承担主要的责任。但由于李某对冰洞危险性也存在主观上认识不足的情况,所以也应承担部分责任。

(2) 根据我国《消费者权益保护法》第四十九条规定,由于景区提供的服务有欠缺,给李某造成了人身伤害,所以该景区应支付李某的医疗费、护理费、交通费等为治疗和康复支出的合理费用,以及因误工减少的收入。造成残疾的,还应当赔偿残疾生活辅助具费和残疾赔偿金。

资料卡

许多国家的通行做法是实行网络身份管理。2012年12月28日我国《关于加强网络信息保护的决定》明确对个人电子信息的法律保护。个人信息应当属于消费者安全保障权的范围。经营者不得非法收集、使用消费者的个人信息,擅自泄露或者非法向他人提供消费者个人信息,严重影响消费者正常生活。《消费者权益保护法》第十四条规定:"消费者在购买、使用商品和接受服务时,享有人格尊严、民族风俗习惯得到尊重的权利,享有个人信息依法得到保护的权利"。《旅游法》第五十二条规定:"旅游经营者对其在经营活动中知悉的旅游者个人信息,应当予以保密"。

2. 真情知悉权

真情知悉权即消费者享有知悉其购买、使用的商品或接受的服务的真实情况的权利。消费者有权根据商品或者服务的不同情况,要求经营者提供商品的真实情况,包括价格、产地、生产者、用途、性能、规格、等级、主要成分、生产日期、有效期限、检验合格证明、使用方法说明书、售后服务,或者服务的内容、规格、费用等。

相应地,经营者有提供有关商品、服务的真实信息的义务,不能弄虚作假,对消费者进行欺骗和误导,这是民事活动"诚实信用"原则的体现和要求。

《消费者权益保护法》第二十八条规定"采用网络、电视、电话、邮购等方式提供商品或者服务的经营者，以及提供证券、保险、银行等金融服务的经营者，应当向消费者提供经营地址、联系方式、商品或者服务的数量和质量、价款或者费用、履行期限和方式、安全注意事项和风险警示、售后服务、民事责任等信息"。

《旅游法》第三十二条规定："旅行社为招徕、组织旅游者发布信息，必须真实、准确，不得进行虚假宣传，误导旅游者"；第四十四条第一款规定："景区应当在醒目位置公示门票价格、另行收费项目的价格及团体收费价格。景区提高门票价格应当提前六个月公布。"

案例 13.2

游客真情知悉权受侵害案

案情简介：

张某在某报纸上见到某旅行社新推出的一条旅游线路广告。该广告称，这条线路在目前同类旅游线路中价格最便宜、项目最齐全。张某又来到该旅行社，仔细阅读了该旅游线路的介绍说明书，内容与广告上的完全一致。于是，张某当场交付了此线路的旅游费用，并按时参加了该旅行社组织的旅游活动。可是在旅游过程中，张某发现实际情况与广告和说明书介绍并不相符，有许多景点根本没有游到。因此，张某要求退还部分费用，但旅行社拒绝退款。张某遂向法院起诉，要求旅行社退款。

(案例来源：http://www.doc88.com/p-577429564144.html)

案例评析：

(1) 《旅游法》第九条第二款、第三款规定："旅游者有权知悉其购买的旅游产品和服务的真实情况；旅游者有权要求旅游经营者按照约定提供产品和服务。"我国《消费者权益保护法》第八条规定："消费者享有知悉其购买、使用的商品或者接受的服务的真实情况的权利。"《消费者权益保护法》第二十三条规定："经营者应当保证在正常使用商品或者接受服务的情况下其提供的商品或者服务应当具有的质量、性能、用途和有效期限；但消费者在购买该商品或者接受该服务前已经知道其存在瑕疵，且存在该瑕疵不违反法律强制性规定的除外。经营者以广告、产品说明、实物样品或者其他方式表明商品或者服务的质量情况的，应当保证其提供的商品或者服务的实际质量与表明的质量状况相等。"张某在出发前不知道旅行社新推出的这条旅游线路的真实情况。而新旅游线路无论广告还是说明书都与实际旅游线路不一致，因此该旅行社侵犯了旅游消费者所享有的知悉真情权。

(2) 我国《消费者权益保护法》第五十五条规定："经营者提供商品或者服务有欺诈行为的，应当按照消费者的要求增加赔偿其受到的损失，增加赔偿的金额为消费者购买商品的价款或者接受服务的费用的三倍；增加赔偿的金额不足五百元的，为五百元。法律另有规定的，依照其规定。经营者明知商品或者服务存在缺陷，仍然向消费者提供，造成消费者或者其他受害人死亡或者健康严重损害的，受害人有权要求经营者依照本法第四十九条、第五十一条等法律规定赔偿损失，并有权要求所受损失二倍以下的惩罚性赔偿"。这一条规定，突破了我国《民法通则》的实际赔偿原则，更好地保护了处于弱势群体的消费者的合法权益。关于如何认定经营者的行为是否为欺诈行为，应把握以下3个要素：对有关商品或服务的重要事实进行的陈述，包括商品或服务的质量、性能、用途、价格、数量等是否符合实际；消费者是否因经营者的虚假陈述而上当受骗；经营者是否有故意的动机，即是否不顾真实情况而存有促销商品或服务的故意。本案中，旅行社为了推销其旅游产品，故意做了不合实际的虚假宣传，符合欺诈行为的3个要素，因此，法院依法判处旅行社赔偿张某未游景点费用的两倍价款，以保护消费者张某的利益。

资料卡

《消费者权益保护法》强化广告经营者、发布者的责任，第四十五条规定："消费者因经营者利用虚假广告或者其他虚假宣传方式提供商品或者服务，其合法权益受到损害的，可以向经营者要求赔偿。广告经营者、发布者发布虚假广告的，消费者可以请求行政主管部门予以惩处。广告经营者、发布者不能提供经营者的真实名称、地址和有效联系方式的，应当承担赔偿责任。广告经营者、发布者设计、制作、发布关系消费者生命健康商品或者服务的虚假广告，造成消费者损害的，应当与提供该商品或者服务的经营者承担连带责任。社会团体或者其他组织、个人在关系消费者生命健康商品或者服务的虚假广告或者其他虚假宣传中向消费者推荐商品或者服务，造成消费者损害的，应当与提供该商品或者服务的经营者承担连带责任"。

3．自主选择权

自主选择权即消费者在购买、使用商品或者接受服务时，有根据自己的意志选择商品或者服务的权利。具体内容包括：自主选择提供商品或者服务经营者的权利；自主选择商品品种或者服务方式的权利；自主决定购买或者不购买任何一种商品、接受或者不接受任何一项服务的权利；在自主选择商品或服务时有进行比较、鉴别和挑选的权利。

资料卡

消费者是否享有后悔权？消费者在什么情形下可以行使后悔权？后悔权制度是消费者在签订合同之后的一段时间内按照自己的选择单方解除合同且不需要承担违约责任的法律制度，又叫冷静期制度。在许多市场经济国家普遍采行这种"无因退货"制度。为了保障消费者的自主选择权，《消费者权益保护法》第二十五条确立"无理由退货"制度。《旅游法》第六十五条规定："旅游行程结束前，旅游者解除合同的，组团社应当在扣除必要的费用后，将余款退还旅游者。"

4．公平交易权

公平交易权即消费者在购买商品或者接受服务时所享有的获得质量保障、价格合理、计量正确等公平交易条件的权利。

公平交易的条件包括：①质量保障；②价格合理；③计量准确。

公平交易权意味着消费者有权拒绝经营者的强制交易行为。

《旅游法》第三十五条规定："旅行社不得以不合理的低价组织旅游活动，诱骗旅游者，并通过安排购物或者另行付费旅游项目获取回扣等不正当利益。旅行社组织、接待旅游者，不得指定具体购物场所，不得安排另行付费旅游项目。但是，经双方协商一致或者旅游者要求，且不影响其他旅游者行程安排的除外。发生违反前两款规定情形的，旅游者有权在旅游行程结束后三十日内，要求旅行社为其办理退货并先行垫付退货货款，或者退还另行付费旅游项目的费用。"

重要法条提示

《旅游法》第九条规定："旅游者有权自主选择旅游产品和服务，有权拒绝旅游经营者的强制交易行为。旅游者有权知悉其购买的旅游产品和服务的真实情况。旅游者有权要求旅游经营者按照约定提供产品和服务。"

《旅游法》第四十四条第二款、第三款规定："将不同景区的门票或者同一景区内不同游览场所的门票合并出售的，合并后的价格不得高于各单项门票的价格之和，且旅游者有权选择购买其中的单项票。景区内的核心游览项目因故暂停向旅游者开放或者停止提供服务的，应当公示并相应减少收费。"

5. 依法求偿权

依法求偿权即消费者在购买、使用商品或接受服务时受到人身、财产损害的，享有依法获得赔偿的权利。这是弥补消费者所受损害的必不可少的救济性权利。

重要法条提示

《旅游法》第十四条规定："旅游者在旅游活动中或者在解决纠纷时，不得损害当地居民的合法权益，不得干扰他人的旅游活动，不得损害旅游经营者和旅游从业人员的合法权益。"第十五条规定："旅游者购买、接受旅游服务时，应当向旅游经营者如实告知与旅游活动相关的个人健康信息，遵守旅游活动中的安全警示规定"；旅游者对国家应对重大突发事件暂时限制旅游活动的措施以及有关部门、机构或者旅游经营者采取的安全防范和应急处置措施，应当予以配合。旅游者违反安全警示规定，或者对国家应对重大突发事件暂时限制旅游活动的措施、安全防范和应急处置措施不予配合的，依法承担相应责任。"

6. 依法结社权

依法结社权即消费者享有依法成立维护自身合法权益的社会团体的权利。具体内容包括：消费者有权要求国家或者政府建立代表、保障消费者合法权益的职能部门；消费者有权建立自己的组织。

7. 获取知识权

获取知识权即消费者享有获得有关消费和消费者权益保护方面的知识的权利。具体内容包括：消费者应当努力掌握所需商品或者服务的知识和使用技能，正确使用商品，提高自我保护意识。

8. 维护尊严权

维护尊严权即消费者在购买、使用商品或接受服务时，享有其人格尊严、民族风俗习惯得到尊重的权利。

重要法条提示

《消费者权益保护法》第十四条规定:"消费者在购买、使用商品和接受服务时,享有其人格尊严、民族风俗习惯得到尊重的权利。"

《旅游法》第十条规定:"旅游者的人格尊严、民族风俗习惯和宗教信仰应当得到尊重。"

《消费者权益保护法》第二十七条规定:"经营者不得对消费者进行侮辱、诽谤,不得搜查消费者的身体及其携带的物品,不得侵犯消费者的人身自由。"

9. 批评监督权

批评监督权即消费者享有对商品和服务及保护消费者权益工作进行监督的权利。具体内容包括:消费者有权对生产经营者提供的商品和服务进行监督;消费者有权对国家机关及其工作人员在保护消费者权益工作时的违法失职行为进行监督;消费者有权对保护消费者权益工作提出批评和建议。

13.2.3 旅游经营者的义务

1. 依法定或约定履行义务,恪守社会公德,诚信经营,公平交易

经营者向消费者提供商品或者服务,应当依照我国产品质量法和其他有关法律、法规的规定履行义务。经营者和消费者有约定的,应当按照约定履行义务,但双方的约定不得违背法律、法规的规定。

《消费者权益保护法》第十六条规定:"经营者向消费者提供商品或者服务,应当依照本法和其他有关法律、法规的规定履行义务。经营者和消费者有约定的,应当按照约定履行义务,但双方的约定不得违背法律、法规的规定。经营者向消费者提供商品或者服务,应当恪守社会公德,诚信经营,保障消费者的合法权益;不得设定不公平、不合理的交易条件,不得强制交易"。

《旅游法》第六十九条规定:"旅行社应当按照包价旅游合同的约定履行义务,不得擅自变更旅游行程安排。"

《旅游法》第四十九条规定:"为旅游者提供交通、住宿、餐饮、娱乐等服务的经营者,应当符合法律、法规规定的要求,按照合同约定履行义务。"

《旅游法》第六十八条规定:"旅游行程中解除合同的,旅行社应当协助旅游者返回出发地或者旅游者指定的合理地点。由于旅行社或者履行辅助人的原因导致合同解除的,返程费用由旅行社承担。"

重要法条提示

《旅游法》第四十一条第二款规定:"导游和领队应当严格执行旅游行程安排,不得擅自变更旅游行程或者中止服务活动,不得向旅游者索取小费,不得诱导、欺骗、强迫或者变相强迫旅游者购物或者参加另行付费旅游项目。"

《旅游法》第七十条规定:"旅行社不履行包价旅游合同义务或者履行合同义务不符合

约定的，应当依法承担继续履行、采取补救措施或者赔偿损失等违约责任。造成旅游者人身损害、财产损失的，应当依法承担赔偿责任。旅行社具备履行条件，经旅游者要求仍拒绝履行合同，造成旅游者人身损害、滞留等严重后果的，旅游者还可以要求旅行社支付旅游费用一倍以上三倍以下的赔偿金。"

2．听取意见和接受监督的义务

《消费者权益保护法》第十七条规定："经营者应当听取消费者对其提供的商品或者服务的意见，接受消费者的监督。"

3．保护人身和财产安全的义务

经营者应当保证其提供的商品或者服务符合保障人身、财产安全的要求。对可能危及人身、财产安全的商品和服务，应当向消费者作出真实的说明和明确的警示，并说明和标明正确使用商品或者接受服务的方法及防止危害发生的方法。经营者发现其提供的商品或者服务存在严重缺陷，即使正确使用商品或者接受服务仍然可能对人身、财产安全造成危害的，应当立即向有关行政部门报告和告知消费者，并采取防止危害发生的措施。《消费者权益保护法》第十九条规定："经营者发现其提供的商品或者服务存在缺陷，有危及人身、财产安全危险的，应当立即向有关行政部门报告和告知消费者，并采取停止销售、警示、召回、无害化处理、销毁、停止生产或者服务等措施。采取召回措施的，经营者应当承担消费者因商品被召回支出的必要费用。"

针对经营者非法收集、利用、泄漏或向他人提供消费者个人信息而侵害消费者权益的情形，《消费者权益保护法修正案》从三个方面明确经营者对消费者个人信息安全的保障义务：第一，经营者收集、使用消费者个人信息，应当遵循合法、正当、必要的原则，明示收集、使用信息的目的、方式和范围，并经被收集者同意；第二，经营者及其工作人员对收集的消费者个人信息必须严格保密，并应当采取技术措施和其他必要措施，确保信息安全；第三，经营者未经消费者同意或者请求，或者消费者明确表示拒绝的，不得向其发送商业性电子信息。

《旅游法》第六十二条规定："订立包价旅游合同时，旅行社应当向旅游者告知下列事项：

(1) 旅游者不适合参加旅游活动的情形；

(2) 旅游活动中的安全注意事项；

(3) 旅行社依法可以减免责任的信息；

(4) 旅游者应当注意的旅游目的地相关法律、法规和风俗习惯、宗教禁忌，依照中国法律不宜参加的活动等；

(5) 法律、法规规定的其他应当告知的事项。

在包价旅游合同履行中，遇有前款规定事项的，旅行社也应当告知旅游者。"

《旅游法》第七十条第三款规定："在旅游者自行安排活动期间，旅行社未尽到安全提示、救助义务的，应当对旅游者的人身损害、财产损失承担相应责任。"

案例 13.3

导游疏于提醒游客被冻伤案

案情简介：

某旅行社组织了一个赴长白山旅游团，委派导游黄某作为全程导游随团服务。在将要攀登天池的前一天晚上，由于对天池的气温不了解，该旅游团的部分团员询问黄某，上天池是否需要多添衣服，以防天气寒冷。黄某根据经验回答游客不必多添衣服，以便轻装上山。第二天，该旅游团游客在黄某及当地地陪的引导下上到天池，不料，天气突然变化，天降大雪，气温骤然下降，黄某急忙引导该旅游团下山，但由于该团有些客人未带衣帽围巾等御寒之物，致使不少人耳、鼻及手脚严重冻伤。为此，该团游客投诉导游黄某，要求黄某及旅行社承担医治冻伤的医疗费用并赔偿因此遭受的损失。黄某所属的旅行社接到投诉后，认为冻伤事故是由于黄某工作失误所致，责令黄某自行处理游客投诉，旅行社不承担任何责任；黄某认为，冻伤事故是由于天气突然变化所致，出乎意料，属于不可抗力，与其无关，不是工作失误，不应当承担法律责任。

（案例来源：http://www.gg-px.com/ndetail.aspx?id=12675）

案例评析：

(1) 旅行社认为冻伤事故是导游黄某工作失误所致，与旅行社无关，这种说法不正确。依据《导游人员管理条例》，导游人员是受旅行社委派，为旅游者提供向导、讲解及相关旅游服务的人员。黄某既然是受旅行社的委派，那么旅行社就要对其工作人员的工作行为承担责任，旅行社让黄某自行处理不合法。

(2) 根据《旅游法》第六十二条规定，订立包价旅游合同时，旅行社应当向旅游者告知下列事项：①旅游者不适合参加旅游活动的情形；②旅游活动中的安全注意事项；③旅行社依法可以减免责任的信息；④旅游者应当注意的旅游目的地相关法律、法规和风俗习惯、宗教禁忌，依照中国法律不宜参加的活动等；⑤法律、法规规定的其他应当告知的事项。在包价旅游合同履行中，遇有前款规定事项的，旅行社也应当告知旅游者。

(3) 导游黄某认为冻伤事故是由于天气突然变化所致，不属于工作失误，这种说法不正确。依据《导游人员管理条例》的规定，"导游人员在引导旅游者旅行、游览过程中，应当就可能发生危及旅游者人身、财物安全的情况，向旅游者作出真实说明和明确警示，并按照旅行社的要求采取防止危害发生的措施"。黄某作为该线路多次带团的导游，应当预见到长白山天池的气候多变，应当提醒游客多添衣服做好防寒，但黄某未做真实说明和警示，以致造成冻伤事故，黄某认为属于不可抗力导致冻伤事故的说法不正确。

(4) 旅行社疏于提醒游客安全注意事项，应当承担法律责任。依照《旅游法》、《消费者权益保护法》、《旅行社管理条例》、《导游人员管理条例》的规定，导游员和旅行社都要承担相应的法律责任。

重要法条提示

《消费者权益保障法》第四十八条第二款规定："经营者对消费者未尽到安全保障义务，造成消费者损害的，应当承担侵权责任"。

《旅游法》第三十一条规定:"旅行社应当按照规定交纳旅游服务质量保证金,用于旅游者权益损害赔偿和垫付旅游者人身安全遇有危险时紧急救助的费用。"

《旅游法》第六十七条第三款、第四款规定:"因不可抗力或者旅行社、履行辅助人已尽合理注意义务仍不能避免的事件……危及旅游者人身、财产安全的,旅行社应当采取相应的安全措施,因此支出的费用,由旅行社与旅游者分担。造成旅游者滞留的,旅行社应当采取相应的安置措施。因此增加的食宿费用,由旅游者承担;增加的返程费用,由旅行社与旅游者分担。"

4. 不作虚假宣传的义务

生产经营者应当向消费者提供有关商品或者服务的真实信息,不得作虚假或引人误解的宣传;对消费者就其提供的商品或者服务的质量和使用方法等问题提出的询问,应当作出真实、明确的答复;明码标价。

5. 标明经营者真实名称和标记的义务

经营者应当标明其真实名称和标记;租赁柜台和场地的经营者应当标明其真实名称和标记。

知识链接

与消费者的真情知悉权相对应的经营者义务如下。
(1) 提供商品或服务必须明码标价。
(2) 提供商品或服务的真实信息,不得作虚假或者引人误解的宣传。
(3) 标明真实姓名或身份、经营地址、联系方式等必要信息。
(4) 提供购货凭证或者服务单据。

6. 出具凭据和单据的义务

经营者提供商品或者服务,应当按照国家有关规定或者商业惯例向消费者出具购货凭证或者服务单据;消费者索要购货凭证或者服务单据的,经营者必须出具。

7. 提供符合要求的商品和服务的义务

经营者应当保证在正常使用商品或者接受服务的情况下其提供的商品或者服务应当具有的质量、性能、用途和有效期限,除非消费者在购买该商品或者接受该服务前已经知道其存在瑕疵。经营者以广告、产品说明、实物样品或者其他方式表明商品或者服务质量状况的,应当保证其提供的商品或者服务的实际质量与表明的质量状况相符。

8. 承担"三包"和其他责任的义务

经营者提供商品或者服务,按照国家规定或者与消费者的约定,承担包修、包换、包退或者其他责任的,应当按照国家规定或者约定履行,不得故意拖延或者无理拒绝。

《消费者权益保障法》第二十四条经营者提供的商品或者服务不符合质量要求的,消费者可以依照国家规定、当事人约定退货,或者要求经营者履行更换、修理等义务。没有国

第13章 旅游消费者权益保护法律制度

家规定和当事人约定的,消费者可以自收到商品之日起七日内退货;七日后符合法定解除合同条件的,消费者可以及时退货,不符合法定解除合同条件的,可以要求经营者履行更换、修理等义务。

依照前款规定进行退货、更换、修理的,经营者应当承担运输等必要费用。

知识链接

与旅游消费者的安全保障权相对应的旅游经营者义务包括以下内容。

(1) 保证的义务。①保证产品的质量、性能、用途、有效期等符合保障人身、财产安全的要求;②保证产品或服务的宣传说明(广告、样品、说明书等)符合实际状况。

(2) 警示说明义务。对可能危及人身、财产安全的应当真实说明或有明确的警示标识,告知消费者正确使用的方法。《旅游法》第八十条规定:"旅游经营者应当就旅游活动中的下列事项,以明示的方式事先向旅游者作出说明或者警示:①正确使用相关设施、设备的方法;②必要的安全防范和应急措施;③未向旅游者开放的经营、服务场所和设施、设备;④不适宜参加相关活动的群体;⑤可能危及旅游者人身、财产安全的其他情形。"

(3) 对实行"三包"产品,包括家用电器,进行包修、包退、包换,不得故意拖延、无理拒绝,否则应承担民事责任。

9. 不当免责禁止的义务

《消费者权益保护法》第二十六条规定:"经营者在经营活动中使用格式条款的,应当以显著方式提请消费者注意商品或者服务的数量和质量、价款或者费用、履行期限和方式、安全注意事项和风险警示、售后服务、民事责任等与消费者有重大利害关系的内容,并按照消费者的要求予以说明。经营者不得以格式条款、通知、声明、店堂告示等方式,作出排除或者限制消费者权利、减轻或者免除经营者责任、加重消费者责任等对消费者不公平、不合理的规定,不得利用格式条款并借助技术手段强制交易。格式条款、通知、声明、店堂告示等含有前款所列内容的,其内容无效"。

10. 尊重消费者人格尊严的义务

《消费者权益保护法》第二十七条规定,生产经营者不得对消费者进行侮辱、诽谤,不得搜查消费者的身体及其携带的物品,不得侵犯消费者的人身自由。

13.3 旅游消费者权益的保护

保护消费者的合法权益是全社会的共同责任,一切组织和个人都可以对损害消费者合法权益的行为进行社会监督。社会力量的参与使消费者保护的力度大大增强,其中消费者组织对消费者权益的保护特别明显。消费者组织是致力于保护消费者权益的社会团体。在我国,消费者组织分为消费者协会和其他消费者组织两大类。其中消费者协会数量多,发挥的作用也最大。消费者协会包括中国消费者协会和地方各级消费者协会,它们都属于社会团体,不存在行政隶属关系,但在业务上存在指导关系。《消费者权益保护法》第三十七条对消费者协会的职能进行规定。《消费者权益保护法》第三十八条的规定,消费者组织不得从事商品经营和营利性服务,不得以收取费用或者其他牟取利益的方式向消费者推荐商品和服务。此外,大众传播媒介也是保护消费者合法权益的重要社会力量。舆论监督具有揭露作用、警示作用和教育作用。同时,广大消费者应当提高警惕,提高自我保护能力。自我国《消费者权益保护法》颁布实施以来,法院受理的消费者维权案日益增多,反映出消费者的法律意识日益增强。国家对消费者提供立法、行政和司法保护。经营者损害消费者权益的,应当承担民事责任、行政责任和刑事责任。根据《旅游法》的规定,旅游消费者与旅游经营者发生争议的,可以通过双方协商,可以向消费者协会、旅游投诉受理机构或者有关调解组织申请调解,可以根据与旅游经营者达成的仲裁协议提请仲裁机构仲裁,也可以向人民法院提起诉讼等方式解决。

13.3.1 消费者权益的保护途径

1. 国家对旅游消费者合法权益的保护

1) 立法保护

完善的法律、法规、政策体系是国家保护消费者合法权益的基础和依据。国家对消费者合法权益的立法保护表现在以下两个方面。

(1) 法律规定国家采取立法措施保护消费者合法权益。

(2) 国家制定有关消费者权益的法律、法规和政策时,应当根据不同情况、通过不同方式听取消费者的意见和要求。

《消费者权益保护法》第三十条规定:"国家制定有关消费者权益的法律、法规、规章和强制性标准,应当听取消费者和消费者协会等组织的意见。"

2) 行政保护

各级人民政府及与保护消费者权益密切相关的各个职能部门应当依照法律、法规的规定,在各自职责范围内,履行保护消费者合法权益的行政措施。

各级人民政府通过行使领导权、监督权来履行保护消费者合法权益的职责。政府职能部门中,承担消费者权益保护主要职责的是工商行政管理部门,此外,还有质量检验部门、卫生行政部门、技术监督部门、进出口商品检验部门、旅游行政管理部门,以及其他与消费者权益保护有关的行业主管部门。

按照国家有关规定,旅游行业主管部门负有对所属行业经营者监督管理之职责,据此,旅游行政主管部门保护旅游者消费者权益的职责在于:加强对旅游经营者的管理,预防发生损害旅游消费者权益的行为;对已出现的问题积极进行调查处理,并强化有关旅游消费者权益的服务职能;认真听取旅游者、消费者协会及其他保护消费者权益的社会团体对经营者的交易行为、商品和服务质量问题的意见,及时调查处理。

资料卡

《消费者权益保护法》第三十三条规定:"有关行政部门在各自的职责范围内,应当定期或者不定期对经营者提供的商品和服务进行抽查检验,并及时向社会公布抽查检验结果。有关行政部门发现并认定经营者提供的商品或者服务存在缺陷,有危及人身、财产安全危险的,应当立即责令经营者采取停止销售、警示、召回、无害化处理、销毁、停止生产或者服务等措施"。

《消费者权益保护法》第四十六条规定:"消费者向有关行政部门投诉的,该部门应当自收到投诉之日起七个工作日内,予以处理并告知消费者"。

3) 司法保护

在提供商品和服务过程中经营者出现侵害消费者合法权益的违法、犯罪行为,负有惩处职责的公安机关、检察机关、审判机关,应当依照法律、法规履行保护消费者权益的职责。当消费者与经营者发生纠纷需要通过诉讼手段来维护其合法权益时,人民法院应当根据《民事诉讼法》的规定,对符合起诉条件的,必须受理,方便诉讼,及时审理,公正判决。

2. 社会对旅游消费者合法权益的保护

保护消费者的合法权益是全社会的共同责任,一切组织和个人都可以对损害消费者合法权益的行为进行社会监督。社会力量的参与使消费者保护的力度大大增强,其中消费者组织对消费者权益的保护特别明显。

1) 消费者组织及其职能

在我国,消费者组织分为消费者协会和其他消费者组织两大类。其中消费者协会数量多,发挥的作用也最大。消费者协会包括中国消费者协会和地方各级消费者协会,它们都属于社会团体,与行政机关不存在行政隶属关系,但在业务上存在指导关系。

消费者协会是指依法成立的致力于保护消费者权益,以及对经营者的商品和服务进行社会监督的社会团体。根据《消费者权益保护法》第三十七条的规定,消费者协会履行下列公益性职责:

(1) 向消费者提供消费信息和咨询服务,提高消费者维护自身合法权益的能力,引导文明、健康、节约资源和保护环境的消费方式;

(2) 参与制定有关消费者权益的法律、法规、规章和强制性标准;

(3) 参与有关行政部门对商品和服务的监督、检查;

(4) 就有关消费者合法权益的问题,向有关部门反映、查询,提出建议;

(5) 受理消费者的投诉,并对投诉事项进行调查、调解;

(6) 投诉事项涉及商品和服务质量问题的,可以委托具备资格的鉴定人鉴定,鉴定人应当告知鉴定意见;

(7) 就损害消费者合法权益的行为,支持受损害的消费者提起诉讼或者依照本法提起诉讼;

(8) 对损害消费者合法权益的行为,通过大众传播媒介予以揭露、批评。

依法成立的其他消费者组织依照法律、法规及其章程的规定,开展保护消费者合法权益的活动。

资料卡

2013年10月修订的《消费者权益保护法》增加规定消费者协会的职能:一、对国家制定有关消费者权益的法律、法规、规章和强制性标准提供意见;二、对有关行政部门及时调查处理经营者交易行为、商品和服务质量问题提供意见;三、就损害消费者合法权益的行为,支持受损害的消费者提起诉讼或者依照本法提起诉讼;四、对侵害众多消费者合法权益的行为，中国消费者协会以及在省、自治区、直辖市设立的消费者协会，可以向人民法院提起诉讼。

2) 消费者组织的权利限制

维护消费者合法权益是消费者组织的宗旨，法律通过赋予其职能来实现消费者权利的保护。为保证消费者组织的公正性和独立性，发挥其应有的作用，很好地担当起法律赋予的重任，《消费者权益保护法》禁止消费者组织的如下行为：①消费者组织不得从事经营活动和营利性服务；②消费者组织不得以收取费用或者其他牟取利益的方式向消费者推荐商品和服务。

消费者协会应当认真履行保护消费者合法权益的职责，听取消费者的意见和建议，接受社会监督。

3) 对消费者权益保护的舆论监督

大众传播媒介是保护消费者合法权益的重要社会力量。舆论监督具有揭露作用、警示作用和教育作用。大众传播媒介对经营者侵犯消费者合法权益的行为进行揭露，是对违法经营者的打击，对其他经营者也会起到教育和警示作用。同时，使广大消费者提高警惕，提高自我保护能力。

13.3.2 经营者的法律责任

1. 民事责任

1) 民事责任的承担主体

责任承担的主体的确定，涉及消费者请求权的落实及消费者权益争议的最终解决。从民事诉讼的角度讲，责任承担主体一般是适格的被告。

《消费者权益保护法》第四十条至第四十五条列举了消费者购买、使用商品后，合法权益受到侵害时的各种情况和具体关系。直接向消费者提供商品和服务的经营者，或虽未直接提供但却为其他经营者提供必要营销条件的关系人，可能构成责任承担的主体，即生产者、销售者、服务者、企业分立或合并后承受原企业权利义务的单位、营业执照的出借人或出租人、展销会的举办者或柜台出租者、广告经营者、发布者、网络交易平台提供者等。

(1) 消费者可向任一方提出赔偿请求的情形。

① 消费者或其他受害人，因商品缺陷造成人身、财产损害的，可以向销售者要求赔偿，也可以向生产者要求赔偿。销售者和生产者都有义务履行对消费者和受害人的赔偿，向谁索赔由消费者和受害人决定。

② 使用他人营业执照的违法经营者，在提供商品或服务时，损害了消费者合法权益的，消费者可向其要求赔偿，也可向营业执照的持有人要求赔偿(《消费者权益保护法》第四十二条)。

案例13.4

出借营业执照给他人游客受伤索赔案

案情简介：

甲旅行社在旅游黄金周期间，为了扩大业务，把营业执照借给张某，准许其以甲旅行社

的名义经营业务,并由张某支付给甲旅行社一定的费用。双方在合同中约定,如果出现问题,损失由张某自己承担。游客李某在参加张某以甲旅行社名义组织的一次旅游中严重摔伤,被送到医院进行手术治疗。张某见势不妙便解散了办公机构,不知去向。事后,李某找到甲旅行社要求赔偿,但是甲旅行社以自己和张某所签订的合同书为凭据,拒绝承担责任。

(案例来源:http://221.5.196.77/history.geo.tourism.dep/lyfg/jdal01.htm)

案例评析:

《消费者权益保护法》第四十二条规定:"使用他人营业执照的违法经营者,提供商品或者服务,损害消费者合法权益的,消费者可以向其要求赔偿,也可以向营业执照的持有人要求赔偿。"张某不具备旅行社经营资格,违法经营,主观存在过错,造成游客伤害理应赔偿;甲旅行社违规把自己的营业执照租借给他人非法牟利,也应承担赔偿责任。同时,甲旅行社与张某所订的免责合同,因违反国家法律规定而无效。所以消费者可以向甲旅行社或张某他们二者中的任何一个索求赔偿。因此,不管是否能找到张某,甲旅行社均有责任向李某进行赔偿。

③《旅游法》第七十一条第二款规定:"由于地接社、履行辅助人的原因造成旅游者人身损害、财产损失的,旅游者可以要求地接社、履行辅助人承担赔偿责任,也可以要求组团社承担赔偿责任;组团社承担责任后可以向地接社、履行辅助人追偿。但是,由于公共交通经营者的原因造成旅游者人身损害、财产损失的,由公共交通经营者依法承担赔偿责任,旅行社应当协助旅游者向公共交通经营者索赔。"

④《旅游法》第五十四条规定:"景区、住宿经营者将其部分经营项目或者场地交由他人从事住宿、餐饮、购物、游览、娱乐、旅游交通等经营的,应当对实际经营者的经营行为给旅游者造成的损害承担连带责任。"

(2) 消费者须先向特定一方提出赔偿请求的,赔偿方向他方追偿的情形。

① 消费者在购买、使用商品时,非因商品缺陷而受到人身、财产损害,可向销售者要求赔偿。销售者赔偿后,属于生产者责任或者属于向销售者提供商品的其他销售者责任的,销售者有权向生产者或其他销售者追偿。销售者赔偿之后的责任承担或分担问题,由销售者与生产者、其他销售者处理,与消费者无关。

② 消费者因购买、使用商品或者接受服务,其合法权益受到损害时,原企业分立、合并的,可以向变更后承受其权利义务的企业要求赔偿。

③ 消费者在展销会、租赁柜台购买商品或者接受服务,其合法权益受到损害的,可以向销售者或服务者要求赔偿。展销会结束后或者柜台租赁期满后,也可以向展销会的举办者、柜台的出租者要求赔偿。展销会的举办者、柜台出租者赔偿后,有权向销售者或者服务者追偿。

④ 消费者通过网络交易平台购买商品或者接受服务,其合法权益受到损害的,可以向销售者或者服务者要求赔偿。网络交易平台提供者不能提供销售者或者服务者的真实名称、地址和有效联系方式的,消费者也可以向网络交易平台提供者要求赔偿;网络交易平台提供者作出更有利于消费者的承诺的,应当履行承诺。网络交易平台提供者赔偿后,有权向销售者或者服务者追偿。网络交易平台提供者明知或者应知销售者或者服务者利用其平台侵害消费者合法权益,未采取必要措施的,依法与该销售者或者服务者承担连带责任。

⑤《旅游法》第七十一条第一款规定:"由于地接社、履行辅助人的原因导致违约的,

由组团社承担责任；组团社承担责任后可以向地接社、履行辅助人追偿。"

⑥ 消费者因经营者利用虚假广告或者其他虚假宣传方式提供商品或者服务，其合法权益受到损害的，可以向经营者要求赔偿。广告经营者、发布者发布虚假广告的，消费者可以请求行政主管部门予以惩处。广告经营者、发布者不能提供经营者的真实名称、地址和有效联系方式的，应当承担赔偿责任。广告经营者、发布者设计、制作、发布关系消费者生命健康商品或者服务的虚假广告，造成消费者损害的，应当与提供该商品或者服务的经营者承担连带责任。社会团体或者其他组织、个人在关系消费者生命健康商品或者服务的虚假广告或者其他虚假宣传中向消费者推荐商品或者服务，造成消费者损害的，应当与提供该商品或者服务的经营者承担连带责任。

2) 民事责任的承担方式和范围

民事责任的承担方式视具体情况有修理、重作、更换、退货、补足商品数量、退还货款或服务费用、赔偿损失、停止侵害、恢复名誉、消除影响、赔礼道歉等。最主要的民事责任承担方式是赔偿损失。赔偿损失的范围因侵权的性质和结果而有所不同：侵害消费者财产权益的，赔偿范围仅仅是物质赔偿；侵害消费者人身权益的，赔偿范围包含精神赔偿；通常情况下赔偿责任具有补偿性。依据侵权的程度和后果，可以适用惩罚性赔偿责任。

案例13.5

浙江A旅行社擅自增加购物点案

案情简介：

2011年6月30日，杭州某媒体刊登了一则《不购物就是坏游客，出门就要被车撞，浙江A旅行社地接导游恶语伤人》新闻，曝光浙江A旅行社组织的"港澳海洋公园双飞五日游"旅游团，该旅游团由浙江A旅行社收客，浙江B旅行社具体操作，两社系拼团关系。浙江B旅行社在未取得游客同意的情况下，于6月17日在香港段的行程中擅自增加、变更了购物点(原约定的购物点为名钻或DIL、瑞钻或法而约、都会太平洋、DFS商场共4处，后实际是去了凯旋珠宝、盈翠珠宝、谢瑞麟珠宝、巧克力店、都会太平洋免税集团5处购物点)。

(案例来源：http://www.cnta.gov.cn/html/2012-4/2012-4-11-11-22-70156.html)

案例评析：

(1) 根据《旅游法》第六十三条第一款、第二款规定：旅行社招揽旅游者组团旅游，因未达到约定人数不能出团的，组团社经征得旅游者书面同意，可以委托其他旅行社履行合同。组团社对旅游者承担责任，受委托的旅行社对组团社承担责任。旅游者不同意的，可以解除合同。本案中，浙江A旅行社收客，未征得旅游者同意擅自与浙江B旅行社拼团，两个旅行社均应对旅游者承担责任。

(2)《旅游法》第三十五条规定："旅行社不得以不合理的低价组织旅游活动，诱骗旅游者，并通过安排购物或者另行付费旅游项目获取回扣等不正当利益；旅行社组织、接待旅游者，不得指定具体购物场所，不得安排另行付费旅游项目。但是，经双方协商一致或者旅游者要求，且不影响其他旅游者行程安排的除外。发生违反前两款规定情形的，旅游者有权在旅游行程结束后三十日内，要求旅行社为其办理退货并先行垫付退货货款，或者退还另行付费旅游项目的费用。"《旅游法》第六十九条第一款规定："旅行社应当按照包价旅游合同的约定履行义务，不得擅自变更旅游行程安排。"《旅游法》第四十一条第二款规定："导游和领队应当严格执行旅游行程安排，不得擅自变更旅游行程或者中止服务活动，不得向旅游者索取小费，不得诱导、欺骗、强迫或者变相强迫旅游者购物或者参加另行付费旅游项目。"但是，浙江 A 旅行社在香港段行程中擅自增加、变更购物点，损害了旅游者的合法权益，应当赔偿游客少玩景点的费用，对新增购物点购物可以请求退还货款，旅游者有权在旅游行程结束后 30 日内，要求旅行社为其办理退货并先行垫付退货货款。

(3) 杭州市旅游委员会依据《旅行社条例》第五十九条的规定，决定对浙江 B 旅行社作出责令改正，并罚款 10 万元人民币的行政处罚。

(1) 经营者提供商品或者服务，造成消费者或者其他受害人人身伤害的，应当赔偿医疗费、护理费、交通费等为治疗和康复支出的合理费用，以及因误工减少的收入。造成残疾的，还应当赔偿残疾生活辅助具费和残疾赔偿金。造成死亡的，还应当赔偿丧葬费和死亡赔偿金(《消费者权益保护法》第四十九条规定)。

(2) 经营者侵害消费者的人格尊严或者侵犯消费者人身自由的，应当停止侵害、恢复名誉、消除影响、赔礼道歉，并赔偿损失。

重要法条提示

《消费者权益保护法》第五十条规定："经营者侵害消费者的人格尊严、侵犯消费者人身自由或者侵害消费者个人信息依法得到保护的权利的，应当停止侵害、恢复名誉、消除影响、赔礼道歉，并赔偿损失"。

《消费者权益保护法》第五十一条规定："经营者有侮辱诽谤、搜查身体、侵犯人身自由等侵害消费者或者其他受害人人身权益的行为，造成严重精神损害的，受害人可以要求精神损害赔偿"。

(3) 经营者提供商品或者服务，造成消费者财产损害的，应当依照法律规定或者当事人约定承担修理、重作、更换、退货、补足商品数量、退还货款和服务费用或者赔偿损失等民事责任。

① 经营者提供的商品或者服务不符合质量要求的，消费者可以依照国家规定、当事人约定退货，或者要求经营者履行更换、修理等义务。没有国家规定和当事人约定的，消费者可以自收到商品之日起七日内退货；七日后符合法定解除合同条件的，消费者可以及时退货，不符合法定解除合同条件的，可以要求经营者履行更换、修理等义务。依照前款规定进行退货、更换、修理的，经营者应当承担运输等必要费用。

② 依法经有关行政部门认定为不合格的商品，消费者要求退货的，经营者应当负责退货。

③ 经营者以预收款方式提供商品或者服务的，应当按照约定提供。未按照约定提供的，应当按照消费者的要求履行约定或者退回预付款，并应当承担预付款的利息、消费者必须支付的合理费用。

④ 经营者以邮购方式提供商品的，应当按照约定提供，未按照约定提供的，应当按照消费者的要求履行约定或者退回货款，并应当承担消费者必须支付的合理费用。

(4) 经营者提供商品或者服务有欺诈行为的，应当按照消费者的要求增加赔偿其受到的损失，增加赔偿的金额为消费者购买商品的价款或者接受服务费用的一倍。

重要法条提示

《旅游法》第七十条规定:"旅行社不履行包价旅游合同义务或者履行合同义务不符合约定的,应当依法承担继续履行、采取补救措施或者赔偿损失等违约责任;造成旅游者人身损害、财产损失的,应当依法承担赔偿责任。旅行社具备履行条件,经旅游者要求仍拒绝履行合同,造成旅游者人身损害、滞留等严重后果的,旅游者还可以要求旅行社支付旅游费用一倍以上三倍以下的赔偿金。"

资料卡

《消费者权益保护法修正案》加大对欺诈行为的制裁力度:①经营者提供商品或者服务有欺诈行为的,应当按照消费者的要求增加赔偿其受到的损失,增加赔偿的金额为消费者购买商品的价款或者接受服务的费用的三倍;增加赔偿的金额不足五百元的,为五百元;法律另有规定的,依照其规定。②经营者明知商品或者服务存在缺陷,仍然向消费者提供,造成消费者或者其他受害人死亡或者健康严重损害的,受害人有权要求经营者依照本法第四十九条、第五十一条等法律规定赔偿损失,并有权要求所受损失二倍以下的惩罚性赔偿。

资料卡

针对消费者维权"举证难"问题,《消费者权益保护法修正案》规定举证责任倒置:经营者提供的机动车、计算机、电视机、电冰箱、空调器、洗衣机等耐用商品或者装饰装修等服务,消费者自接受商品或者服务之日起六个月内发现瑕疵,发生争议的,由经营者承担有关瑕疵的举证责任。

2. 行政责任

《消费者权益保护法》第五十六条规定,经营者有下列情形之一,除承担相应的民事责任外,其他有关法律、法规对处罚机关和处罚方式有规定的,依照法律、法规的规定执行;法律、法规未作规定的,由工商行政管理部门或者其他有关行政部门责令改正,可以根据情节单处或者并处警告、没收违法所得、处以违法所得一倍以上十倍以下的罚款,没有违法所得的,处以五十万元以下的罚款;情节严重的,责令停业整顿、吊销营业执照:

(1) 提供的商品或者服务不符合保障人身、财产安全要求的;

(2) 在商品中掺杂、掺假,以假充真,以次充好,或者以不合格商品冒充合格商品的;

(3) 生产国家明令淘汰的商品或者销售失效、变质的商品的;

(4) 伪造商品的产地,伪造或者冒用他人的厂名、厂址,篡改生产日期,伪造或者冒用认证标志等质量标志的;

(5) 销售的商品应当检验、检疫而未检验、检疫或者伪造检验、检疫结果的;

(6) 对商品或者服务作虚假或者引人误解的宣传的;

(7) 拒绝或者拖延有关行政部门责令对缺陷商品或者服务采取停止销售、警示、召回、无害化处理、销毁、停止生产或者服务等措施的；

(8) 对消费者提出的修理、重作、更换、退货、补足商品数量、退还货款和服务费用或者赔偿损失的要求，故意拖延或者无理拒绝的；

(9) 侵害消费者人格尊严、侵犯消费者人身自由或者侵害消费者个人信息依法得到保护的权利的；

(10) 法律、法规规定的对损害消费者权益应当予以处罚的其他情形。

经营者有前款规定情形的，除依照法律、法规规定予以处罚外，处罚机关应当记入信用档案，向社会公布。

案例 13.6

央视《消费主张》栏目曝光张家界旅游市场案

案情简介：

2011年5月26日，中央电视台二套《消费主张》栏目派出暗访组，由记者亲自在张家界报名参团，了解当地旅游市场情况。暗访后，央视《消费主张》栏目曝光了湖南张家界景区周边一些旅游购物场所，利用"假气功"等方式诱导、欺骗游客购物，以便向游客推销假保健品等药品。其中，一些旅行社起到了组织游客参加免费泡脚按摩、安排游客到购物场所购物的作用。其中，张家界A旅行社和张家B旅行社与游客签订的旅游合同都没有注明旅游购物次数、停留时间及购物场所名称等内容，并且未经游客同意，两社分别将旅游业务委托给张家界C旅行社和张家界D旅行社操作，且支付的费用低于接待和服务成本。

(案例来源：http://travel.gmw.cn/2012-04/12/content_3954523.htm)

案例评析：

(1) 根据《旅游法》第三十五、第六十三条第二款规定，本案中张家界A旅行社和张家界B旅行社未经游客同意，两社分别将旅游业务委托给张家界C旅行社和张家界D旅行社操作，对旅游者权益的侵害应当与受托旅行社共同承担责任。

(2) 根据《旅游法》第六十九条规定，本案中，张家界A旅行社和张家界B旅行社委托其他旅行社履行义务所支付的费用低于接待和服务成本，违反法律规定；与游客签订的旅游合同没有注明旅游购物次数、停留时间及购物场所名称等内容，而违反合同约定组织、安排游客购物，应当承担责任。

(3) 根据《消费者权益保护法》规定，经营者提供商品或者服务有欺诈行为的，应当按照消费者的要求增加赔偿其受到的损失，增加赔偿的金额为消费者购买商品的价款或者接受服务的费用的一倍。本案中，张家界景区周边一些旅游购物场所，利用"假气功"等方式诱导、欺骗游客购物，向游客推销假保健品等药品，构成欺诈，应当承担"损一赔一"的民事责任。而按2013年10月修订并于2014年3月生效的《消费者权益保护法》，该违法经营者应当承担"损一赔二"的民事责任。

(4) 有关部门查封了涉事的苗养足浴院、宝之堂现场，并对其他 6 家同类旅游购物店做出停业整顿的处理。张家界市旅游局决定对张家界 A 旅行社、B 旅行社、C 旅行社和 D 旅行社给予责令改正并处罚款的行政处罚。

资料卡

《消费者权益保护法修正案》加大对损害消费者权益行为的行政处罚力度：一、单处或者并处违法所得一倍以上十倍以下的罚款；没有违法所得的，处以五十万元以下的罚款；情节严重的，责令停业整顿、吊销营业执照；二、修改和增加的情形包括：

1. 提供的商品或者服务不符合保障人身、财产安全要求的；
2. 对商品或者服务作虚假或者引人误解的宣传的；
3. 拒绝或者拖延对缺陷商品采取停止生产、停止销售、警示、召回等消除危险措施的。
4. 侵害消费者人格尊严、侵犯消费者人身自由或者侵害消费者姓名权、肖像权、隐私权等个人信息得到保护的权利的。

3．刑事责任

(1) 经营者违反本法规定提供商品或者服务，侵害消费者合法权益，构成犯罪的，依法追究刑事责任(《消费者权益保护法》第五十七条)。

(2) 以暴力、威胁等方法，拒绝、阻碍国家机关工作人员依法执行职务时的刑事责任(《消费者权益保护法》第六十条)。

(3) 国家机关工作人员严重玩忽职守、包庇经营者时的刑事责任(《消费者权益保护法》第六十一条)。

经营者侵害消费者合法权益构成犯罪，应当追究刑事责任的，不得以行政处罚代替刑事处罚。

案例 13.7

吉林 103 人旅游团购买机票遭遇假票被拒登机案

案情简介：

2010 年 12 月 18 日，吉林省 103 人在长春机场登机时，被机场方面告知所持机票为假票，不能登机。经查，103 人是吉林长春、敦化市的市民，拟赴深圳参加由当地旅行社组织的港澳游"自由行"。103 人全部委托延边某旅行社敦化分公司代订往返机票 103 张，票款合计 156 310 元。103 张假机票给旅游者造成直接经济损失 59 000 元。经查，该分公司负责人张某为偿还个人欠款，违法出具假机票，导致 103 人出行受阻，影响恶劣。

(案例来源：http://www.china.com.cn/aboutchina/txt/2011-04/12/content_22337407.htm)

案例评析：

(1) 《旅游法》第七十四条第一款规定："旅行社接受旅游者的委托，为其代订交通、住宿、餐饮、游览、娱乐等旅游服务，收取代办费用的，应当亲自处理委托事务。因旅行社的过错给旅游者造成损失的，旅行社应当承担赔偿责任。"

(2) 延边某旅行社应当对旅游者承担赔偿责任，退还票款 156 310 元，同时赔偿旅游者直接经济损失 59 000 元。

(3) 延边某旅行社敦化分公司负责人张某出具假机票属于违法行为，涉嫌犯罪，被公安部门刑事拘留。

(4) 针对该旅行社的内部管理混乱，造成游客权益损害，延边朝鲜族自治州旅游局撤销该旅行社敦化分公司的旅行社分社备案登记并收缴《备案登记证》，建议工商部门吊销该分社的《营业执照》；吉林省旅游局决定暂停受理该旅行社在省内设立分社的备案，责令该旅行社暂停省内其余分社经营业务进行整改。

13.3.3　旅游消费者权益争议的解决途径

根据《旅游法》第九十二条的规定，旅游消费者与旅游经营者发生争议的，可以通过以下途径解决：

(1) 双方协商。
(2) 向消费者协会、旅游投诉受理机构或者有关调解组织申请调解。
(3) 根据与旅游经营者达成的仲裁协议提请仲裁机构仲裁。
(4) 向人民法院提起诉讼。

根据《旅游法》第九十三条的规定，消费者协会、旅游投诉受理机构和有关调解组织在双方自愿的基础上，依法对旅游者与旅游经营者之间的纠纷进行调解。

小测试

与消费者的真情知悉权相关的经营者义务是(　　)。
A. 提供商品或服务必须明码标价
B. 提供商品或服务的真实信息，不得作虚假或者引人误解的宣传
C. 标明真实姓名或身份、经营地址、联系方式等必要信息
D. 提供购货凭证或者服务单据

模拟法庭

张某等 20 人诉高峰国际旅行社擅自增加自费项目案

案情简介：

2012 年 11 月 16 日张某等 20 人参加了高峰国际旅行社组织的新、马、泰、港澳游，合同签订后即依照约定足额交纳了团款和每人 1 500 元自费项目费用。但是，到达泰国后，泰国地接社导游又强行收取每人 1 000 元自费项目款，并解释前面每人所交 1 500 元是补交团款。"高峰国际旅行社领队没有及时制止，违反合同约定，擅自加收自费项目费用 1 000

元。2012年12月10日向人民法院起诉，要求高峰国际旅行社退还多收的每人1 000元自费项目款，并承担本案的诉讼费用。旅行社辩称：临行前收取的每人1 500元是境外白天参加自费项目的费用；到达泰国后，张某等20人自愿参加了泰国地接社组织的夜间自费项目，1 000元费用是由泰国地接社收取，而且游客已经参加了这1 000元自费项目费用所包括的活动，已产生了费用，故无法退还每人1 000元。

本案中诉讼角色：

原告：张某等20人

被告：高峰国际旅行社

庭审图示：

法官

原告诉称1：旅游合同合法有效……

原告诉称2：被告擅自增加自费项目属于违约行为……

原告诉称3：退还加收的自费项目费用每人1 000元……

被告辩称1：增加自费项目不包含在临行前收取的每人1 500元的自费项目费用之中……

被告辩称2：泰国地接社组织的夜间自费项目是游客自愿参加……

被告辩称3：原告已经参加增加1 000元自费项目费用所包括的活动……

原告诉称1：旅游合同合法有效，原告已经足额交纳了团款和每人1500元自费项目费用，被告应当依照合同履行义务。

原告诉称2：被告擅自增加自费项目属于违约行为，应当承担违约责任。

原告诉称3：泰国地接社导游为了顺利推销自费项目，强调"前面每人所交1500元是用于补团款……"而高峰国际旅行社领队并未及时制止，反而伙同泰国地接社导游巧立名目，增收自费项目费用。

原告诉称4：退还加收的自费项目费用每人1000元。

被告辩称1：增加自费项目不包含在每人1500元的自费项目费用之中。临行前收取的每人1500元是境外白天参加自费项目的费用；泰国地接社组织并另行收取费用针对的是夜间自费项目。

被告辩称2：泰国地接社组织的夜间自费项目是游客自愿参加。

被告辩称3：原告交纳的1000元费用是由泰国地接社收取，不是由高峰国际旅行社收取。

被告辩称4：原告已经参加增加1000元自费项目费用所包括的全部活动。

被告辩称5：原告已经参加夜间自费项目，1000元自费项目费用已经发生，故无法退还每人1000元。

法院审理查明：

法院经审理查明：2012年11月原告张某等20人参加了被告高峰国际旅行社组织的新、马、泰、港澳游，合同签订后即依照约定足额交纳了团款和每人1500元自费项目费用。但是，到达泰国后，泰国地接社导游强迫原告张某等20人参加额外的自费项目，又收取每人1000元自费项目款，并解释之前原告张某等20人每人所交1500元是补交团款。高峰国际旅行社的领队对之前收取1500元费用的性质属于团款还是属于自费项目费用未进行告知和解释，未制止泰国地接社导游强迫参加自费项目和加收自费项目费用的违规行为，未尽到维护旅游者权益的职责。旅行社所称临行前收取的每人1500元是境外白天参加自费项目的费用，到达泰国后加收1000元费用针对泰国地接社组织的夜间自费项目，实际上是伙同泰国地接社导游巧立名目，违反合同约定，擅自增加自费项目，加收自费项目费用1000元。法院还查明，游客已经参加1000元自费项目。

法院裁判理由：

法院认为：

(1) 原、被告之间的旅游服务合同成立、有效。

原、被告签订了出境旅行合同，原告依照约定足额交纳团款和每人1500元自费项目费用，被告高峰旅行社的经营活动应当符合国家法律、法规的规定，应当按照合同约定的内容和标准为旅游者提供相应服务。

(2) 旅游者消费者享有自主选择权和公平交易权。

《消费者权益保护法》第九条规定：消费者享有自主选择商品或者服务的权利，该权利包括旅游消费者可以自主选择商品的品种和服务的方式，可以自主决定是否购买任何一种商品、接受或不接受任何一种服务。《消费者权益保护法》第十条规定：消费者享有公平交易的权利,有权拒绝经营者的强制交易行为。

(3) 导游强迫旅游者参加合同约定外的项目,属于违约行为。

《旅游法》第四十一条第二款规定:"导游和领队应当严格执行旅游行程安排,不得擅自变更旅游行程或者中止服务活动,不得向旅游者索取小费,不得诱导、欺骗、强迫或者变相强迫旅游者购物或者参加另行付费旅游项目。"《旅游法》第三十五条第二款、第三款规定:"旅行社组织、接待旅游者,不得指定具体购物场所,不得安排另行付费旅游项目。但是,经双方协商一致或者旅游者要求,且不影响其他旅游者行程安排的除外。发生违反前两款规定情形的,旅游者有权在旅游行程结束后三十日内,要求旅行社为其办理退货并先行垫付退货货款,或者退还另行付费旅游项目的费用。"依据《旅行社质量保证金赔偿试行标准》第八条第二款:导游违反约定,擅自增加用餐、娱乐、医疗保健等项目,旅行社承担旅游者的全部费用。因此,被告高峰旅行社委托的泰国地接社导游强迫旅游者参加额外的自费项目,泰国地接社应当承担旅游者的全部费用。

(4) 境外地接社及其导游员的行为应当由组团社来承担。

《旅游法》第六十九条规定:"旅行社应当按照包价旅游合同的约定履行义务,不得擅自变更旅游行程安排;经旅游者同意,旅行社将包价旅游合同中的接待业务委托给其他具有相应资质的地接社履行的,应当与地接社订立书面委托合同……地接社应当按照包价旅游合同和委托合同提供服务。"领队的主要职责是协助旅游者办理出入境手续;督促境外接待社按约定的团队活动计划安排旅游活动;制止境外接待社的违规行为;向旅游者履行告知义务;当团队在境外遭遇特殊困难和安全问题,履行报告义务,以保护旅游者合法权益。损害旅游者合法权益的违法行为发生在境外,且多为境外地接社及其导游员所为。但是,责任要由组团社来承担。泰国地接社欺骗、强迫或者变相强迫旅游者参加另行付费旅游项目,并另外收取费用 1 000 元,在旅游者的自主选择和公平交易的合法权益遭受侵害时,高峰旅行社领队未能及时有效地制止和维护,未尽到职责,高峰旅行社应当承担责任。

法院判决如下:

高峰国际旅行社与投诉者协商解决经济赔偿问题,并对领队严肃处理。经调查并召集旅行社与旅游者进行调解,旅行社与投诉者达成了《和解协议》。

(1) 旅行社一次性补偿每位投诉者 400 元,20 人共计 8 000 元。
(2) 诉讼费用由被告方分担。

(案例来源:http://www.jxta.gov.cn/News.shtml?p5=607)

本章小结

通过本章的学习,熟悉我国《消费者权益保护法》和《旅游法》的相关规定。具体掌握《消费者权益保护法》相关法律知识,如消费者权益保护法的适用范围、消费者的权利和经营者的义务、经营者的法律责任及承担方式和范围、消费者权益保护的途径、消费者争议解决的方式等内容,尝试用《消费者权益保护法》的相关规定,并结合《旅游法》、《旅行社条例》、《导游人员条例》,辨析旅游活动中旅游消费者权益侵害行为及其责任承担问题,厘清纠纷类型及其损害赔偿范围，掌握损害赔偿的计算方法，掌握惩罚性赔偿的适用范围，最终合理合法解决旅游侵权纠纷，最大限度维护消费者合法权益。

关键术语

消费者权益　安全保障权　商业欺诈　惩罚性赔偿

习题

1. 名词解释

(1) 旅游消费者　(2) 消费者权益　(3) 公平交易权　(4) 自主选择权　(5) 真情知悉权

2. 简答题

(1) 消费者的权利包括哪些？
(2) 经营者的义务包括哪些？

3. 思考题

经营者提供商品或者服务有欺诈行为，应当如何处理？

4. 实训题

1) 重庆市民骆勇于 2005 年 2 月花费 188 元，在国美电器购得一只朗科 U160-128MB 超稳普及型闪存(优盘)。使用后，他发现优盘实际容量只有 124MB。骆勇认为国美电器故意隐瞒该优盘标示容量与实际容量的差异，存在欺诈行为，将其告上了法庭。国美电器称优盘标注容量小于实际容量是行业惯例，并且具有技术上的客观原因。

(案例来源：http://news.xinhuanet.com/it/2005-09/01/content_3430895.htm)

问题：
(1) 国美电器的行为是否合法？
(2) 国美电器的行为侵害消费者的什么权利？
(3) 国美电器应当承担什么法律责任？

2) 2004 年 8 月 7 日，关真峰从翠微商场购得浙江苏泊尔炊具股份有限公司制造的特富龙不粘炒锅。他在得知该不粘锅可能致癌后认为翠微商场存在隐瞒实情的欺诈行为，要求赔偿 392 元。

(案例来源：http://finance.sina.com.cn/money/x/20041111/18541149058.shtml)

问题：
(1) 消费者未受到人身、财产的事实损害而索赔，是否可以得到支持？
(2) 本案消费者能否把经营者和生产者作为共同被告？国美电器的行为侵害消费者的什么权利？
(3) 消费过程中受到商业欺诈，应当如何处理？

第 14 章　旅游纠纷解决法律法规制度

知识要点	掌握程度	相关知识
1. 旅游纠纷	了解熟悉	泛义旅游纠纷；广义旅游纠纷；狭义旅游纠纷
2. 旅游纠纷解决途径	掌握	自行协商和解；调解；仲裁；旅游投诉；民事诉讼
3. 旅游纠纷解决依据	了解掌握	《旅游法》、《民法通则》、《合同法》、《侵权责任法》、《旅游投诉处理办法》、《民事诉讼法》、《最高人民法院关于审理旅游纠纷案件适用法律若干问题的规定》等
4. 旅游投诉	重点掌握	旅游投诉处理机构；旅游投诉的条件；旅游投诉管辖；旅游投诉解决的程序流程
5. 旅游诉讼	重点掌握	诉讼解决的旅游纠纷性质；旅游纠纷诉讼解决的程序

技能要点	能力要求	应用方向
1. 解决旅游纠纷的各种方式	掌握	寻找合适的旅游纠纷解决途径
2. 旅游纠纷的投诉调解	重点掌握	旅游纠纷的行政处理
3. 旅游纠纷的诉讼解决	重点掌握	索赔

导入案例

案情简介：

丁某花费 7 000 多元参加某旅游公司提供的"海南五日游"旅游项目，在旅游过程中，丁某乘坐的由旅游公司提供的客车突然刹车，导致其身体除肋骨骨折外还有多处受伤。丁某出院后根据与旅游公司签订的旅游合同中的仲裁条款，向淮南市仲裁委提交了医疗费、伤残赔偿金、交通费等赔偿的仲裁申请，淮南市仲裁委工作人员查看有关材料后，受理了丁某的仲裁申请。经过激烈的仲裁辩论后，淮南市仲裁委于 2011 年 4 月×日向双方当事人下达了仲裁裁决书，要求旅游公司赔偿申请人丁某伤残赔偿金、误工费、护理费等共计 73 569 元，退回丁某所交的旅游费用 7 720 元。淮南市仲裁委做出的该裁决为终局裁决，如果一方不履行，则另一方可向人民法院申请强制执行。

(案例来源：http://travel.cntv.cn/20120309/116107.shtml)

问题：

(1) 丁某申请淮南市仲裁委裁决纠纷是否有合法依据？为什么？

(2) 如对仲裁裁决不服，那么还可再申请仲裁吗？还可向法院重新起诉吗？

(3) 对于仲裁委的裁决，如一方不履行该怎么办？

案例评析：

(1) 丁某申请仲裁有合法的依据。理由：适用仲裁的前提条件，必须是纠纷双方当事人达成仲裁合意，这种合意表现为合同中订立的仲裁条款等。仲裁协议的达成，既可在纠纷发生前，也可在纠纷发生后。在本案中，丁某与旅游公司签订的旅游合同中有仲裁条款，即双方已有仲裁合意。所以,当发生纠纷后,丁某可申请仲裁解决纠纷。

(2) 不可以。因为根据我国《仲裁法》规定,仲裁实行一裁终局制度。在仲裁裁决做出以后,当事人不可以就同一纠纷再申请仲裁或者向人民法院起诉。

(3) 另一方可申请人民法院强制执行。根据我国《仲裁法》的规定,一方当事人不履行仲裁裁决的,另一方当事人可以依照民事诉讼法的有关规定向人民法院申请执行。受申请的人民法院应当执行。

14.1 旅游纠纷及其解决概述

旅游纠纷,简言之,即在旅游活动中旅游法律关系主体之间发生的各种争议、矛盾和冲突。本章所界定的旅游纠纷仅指旅游者和旅游经营者之间发生的与旅游活动有关的民事纠纷,主要包括合同纠纷或侵权纠纷。对于旅游纠纷的解决依据,《旅游法》的规定主要有自行和解、旅游投诉、调解、仲裁、诉讼等方式。旅游投诉和民事诉讼方式是旅游者遭遇纠纷时常选择的纠纷解决途径。《旅游法》、《旅游投诉处理办法》等将作为旅游纠纷投诉解决的依据;《旅游法》、《民事诉讼法》、《民法通则》、《合同法》、《侵权责任法》、《最高人民法院关于审理旅游纠纷案件适用法律若干问题的规定》等将作为旅游纠纷诉讼解决的依据。

14.1.1 旅游纠纷概念、特征及性质

1. 泛义的旅游纠纷概念

在人类社会生活和活动中,总是要产生各种各样的人际交往和社会关系,这就难免发生一些矛盾、摩擦和冲突,即纠纷。纠纷不仅是一种行为,也是一种普遍存在的社会现象。

同样道理,人们在参加旅游活动中,相互之间难免会因旅游活动而发生一些矛盾争议和冲突,即泛义的旅游纠纷。旅游纠纷泛指在旅游过程中,旅游关系的当事人所发生的矛盾和冲突(韩玉灵,2003年)。

在社会学的意义上,纠纷是一个涵盖了法律纠纷在内的最广泛意义上的概念。它可分为法律纠纷和非法律纠纷。法律纠纷适用法律规范来调整解决,而非法律纠纷适用其他社会规范、道德规范或习惯习俗来调整解决。

2. 广义旅游纠纷和狭义旅游纠纷概念、特征及性质

广义的旅游纠纷和狭义的旅游纠纷是从泛义的旅游纠纷概念中析出的,仅指法律性质的纠纷。

广义的旅游纠纷包括在旅游者与旅游经营主体之间发生的纠纷,旅游经营主体相互之间发生的纠纷,旅游者、旅游经营主体与旅游行政管理者之间发生的纠纷等。这些纠纷的性质是前两者属于民事纠纷,后者属于行政管理纠纷。

狭义的旅游纠纷是指旅游者与旅游经营主体之间因旅游发生的民事纠纷(主要是合同纠纷或侵权纠纷)。这是我国现行法规定的旅游纠纷概念,也可称之为法定旅游纠纷概念。

旅游民事纠纷和旅游行政管理纠纷的特点和性质均不相同。

旅游民事纠纷的特点：纠纷发生在法律地位平等的民事主体之间，产生的原因多为合同违约、合同不能(或不完全)履行或民事侵权等，因此属于私法范畴性质的纠纷。

旅游行政管理纠纷的特点：纠纷发生在法律地位不平等的行政关系主体之间，即旅游行政管理者与被管理者之间，产生的原因多为具体行政行为不当或违法导致对被管理者合法权益的侵害而产生纠纷，因此属于公法范畴性质的纠纷。

14.1.2 旅游纠纷解决概念、意义

1. 旅游纠纷解决概念

纠纷是人类社会的一种基本活动，也是普遍存在的社会现象。有纠纷产生，必然就有纠纷解决的途径和方法产生，也就有纠纷解决机制的构建要求。20世纪后半叶以来，纠纷解决研究迅速发展起来，已成为理论界和实践领域共同关注的重要课题。

所谓纠纷解决，是指在纠纷发生后，特定的解纷主体依据一定的规则和手段，消除冲突状态、对损害进行救济、恢复秩序的活动(范愉，2007年)。笔者认为，其中解决纠纷的主体既可以是纠纷当事者本人(如自行协商和解)，也可以是纠纷当事者以外中立的第三方(组织、机构或个人)参与或主持纠纷解决(如调解、仲裁、投诉、审判)。

因此，笔者认为，所谓旅游纠纷解决，是指在旅游纠纷发生后，由旅游纠纷当事人本人或第三方依据一定规则和手段来消除旅游纠纷的冲突状态，对受到损害的合法权利进行救济，对利益纷争进行消解平复，从而恢复正常旅游社会关系和秩序的活动。

2. 旅游纠纷解决意义

旅游纠纷的稳妥解决将对旅游活动的各方参与者和整个社会的良性运转都有重大意义。

(1) 从个体角度看，旅游纠纷的解决，将有利于保护旅游活动各方参与者的合法权益，使发生的损害和损失得到赔偿或补偿，使权利纷争得以平息，权利归属得以保障，对缓解旅游活动的各方参与者之间的矛盾对立，平复不满情绪意义重大。

(2) 从社会角度看，旅游纠纷的解决，将有利于被破坏了的旅游社会关系和秩序的重新协调恢复。由于旅游纠纷的发生使原有的与旅游有关的社会关系格局被打破，与旅游有关的社会秩序和市场秩序被动摇，因此旅游纠纷的妥善解决将有助于重新协调旅游社会关系，有利于重新恢复和维护正常的旅游秩序，促进旅游业的健康发展，对重构社会和谐意义重大。

14.1.3 旅游纠纷解决方式概述

在旅游纠纷发生后，旅游者可寻求通过适当途径和方式解决旅游纷争，维护自己合法权益。根据我国相关法律法规规定，旅游纠纷解决的方式有自行协商和解、调解、仲裁、旅游投诉、民事诉讼。

按照解决纠纷的力量来源性质的不同划分，这些不同的方式可分为私力救济方式——自行协商和解，社会救济方式——(民间)调解、仲裁，公力救济方式——旅游投诉、民事诉讼。

按照解决纠纷的诉讼规范来划分，这些不同的方式可分为非诉讼方式和诉讼方式。非诉讼方式——自行协商和解、调解(民间调解、仲裁调解、投诉调解)、仲裁、旅游投诉，诉讼方式——民事诉讼(包括诉讼调解)。

1．自行协商和解

自行协商和解是解决旅游纠纷的一种简便快捷、较为有效的方法，是一种自力救济或私力救济的方式。

所谓自行协商和解，是指旅游纠纷的当事人在自愿平等互谅的基础上，依据法律规定、政策或合同条款，直接就纷争进行面对面的交涉、谈判、磋商，最终达成和解协议解决纠纷的活动。

1) 自行协商和解方式的特点

(1) 一般没有第三方介入纠纷解决，主要依靠纠纷双方自行解决，属于典型的私力救济，即民间说的"私了"，因此又称之为"自行和解"，即具有自治性。

(2) 自行协商解决纠纷的过程，无严格程序规范要求，程序过程的进行有一定随意性，如纠纷解决时间地点等不固定、无限制，均由双方当事人自行协商，只要有利于纠纷解决就行，即自主性较强。

(3) 自行协商解决纠纷的结果标志是达成和解协议。和解协议的执行(或履行)并无法律强制效力，只是道义上要求纠纷当事人双方应当认真、完全地履行和解协议。如若一方毁约，协商结果就无法实现，也不能向司法机关申请协议的强制执行，纠纷当事人只能放弃，而选择其他纠纷解决方式，即结果无强制性。

(4) 所涉纠纷一般为标的不大、案情较简单、利益纷争不是太激烈的案件，采用自行协商解决效果较好、较明显。一般来讲，如果所涉纠纷标的较大，双方当事人对纠纷的分歧较严重，又无法互谅互让的，则采用自行协商解决效果不佳，即有一定局限性。

(5) 自行协商解决纠纷并不是其他纠纷解决方式的前置程序。因此，它在整个旅游纠纷解决系统中不具有前置性，只具有选择性，即由纠纷当事人自由选择决定是否采用此种纠纷解决方式，即具有可选择性。

2) 自行协商解决纠纷的原则

(1) 自愿原则。它指只有纠纷当事人双方均基于双方的个人自愿选择自行协商方式解决纠纷，而非出于强迫，才可能启动自行协商方式解决纠纷。如果只有一方愿意，另一方不愿意，则不可能进行纠纷的协商和解。在达成和解协议时，也必须是尊重双方自愿的真实意思表示才可达成和解协议，不能过于勉强，更不能胁迫。

(2) 平等互利原则。自行协商解决纠纷的当事人双方，在纠纷解决的过程中法律地位平等。双方应本着互谅互让的精神，彼此尊重，互利友好协商，在充分沟通协商、平衡利益、真实意思表达、协商一致的基础上达成和解协议，则为遵循了平等互利原则。任何一方不可采用欺诈、胁迫、诱骗的方式强迫对方接受自己一方的条件和要求，否则就违背了平等互利原则。当然，这并不是说协商的结果要绝对公平，如一方谦让损失掉一些利益，另一方多得一些利益，但如是双方的真实意思表示，则认为符合平等互利原则要求。

(3) 合法原则。它指旅游纠纷双方当事人通过自行协商达成的和解协议，必须符合国家法律、政策的有关规定精神，并且不可损害国家利益、集体利益和他人的合法利益，也不能违背社会的公序良俗，否则和解协议无效。

2．调解

调解是一种非诉讼纠纷解决方式，作为一种制度已有悠久历史，当今也为世界各国广泛应用。所谓调解，是指在第三方主持下，依据法律法规、社会公序良俗对纠纷双方进行劝说、斡旋，帮助其沟通交流，促使他们相互谅解，进行协商自愿达成协议，从而消除纷争解决争议的活动。

1) 调解的特征

(1) 调解以当事人自愿为前提。调解是一种非强制性的纠纷解决方式，是一种在当事人愿意自主协商基础上进行的纠纷解决活动，调解人的积极影响和和解促成也只能通过当事人的自愿接受才起作用，因此调解以自愿为其根本属性。

(2) 调解是在中立第三方参与下进行。争执双方是当事人，调解人是第三方，可由国家机关、社会组织、专门机构或个人担任，在调解中应保持中立地位，不是争议任何一方的代言人。

(3) 调解应具有合法性。调解应以合法和不违反公序良俗为原则，当事人可以进行较大的自主处分，但不能违反法律的强制性规定和禁止性规定。

(4) 调解协议本身不具有国家强制性。当事人双方通过调解达成的调解协议是当事人自治性权利处分行为，不具有国家强制性，但其效力仍然能够得到法律保证。

2) 调解的基本形式

当今世界调解形式多样，现主要介绍3种基本形式。

(1) 民间组织调解。其包括民间自发成立的，或由政府或司法机关组织或援助的调解组织机构，如人民调解委员会，广泛应用于我国城乡基层社区中。旅游纠纷可尝试适用人民调解委员会调解解决。

(2) 行政机关调解。其包括行政机关在日常管理或指导工作中的纠纷解决和为解决特定纠纷所设的专门性纠纷解决机构，如旅游投诉处理机构(专门性的)对旅游投诉的处理多实行调解制度。

(3) 法院调解。我国民事诉讼制度中明确规定了法院调解，又称之为诉讼内调解。《民事诉讼法》明确规定判决前能够调解的，可以进行调解，调解不成的，应当及时判决。当事人双方对调解内容做出认可的，并经法院确认的，调解协议一经生效，既不允许反悔，也不允许就同一诉讼标的再向法院起诉或上诉，且与法院生效判决具有同等法律效力。旅游纠纷可适用法院调解解决。

3. 仲裁

最初的仲裁是社会力量介入纠纷的解决，它是一种民间性质的解纷古老方法。然而，当今世界大多数国家已将其上升为解决各类纠纷的一种法律手段，我国于1995年9月1日起施行《仲裁法》，标志着我国的仲裁法律制度正式确立。

所谓仲裁，是指纠纷双方当事人在纠纷发生前或发生后达成自愿提交仲裁的合意(协议)，将纠纷提交给双方共同选定的中立的第三方(仲裁机构)进行裁决，当第三方仲裁时，应当根据事实，符合法律规定，公平合理地解决纠纷。

根据所裁决纠纷的法律性质的不同，仲裁分为商事仲裁、劳动仲裁、海事仲裁等。我国民商合一，狭义的旅游纠纷属民商事纠纷，因此本章介绍的仲裁仅指(民)商事仲裁，可适用旅游纠纷解决。我国的《仲裁法》属于(民)商事仲裁，解决平等主体之间的公民、法人和其他组织之间发生的合同纠纷和其他财产权益纠纷。

1) 仲裁的特点

(1) 仲裁的合意性。通过仲裁方式裁决纠纷的前提条件，必须是纠纷双方当事人达成仲裁合意，这种合意具体表现为合同中订立的仲裁条款，或以其他书面形式达成的请求仲裁的协议。仲裁协议的达成，既可在纠纷发生前，也可在纠纷发生后。无仲裁协议，只有一方申请仲裁，另一方不申请的，不能启动仲裁解决纠纷。仲裁协议独立存在，即或原合同无效，但不影响仲裁协议条款的效力。在签订旅游合同时可订立仲裁条款。

(2) 仲裁的简便快捷性。仲裁方式裁决纠纷，相对于诉讼方式解决纠纷来讲，程序更简便，效率更高。如仲裁实行"一裁终局"制，没有上诉程序，仲裁裁决一经做出即发生法律效力，当事人不得就同一纠纷再次申请仲裁或者向人民法院起诉。仲裁的裁决期限较短。仲裁可经当事人协议不开庭审理，而进行书面审理，书面审理将节约审理时间，从而提高仲裁效率等。可见，相对于诉讼，仲裁更快捷便利。因此，仲裁的简便快捷性满足了人们快节奏的生活方式，适应了旅游纠纷的特点，有利于修复因纠纷破坏了的旅游社会关系和秩序，使其能尽快重新趋于稳定和正常。

(3) 仲裁的中立性。选择仲裁裁决纠纷，一方面是基于当事人的合意，这意味着纠纷裁决者的仲裁权来源于纠纷双方当事人的授权，这自然敦促裁判者应保持中立地位公正裁判，而不能偏袒任何一方，另一方面，仲裁机构之间不实行级别管辖和地域管辖，各仲裁机构之间彼此互不隶属。另外，仲裁机构独立于行政机关，与行政机关也没有隶属关系，这保证了仲裁机构在仲裁体制架构中的中立地位。因此，仲裁机构这种中立的地位保障了纠纷解决过程的中立化(宋朝武，2002年)。

(4) 仲裁的专业性。我国《仲裁法》规定了仲裁员应当由法律、经济贸易专家和有实际工作经验的人担任(以下统称专家)，专家在仲裁委员会的组成人员中不得少于2/3，即仲裁强调专业化。相对于诉讼，这是仲裁具有的突出的特点。因仲裁解决的纠纷属于民事、商事纠纷，其纠纷或争议所涉问题常常专业性很强，因此纠纷的解决除了涉及法律知识外，还涉及各专业领域中的专业知识和技术问题，这就要求在仲裁人员聘用，既要有知晓精通法律知识的人，又要有具备各种专业知识的行业专家，方可保证纠纷的专业化处理。因此，由具有专业知识的人担任仲裁员裁决纠纷，以纠纷处理的专业化来保证纠纷处理的及时性、公正性和合理性。

(5) 仲裁裁决具有强制性。仲裁裁决一经做出即产生法律效力，对于生效的仲裁裁决，当事人应当履行。如一方当事人不履行的，则另一方可以向人民法院申请强制执行。由于仲裁机构属于民间性质的组织，故不具有国家强制的职能(宋朝武，2002年)，当负有义务的一方当事人拒不履行义务时，另一方当事人可借助国家力量强制其履行义务，从而保证生效仲裁裁决内容的实现，也即仲裁裁决借助国家的司法力量而具有了强制执行的效力。

2) 仲裁解决纠纷的原则

(1) 自愿原则。自愿原则是仲裁制度中的最基本原则，它是仲裁制度区别于民事诉讼制度的标志，它反映了仲裁制度的基本特点。自愿即依据自身愿望去做而不强迫。

自愿原则在仲裁制度中的具体表现如下。

一是采用仲裁方式解决纠纷必须基于纠纷双方当事人共同的自愿选择。

我国《仲裁法》规定，当事人采用仲裁方式解决纠纷，应当双方自愿，达成仲裁协议。

没有仲裁协议，一方申请仲裁的，仲裁委员会不予受理。

二是裁决纠纷的仲裁机构由双方当事人协商选定。

我国的仲裁机构独立于行政机关，不按地域划分，各仲裁机构之间不存在级别管辖和地域管辖。简言之，仲裁机构既不隶属于行政机关，相互之间也不隶属。纠纷双方当事人选择向哪个仲裁机构申请仲裁，完全取决于双方当事人的自由意志，由双方当事人自行协商选择决定。例如，双方自行协商共同选择成都市仲裁委员会或绵阳市仲裁委员会来裁决纠纷。

三是仲裁庭的组成形式和仲裁员的选定可由双方当事人自主确定。

我国《仲裁法》规定，当事人约定由3名仲裁员组成仲裁庭，各自选定或各自委托仲裁委员会主任指定一名仲裁员，第三名仲裁员由当事人共同选定或共同委托仲裁委员会主任指定。

当事人约定由一名仲裁员成立仲裁庭的，应当由当事人共同选定或共同委托仲裁委员会主任指定仲裁员。

(2) 仲裁独立原则。我国《仲裁法》规定，仲裁依法独立进行，不受行政机关、社会团体和个人的干涉。仲裁独立原则包含了两层含义。

一是仲裁独立于行政机关。我国的仲裁机构依法按照规定由市人民政府组织有关部门和商会统一组建，但不是国家行政机构的一个职能部门，它独立于行政，不受行政干预。

二是仲裁权的独立行使。当仲裁庭对案件进行审理裁决时，按照我国《仲裁法》规定，裁决应当按照多数仲裁员的意见做出，少数仲裁员的不同意见可以记入笔录。仲裁庭不能形成多数意见时，裁决应当按照首席仲裁员的意见做出。这表明仲裁庭和仲裁员的仲裁活动是独立进行的，仲裁权是独立行使的，不受仲裁委员会的领导和干预。

(3) 辩论原则。根据我国《仲裁法》第四十七条规定，当事人在仲裁过程中有权进行辩论。所谓辩论原则，是指双方当事人在仲裁庭的主持下，就仲裁争议事项各自陈述自己的主张和根据，相互进行辩驳，以维护自己的合法权益(宋朝武，2002年)。

在仲裁活动中，通过辩论使仲裁庭查明事实，分清责任，确认双方当事人之间的权利义务关系，从而使纠纷得到公平合理的裁决。

当事人辩论既可采用口头形式，也可采用书面形式。口头形式即双方当事人在开庭审理时直接面对面进行辩驳；书面形式即当事人通过申请书、答辩书及有关的证据材料对自己的主张、事实和理由等进行辩论，以征得仲裁庭的赞同。辩论原则贯穿于仲裁程序全过程，对仲裁活动的公平、合理进行，保障当事人纠纷的公平合理解决有着十分重要的作用。

(4) 一裁终局原则。根据我国《仲裁法》第九条的规定："仲裁实行一裁终局的制度。裁决做出后，当事人就同一纠纷再申请仲裁或者向人民法院起诉的，仲裁委员会或者人民法院不予受理。"也就是说，案件经过仲裁机构受理并经仲裁庭开庭审理后，一经仲裁庭做出裁决该裁决就发生法律效力，当事人应当履行裁决。如果一方当事人不履行的，则另一方当事人可以依照民事诉讼法的有关规定向人民法院申请执行。受申请的人民法院应当执行。

4．旅游投诉

旅游投诉是国家行政权力(公权力)介入旅游纠纷解决的一种方式。

所谓旅游投诉，是指国家旅游投诉处理机构接受旅游者的投诉申请，处理旅游者与旅游经营者之间发生的民事争议的一种纠纷解决活动。

其中，国家旅游投诉处理机构是旅游行政管理部门、旅游质量监督管理机构或旅游执法机构的统称。投诉申请的方式既可是书面形式，也可以是口头形式。

通过旅游投诉方式解决纠纷，是借助国家力量进行旅游纠纷的解决，国家行政力量的介入将有助于纠纷解决的及时性和有效性，从而使旅游者的合法权益得到较充分的维护和保障。

(此部分内容的详细论述，见本章 14.2 旅游纠纷的投诉解决)

5．民事诉讼

民事诉讼解决旅游纠纷是国家司法权力(公权力)介入旅游纠纷解决的一种方式。

民事诉讼程序解决的旅游纠纷是指在旅游者和旅游经营主体之间因旅游发生的合同纠纷或侵权纠纷。

其中，旅游经营主体包括旅游经营者、旅游辅助服务者、景点经营者。纠纷性质属于民事纠纷，具体来讲包括合同纠纷和侵权纠纷。

民事诉讼是最规范、最正式的纠纷解决方式，纠纷解决的结果(裁决)有国家强制力做保障，如一方当事人不执行裁决，则另一方当事人可申请法院强制执行。当然，通过诉讼解决纠纷成本较高。但旅游者合法权益将得到充分有力的保障。

(此部分内容的详细论述，见本章 14.3 旅游纠纷的诉讼解决)

重要法条提示

《旅游法》第九十一条规定："县级以上人民政府应当指定或者设立统一的旅游投诉受理机构。受理机构接到投诉，应当及时进行处理或者移交有关部门处理，并告知投诉者。"第九十四条规定："旅游者与旅游经营者发生纠纷，旅游者一方人数众多并有共同请求的，可以推选代表人参加协商、调解、仲裁、诉讼活动。"

14.2 旅游纠纷的投诉解决

在众多旅游纠纷解决方式中，旅游投诉是一种较好的旅游纠纷解决方式。它通过旅游行政主管部门、旅游质量监督管理机构或者旅游执法机构(统称为"旅游投诉处理机构")，对双方发生的旅游民事争议纠纷进行处理。在遵循自愿、合法的原则基础上适用调解制度，并按照旅游投诉的相关程序流程解决纠纷。

14.2.1 旅游纠纷的投诉解决依据和方式

1．旅游纠纷的投诉解决依据

旅游纠纷的投诉解决依据包括《旅游法》和《旅游投诉处理办法》(以下简称《办法》)2010年7月1日施行。该《办法》是依据《消费者权益保护法》、《旅行社条例》、《导游人员管理条例》和《中国公民出国旅游管理办法》等法律法规制定的,其目的是为了维护旅游者和旅游经营者的合法权益,公正处理旅游投诉纠纷。

在上述《办法》中明确界定了旅游投诉的概念。所谓旅游投诉,是指旅游者认为旅游经营者损害其合法权益,请求旅游行政管理部门、旅游投诉处理机构,对双方发生的民事争议进行处理的行为。

小测试

旅游民事争议举例:甩团、强行购物、翻车等导致游客人身伤害或死亡、擅自取消旅游行程和景点、造成游客行李物品丢失或损坏的、旅游服务价值不符等。

根据上述关于旅游投诉的界定,可以对旅游纠纷的投诉解决概念下个定义,即指在旅游者与旅游经营者(或其从业人员)之间因旅游活动发生的民事性质的旅游纠纷,可以通过旅游投诉的方式,请求"旅游投诉处理机构"给予解决的一种活动。它是行政权力介入部分旅游民事纠纷解决的一种方式。

2. 旅游纠纷的投诉解决方式

根据《办法》的规定,旅游投诉处理机构处理旅游投诉,实行投诉调解为主,投诉和解为补充的方式。旅游投诉处理机构应在查明事实的基础上,遵循自愿、合法原则进行调解,促使投诉人与被投诉人相互谅解,达成协议。

14.2.2 旅游纠纷的具体投诉解决

1. 投诉解决的旅游纠纷当事人范围和纠纷性质

1) 旅游纠纷当事人范围

采用投诉方式解决的旅游纠纷当事人范围,仅限于旅游者与旅游经营者(或其从业人员)之间产生的旅游民事争议,不包括旅游经营者相互之间和旅游者、旅游经营者与旅游行政管理者之间的纠纷。

2) 旅游纠纷性质

投诉的旅游纠纷性质属于民事纠纷,主要是合同纠纷和侵权纠纷。

第一类是旅游者与旅游经营者之间的旅游合同纠纷,包括违反合同约定,因不可抗力、意外事故致使旅游合同不能履行或者不能完全履行等而发生争议的纠纷;第二类是旅游者与旅游经营者之间的侵权纠纷,包括因旅游经营者的责任致使旅游者人身权利、财产权益受到损害的纠纷;第三类是其他旅游民事纠纷,即其他损害旅游者合法权益的纠纷。这是一个兜底条款。

根据有关规定,投诉者可对下列行为进行投诉。

(1) 认为旅游经营者不履行合同或协议的。
(2) 认为旅游经营者没有提供价质相符的旅游服务的。
(3) 认为旅游经营者故意或过失造成投诉者行李物品破损或丢失的。
(4) 认为旅游经营者故意或过失造成投诉者人身伤害的。
(5) 认为旅游经营者欺诈投诉者,损害投诉者利益的。

(6) 旅游经营者职工私自收受回扣和索要小费的。
(7) 旅行社破产造成旅游者预交旅行费损失，以及其他损害投诉者利益的情形。
(8) 其他损害旅游者合法权益的。

凡在我国境内旅游活动中发生的以上各类损害行为之一的，投诉者可以向旅游投诉处理机构投诉。

2．投诉关系主体和投诉条件

1) 投诉关系主体

投诉关系主体包括投诉人、被投诉人、投诉处理人员。

当旅游者将旅游纠纷通过投诉方式提起后，旅游投诉处理程序启动，则旅游纠纷双方当事人进入旅游纠纷投诉处理程序，纠纷双方和纠纷处理者(第三方)构成投诉关系，即旅游者成为投诉人，旅游经营者(或其从业人员)成为被投诉人；纠纷的处理者成为投诉关系第三方，即旅游投诉处理机构及工作人员，其工作人员被称为投诉处理人员。

需注意：投诉人必须与投诉事项有直接利害关系，只有这样才有旅游投诉资格。与投诉事项无利害关系或只有间接利害关系的人，无旅游投诉资格。

三方关系如图 14.1 所示。

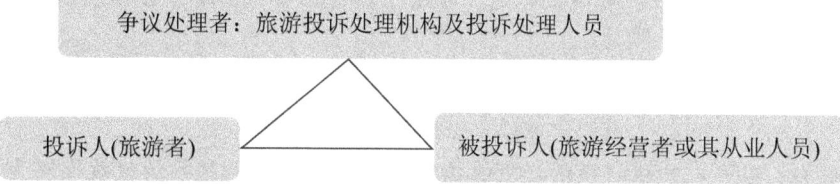

图 14.1　三方关系

2) 投诉条件

(1) 投诉者是与本案有直接利害关系的旅游者。
(2) 有明确的被投诉者(即旅游经营者或从业人员)。
(3) 有具体的投诉请求和事实根据。

3．投诉管辖

旅游投诉管辖是指各级旅游投诉处理机构和同级旅游投诉处理机构，在受理旅游投诉案件时的分工和权限划分。以属地管辖为主，特殊管辖为辅。

(1) 旅游合同签订地或被投诉人所在地管辖。旅游投诉由旅游合同签订地或者被投诉人所在地县级以上地方旅游投诉处理机构管辖。

(2) 损害行为发生地管辖。需要立即制止、纠正被投诉人的损害行为的，应当由损害行为发生地旅游投诉处理机构管辖。

(3) 级别管辖。上级旅游投诉处理机构有权处理下级旅游投诉处理机构管辖的投诉案件。

(4) 协商管辖和指定管辖。当发生管辖争议时，同级旅游投诉处理机构可以协商确定管辖；或报请共同上级旅游投诉处理机构指定管辖。

案例 14.1

××市中国青年旅行社被投诉案

案情简介:

被投诉单位:××市中国青年旅行社。

投诉内容:导游问题。

投诉事由:游客参加××市中国青年旅行社组织的九寨沟、黄龙四日游,由于没有购物,故遭导游百般刁难。

调查过程:当收悉该投诉后,××市旅游执法大队按程序通知旅行社,告之其被投诉事由,并就此事向旅行社和导游进行了调查。调查发现导游确实对游客进行了刁难。在批评教育下,导游认识到错误,向游客道歉并进行了一定的经济赔偿。

(案例来源:http://www.517ee.com/tourmall/line/1656.htm,有改动)

案例评析:

①本案的管辖依据《旅游投诉处理办法》第五条规定确定管辖地为成都市;②旅游投诉处理机构是成都市旅游执法大队,符合《办法》相关规定;③导游因游客不购物而百般刁难,属于《办法》第八条第四款规定,即属于其他损害旅游者合法权益的行为,理应向游客道歉并给予一定经济赔偿。

资料卡

投诉时效:当事人向旅游投诉处理机构请求保护合法权益的投诉时效期间为 90 日。也就是说,超过旅游合同结束之日 90 天的旅游投诉案件不予受理。

4. 投诉解决的程序流程

1) 调解的程序流程

第一步:递交投诉状或其他材料,或口头投诉。

投诉人向旅游投诉处理机构递交投诉状,或其他书面投诉材料(如投诉信件、传真件、转办件、网上投诉件等)或口头(电话)投诉,但应制作笔录。

第二步:受理审查。

旅游投诉处理机构对投诉人递交的投诉状进行受理审查,然后做出是否受理的处理。处理分为3种结果:一是予以受理;二是不予受理;三是转办。

案例 14.2

成都市中国青年旅行社因"甩团"被投诉案

案情简介:

被投诉单位:成都市中国青年旅行社。

投诉内容:"甩团"问题

投诉事由：游客参加成都市中国青年旅行社组织的"广安—华蓥山二日游"，出团前已将总团款9 240元支付给旅行社，但行至广安时，旅行社没有为游客安排车辆前往华蓥山，造成游客滞留广安，被迫中止游程。

游客将该旅行社投诉到成都市旅游执法大队，旅游执法大队按照投诉程序规定要求进行了受理，并展开了纠纷的处理调查。

调查过程及处理：当收悉该投诉后，成都市旅游执法大队(以下简称"我队")按程序通知旅行社，告之其被投诉事由，旅行社给出书面回复，称"其旅行社已就车辆问题向成都市交通委员会行政执法总队进行了投诉，但一直没得到回复"。经我队调查，造成此次客人滞留广安的原因是成阿旅游运输服务中心在同一天将同一辆车给了成都中国青年旅行社和成都光大国际旅行社两家单位。因为投诉涉及车辆问题，故我队将材料转到成都市交通委员会行政执法总队。在行政执法总队的协调下，成阿旅游运输服务中心给予了成都中国青年旅行社经济赔偿。

案例评析：

① 此案例属于"转办"案例。造成该次"甩团"事件的主要原因是旅行社与游客签订合同后，按规定与第三方成阿旅游运输服务中心签订了用车合同，而由于第三方未按合同要求安排接送车辆，导致游客权益受到侵害，造成旅行社经济损失。本案应按照《旅游投诉处理办法》第十五条第三款规定处理，即由成都市旅游执法大队将案件转交成都市交通委员会行政执法总队处理。

② 成阿旅游运输服务中心应当给予成都中国青年旅行社经济赔偿，成都中国青年旅行社再给予游客赔偿。

第三步：调解立案。

针对确定受理的案件，旅游投诉处理机构决定立案调解，填写《旅游投诉立案表》，并附有关投诉材料。

第四步：送达立案通知和投诉状副本。

在受理投诉之日起5个工作日内，将《旅游投诉受理通知书》和投诉书副本送达被投诉人。对于事实清楚的，应当即时制止或纠正被投诉人损害行为的，可以不填写《旅游投诉立案表》和送达《通知书》，但应当对处理情况进行记录存档。

第五步：被投诉人书面答复(答辩)。

被投诉人应在接到通知之日起10日内做出书面答复，提出答辩的事实、理由和证据。

第六步：纠纷双方提供证据。

投诉人和被投诉人应当对自己的投诉或者答辩提供证据。

第七步：审查证据。

旅游投诉处理机构应当对当事人双方提出的事实、理由和证据进行审查。

第八步：旅游投诉处理机构自行调查、委托调查证据。

第九步：处理。

处理分为3种结果：

一是双方达成调解协议的，应当制作《旅游投诉调解书》，载明投诉请求、查明的事实、处理过程和调解结果，由当事人双方签字并加盖旅游投诉处理机关印章。

二是终止调解，制作《旅游投诉终止调解书》。或调解书生效后没有执行的，投诉人可向仲裁机构申请仲裁或向人民法院提起诉讼。

三是在法定情形下，调解不成的，旅游投诉处理机构应当作出划拨旅行社质量保证金赔偿的决定，或向旅游行政管理部门提出划拨旅行社质量保证金赔偿的建议。

案例 14.3

某旅行社遭投诉多次调解无效后转向诉讼案

案情简介：

投诉事由：游客参加某旅行社组织的 2 月 1～7 日普吉岛自由行，当完成曼谷段行程准备从曼谷机场登机飞往中国香港时，被航空公司告知其机票无效，被拒绝其登机。经过与旅行社的交涉，旅行社提出以下决定：①后续游程全部取消；②自行就近解决临时食宿；③自行尽快购买机票回国。

游客在无人照顾的情况下自行寻找住处及购买返程机票回国。回国后，游客与旅行社协商费用的退赔问题，双方在退赔金额的问题上争论不下，故投诉到成都市旅游执法大队。

调查过程及处理：旅行社申辩称，此次旅行机票全部通过土耳其航空公司购买，但游客在手持机票登机时被告知此次航班在曼谷只加油不上客，被拒绝登机。在此次事故中，航空公司拒绝为旅行社出具机票出错证明，旅行社称其也是受害者，故提出"事故是由于第三方的失误造成，与公司无关；对游客的赔偿只能以第三方对公司的赔偿为限，游客应自行承担部分损失。"成都市旅游执法大队提出"总团款扣除成都—普吉(住三晚)—曼谷的费用后退一赔一，约 10.5 万元"的赔偿方案，经多次调解，双方仍然无法取得一致，故游客决定向法院起诉。

案例评析：

① 本案适用《旅游投诉处理办法》第二十五条第三款处理，即调解不成的，投诉人可向仲裁机构申请仲裁或向人民法院提起诉讼。

② 在纠纷处理过程中，虽旅行社无法提供充足的证据证明是国际航班临时取消上客，但就游客提供的机票票面来看，此次损失航空公司应当负有责任。国际航班的机票临时取消上客，应该如何理赔，我国现阶段没有明确的规定，故成都市旅游执法大队建议双方通过司法程序解决是正确的。

2) 自行和解的程序流程

在投诉处理的过程中，投诉人与被投诉人可以随时自行和解，和解的结果应当告知旅游投诉处理机构。旅游投诉处理机构在核实后应当予以记录并由双方当事人、投诉处理人员签名或盖章。(此内容可参见 14.1.3 旅游纠纷解决方式概述相关内容)

案例 14.4

"房间退费"旅游纠纷自行协商和解案

案情简介：

被投诉单位：四川省中国旅行社。

投诉内容：房间退费问题。

投诉事由：游客参加四川省中国旅行社组织的"九寨沟黄龙双飞三日游"，在入住酒店时发现房间有异味，要求更换房间，但酒店和旅行社以没有其他房间为由拒绝为游客换房，最后游客与其他两人住一间房，游客称旅行社承诺退还房价480元，但并未兑现。

调查过程及处理：当收悉该投诉后，成都市旅游执法大队按程序通知旅行社，告知其被投诉事由，旅行社答复称"旅行社与游客已经通过协商就退还300元房款达成协议，并已经将300元汇入游客账户"，我队要求旅行社提供汇款凭证，旅行社提供了转账凭证，我队再次联系游客，其表示是在没有查询自己账户的情况下进行了投诉，他对旅行社退还的金额表示不满意。在我队的协调下，旅行社退还了剩余的180元房款。

案例评析：

(1) 旅游纠纷可通过纠纷双方自行协商和解解决。此纠纷在投诉之前通过游客和旅行社双方自行协商解决，但达成口头和解协议，为后来的追加退赔埋下伏笔。

(2) 口头协议较难于证明其真实性，易被毁约。本案中游客后来反悔，投诉到成都市旅游执法大队，提出追加退赔180元。因自行和解协议本身无强制约束力，协议的履行主要依靠双方的诚信，加之和解协议又为口头而非书面的，更难于证明其为真实意思表示。所以，在旅游执法大队协调下，旅行社只能再次赔偿游客180元。

(3) 根据《办法》规定，在投诉处理的过程中，如果投诉人与被投诉人自行和解，那么和解的结果应当告知旅游投诉处理机构。旅游投诉处理机构在核实后应当予以记录并由双方当事人、投诉处理人员签名或盖章，从而可防止上述情况的发生。

14.3　旅游纠纷的诉讼解决

旅游纠纷解决也可通过民事诉讼的方式进行。民事诉讼方式是最规范、最正式、最有效的纠纷解决方式。它有着严格的诉讼程序和证据制度，裁判结果也有国家强制力作保障。所以，当事人也常选择民事诉讼方式来解决纠纷。而旅游纠纷的一个较为突出的特点是常因违约而导致侵权，即发生违约责任和侵权责任竞合的情况，当事人采用诉讼方式解决纠纷时不得不面对案由的选择，是选择违约之诉还是侵权之诉，这一般从有利于原告方利益最大化角度考量。

14.3.1　诉讼解决旅游纠纷的依据、概念和性质

旅游(民事)纠纷可以通过民事诉讼的方式来解决，诉讼是最规范的纠纷解决方式。

1．诉讼解决旅游纠纷的依据

诉讼解决旅游纠纷的依据有《旅游法》这一旅游行业基本法、《民法通则》、《合同法》、《消费者权益保护法》、《侵权责任法》、《民事诉讼法》等，还有2010年10月26日最高人民法院公布的《关于审理旅游纠纷案件适用法律若干问题的规定》来解决旅游纠纷。

2．诉讼解决旅游纠纷的概念

我国通过民事诉讼方式解决的旅游纠纷有专门的界定。

按照《关于审理旅游纠纷案件适用法律若干问题的规定》，旅游纠纷是指旅游者与旅游经营者、旅游辅助服务者之间因旅游发生的合同纠纷或侵权纠纷。旅游者在自行旅游过程中与旅游景点经营者因旅游发生的纠纷，参照适用本规定。这是关于旅游纠纷的法定定义。

这是通过司法裁判解决的旅游纠纷范围，它也限定了旅游纠纷解决的司法裁判权限，即超出此范围的旅游纠纷不由司法来裁决，而由其他解纷方式处理和解决。

3．诉讼解决旅游纠纷的性质

根据最高人民法院的《关于审理旅游纠纷案件适用法律若干问题的规定》，通过民事诉讼解决的旅游纠纷性质属于民事纠纷，具体讲是因旅游发生的合同纠纷或侵权纠纷。

合同纠纷是指因合同的不(能)履行或不(能)完全履行而在合同双方当事人之间发生的争议。如果因合同的不履行或不完全履行是由于合同一方当事人的过错导致的，则属于合同违约，涉及违约损害赔偿问题。如无过错(如不可抗力、意外事故)导致合同的不能履行或不能完全履行，一般情况下，不适用违约损害赔偿原则。

在实践中，合同到底违约了还是未违约？应该赔偿还是不应该赔偿？常常发生争议，因此产生合同纠纷。

侵权纠纷是指行为人侵害他人人身权利、财产权益和其他合法权益而导致损害赔偿产生的纠纷。一般情况下，侵权行为人主观上有过错，承担过错责任，谓之一般侵权责任。但在法定情况下，适用无过错责任原则，谓之特殊侵权责任。但无论一般侵权还是特殊侵权，均涉及侵权损害赔偿问题。

在旅游活动中，常发生旅游合同纠纷和旅游侵权纠纷，解决纠纷时应遵循上述基本原理原则。而当违约责任和侵权责任竞合时，在诉讼选择案由时，一般从有利于原告利益最大化的角度选择适用违约之诉或侵权之诉。

14.3.2　旅游纠纷的诉讼解决概念及程序

1．旅游纠纷诉讼解决的概念

旅游纠纷的诉讼解决是指在旅游者与旅游经营者、旅游辅助服务者及旅游景点经营者之间因旅游活动发生的合同纠纷或侵权纠纷，可以通过民事诉讼的方式，请求人民法院给予解决的一种活动。它是国家司法权力介入旅游民事纠纷解决的一种方式。

2．旅游纠纷诉讼解决的程序

旅游纠纷案件多为民事案件，适用民事诉讼程序解决，因此旅游纠纷的诉讼解决的程序如下。

1) 旅游纠纷的诉讼主体

旅游纠纷的诉讼主体有旅游者、旅游经营者、旅游辅助服务者、旅游景点经营者等。其中，旅游者常常为原告，旅游经营者、旅游辅助服务者、旅游景点经营者等常常为被告。

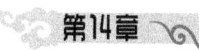

2) 基本诉讼程序步骤

(1) 起诉。根据《民事诉讼法》的相关规定，起诉必须符合下列条件：①原告是与本案有直接利害关系的公民、法人和其他组织；②有明确的被告；③有具体的诉讼请求和事实、理由；④属于人民法院受理民事诉讼的范围和受诉人民法院管辖。

起诉应当向人民法院递交起诉状，并按照被告人数提出副本。书写起诉状确有困难的，可以口头起诉，由人民法院记入笔录，并告知对方当事人。

当事人起诉到人民法院的民事纠纷，适宜调解的，先行调解，但当事人拒绝调解的除外。

(2) 受理。根据《民事诉讼法》相关规定，人民法院对符合《民事诉讼法》规定的起诉条件的案件必须受理。符合起诉条件的，应当在7日内立案，并通知当事人；不符合起诉条件的，应当在7日内做出裁定书，不予受理；原告对裁定不服的，可以提起上诉。

(3) 开庭审理。根据《民事诉讼法》相关规定，人民法院审理民事案件，应当在开庭3日前通知当事人和其他诉讼参与人。公开审理的，应当公告当事人姓名、案由和开庭的时间、地点。

开庭审理前，书记员应当查明当事人和其他诉讼参与人是否到庭，宣布法庭纪律。

法庭调查按照下列顺序进行：①当事人陈述；②告知证人的权利义务，证人作证，宣读未到庭的证人证言；③出示书证、物证、视听资料和电子数据；④宣读鉴定意见；⑤宣读勘验笔录。当事人在法庭上可以提出新的证据。当事人经法庭许可，可以向证人、鉴定人、勘验人发问。当事人要求重新进行调查、鉴定或者勘验的，是否准许，由人民法院决定。

原告增加诉讼请求，被告提出反诉，第三人提出与本案有关的诉讼请求，可以合并审理。

法庭辩论按照下列顺序进行：①原告及其诉讼代理人发言；②被告及其诉讼代理人答辩；③第三人及其诉讼代理人发言或者答辩；④互相辩论。

法庭辩论终结，由审判长按照原告、被告、第三人的先后顺序征询各方最后意见。

法庭辩论终结，应当依法做出判决。判决前能够调解的，还可以进行调解；调解不成的，应当及时判决。

如原告经传票传唤，无正当理由拒不到庭的，或者未经法庭许可中途退庭的，可以按撤诉处理；被告反诉的，可以缺席判决。被告经传票传唤，无正当理由拒不到庭的，或者未经法庭许可中途退庭的，可以缺席判决。

书记员应当将法庭审理的全部活动记入笔录，由审判人员和书记员签名。法庭笔录应当当庭宣读，也可以告知当事人和其他诉讼参与人当庭或者在5日内阅读。当事人和其他诉讼参与人认为对自己的陈述记录有遗漏或者差错的，有权申请补正。如果不予补正，则应当将申请记录在案。

法庭笔录由当事人和其他诉讼参与人签名或者盖章。拒绝签名盖章的，记明情况附卷。

(4) 评议和宣判。

评议：法庭辩论结束后，由审判长宣布休庭，案件进入合议庭(或独任庭)评议阶段。合议庭评议案件应当秘密进行。合议庭评议实行少数服从多数的原则，即评议时，如合议庭成员意见不同，则以多数成员的意见为合议庭意见，写入判决书中，不同意见应当如实记录在案，归案备查。

宣判：宣告判决分为当庭宣判和定期宣判两种方式。

当庭宣判是在开庭审理结束当庭评议后即刻宣判。人民法院当庭宣判的，应当在10日内发送判决书；定期宣判是在开庭审理后另定日期宣判。

定期宣判的，宣判后立即送达判决书。

宣告判决时，必须告知当事人上诉权利、上诉期限和上诉的法院。

人民法院适用普通程序审理的案件，应当在立案之日起6个月内审结。有特殊情况需要延长的，由本院院长批准，可以延长6个月；还需要延长的，报请上级人民法院批准。

3）处理依据

其包括《旅游法》、《民法通则》、《合同法》、《消费者权益保护法》、《侵权责任法》、《民事诉讼法》、《最高人民法院关于审理旅游纠纷案件适用法律若干问题的规定》等。

小测试

（1）根据《旅游法》的规定，处理旅游者与旅游经营者发生的纠纷可以通过哪些途径解决？

（2）当旅游纠纷发生后，旅游者作为原告提起民事诉讼时，是否有自主选择违约之诉或侵权之诉的权利？

模拟法庭

高桂其与广州市环宇旅行社有限公司花都门市部等旅游服务合同纠纷案

案情简介：

高桂其是畜牧服务站副站长。环宇公司是有限责任公司，环宇公司花都门市部是环宇公司的分公司，依法领取营业执照。2007年7月12～16日，畜牧服务站组织员工组团，与环宇公司花都门市部确立旅游关系，但没有签订书面旅游合同，旅游路线为海南省境内的相关旅游点。高桂其参加了此次的旅游组团活动。2007年7月13日，高桂其随团前往天涯黎苗欢乐谷参观，在该景区观看蛇表演时试用了景点提供的"蛇药"，引致身体不适。在高桂其试用蛇药前，环宇公司花都门市部没有向高桂其及其他团员告知试用"蛇药"可能引起的后果，也没有制止高桂其试用"蛇药"。2007年7月13日，高桂其前往三亚市人民医院就医，被诊断为药物性皮肤过敏。此后，高桂其陆续在三亚市省农垦医院、广州市花都区人民医院、广州市白云区钟落潭镇医院就诊，疾病诊断包括皮肤软组织受损等。高桂其治疗共花费355.1元。高桂其自试用"蛇药"导致皮肤不适至经治疗基本痊愈持续15天，此后不间断地因皮肤软组织受伤而进行物理治疗。2007年9月14日，广州市旅游质量监督管理所组织当事人双方就本次旅游服务过程中发生的问题进行调解，双方就争议问题无法达成协商。其间，高桂其认为其多次向有关部门投诉，花费传真及复印费用合计297.5元，为解决涉案服务问题产生交通费422元，为诉讼需要查询两被告工商登记资料花费120元。在诉讼中，两被告认为皮肤过敏不会导致皮肤软组织损伤，并向原审法院申请前往有关部门就该问题进行调查取证。原审法院就此问题向广州市花都区人民医院皮肤科有关专家调查,专家认为涉案的皮肤过敏症状有可能导致皮肤软组织损伤。据此,两被告自愿承担高桂其涉案治疗费用355.1元及传真复印费297.5元、交通费422元及查询费120元,合计1 194.6元,但不同意承担高桂其提出的精神损害赔偿金3万元。

本案中诉讼角色:

原告:高桂其

被告:广州市环宇旅行社有限公司花都门市部

被告:广州市环宇旅行社有限公司(以下简称环宇公司)

庭审图示:

法官

原告诉称1:在原告试用蛇药前,被告环宇公司花都门市部没有向原告及其他团员告知试用"蛇药"可能引起的后果,也没有制止原告试用"蛇药"。

原告诉称2:原告自试用"蛇药"导致皮肤不适至经治疗基本痊愈持续15天,此后不间断地因皮肤软组织受伤而进行物理治疗。

原告诉称 3：原告认为其多次向有关部门投诉，花费传真及复印费用合计 297.5 元，为解决涉案服务问题产生交通费 422 元，为诉讼需要查询两被告工商登记资料花费 120 元。原告提出精神损害赔偿金 3 万元。

被告辩称 1：认为皮肤过敏不会导致皮肤软组织损伤，并向原审法院申请前往有关部门就该问题进行调查取证。

被告辩称 2：自愿承担高桂其涉案治疗费用 355.1 元及传真复印费 297.5 元、交通费 422 元及查询费 120 元，合计 1 194.6 元，但不同意承担高桂其提出的精神损害赔偿金 3 万元。

一审法院认为：

《旅行社管理条例》第二十一条规定：旅行社组织旅游，应当为旅游者办理旅游意外保险，并保证所提供的服务符合保障旅游者人身、财物安全的要求；对可能危及旅游者人身、财物安全的事宜，应当向旅游者作出真实的说明和明确的警示，并采取防止危害发生的措施。高桂其作为消费者参加环宇公司花都门市部的组团旅游，双方即建立旅游合同法律关系，环宇公司花都门市部对其所提供的服务项目负有保障游客人身安全的责任。高桂其在环宇公司花都门市部安排的旅游景点中，观看蛇表演及试用"蛇药"所造成的损害后果承担相应的法律责任。现高桂其诉请两被告赔偿高桂其治疗费 355.1 元及传真复印费 297.5 元、交通费 422 元及查询费 120 元，合计 1 194.6 元，两被告自愿承担，没有违反法律规定，对高桂其该部分请求，法院予以支持。关于高桂其要求两被告承担精神损害赔偿的问题。高桂其自试用"蛇药"导致皮肤不适至经治疗基本痊愈持续 15 天，此后虽不间断地因皮肤软组织受伤而接受物理治疗，但并未造成严重后果，故法院对高桂其要求两被告赔偿其 3 万元精神损害赔偿金诉讼请求不予支持。环宇公司花都门市部是环宇公司的分公司，不具有法人资格，其民事责任由环宇公司承担。

一审法院判决如下：

依照《民法通则》第一百零六条、《消费者权益保护法》第十一条、第四十一条、《公司法》第十四条第一款、最高人民法院《关于确定民事侵权精神损害赔偿责任若干问题的解释》第八条的规定，判决如下：①广州市环宇旅行社有限公司在本判决发生法律效力之日起 10 日内支付 1 194.6 元给高桂其；②驳回高桂其的其他诉讼请求。

原告高桂其不服一审判决，提起上诉，二审法院继续审理。

高桂其上诉：环宇公司花都门市部在 2007 年 7 月 12 日前没有在花都区旅游局注册，没有在花都区带团出游的资格，故其组织的本次旅游属黑市旅游，应对造成的损害负全责。在我出事后，环宇公司将我扔在三亚市不理，之后从无探望与慰问，多次投诉也无结果。从受伤至今已一年多，对我的心理健康造成较大影响，精神受到很大伤害，因此我坚决要求被上诉人赔偿我精神损失 3 万元。

两被上诉人服从原审判决。

本案中二审的诉讼角色如下。

上诉人（原审原告）：高桂其

被上诉人（原审被告 1）：广州市环宇旅行社有限公司花都门市部

被上诉人（原审被告 2）：广州市环宇旅行社有限公司（以下简称环宇公司）

庭审图示：

法官

上诉人(原审原告)诉称
1：环宇公司应对造成的损害负责。
上诉人(原审原告)诉称
2：坚决要求赔偿精神损失3万元。

上诉人

被上诉人(原审被告1)
辩称1：服从原审判决。

被上诉人(原审被告2)
辩称2：服从原审判决。

被上诉人

上诉人(原审原告)诉称1：被上诉人(原审被告1)环宇公司花都门市部在2007年7月12日前没有在花都区旅游局注册，没有在花都区带团出游的资格，故其组织的本次旅游属黑市旅游，应对造成的损害负全责。

上诉人(原审原告)诉称2：在我出事后，被上诉人(原审被告2)环宇公司将我扔在三亚市不理，之后从无探望与慰问，多次投诉也无结果。从受伤至今已一年多，对我的心理健康造成较大影响，精神受到很大伤害，因此我坚决要求被上诉人赔偿我精神损失3万元。

被上诉人(原审被告1)辩称1：被上诉人服从原审判决。

被上诉人(原审被告2)辩称2：被上诉人服从原审判决。

二审法院裁决理由

广东省广州市中级人民法院认为：环宇公司及其花都门市部均申领有营业执照，依法具备旅游经营资格，故高桂其上诉称环宇公司花都门市部无权在花都区组团出游的主张缺乏事实依据，本院不予支持。对于高桂其主张的精神损害赔偿，首先高桂其是以旅游服务合同为由起诉，其可根据《合同法》的有关规定主张对方承担赔偿财产损失的违约责任，其要求对方承担精神损害赔偿，缺乏法律依据；其次就其所受的人身伤害而言，经治疗其已基本痊愈，并未造成严重后果，尚不具备法律规定的要求精神损害赔偿的条件。因此，原审法院对此认定正确，并无不当。综上所述，高桂其的上诉请求缺乏法律依据，本院不予支持。

二审法院裁判

广东省广州市中级人民法院依照《民事诉讼法》第一百五十三条第一款第一项的规定，判决如下：驳回上诉，维持原判。

(案例来源：奚晓明．最高人民法院审理旅游纠纷案件司法解释理解与适用．北京：人民法院出版社，2010：325-327．)

本章小结

通过本章的学习，了解、熟悉、掌握旅游纠纷解决的各种方式及途径，纠纷解决的法律法规依据，重点掌握旅游纠纷的投诉解决和诉讼解决，在旅游纠纷的投诉解决中，注意把握运用调解的方式解决纠纷，但注意调解自愿原则的适用。在旅游纠纷的诉讼解决中，当违约责任和侵权责任竞合时案由选择的考量上，着重从有利于原告方利益最大化角度权衡选择。注意把握旅游纠纷通过民事诉讼方式解决的程序步骤，尝试通过一定的法律技能训练把握"打官司"的基本诉讼法律技能技巧。

关键术语

旅游纠纷　自行和解　调解　仲裁　旅游投诉　民事诉讼

习题

1. 名词解释

(1) 旅游纠纷　(2) 自行和解　(3) 调解　(4) 仲裁　(5) 旅游纠纷的投诉解决　(6) 旅游纠纷的诉讼解决

2. 填空题

(1) 我国《旅游法》规定，县级以上人民政府应当指定或者(　　)的旅游投诉受理机构。

(2) 我国《旅游法》规定，消费者协会、旅游投诉受理机构和有关调解组织在双方(　　)的基础上，依法对旅游者与旅游经营者之间的纠纷进行调解。

(3) 我国《旅游法》规定，旅游者与旅游经营者发生纠纷，旅游者一方人数众多并有共同请求的，可以推选(　　)参加协商、调解、仲裁、诉讼活动。

3. 简答题

1) 简述调解的主要特征。
2) 简述仲裁必须遵循的原则。
3) 旅游投诉纠纷解决方式中调解的基本程序流程是什么？

4. 思考题

1) 旅游纠纷投诉解决的当事人范围是什么？
2) 旅游投诉管辖是如何规定的？
3) 旅游纠纷通过民事诉讼方式解决的基本诉讼程序步骤是怎样的？

5. 实训题

任××(26岁，南昌市人)，于前年夏天，报名参加了由南昌某旅行社组织的港澳旅行团，但双方未签订旅游合同。任××在无领队资格的领队胡兰花带领下，随旅行团从南昌出发。抵达香港特别行政区后，任××与领队胡兰花及其他团员上街游览，行至周生生金行门口，任××在横过马路时被一辆双层巴士撞倒，后经香港市民营救，送往医院抢救，先后在港动手术5次，住院34天。同年11月19日，任××回到南昌后，在江西医学院第一附属医院住院13天，花去医疗费15 859.22元。任××的家人去香港探望病人花去交通费11 898.80元。经法医鉴定，任××伤残等级为10级，继续治疗费用为40 000元。尔后，因双方协商赔偿事宜未果，任××诉诸法院，要求南昌某旅行社赔偿各项经济损失共计112 355元。在庭审中，因南昌某旅行社不同意，致无法调解。

西湖区人民法院经审理认为，被告南昌某旅行社与原告任××虽然没有按照《旅行社管理条例》签订书面合同，但双方实际履行了旅游合同。被告违反约定使用无领队资格人员带团旅游，在旅游过程中未能确保旅客安全，致使原告任××因交通事故造成10级伤残，被告对此应承担赔偿责任；原告要求被告赔偿其经济损失的要求，合情合理，应予支持。原告要求交通费、营养费、误工费、护理费过高，法院支持部分，精神抚慰金10 000元的要求不符合《合同法》规定，不予支持。但其过马路时，因疏忽而发生交通事故，本人亦有责任，应减轻被告的赔偿责任；被告称垫付了原告费用，却无证据佐证，不予采信。据此，根据有关法律规定，近日，××市西湖区人民法院依法判决：被告南昌某旅行社有限责任公司赔偿原告任××医疗费15 859.22元，鉴定费250元，会诊费300元，继续治疗费40 000元，护理费1 410元，交通费7 813元，在香港医疗费及护理用品费2 001元，在香港的通信费735元，营养费376元，残疾者生活补助费12 672元，误工费1 600元，共计人民币83 016.22元的80%，合计人民币66 413元，其余20%的费用由原告任××自行承担。

(案例来源：http://www.lawtime.cn/info/jiaotong/sgpcal/2011011985538.html)

问题：分析法院作此判决的理由。

参 考 文 献

[1] 魏日，陈明．旅游法规[M]．武汉：武汉大学出版社，2012．
[2] 全国导游人员资格考试教材编写组．旅游法规常识[M]．5版．北京：旅游教育出版社，2012．
[3] 王志雄．旅游法规案例教程[M]．北京：北京大学出版社，2012．
[4] 徐孟洲，许阳光．税法[M]．4版．北京：中国人民大学出版社，2012．
[5] 杨劲松．我国国际旅游中的免税业发展问题探析[J]．对外经贸实务，2012(8)．
[6] 杨九铃．国际离岛退免税政策和我国海南离境退免税政策的探讨[J]．商业会计，2012(13)．
[7] 仪勇．旅游政策与法规[M]．北京：北京师范大学出版社，2011．
[8] 李凤荣，张小静．税法[M]．北京：北京理工大学出版社，2011．
[9] 杨富斌．旅游法研究：问题与出路[M]．北京：法律出版社，2011．
[10] 孟凡哲，王惠静．旅游法前沿问题研究[M]．北京：中国法制出版社，2011．
[11] 奚晓明．最高人民法院审理旅游纠纷案件司法解释理解与适用[M]．北京：人民法院出版社，2010．
[12] 国家旅游局人事劳动教育司．导游基础知识[M]．北京：旅游教育出版社，2010．
[13] 陈学春，叶娅丽．旅游法规教程[M]．北京：北京理工大学出版社，2010．
[14] 郭剑英，孙萍．旅游饭店管理[M]．北京：化学工业出版社，2010．
[15] 李海峰．旅游政策与法规[M]．2版．北京：科学出版社，2010．
[16] 韩玉灵．旅游法教程[M]．2版．北京：高等教育出版社，2010．
[17] 杨立新．侵权责任法原理与案例教程[M]．2版．北京：中国人民大学出版社，2010．
[18] 许汝贞．旅游政策与法规[M]．青岛：中国海洋大学出版社，2010．
[19] 王洁洁，孙根年，马丽君．中国旅游业发展：一个新的战略架构——对《国务院关于加快旅游业发展的意见》的解读[J]．旅游论坛，2010，(5)．
[20] 王莉霞，李九全．旅游法规理论与实务[M]．大连：东北财经大学出版社，2009．
[21] 王世瑛，贺湘辉．旅游政策与法规[M]．北京：清华大学出版社，北京交通大学出版社，2009年．
[22] 徐堃耿．导游概论[M]．北京：旅游教育出版社，2008．
[23] 张建宏．旅游饭店管理[M]．北京：知识产权出版社，2008．
[24] 李晓．旅游公共关系学[M]．天津：南开大学出版社，2008．
[25] 卢良志．旅游业公共关系[M]．北京：中国旅游出版社，2008．
[26] 韩力军．旅游政策与法规[M]．武汉：华中科技大学出版社，2008．
[27] 范愉．纠纷解决的理论与实践[M]．北京：清华大学出版社，2007．
[28] 向三久．旅游管理法规教程[M]．广州：暨南大学出版社，2007．
[29] 严振生．税法(修订版)[M]．北京：中国政法大学出版社，2007．
[30] 乜瑛．旅游政策与法规[M]．杭州：浙江大学出版社，2005．
[31] 周忠海．航空法判例与学理研究[M]．北京：群众出版社，2001．
[32] 孙子文．旅游法规教程[M]．2版．大连：东北财经大学出版社，2002．
[33] 叶青．税法(I)[M]．北京：人民出版社，2010．
[34] 宋朝武．中国仲裁制度：问题与对策[M]．北京：经济日报出版社，2002．
[35] 田克勤．世界免税品市场分析与中国免税品业的发展[J]．山东工业大学学报(社会科学版)，1998(2)．
[36] 王利明，杨立新．侵权行为法[M]．北京：法律出版社，1996．
[37] 赵峥蔚．免税业从老外口袋里赚钱[J]．市场观察，2002，(2)．

北京大学出版社本科旅游管理系列规划教材

序号	书名	标准书号	主编	定价	出版时间	配套情况
1	旅游学概论	7-301-23875-2	朱华	44	2014	课件
2	旅游心理学	7-301-23475-4	杨娇	41	2014	课件
3	旅游政策与法律法规	7-301-23697-0	李文汇 朱华	43	2014	课件
4	旅游英语	7-301-23087-9	朱华	48	2014	课件、光盘、视频
5	旅游企业战略管理	7-301-23604-8	王慧	38	2014	课件
6	旅游文化学概论	7-301-23738-0	闫红霞 李玉华	37	2014	课件
7	西部民族民俗旅游	7-301-24383-1	欧阳正宇	54	2014	课件
8	休闲度假村经营与管理	7-301-24317-6	周绍健	40	2014	课件
9	会展业概论	7-301-23621-5	陈楠	30	2014	课件
10	旅游学	7-301-22518-9	李瑞	30	2013	课件
11	旅游学概论	7-301-21610-1	李玉华	42	2013	课件
12	旅游策划理论与实务	7-301-22630-8	李锋 李萌	43	2013	课件
13	景区经营与管理	7-301-23364-1	陈玉英	48	2013	课件
14	旅游资源开发与规划	7-301-22451-9	孟爱云	32	2013	课件
15	旅游地图编制与应用	7-301-23104-3	凌善金	38	2013	课件
16	旅游英语教程	7-301-22042-9	于立新	38	2013	课件
17	英语导游实务	7-301-22986-6	唐勇	33	2013	课件
18	导游实务	7-301-22045-0	易婷婷	29	2013	课件
19	导游实务	7-301-21638-5	朱斌	32	2013	课件
20	旅游服务礼仪	7-301-22940-8	徐兆寿	29	2013	课件
21	休闲学导论	7-301-22654-4	李经龙	30	2013	课件
22	休闲学导论	7-301-21655-2	吴文新	49	2013	课件
23	休闲活动策划与服务	7-301-22113-6	杨梅	32	2013	课件
24	前厅客房服务与管理	7-301-22547-9	张青云	42	2013	课件
25	旅游学导论	7-301-21325-4	张金霞	36	2012	课件
26	旅游规划原理与实务	7-301-21221-9	郭伟	35	2012	课件
27	旅游地形象设计学	7-301-20946-2	凌善金	30	2012	课件
28	旅游文化与传播	7-301-19349-5	潘文焰	38	2012	课件
29	旅游财务会计	7-301-20101-5	金莉芝	40	2012	课件
30	现代酒店管理与服务案例	7-301-17449-4	邢夫敏	29	2012	课件
31	餐饮运行与管理	7-301-21049-9	单铭磊	39	2012	课件
32	会展概论	7-301-21091-8	来逢波	33	2012	课件
33	旅行社门市管理实务	7-301-19339-6	梁雪松	39	2011	课件
34	餐饮经营管理	7-5038-5792-8	孙丽坤	30	2010	课件
35	现代旅行社管理	7-5038-5458-3	蒋长春	34	2010	课件
36	旅游学基础教程	7-5038-5363-0	王明星	43	2009	课件
37	民俗旅游学概论	7-5038-5373-9	梁福兴	34	2009	课件
38	旅游资源学	7-5038-5375-3	郑耀星	28	2009	课件
39	旅游信息系统	7-5038-5344-9	夏琛珍	18	2009	课件
40	旅游景观美学	7-5038-5345-6	祁颖	22	2009	课件
41	前厅客房服务与管理	7-5038-5374-6	王华	34	2009	课件
42	旅游市场营销学	7-5038-5443-9	程道品	30	2009	课件
43	中国人文旅游资源概论	7-5038-5601-3	朱桂凤	26	2009	课件
44	观光农业概论	7-5038-5661-7	潘贤丽	22	2009	课件
45	饭店管理概论	7-5038-4996-1	张利民	35	2008	课件
46	现代饭店管理	7-5038-5283-1	尹华光	36	2008	课件
47	旅游策划理论与实务	7-5038-5000-4	王衍用	20	2008	课件
48	中国旅游地理	7-5038-5006-6	周凤杰	28	2008	课件
49	旅游摄影	7-5038-5047-9	夏峰	36	2008	
50	酒店人力资源管理	7-5038-5030-1	张玉改	28	2008	课件
51	旅游服务礼仪	7-5038-5040-0	胡碧芳	23	2008	课件
52	旅游经济学	7-5038-5036-3	王梓	28	2008	课件
53	旅游文化学概论	7-5038-5008-0	曹诗图	23	2008	课件
54	旅游企业财务管理	7-5038-5302-9	周桂芳	32	2008	课件
55	旅游心理学	7-5038-5293-0	邹本涛	32	2008	课件
56	旅游政策与法规	7-5038-5306-7	袁正新	37	2008	课件
57	野外旅游探险考察教程	7-5038-5384-5	崔铁成	31	2008	课件

相关教学资源如电子课件、电子教材、习题答案等可以登录 www.pup6.com 下载或在线阅读。

扑六知识网(www.pup6.com)有海量的相关教学资源和电子教材供阅读及下载(包括北京大学出版社第六事业部的相关资源)，同时欢迎您将教学课件、视频、教案、素材、习题、试卷、辅导材料、课改成果、设计作品、论文等教学资源上传到 pup6.com，与全国高校师生分享您的教学成就与经验，并可自由设定价格，知识也能创造财富。具体情况请登录网站查询。

如您需要免费纸质样书用于教学，欢迎登陆第六事业部门户网(www.pup6.com)填表申请，并欢迎在线登记选题以到北京大学出版社来出版您的大作，也可下载相关表格填写后发到我们的邮箱，我们将及时与您取得联系并做好全方位的服务。

扑六知识网将打造成全国最大的教育资源共享平台，欢迎您的加入——让知识有价值，让教学无界限，让学习更轻松。

联系方式：010-62750667，moyu333333@163.com，lihu80@163.com，欢迎来电来信。